DIE
ETRUSKER

DIE ETRUSKER

Texte von
Mauro Cristofani
Michel Gras
William V. Harris
Adriano Maggiani
Marina Martelli
Helmut Rix
Erika Simon
Mario Torelli

BELSER VERLAG
STUTTGART
ZÜRICH

Das vorliegende Buch ist das Ergebnis der Zusammenarbeit einer internationalen Gruppe von Wissenschaftlern, Spezialisten auf den verschiedensten Gebieten etruskischer Kultur. Neue und ursprüngliche Erkenntnisse, die Früchte langjähriger Forschungsarbeit, stellen die Autoren nun einem breiten Publikum vor, und zwar nicht in Form einer erzählenden »Geschichte«, sondern anhand einer Abhandlung nach Themenbereichen. Die Autoren tragen dem Umstand Rechnung, daß in der modernen Etruskologie neue und andersgeartete Fragen gestellt werden, auf die sie versuchen, Antwort zu geben. So entsteht das Bild einer bemerkenswert dynamischen Kultur, die es vermocht hat, uns ein Modell urbaner Zivilisation zu übermitteln. Entsprechend erfährt jene schematische Sicht eine Revision, die in der antiken Welt stets nur zwei Protagonisten entdecken konnte, nämlich Griechenland und Rom: Die Etrusker, jener Aura des »Geheimnisses« entkleidet, von der sie jahrzehntelang umgeben waren, erweisen sich in der Tat als einer der tragenden Pfeiler innerhalb der klassischen Welt.

Wir danken Prof. Mauro Cristofani, der die Aufgabe übernommen hat, dieses Werk zu koordinieren und es in jeder Phase seiner Entstehung zu begleiten. Zugleich danken wir allen Wissenschaftlern, die sich bereitgefunden haben, an diesem Unternehmen mitzuarbeiten.

DER VERLAG

Achilles lauert dem Troilos auf. Fresko aus der Tomba dei Tori in Tarquinia (540–530 v. Chr.).

Folgende Seite:

Pátera vom phönizisch-zypriotischen Typ, Silber vergoldet, aus der Tomba Regolini-Galassi in Cerveteri (um 650 v. Chr.). Vatikan, Museo Etrusco Gregoriano.

Einführung

Als im Jahre 1942 die erste Ausgabe der *Etruscologia* von Massimo Pallottino erschien, war dies die Geburtsstunde einer neuen Disziplin der Altertumswissenschaft, einer Disziplin, die fest in der italienischen Archäologie verwurzelt, dabei aber keineswegs regionalistisch ausgerichtet ist – so wie schon Titus Livius bemerkte, daß »die Macht der Etrusker sich vor der Zeit der römischen Herrschaft weit über Land und Meer erstreckte«.

Die Forschungen und Entdeckungen haben den Schleier des Geheimnisses, der über der Geschichte des etruskischen Volkes lag, endgültig aufgehoben. Wenn auch die griechischen und lateinischen Schriftquellen nicht sehr ergiebig sind, so hat sich uns diese Geschichte doch durch die archäologischen Funde und Erkenntnisse von Tag zu Tag reicher und differenzierter dargestellt, so daß wir sie jetzt in ihrem gesamten Verlauf vom 9. bis zum 1. Jahrhundert v. Chr. verfolgen können. Einen entscheidenden Anteil an dieser Entwicklung hat der Umstand, daß auf Anregung von Pallottino und seinen Schülern die historiographischen Fragen heute anders gestellt werden, daß sie sich in erster Linie auf die Strukturen und nicht so sehr auf die ideologischen Hintergründe beziehen. Entsprechend hat sich auch das Arbeitsgebiet des Archäologen von den Nekropolen auf die bewohnten Stätten verlagert. Die Ausgrabungen in Pyrgi, dem Hafen von Caere, und in Gravisca, dem Hafen von Tarquinii, und schließlich die Funde auf der Akropolis von Volaterrae, im »Industrieviertel« von Populonia und – erst in den letzten beiden Jahren – im Stadtgebiet von Caere haben uns ein lebendiges Bild der etruskischen Welt enthüllt, das genaue Gegenteil jener statischen Sicht, die aus der allzu ausschließlichen Beschäftigung mit der Welt der Toten entstanden war.

Der Ursprung der etruskischen Städte liegt im 9. Jahrhundert v. Chr., als die ersten Ansammlungen von Hütten auf den großen Tuffstein-Hochebenen von Veji, Caere, Tarquinii und Volci im Süden, an isolierten hochgelegenen Orten mit der Möglichkeit, einen See oder einen Teil des Meeres zu überblicken, wie in Vetulonia und in Populonia, und schließlich auf Hügeln entstehen, von denen aus man weit ins Landesinnere sehen kann, wie in Volsinii (Orvieto) oder in Volaterrae. Im Grunde wohl für ein Schicksal bestimmt, das dem der Bewohner Zentraleuropas nicht unähnlich gewesen wäre, geraten Etrusker und Latiner schon frühzeitig, im Laufe des 8. Jahrhunderts v. Chr., mit den griechischen Kolonien in Berührung. Es kommt rasch zu ihrer Akkulturation, so daß sie die Strukturen, die sie bereits ausgebildet haben, von Grund auf modifizieren. Auf eine Phase, in der die griechischen Gesprächspartner, die durch Bodenschätze angelockt werden, die Adelsgesellschaft des 8. und des 7. Jahrhunderts noch bereit finden, jene Reichtümer nur eben hinzunehmen und anzuhäufen, die ihr aus dem Handelsverkehr zufließen, folgt nun, am Ende des 7. Jahrhunderts, die endgültige Umwidmung der an den Küsten Südetruriens entstandenen Siedlungen – sie werden zu Städten, und es ist eine neue, timokratisch organisierte, mobilere und dynamischere Gesellschaftsklasse, die jetzt unter dem Druck der weiter fortgeschrittenen griechischen Kultur verstärkt dazu übergeht, eine intensive Landwirtschaft zu betreiben und daraus Gewinne zu erzielen. Dazu dienen ihr Handelsplätze, die an bereits bewohnten Örtlichkeiten direkt an der Küste, in Alsium, Pyrgi, Gravisca und Regisvilla, also auf den Territorien von Caere, Tarquinii und Volci entstehen. Von hier aus fahren die Schiffe bis nach Südfrankreich, Korsika, Sardinien und Sizilien. Der Bergbau auf Elba, vor allem der Abbau von Eisenerzen, die für die Herstellung von Waffen und Ackergeräten gebraucht werden, kommt den weiterverarbeitenden Werkstätten im nahen Populonia zugute, wo im Laufe des 6. Jahrhunderts v. Chr. unweit des städtischen Wohnbezirks die ersten »gewerblichen« Siedlungen entstehen.

Diese explosionsartige Entwicklung der städtischen Kultur im 6. Jahrhundert v. Chr. hat nicht nur zur Folge, daß neue Handelswege entstehen. Sie zieht auch Kolonisationsbewegungen nach sich, deren Ziel einerseits das

Meer (das Küstengebiet Kampaniens, die Insel Korsika) und andererseits das Landesinnere ist (die Po-Ebene, der Ager Campanus mit seinem Epizentrum in Capua) und bei denen es mit Sicherheit auch zu gewaltsamen Übergriffen kommt. Das Tyrrhenische Meer, das inzwischen mit dem griechischen Namen der Etrusker (Tyrrhenoi) bezeichnet wird, ist jetzt sozusagen ihr Alleinbesitz. Um die Machtentfaltung der Etrusker einzuschränken, die ihr Bündnis mit Karthago ausgenutzt haben, um bis zu den Liparischen Inseln vorzudringen, wird sich nun aber Syrakus erheben und dieser Expansionspolitik im Jahre 474 v. Chr. in der berühmten Seeschlacht von Cumae ein für alle Mal einen Riegel vorschieben.

Das überlieferte Bild einer Gesellschaft, die, absolut träge, sich allein dem prunkvollen und üppigen Leben hingegeben hätte, fängt also an sich zu wandeln. Ihr Reichtum erweist sich als ein Vorrecht einiger weniger, der fürstlichen Geschlechter des 7. Jahrhunderts und später der städtischen Adelsgesellschaft. Aber es ist ein Reichtum, der sich in den Grabstätten anhäuft und der zuvor – in der vorurbanen Periode in der Form von Zeremonialgeschenken und später als Ergebnis systematischer Handelsbeziehungen – in Umlauf gewesen ist. Die Grabarchitektur, die Grabbeigaben, das figürliche Programm der Grabmalereien von Tarquinii spiegeln also ganz präzise Vorstellungen wider und sind damit ein eindeutiges Symbol der sozialen Wirklichkeit. Der Tumulus des 7. Jahrhunderts, der mehr als nur ein Grab enthält, ist Symbol der sich reproduzierenden Adelsgesellschaft; die in Art eines Stadtwesens angelegte Nekropole des 6. Jahrhunderts – etwa in Cerveteri und Orvieto – ist dagegen Ausdruck der neuen städtischen Wirklichkeit. Die Anhäufung von Schätzen in den orientalisierenden Grabstätten drückt den fürstlichen »Status« der hier Bestatteten aus, die in ihrem Haus oder in ihrem »Palast« (z. B. in dem in Murlo bei Siena entdeckten Gebäudekomplex) ein totes Kapital bewahren, um es bei zeremoniellen Anlässen zu zeigen oder auszutauschen, wie es auch die odysseeische Gesellschaft tat. Die aus Griechenland eingeführte Keramik in den Gräbern des 6. und des 5. Jahrhunderts v. Chr. ist nicht nur »Kunstgegenstand«, sondern dient, ebenso wie die einheimische Bronzeware, als »Service« für den Wein, der beim Bankett und beim Symposion genossen wird. Die bemalten Gräber von Tarquinii zeigen mit ihren Darstellungen des Gastmahls, des orgiastischen Tanzes nach dem Symposion und des sportlichen Wettkampfes alle jene Zeremonien zu Ehren des Verstorbenen, bei denen, gewissermaßen um den Gedanken an den Tod fernzuhalten, die physischen Aktivitäten im Vordergrund stehen. Es sind Zeremonien, die den sozialen »Status« des

Verstorbenen bezeichnen. Im Fall der Tomba della Nave, die etwa in die Mitte des 5. Jahrhunderts v. Chr. zu datieren ist, können wir den hier Bestatteten als Angehörigen jener »Unternehmerschicht« identifizieren.

Anders als die Griechen, aber von griechischen und orientalischen Vorbildern beeinflußt, und anders als die Römer, denen sie aber doch zahlreiche Merkmale ihrer eigenen Kultur zutrugen, erscheinen die Etrusker uns heute als ein Volk, das sich mit vollem Recht in das Bild der klassischen Kultur und Zivilisation einreiht und eine bedeutende Rolle im vorrömischen Italien spielt. Im Grunde war das bereits den griechischen Autoren des 5. Jahrhun-

derts v. Chr. klar, die sich mit der Frage der Herkunft der Etrusker beschäftigten und einen legendären Ursprung dieses Volkes im Orient behaupteten, der die städtische Kultur, zu der es die Etrusker fern von ihrem Ausgangsort gebracht hatten, gewissermaßen adelte. Und es war auch ihren Nachfolgern klar, die im 1. nachchristlichen Jahrhundert von einem nunmehr romfreundlichen Standpunkt aus die Wurzeln der Etrusker auf italienischem Boden suchten – wie Dionysius von Halikarnassos –, um ihre Bindung an das vorgeschichtliche Griechenland möglichst unbedeutend erscheinen zu lassen, dessen Erbe inzwischen die Römer angetreten hatten. Es waren also die Gelehrten des Altertums, welche die Frage nach der Herkunft der Etrusker aufbrachten, die soviel dazu beigetragen hat, daß immer wieder vom »etruskischen Rätsel« gesprochen worden ist. Für die moderne Geschichtsschreibung hat diese Frage das gleiche Gewicht wie beispielsweise die Frage nach der Herkunft der Römer aus Troja.

Im vorliegenden Buch geht es um das »neue Bild«, das uns die Wissenschaft inzwischen von den Etruskern beschert hat. Die Etruskologie ist eine Disziplin, die in einer ganzen Reihe von Ländern betrieben wird, und entsprechend spiegeln die hier zusammengefaßten Beiträge ihre internationale Dimension. Auch der Bildapparat, in dem die üblichen Abbildungen fehlen und der dafür mit Karten, Landschaftsdarstellungen und weniger bekanntem Material aufwartet, zeigt, von welchen Vorstellungen wir ausgegangen sind.

Was der Leser auf diesen Seiten nicht finden wird, ist eine systematische Behandlung aller Aspekte der etruskischen Kultur. Vielmehr wurde versucht, ihre »originalen Merkmale« bzw. ihre »Andersartigkeit« gegenüber den gleichzeitigen Kulturen im Mittelmeerraum ins Licht zu rücken. Einige Kapitel, etwa diejenigen, die sich mit Topographie und Stadtentwicklung, mit dem Handel, mit dem wissenschaftlichen Denken befassen, sind in einer Veröffentlichung, die sich an einen großen Leserkreis wendet, etwas vollkommen Neues. Andere wieder, in denen es um die Gesellschaft, die Kunst und die Sprache geht, behandeln Fragenkreise, die als solche bereits bekannt sind, hier allerdings in Anlehnung an neue Interpretationsmodelle. Der Beitrag über die Klassen und die sozialen Veränderungen weist ganz unmittelbar auf den bipolaren Charakter der etruskischen Gesellschaft hin, der Beitrag über die Kunst macht deutlich, welche Probleme mit den figürlichen Inhalten verknüpft sind, und bringt neue Lesarten auch für die formalen Elemente in Vorschlag. Der Abschnitt über die Sprache schließlich analysiert Phonologie und Grammatik des Etruskischen mit Hilfe der deskriptiven Methoden der modernen Linguistik.

Mauro Cristofani
(Aus dem Italienischen von Ulrike Stopfel)

Caeretanische Hydria mit Hirschjagd (um 520 v. Chr.).
Sammlung Hirschmann, Schweiz.

Folgende Seiten: Tanzszene auf einer Wand der Tomba del Triclinio in Tarquinia (490–480 v. Chr.).
Tarquinia, Museo Archeologico.

Topographie und Stadtentwicklung

Landschaft und Besiedlung

Ein Überblick über die Region, die wir als das eigentliche Etrurien bezeichnen und die vom rechten Ufer des Tiber, von den Höhen des Apennin, vom linken Ufer des Arno und vom Tyrrhenischen Meer begrenzt wird, läßt uns sogleich erkennen, daß wir es hier mit einer sehr vielgesichtigen Landschaft zu tun haben. Im Süden dominieren die vulkanischen Gebiete mit ihren charakteristischen Tuff-Terrassen. Die wenigen tiefliegenden Regionen sind auf den Küstenbereich beschränkt. Im Norden treffen wir dagegen auf hügeliges Gelände von unterschiedlicher geologischer Beschaffenheit, das zum größten Teil aus dem Pliozän stammt. Höhen über 1000 Meter sind auf dem gesamten Territorium nur im Apennin – mit dem Monte Amiata und dem Monte Cetona – und seinen Ausläufern zu finden. Im Innern finden sich kleinere ebene Gebiete entlang den Flußläufen von Tiber, Chiana und Arno, an der Küste im Bereich der Flußmündungen. Der Küstenstreifen ist – mit Ausnahme der Strecke zwischen Livorno und der Mündung des Cecina, des Vorgebirges von Piombino, der Monti dell'Uccellina und des Tolfa-Gebirges – im wesentlichen flach und

Etruskische Zentren in der Toskana und in Nordlatium.

Piano della Cività in Tarquinia, von Süden gesehen.

besitzt nur wenige natürliche Häfen, außer in der Umgebung von Talamone und Populonia. Sehr viel häufiger finden sich Seen und Strandlagunen, die in vorrömischer Zeit neben den Flußmündungen als Anlegeplätze für die Schiffe gedient haben müssen. Bei der Entscheidung, sich in diesem Gebiet anzusiedeln, hatten schon die Menschen der Antike nicht nur seine sehr differenzierte Gestalt und Beschaffenheit im Auge, sondern sie waren sich auch über die Vorteile im klaren, die in seinen natürlichen Ressourcen lagen; sie wußten, daß sie hier Landwirtschaft treiben, die Erzlager ausbeuten und Verbindungen zur See, auf den Flüssen und zu Lande pflegen konnten.

In der vulkanischen Landschaft des Südens siedelten die Menschen sich allem Anschein nach schon in der mittleren und der späten Bronzezeit mit Vorliebe auf isolierten Hochplateaus an, an Plätzen also, die durch das Zusammentreffen zweier tief in das Gelände eingegrabener Flußtäler und den so entstehenden »Sporn« natürlich befestigt waren. In historischer Zeit setzte sich diese Lage endgültig durch: nur die eine Seite des Plateaus, die in das umliegende Territorium überging, brauchte aufgrund dieser natürlichen Gegebenheiten eine Befestigung aus Mauern oder einem Wall. Diese Ortswahl, häufig durch das Vorhandensein eines Wasserlaufs bestimmt, der zur Wasserversorgung und – wenn er schiffbar war – als Verbindungsweg genutzt wurde, ist typisch für einen großen Teil der südetruskischen Zentren, für die sich übrigens so etwas wie eine Hierarchie – entsprechend der Größe des besiedelten Hochplateaus – begründen läßt.

Auf diese Weise entstanden Veji, Caere, Tarquinii und Volci, wobei mit dieser Reihenfolge zugleich etwas über ihre Größe – in abnehmender Zahl – ausgesagt ist (sie nahmen etwa 190, 150, 120 bzw. 90 Hektar ein). Die Entfernung zwischen diesen Zentren (Veji–Caere 35 km, Caere–Tarquinii und Tarquinii–Volci jeweils etwa 25 km) zeigt, daß die Menschen bei der Besiedlung des Terrains immer nach den gleichen Gesichtspunkten verfuhren – sie machten eine Besiedlung von den landwirtschaftlichen Möglichkeiten, dem Bestand an Wald und den Erzvorkommen abhängig. Veji und in geringerem Umfang auch Caere orientierten sich – vor allem zwischen dem 9. und dem 7. Jahrhundert v. Chr.

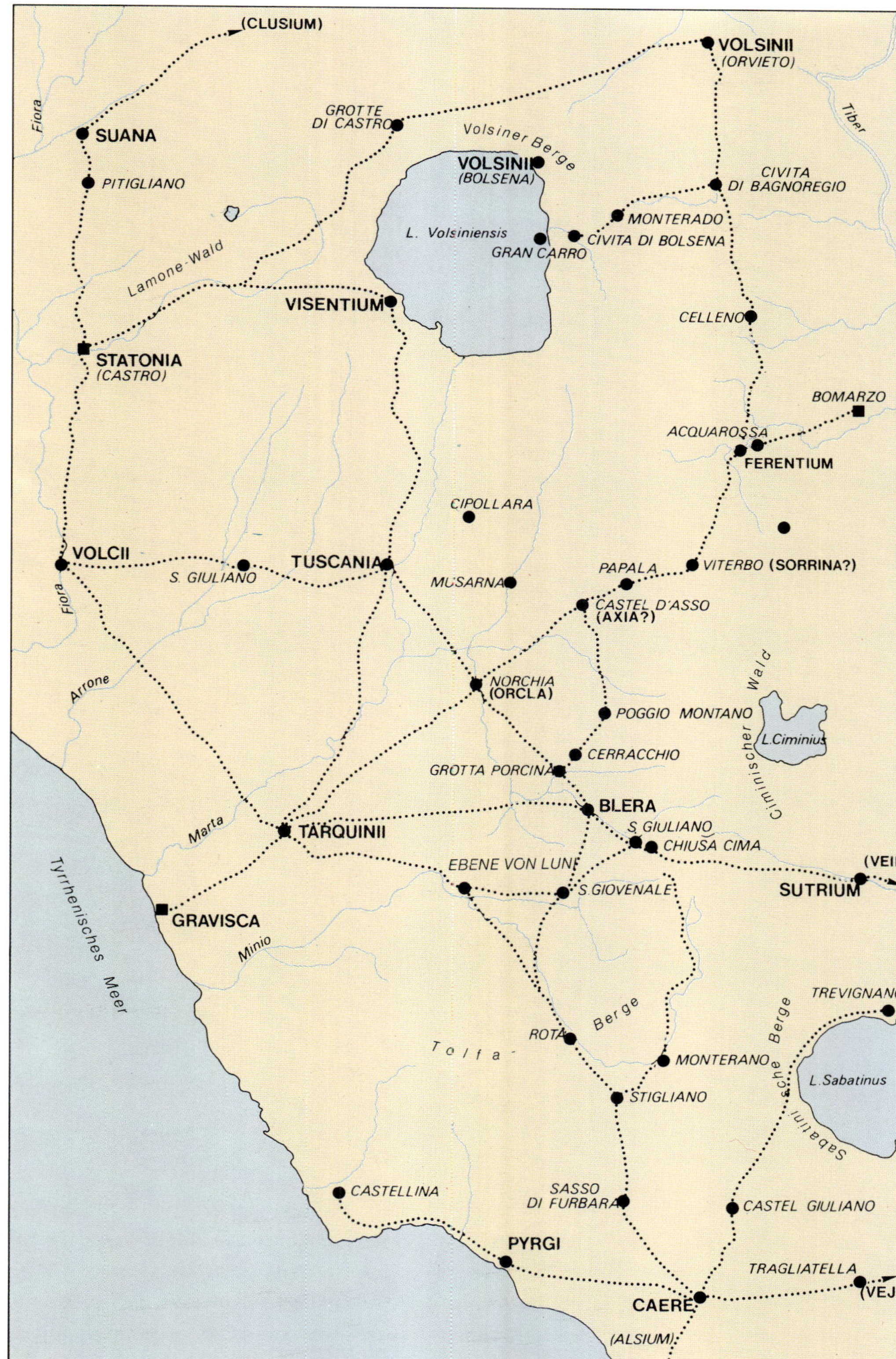

Das Innere Südetruriens.

Pitigliano: Wie andere Zentren dieser Gegend erhebt sich die heutige Ortschaft, die sich an der gleichen Stelle befindet wie die antike, auf einem Tuffplateau.

Sovana: Blick auf Ort und Umgebung.

Tiberschleife bei Orte.

Mündung des Paglia in den Tiber in der Nähe von Orvieto.

– wohl am Unterlauf des Tiber; dieser Teil des nördlichen Latium war nämlich vom übrigen Küstengebiet durch das Tolfa-Gebirge abgeschnitten, das seinerseits einen natürlichen Wall für das weiter nördlich liegende und zum Meer hin orientierte Gebiet bildete, in dem Tarquinii und Volci entstanden.

Im Innern Südetruriens unterscheiden wir zwei bedeutende Zonen der Besiedlung: die erste, die etwa 500 Quadratkilometer umfaßt, ist von den Ciminischen Bergen, den Sabatinischen Bergen und dem Tolfa-Massiv umschlossen, die zweite folgt den Verbindungswegen, die durch die Flußtäler des Fiora und des Albegna bestimmt sind.

In der ersten dieser Zonen liegen, verstreut über das Biedano-Becken, im Abstand von jeweils etwa fünf Kilometern eine Reihe mittlerer und kleinerer Ansiedlungen (darunter von Süden S. Giovenale, S. Giuliano und Blera), die ihrerseits mit dem besiedelten Gebiet im Hochtal des Mignone Verbindung halten, wo sich – von Monterano bis Luni – weitere vier Zentren befinden. Weiter nördlich, immer noch im Bereich des Biedano-Beckens, erhebt sich Norchia am Kreuzungspunkt der inneren Verbindungswege. Es steht mit weniger dicht besiedelten Arealen in Verbindung: mit Tuscania am Fluß Marta, auf halbem Weg zwischen dem Bolsena-See und Tarquinii gelegen, ferner mit Castel d'Asso und mit Acquarossa-Ferentium. Diese Zentren waren in archaischer Zeit kulturell von Caere abhängig, das sich vermutlich die Verbindung nach Norden über Sasso und Stigliano zunutze machte. Nach dem 5. Jahrhundert war dieses Gebiet, das sich vor allem an Tuscania und Norchia orientierte, politisch von Tarquinii abhängig.

Im Tal des Fiora finden wir eine ähnlich dichte Besiedlung, wie wir sie schon für das Biedano-Becken festgestellt haben: Castro, das etwa 15 Kilometer vom primären Zentrum Volci entfernt liegt, ist die erste

Ortschaft in einem Netz von bewohnten Plätzen, die jeweils weniger als zehn Kilometer voneinander entfernt sind – wie Poggio Buco, Pitigliano und Sovana. Das Gebiet um den Albegna dagegen, in dessen Mündungsgebiet es keine größere Ansiedlung gibt, ist vor allem am Oberlauf des Flusses (Saturnia) und in der Ebene in Meeresnähe besiedelt. Hier entstehen die – einander möglicherweise feindlich gesinnten – Zentren von Marsiliana–Caletra und Magliano-Heba, die zwei verschiedene Arten der Besiedlung des Territoriums verkörpern (in Marsiliana–Caletra geht es um die Kontrolle der Verbindungen ins Innere und um den Landeplatz an der Flußmündung; in Magliano-Heba, das Verbindungen zum Hafen von Talamone hat, spielt die intensive Bestellung und Nutzung des Bodens eine größere Rolle).

Der Tiber, der große Verbindungsweg nach Mittelitalien hinein, den Vejenter und Latiner einander streitig machen, trennt an seinem Mittellauf die italischen Stämme der Sabiner, die am linken Ufer wohnen, von denen der Falisker und der Capener, die am anderen Ufer sitzen und durch die Ciminischen Berge vom etruskischen Territorium abgeschnitten sind. Falerii (das mit einer Fläche von etwa 20 Hektar ein Zentrum mittlerer Größe darstellt) und Capena lassen sich durchaus mit etruskischen Zentren vergleichen.

Luftaufnahme von Orvieto.

Sie unterscheiden sich von ihnen nur durch die Sprache, nicht aber durch ihre Kultur oder ihre politische Haltung gegenüber Rom.

Weiter im Norden, von der Mündung des Nera an, dehnt sich am rechten Ufer des Tiber, der jetzt die Grenze zu dem von den Umbrern bewohnten Gebiet darstellt, das volsinische Territorium aus, das mit der kleineren Ansiedlung Orte beginnt und mit dem primären Zentrum Volsinii (Orvieto) endet.

Volsinii fungiert für das nördlich davon gelegene und 82 Hektar umfassende besiedelte Gebiet zwischen den Achsen des Tiber-Paglia und des Chiana als eine Art »südlicher« Bezugspunkt.

Der Lago dell'Accesa im Bergbaugebiet von Massetano.

Unten:
Vetulonia: Der Ort erhebt sich auf den Hügeln, welche die Ebene von Grosseto umgeben, in der sich einst der Lacus Prile befand.

Populonia: Die Insel Elba, vom Vorgebirge aus gesehen.

Ganz anders erscheint die Struktur der nordetruskischen Zentren: hier fehlt die Tufflandschaft, und so entstehen die Ansiedlungen gewöhnlich auf der höchsten Erhebung des hügeligen und gelegentlich von kleinen Tälern durchschnittenen Geländes. Jenseits der Monti dell'Uccellina öffnete sich das Gebiet des Lago Prile, eines weitläufigen Golfes, der vom Meer durch eine sandige Landzunge abgetrennt war. Hier befand sich das bedeutendste Siedlungsgebiet an der nordetruskischen Küste, teils weil hier der (in seinem Unterlauf wahrscheinlich von Rusellae kontrollierte) Ombrone ins Meer mündete, teils weil sich hier Schiffsanlegeplätze befanden, die wiederum durch den Erzbergbau von Massetano entstanden waren. Die Kontrolle über diese Landeplätze lag dagegen bei Vetulonia, das, durch seine erhöhte Lage ausreichend befestigt, sich schon frühzeitig, im 9. Jahrhundert v. Chr., zu einem Zentrum erster Ordnung entwickelt hatte. Wir können das an der ganz unterschiedlichen Größe der beiden Städte erkennen (Vetulonia hat ca. 100 Hektar, Rusellae 41). Vetulonia, das die großen Erzlager im Norden kontrollierte, zog in archaischer Zeit Nutzen einerseits aus den Siedlungen, die direkt in diesem erzreichen Gebiet, zum Beispiel am Lago dell'-Accesa, entstanden waren, andererseits aus den kleineren Orten und Anlegeplätzen am Fluß Bruna. Ein weiteres Zentrum des Bergbaues, in der Gegend des heutigen Campiglia Marittima, ist dagegen auf das an der Küste gelegene Populonia ausgerichtet, das, wie die antiken Geographen gerne betonten (Str. 5, 2, 6), die einzige etruskische Stadt war, die direkt am Meer lag. Populonia lag zunächst geschützt auf einer steilen Anhöhe (ca. 30 Hektar), aber bald dehnte es sich aus und schloß am Ende den Hafen und die gesamte etwa 150 Hektar umfassende Fläche des Vorgebirges mit ein, die zu einem großen Teil gar nicht bewohnt, aber von einer Verteidigungsmauer aus dem 4. Jahrhundert v. Chr. umgeben war.

Nach Norden zu war die Küste allem Anschein nach nicht besonders dicht besiedelt; die Ortschaften lagen vielmehr verstreut im Hügelvorland. Ihre Blüte erlebte diese Gegend offensichtlich in archaischer Zeit, als sich hier ein Netz kleiner Zentren befand, die sich im Tal des Cecina zusammendrängten (Bolgheri, Bib-

Das Massiv des Monte Amiata, eine der metallreichsten Gegenden in etruskischer Zeit.

Volterra: Crete mit Blick auf die Salinen.

Volterra: Die charakteristischen »Balze«.

bona, Casal Marittimo, Guardistallo, Montescudaio, Querceta und Casaglia). Diese Ansiedlungen lassen keinen Zweifel daran, daß es bereits einen Verbindungsweg gab, der bis nach Volaterrae führte, das, auf einem weiten, hügeligen Territorium gelegen, für die Bewohner der Täler des Cecina und des Era eine Schlüsselstellung innehatte. Die sozialen und politischen Veränderungen des 5. Jahrhunderts v. Chr. wirken sich auch auf diese Gegend aus: die Stadt wird größer und nimmt schließlich eine Fläche von etwa 100 Hektar ein, auf der Akropolis entsteht eine Kultstätte, und zwischen dem 4. und dem 2. Jahrhundert v. Chr. schafft sich die Stadt ein weitläufiges Territorium von etwa 800 Quadratkilometern. Seine Besiedlung erfolgt vorwiegend dort, wo die Verbindung zum *ager fiesolanus,* zur Ebene von Bientina, zu den Häfen an der Mündung des Cecina und zum Territorium von Siena gewährleistet ist, das heißt also im Tal des Era, des Cecina und des Elsa. Sie sind in dieser Zeit die am dichtesten besiedelten Gebiete.

Gegenüber den bisher betrachteten Beispielen erscheinen die Städte im Innern Nordetruriens sehr viel bescheidener, was ihre Ausdehnung angeht: Perusia hat 32 Hektar, Arretium, Cortona und Faesulae haben

je 30 Hektar, Clusium hat sogar nur 26 Hektar. In diesem Punkt durchaus mit mittleren Städten wie Falerii vergleichbar, weisen sie im übrigen eine ganz andere Struktur auf: sie betreiben eine extensive Landwirtschaft, und das bedeutet eine verstreute Besiedlung. Der Hauptverbindungsweg ist offensichtlich die vom Chiana und vom Arno gebildete Achse: Clusium, Cortona und Arretium sind voneinander etwa gleich weit entfernt, aber ihre Entstehungsgeschichte ist nicht die gleiche. Für Clusium ist diese Geschichte schon im 9. Jahrhundert faßbar, für Cortona und Arretium setzt sie erheblich später ein. Das Verhältnis zwischen der Stadt und ihrem Territorium ist auch hier von der Entwicklung im Bereich der Produktion geprägt: im Tal des Chiana, das zum großen Teil zum Territorium von Clusium gehört, existieren auf einer Fläche von etwa 500 Quadratkilometern in archaischer Zeit rund 15 Siedlungen, die im 5. Jahrhundert v. Chr. nahezu vollständig verlassen werden, während es im 2. Jahrhundert v. Chr. auf dem gleichen Areal dann wieder mehr als 60 kleine Ansiedlungen gibt. Auf die in archaischer Zeit zu beobachtende Tendenz, sich auf den Anhöhen rund um das Tal des Chiana anzusiedeln – also etwa in Cetona, Sarteano, Chianciano und Montepulciano –, folgt in etruskisch-römischer Zeit, in der die Landwirtschaft Überschüsse und damit Gewinn einbringt, eine dichte Besiedlung auch der in der Ebene liegenden Zonen. Perusia etwa, wo sich Spuren einer villanovianischen Besiedlung erhalten haben, ist eine solche auf der Höhe entstandene und ins Tibertal orientierte Anlage. Das von Perusia abhängige Territorium umfaßt rund 500 Quadratkilometer und erstreckt sich zwischen dem Tiber und dem Trasimenischen See.

Luftaufnahme von Cortona.

Siedlungsmodelle

Die hierarchische Beziehung, die wir zwischen primären und sekundären Zentren annehmen können, findet ihre Bestätigung in den antiken Schriftquellen, die von den »zwölf Völkern Etruriens« sprechen, die ihre ethnische und religiöse Zusammengehörigkeit jedes Jahr im Heiligtum der Voltumna bei Volsinii in einer feierlichen Zeremonie bekräftigten. Die Identität dieser »Völker« als autonome politische Gebilde mußte sich jeweils in einem eigenen politisch-territorialen Raum darstellen, verkörpert durch Caere, Tarquinii, Volci, Rusellae und Vetulonia an der Küste und durch Veji, Volsinii, Clusium, Cortona, Perusia, Arretium und Volaterrae im Innern. Populonia soll nach einer von Servius (*Aen.* 10, 172) überlieferten Legende, die allerdings durch die archäologischen Funde nicht bestätigt wird, erst nach der Konstituierung des Zwölfstädtebundes gegründet worden sein und dann angeblich den Platz von Veji eingenommen haben, das im Jahre 396 v. Chr. in die Hände der Römer fiel. Diese administrative Einteilung des etruskischen Kernlandes, die wohl eine politische Situation der zweiten Hälfte des 6. Jahrhunderts v. Chr. spiegelt (die Tatsache, daß das Modell der ionischen Dodekapolis nach Etrurien drang), gesteht den primären Zentren indirekt so etwas wie die Oberherrschaft über das übrige Territorium zu, die sich dann zum Teil auch in der weiteren Geschichte der einzelnen Ansiedlungen spiegelt.

Die Kleinräumigkeit, die das etruskische Kernland prägte und wahrscheinlich den politischen Partikularismus der einzelnen Stadtstaaten begünstigte, erlaubt es uns nicht, die Grenzen der einzelnen Territorien mit Sicherheit zu bestimmen. Weder die Wirkung, die von der Produktionstätigkeit der einzelnen Zentren ausgeht, noch der Einfluß bestimmter Vorstellungen im Zusammenhang mit dem Bestattungswesen (Riten, Grabtypologie) reichen aus, um die »politische« Trennung der einzelnen Stadtstaaten voneinander zu erklären. Im Laufe einer neunhundertjährigen Geschichte sind die Grenzen zweifellos verändert worden. Zu Grenzen kleiner Territorialstaaten wurden sie aber erst, als das archaische Besiedlungsgefüge durch die großen Zentren zerstört wurde. Für alle diese Fälle mag das Beispiel von Viterbo stehen, das in archaischer Zeit kulturell nach Caere hin orientiert war, in spätarchaischer Zeit von seinen Bewohnern – nicht freiwillig – verlassen und dann praktisch zwischen Volsinii und Tarquinii aufgeteilt wurde.

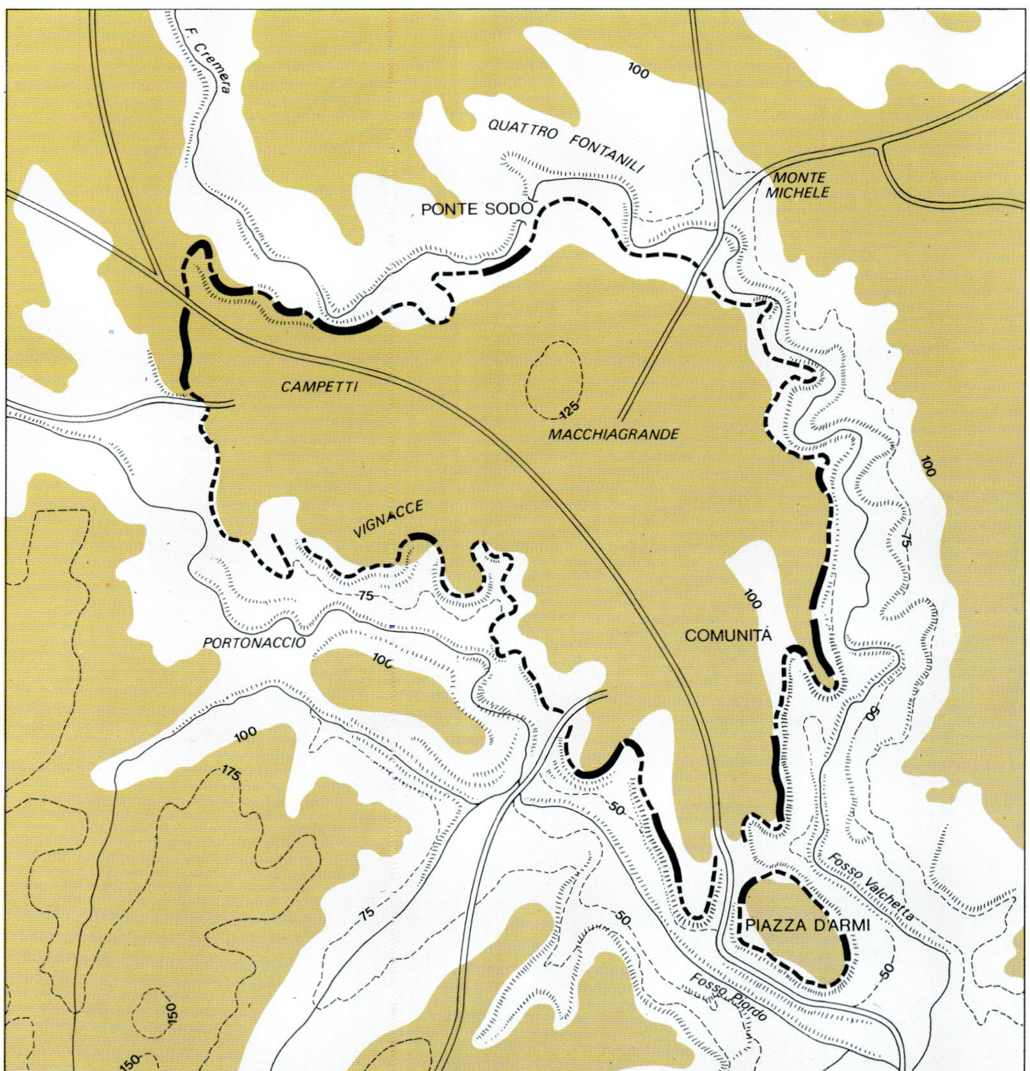

Veji: Stadtgebiet und Nekropole.

Veji: Einer der Gräben, die das Plateau umgeben.

Was die Ursprünge der primären Zentren angeht, so sind wir von einer Erklärung noch weit entfernt, vor allem deshalb, weil es an großzügigen und systematischen Flächengrabungen auf dem Areal der Städte fehlt. Das Prinzip des Synoikismus, wie es zunächst für Veji vorgetragen worden ist – wo man an mehreren Stellen Tonscherben aus villanovianischer Zeit gefunden hat und in diesen einzelnen Fundorten ehemals separate dörfliche Ansiedlungen sieht –, läßt sich heute wohl sehr weitgehend auf die Frage der Stadtwerdung in Etrurien anwenden, auch wenn es zwischen den einzelnen zusammenwachsenden Komponenten Funktionsunterschiede gibt bzw. sie jede für sich noch weiter anwachsen. Da es Grabungen in den primären Zentren nicht gibt, müssen wir unsere Aufmerksamkeit auf den Binnenraum der sekundären Zentren richten, etwa auf Acquarossa, das zwischen dem 7. und dem 6. Jahrhundert v. Chr. bewohnt war, oder auf die »Kolonien« wie Marzabotto, das am Ende des 6. Jahrhunderts v. Chr. gegründet und um die Mitte des 4. Jahrhunderts v. Chr. verlassen wurde.

In Acquarossa weist die Art, wie der Raum genutzt wurde, auf eine »archaische« Mentalität hin: die Gebäude stehen, ebenso wie in der gleichzeitigen Siedlung S. Giovenale, wahllos gruppiert auf dem Hochplateau, mit Ausnahme einer monumentalen Zone, dem Sitz der politischen und religiösen Macht, in der die Gebäude einem orthogonalen Straßensystem folgen. Auch in Veji sind die Häuser in der sogenannten Zone der Akropolis, die gegen Ende des 6. Jahrhunderts v. Chr. verlassen wurde, in rechteckigen Blocks um einen freien Platz in der Mitte angeordnet, in dem sich eine Zisterne befindet. In archaischer Zeit scheinen Areale, die der öffentlichen und der religiösen »Macht« vorbehalten sind, sich also an ein Schema zu

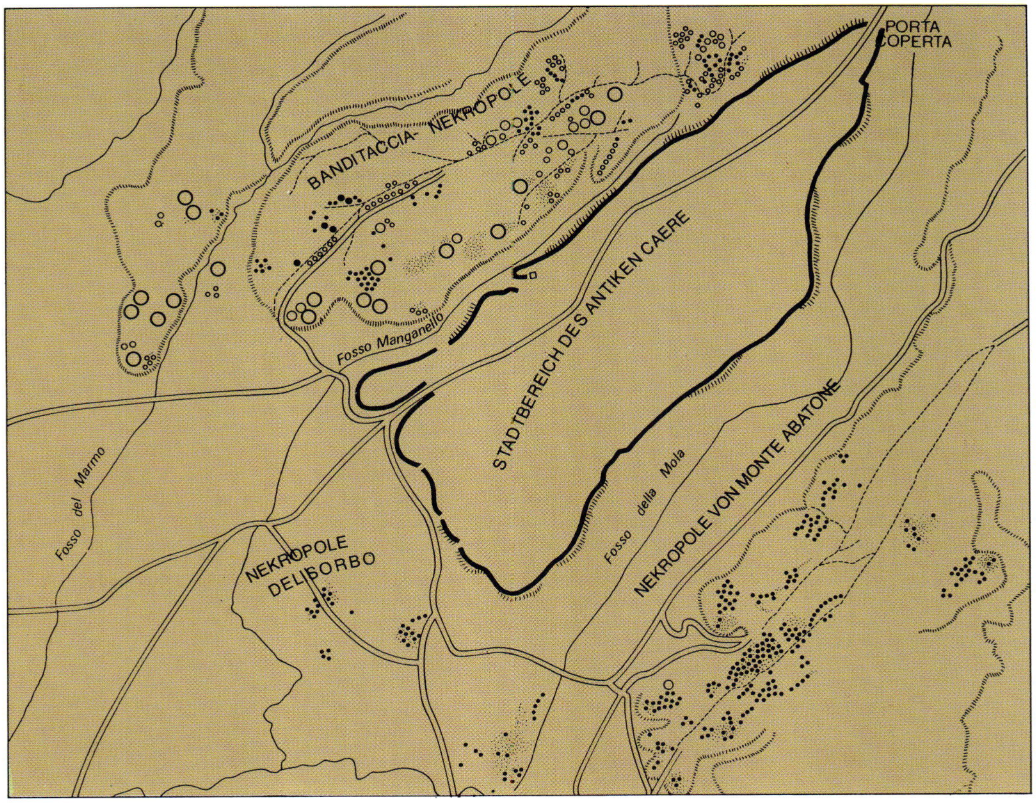

Cerveteri: Ansicht der Banditaccia-Nekropole an der Kreuzung der Via Sepolcrale Principale mit der Via delle Serpi und der Via delle Cornici.
Tarquinia: Luftaufnahme des Stadtgebiets in etruskischer Zeit.

Cerveteri: Stadtgebiet und Nekropole.

Tarquinia: Stadtgebiet und Nekropole.

halten, das die politische Funktion, die traditionell den »Königen« zugewiesen ist, an einem bestimmten Punkt konzentriert und sichtbar hervorhebt.

Das Prinzip der Anlage der Stadt nach dem orthogonalen urbanistischen Schema scheint erst später aufzutauchen und wird für uns vor allem in den ex novo geschaffenen Siedlungen wie den Hafenstädten faßbar, Handelsplätzen, um die sich Städte wie Caere, Tarquinii und Volci, die selbst etwa zehn Kilometer vom Meer entfernt liegen, notwendig erweitern müssen. Den Anlagen von Pyrgi (Hafen von Caere) und Regisvillae (Hafen von Volci), die erst vor wenigen

Jahrzehnten entdeckt worden sind, liegt ein regelmäßig strukturiertes Areal zugrunde, das auf den Anlegeplatz bezogen ist. An seinem Rand und damit von der eigentlichen Hafenstadt abgetrennt liegt der Tempelbezirk.

Man hat den Eindruck, daß der städtische Raum sich als autonome Entität mit eigenen Merkmalen erst im 6. Jahrhundert v. Chr. herausbildet, in dem Augenblick, in dem die »Mittelschicht«, die ja die Stadt erst ausmacht, als autonome politische Komponente auftaucht und die totale Bezogenheit auf die aristokratische Macht, welche die archaische Periode kennzeichnete, überwindet. Es ist also kein Zufall, daß der Felsen von Veji verlassen wird, und der Kult der Stadtgöttin, der Iuno Regina, nicht auf der Festung, sondern an einer Stelle innerhalb des Stadtplateaus vollzogen wird. Auch in Tarquinii und in Volci sind die großen Heiligtümer, die dort entdeckt worden sind, nicht etwa auf der sogenannten Akropolis entstanden, einer Anhöhe am Rand des Stadtplateaus, sondern sie stehen im städtischen Binnenraum, während sie sich in Volsinii und Rusellae außerhalb des Stadtgebietes befinden. Man ist heute der Ansicht, daß zugleich mit dieser Entwicklung die Stadt – die sich in einigen Fällen um die angrenzenden Territorien erweitert – zum primären Aggregationspunkt wird und im Wege eines forcierten Synoikismus die verstreut auf ihrem Territorium liegenden Ansiedlungen, die als sekundäre Zentren inzwischen zu kleinen ländlichen Herrschaftsräumen geworden sind, vereinnahmt. Was die demographischen Verhältnisse angeht, so kommt es mit der Vorherrschaft der primären Zentren jetzt zur Entvölkerung des Hinterlandes und zum Anwachsen der großen städtischen Zentren, die mit neuen Verteidigungsbauten, den Stadtmauern, versehen werden, um den öffentlichen Raum zu kennzeichnen – wie sich dies vor allem in den Küstenstädten des Nordens, in Rusellae und Vetulonia, feststellen läßt. Ihre Umfassungsmauern stammen aus der Mitte des 6. Jahrhunderts v. Chr. In Veji und Tarquinii beobachten wir die gleiche Erscheinung im folgenden 5. Jahrhundert.

Zwar läßt sich diese Aussage wohl nicht verallgemeinernd auf alle etruskischen Städte beziehen, aber die Folgerung ist doch wohl zulässig, daß – im Gegensatz zur griechischen Stadt mit ihrer Zweipoligkeit – hier Akropolis, dort Agorà, die eine dem Kult, die andere der Sphäre der Politik und der Wirtschaft vorbehalten (ein Verhältnis, das sich dann zu Beginn der Republik auch in Rom mit der Zweipoligkeit von Kapitol und Forum wiederholt) –, der Prozeß der Stadtwerdung bei den Etruskern so aussieht, daß die *arx* nicht als Ort des Kultes, sondern als letzte Zufluchtsstätte der Bevölkerung dient, während der städtische Raum dem Kult, den Wohnstätten und Gärten vorbehalten ist, und die Handelstätigkeit an sekundäre Zentren abgegeben wird. Der vorherrschende Typ der »hochgebauten« Stadt, von der aus sich alle Verbindungswege auf

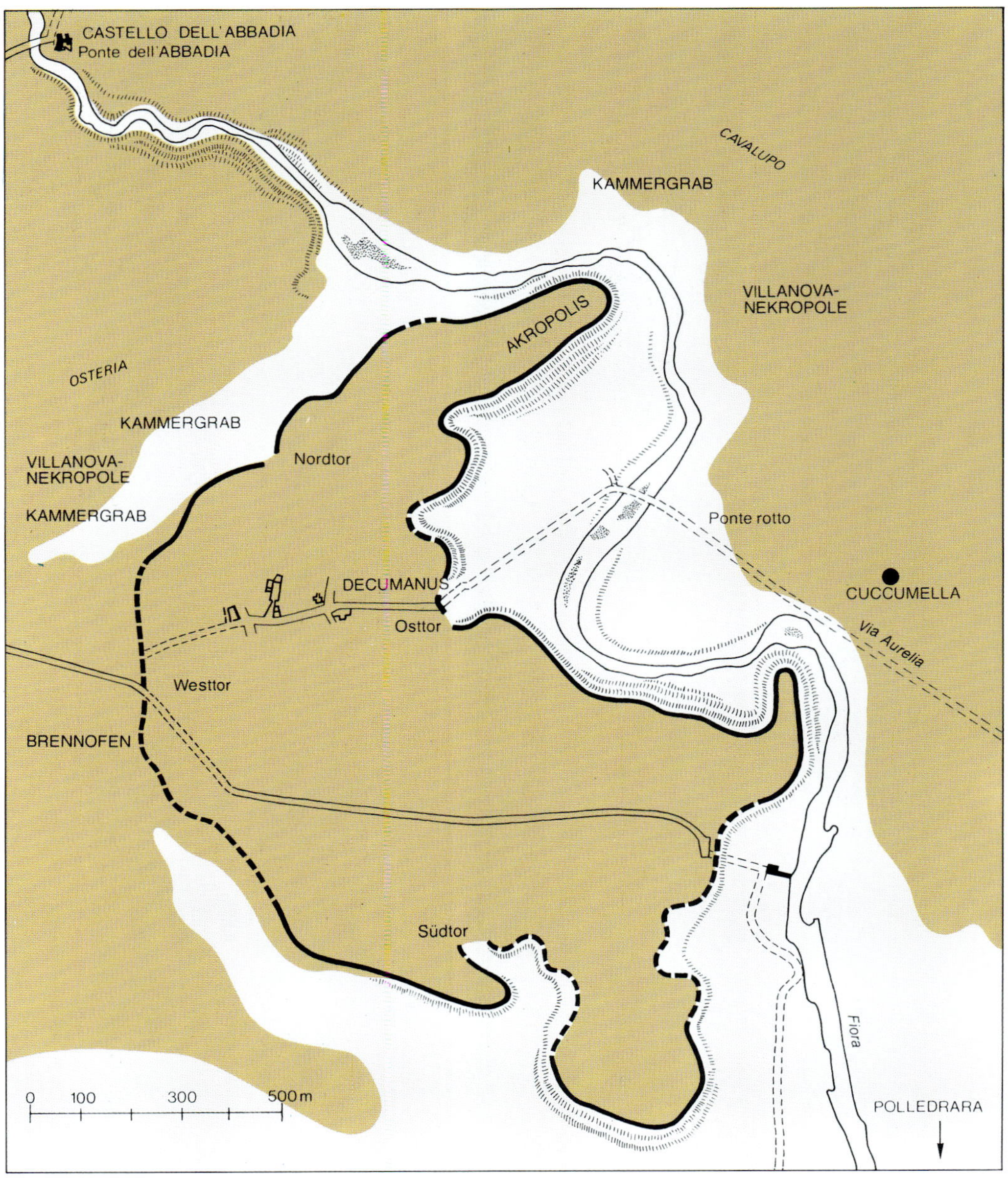

Vulci: Stadtgebiet und Nekropole.

Vulci: Römische Brücke über den Fiora im Norden der Stadt.

Gegenüberliegende Seite: Vetulonia: Stadtgebiet und Nekropole.

Vetulonia: Blick auf den mittelalterlichen Ort auf dem Areal der arx der etruskischen Stadt.

dem Meer, auf den Flüssen und auf dem festen Land kontrollieren lassen, ohne daß diese Wege den städtischen Raum selbst durchqueren könnten, überläßt die Handelstätigkeit also den Anlegeplätzen an der Küste oder angrenzenden kleineren Zentren.

Aus dem bisher Gesagten ist eines wohl hinlänglich klar geworden: Die Ortschaften, die in historischer Zeit durch einen Gründungsprozeß entstanden sind, sind deshalb an dem jeweiligen geographischen Punkt gegründet worden, weil dieser Ort optimal für den jeweiligen Zweck geeignet war, wobei die Frage der »natürlichen Befestigung« überhaupt keine Rolle mehr spielt. Diese Zentren lassen eine fortgeschrittene Denkweise erkennen, die sich die griechischen Erfahrungen auf dem Sektor der Koloniengründung zunutze macht: die Einteilung des Raumes nach orthogonalen Achsen findet sich in Megara Hyblaea in Sizilien schon im 7. Jahrhundert v. Chr. Die Einteilung des städtischen Geländes erfolgt, wie man in Marzabotto und in Spina zumindest ahnen kann, so, daß durch die Anlage eines Straßennetzes auf der Grundlage fester Punkte einzelne Bereiche voneinander abgegrenzt werden, bevor dann die eigentliche Parzellierung erfolgt.

Das in diesem Augenblick geltende politisch-soziale Modell folgt, ganz real auf den städtischen Boden projiziert, gewissen »Egalisierungs«-Tendenzen, wie sie sich bereits in der orthogonalen Anlage mancher Nekropolen des 6. Jahrhunderts v. Chr., zum Beispiel derer von Caere und von Volsinii (Orvieto) andeuten, in denen der Grundsatz der Parzellierung und Zuteilung des Geländes für die Grabstätten auch schon am Werk ist. Die griechische Kultur, deren Einfluß ja im technischen Instrumentarium der *agrimensura* und allein schon in der Bezeichnung *groma* (= Meßstange, Meßlatte, griechisches Lehnwort im Etruskischen und von dort ins Lateinische übernommen) spürbar ist, hat nicht das Geringste mit dem Verständnis der Aufteilung des Bodens zu tun, wie es durch die *disciplina etrusca* vorgegeben ist. Die Ideologie, die hinter dem »wissenschaftlichen« Denken der Etrusker steht, wie es im Laufe der Zeit gewachsen ist, geht nämlich von der Voraussetzung aus, daß die Ordnung des Firmaments nach den Himmelsrichtungen, wie sie die Gottheit im Anschluß an das Chaos wollte, sich auf der Erde widerspiegeln müsse: Nach diesem Prinzip wird das *templum* abgegrenzt, der geheiligte Raum, den der Haruspex zu seinen Beobachtungen nützt. Und nach diesem Prinzip erfolgt auch die Gründung der Städte, deren räumliche Ausdehnung durch das *pomerium* bzw. durch die Furche festgelegt wird, die die Pflugschar hinterläßt, und die Verteilung der Grundstücke, die durch Linien und Grenzmale voneinander getrennt sind. Diese geometrische Spiegelung des Makrokosmos im Mikrokosmos bringt eine politische und soziale Ordnung hervor, der die Grenzen heilig und unverletzlich sind, und bewirkt eine deterministische Betrachtung des städtischen Raumes, indem sie den praktischen Vorgang – die Anlage des Achsenschemas – ritualisiert.

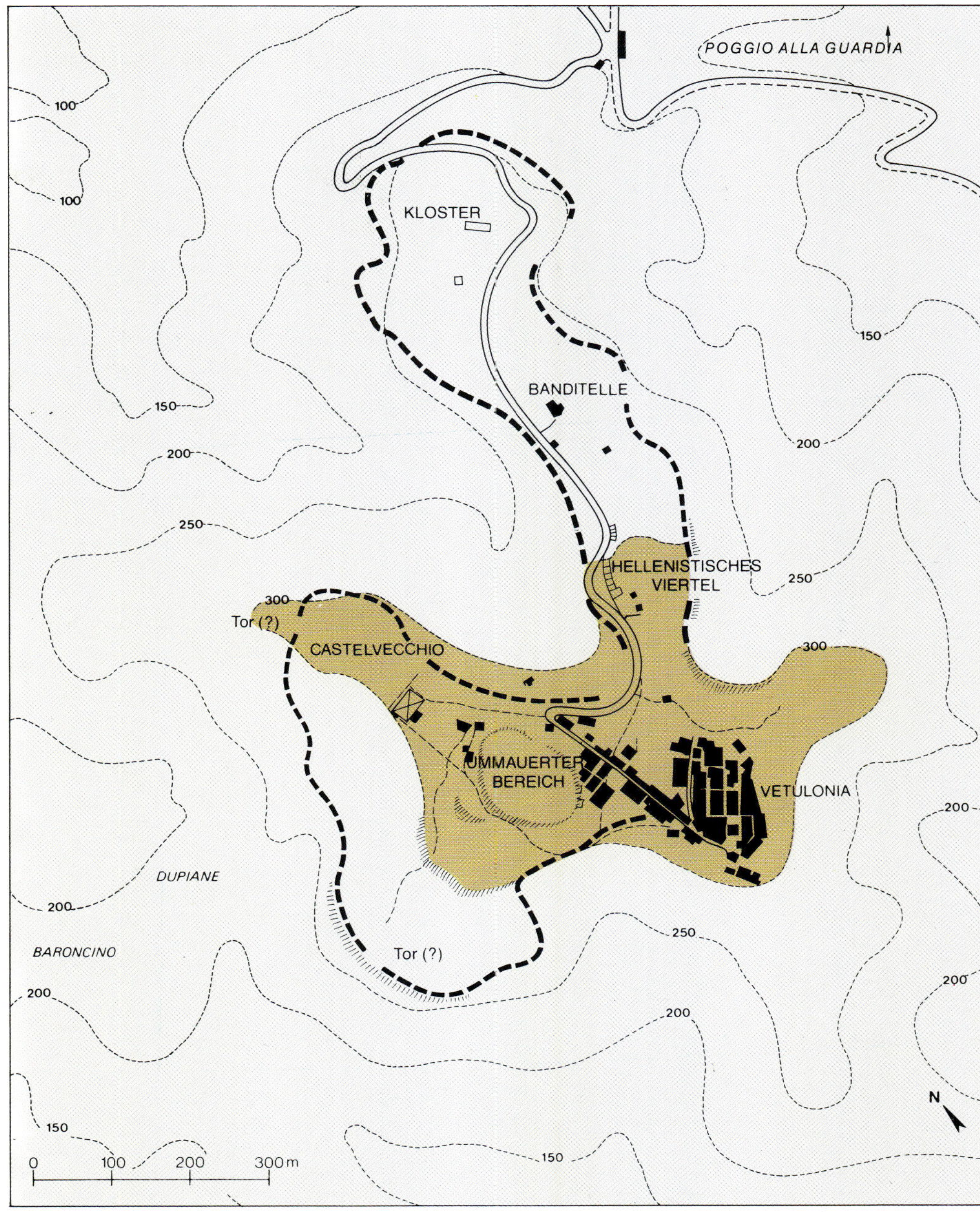

Cerveteri: Porta Coperta.

Demographie und Geschichte

Die etruskischen Expansionsbestrebungen in Italien müssen in Kampanien im Laufe des 5. Jahrhunderts und im Gebiet der Po-Ebene zu Beginn des 4. Jahrhunderts v. Chr. zum Stillstand gekommen sein. Dieses Ausgreifen über die Grenzen des etruskischen Kernlandes hinaus, das von gewaltigen Bevölkerungsverschiebungen begleitet war, zog zwangsläufig eine beträchtliche Bevölkerungsverdünnung nach sich. Wie sich z. B. die etruskische Kolonisation jenseits des Apennin auswirkte, geht deutlich aus einer Stelle bei Livius (5, 36, 2) hervor, in der von der geringen Zahl

Mauergürtel einiger etruskischer Städte:
1. Orbetello
2. Roselle
3. Vetulonia
4. Volterra
5. Perugia
6. Fiesole

der Bewohner des Territoriums von Clusium zu Beginn des 4. Jahrhunderts die Rede ist, und aus einer weiteren Stelle, an der es heißt, daß in eben diesem Jahrhundert auch die nichtstädtischen Bereiche nur spärlich bevölkert waren (Livius 9, 36, 6). So reifte unter den Angehörigen der städtischen Adelsgesellschaft jetzt, da die Periode der Expansionen sich ihrem Ende zuneigte, der Plan, die Zentren im Innern, die in der spätarchaischen Zeit nahezu gänzlich verlassen worden waren, mit neuem Leben zu erfüllen. Das so wiederhergestellte Besiedlungsgefüge wurde von neuem zum Ausgangspunkt einer landwirtschaftlichen Produktionstätigkeit, die unter der Kontrolle einer lo-

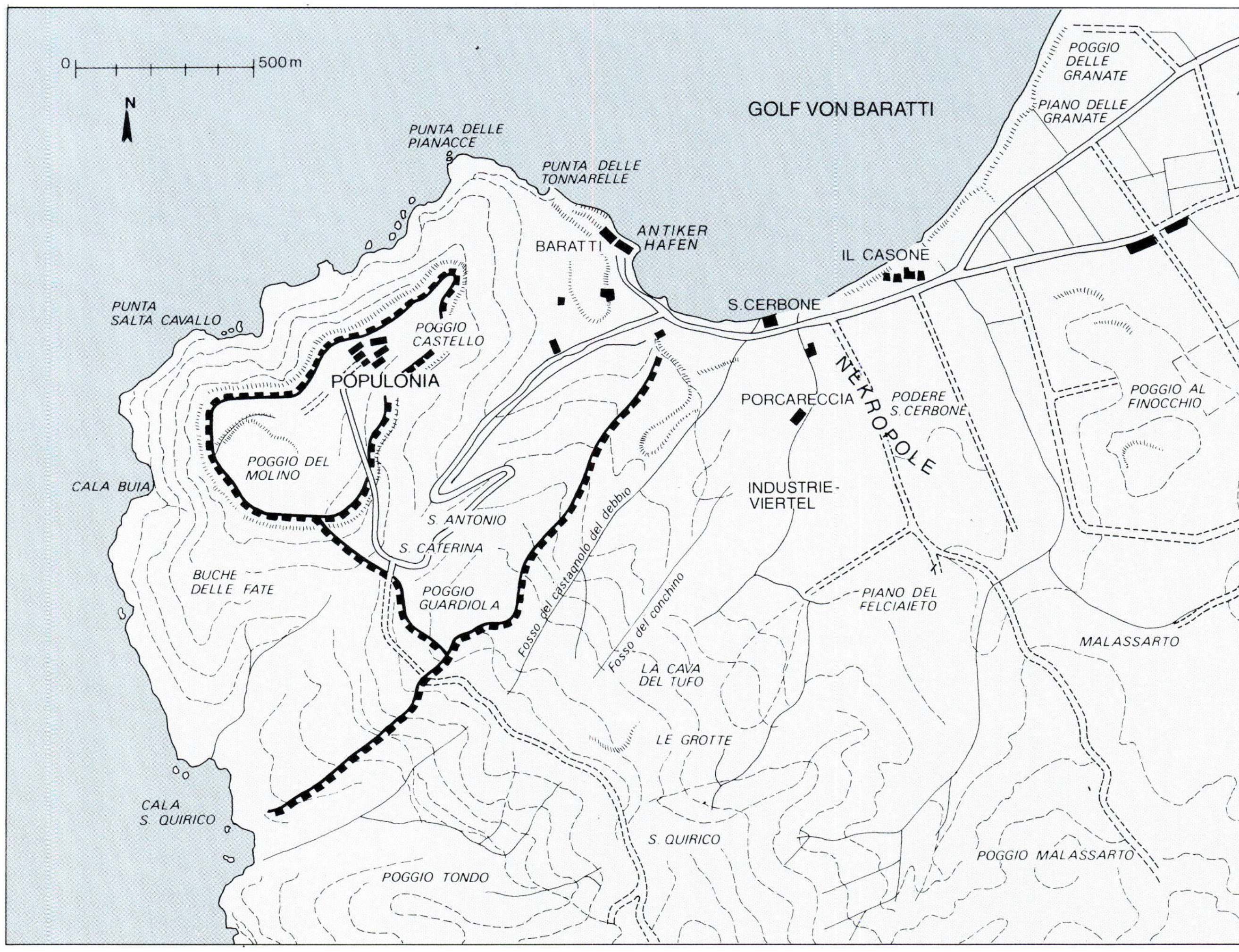

Populonia: Stadtgebiet und Nekropole. Deutlich erkennbar der die Stadt umgebende Mauergürtel und die Verteidigungsmauern des Vorgebirges.

Populonia: Die mittelalterliche Ortschaft auf dem Areal der etruskischen Stadt. Im Hintergrund der Golf von Baratti, der auch in etruskischer Zeit als Schiffsanlegeplatz genutzt wurde.

kalen Oberschicht stand, deren Angehörige mit der Oberschicht des Primärzentrums durch Heirat oder auf dem Weg der Ämtervergabe verbunden waren.

Auf dem Gebiet des Städtebaues kommt es zu umfangreichen Erneuerungsarbeiten an den Mauergürteln (in Tarquinii, Rusellae, Vetulonia, Populonia und Volaterrae) bzw. zu Konstruktionen ex novo (wie in Caere). Tatsächlich beziehen sich die Zahlen, die wir an

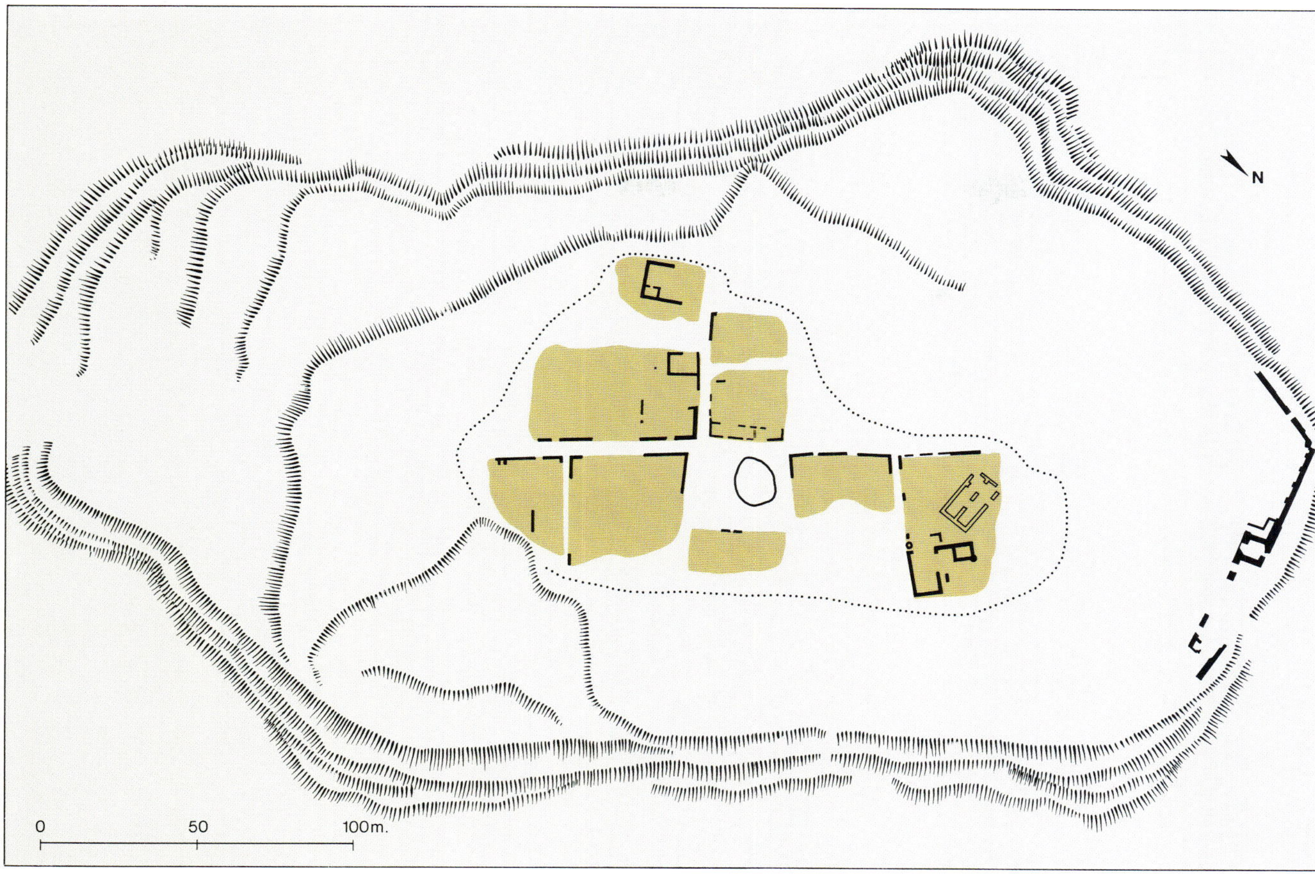

Veji: Die Anordnung der Gebäude im Zentrum der Akropolis.

Veji: Das Areal des Heiligtums von Portonaccio.

Marzabotto: Gebäudefundamente im Stadtgebiet.

Marzabotto: Stadtgebiet und Nekropole.

anderer Stelle im Zusammenhang mit der flächenmäßigen Ausdehnung der einzelnen Stadtbereiche genannt haben und die auch im Blick auf die Umfassungsmauern errechnet worden sind, erst auf die Mitte

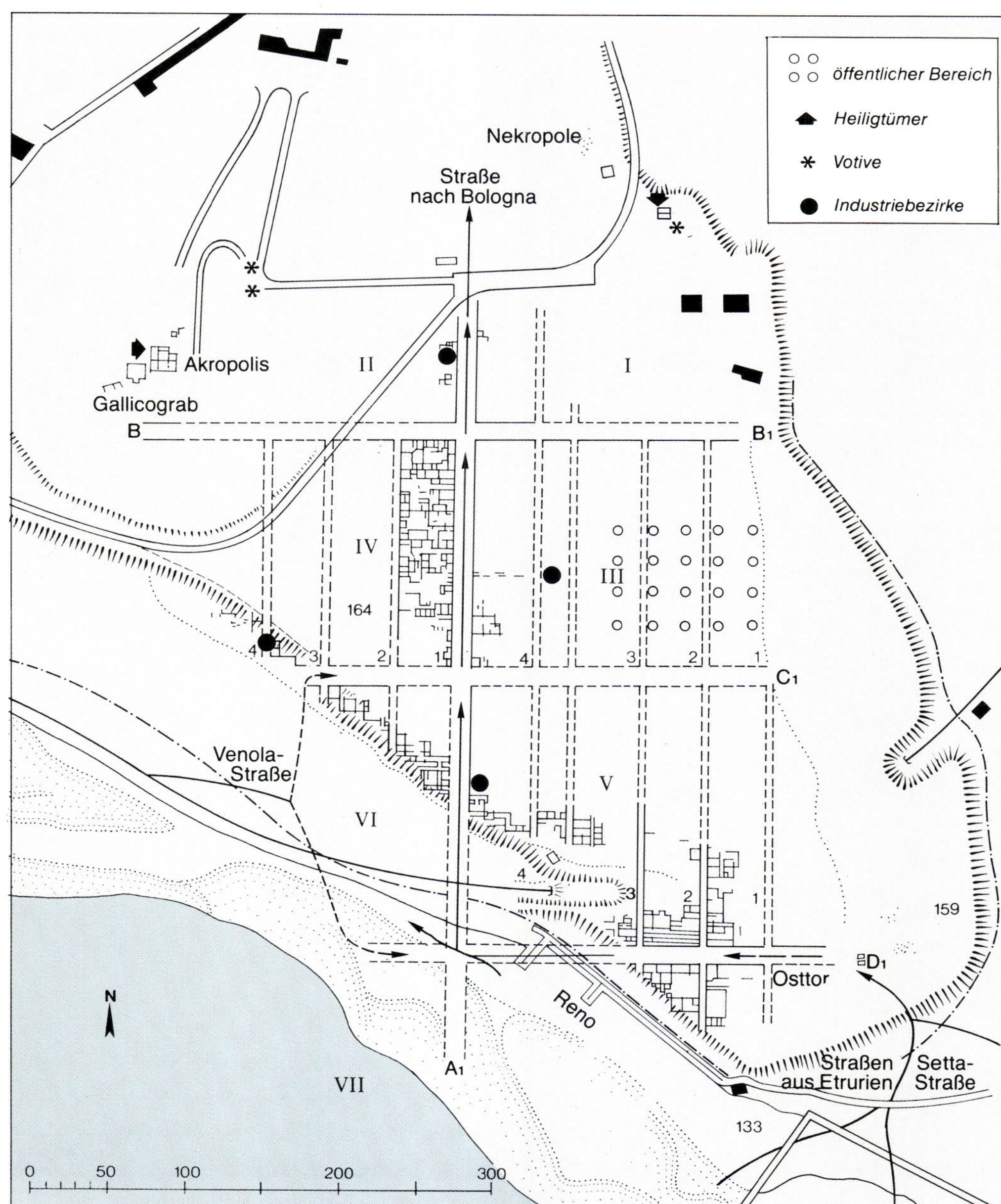

des 4. Jahrhunderts: Die Städte scheinen sich in diesem Augenblick wieder auf ihre Mauern zu besinnen, zumal sie mit Angriffen der Römer rechnen müssen. Und gerade für das 4. und das 3. Jahrhundert v. Chr. besitzen wir einige Zahlen auch bezüglich der Bewohner des etruskischen Kernlandes, die uns für den Versuch einer zahlenmäßigen Erfassung der etruskischen Bevölkerung recht aufschlußreich erscheinen. In den Quellen finden sich nämlich Hinweise zum Beispiel darauf, daß der Wohlstand von Caere auf die große Einwohnerzahl zurückgehe (polyanthropia: D. H. 3, 58, 1), die im übrigen auch durch die dichte Belegung der städtischen Nekropolen bestätigt wird: Entsprechende Erhebungen, auf der Grundlage der Zahl der Bestattungen, würden für Caere in der Zeit seiner größten Prosperität eine Einwohnerzahl von 25 000 ergeben (Heurgon). Einen hohen demographischen Index scheint auch Rusellae gehabt zu haben, das im Jahre 294 v. Chr., als es von den Römern erobert wurde, nahezu 4000 Männer verlor (Liv. 10, 37, 3) – etwa dreißig Prozent der Gesamtbevölkerung, wenn das uns überlieferte zahlenmäßige Verhältnis der bewaffneten Männer zur übrigen Bevölkerung stimmt.

Das Verhältnis zwischen Einwohnerzahl und flächenmäßiger Ausdehnung der Städte scheint also das einzige zu sein, woran wir uns halten können, da uns Einwohnerverzeichnisse oder Listen über Militärkontingente nicht zur Verfügung stehen. Nach den Daten von Caere (150 Hektar Fläche, 25 000 Einwohner) würden wir auf einen Index von 160 bis 170 Einwohnern pro Hektar kommen, der, was die kleineren Städte angeht, steigende Tendenz hat: Wenn Rusellae 41 Hektar und 12500 Einwohner hat, dann kommen 300 Einwohner auf 1 Hektar. Auch wenn uns Zahlen über die Bevölkerung nicht zur Verfügung stehen, läßt sich doch folgendes Bild entwerfen:

	Fläche in ha	Einwohnerzahl
Küste:		
Caere	150	25 000 +
Tarquinii	120	20 000 ±
Volci	90	15 000 +
Rusellae	41	12 500 –
Vetulonia	100	17 000 ±
Populonia	150	25 000 –
Binnenland:		
Veji	190	32 000 –
Volsinii	80	13 000 ±
Clusium	26	5 000 +
Perusia	32	6 000 ±
Cortona	30	6 000 –
Arretium	32	6 000 ±
Volaterrae	100	17 000 ±
	total	199 500 ±

Cerveteri, Vigna Parrocchiale: Luftaufnahme des bei einer Grabung des Centro Nazionale delle Ricerche im Jahre 1983 freigelegten Areals: Reste eines römischen Gebäudes von elliptischem Umriß auf einer älteren etruskischen Anlage und Zisterne aus archaischer Zeit.

Cerveteri, Banditaccia-Nekropole, Nuovo Recinto: Ansicht der zur Via dei Monti della Tolfa und zur Via dei Monti Ceriti gelegenen Reihengräber.

Wir besitzen noch eine weitere Angabe, die uns Polybios (2, 24) über die Truppen macht, die von den Etruskern und den Sabinern (oder eher den Sapinern, einem im Apennin beheimateten Stamm, wie Toynbee meint) im Jahr 225 v. Chr. zur Verstärkung des römischen Heeres gestellt wurden: 50 000 Fußsoldaten und 4000 Reiter. Diese Zahl dürfte sich auf die erwachsenen männlichen Angehörigen der nichtproletarischen Schichten beziehen und würde nach den Berechnungen von Afzelius eine Einwohnerzahl von 274 000 für Etrurien voraussetzen, ausgenommen wahrscheinlich Veji, das bereits römisch geworden war. Wenn man diese Zahl auf die städtische Bevölkerung bezieht, dann kommt man zu einem recht hohen Verhältnis von 65 Prozent der städtischen Bevölkerung (167 000) zu 40 Prozent der ländlichen Bevölkerung.

Mauro Cristofani
(Aus dem Italienischen von Ulrike Stopfel)

Die Geschichte der Etrusker in der literarischen Überlieferung und im archäologischen Befund

Vom Dorf zur Stadt

Die unterschiedliche Organisation der Ansiedlungen, die an unterschiedlichen Modellen ausgerichtet sind, ist das Ergebnis einer rund vierhundertjährigen Geschichte, die uns nur auf dem Weg über die archäologische Forschung bekannt geworden ist. Allerdings hielt sich bei den Etruskern eine legendäre Überlieferung, die nicht nur den Ursprung der einen oder anderen Stadt, sondern die Geschichte des ganzen Volkes be-

Funeralriten in Italien in der Eisenzeit.

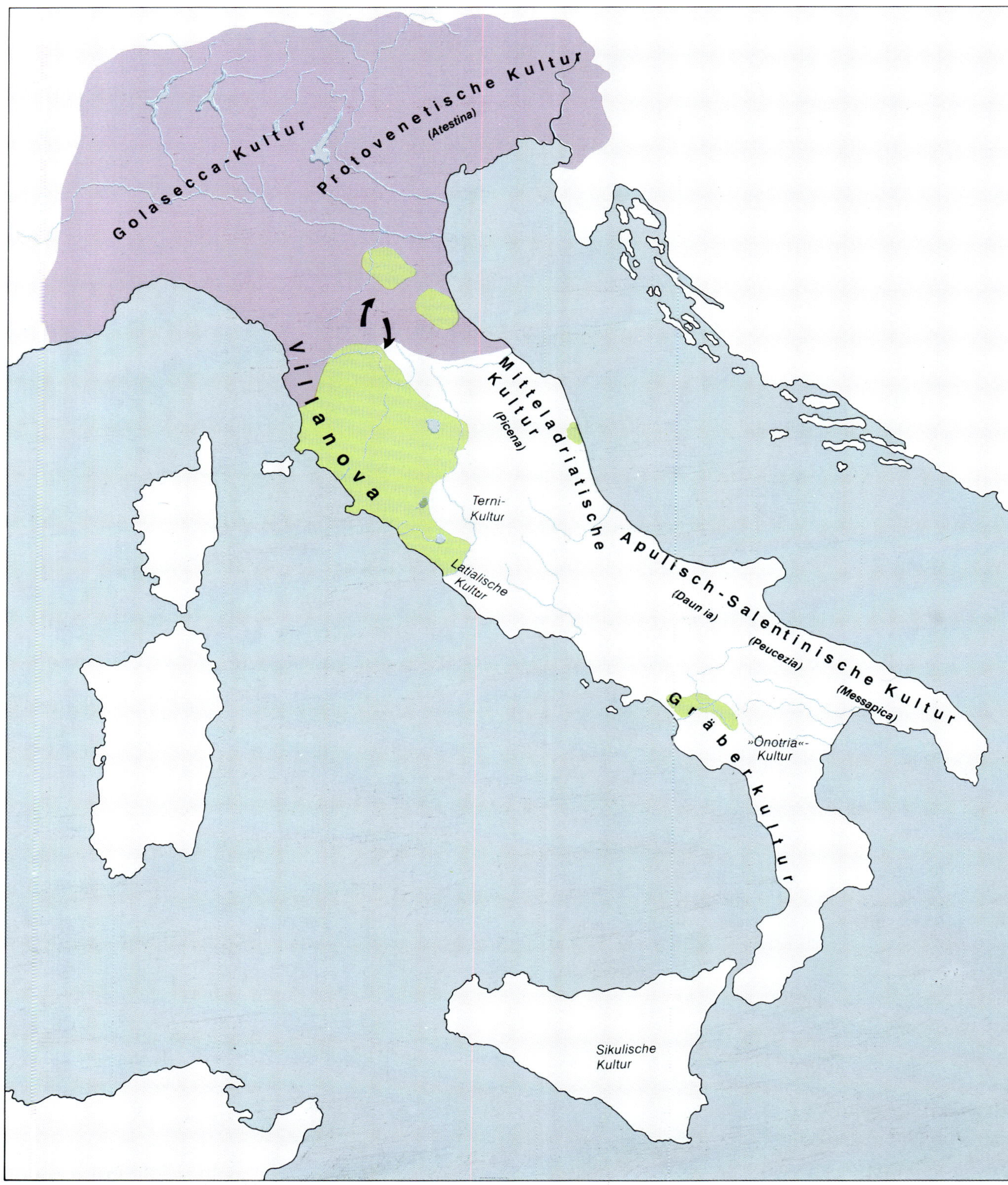

Bereich ausschließlicher Erdbestattung

Bereich verbreiteter Feuerbestattung

Nachweisbarkeit der Villanova-Kultur

traf. In den *libri rituales*, den Zeremonienbüchern der Etrusker, war, wie Varro (Cens. 17, 5–6) bezeugt, davon die Rede, daß dem *nomen etruscum* nicht mehr als zehn Jahrhunderte zugemessen seien; der Übergang von einem »Jahrhundert« zum anderen war jeweils durch irgendeine himmlische Erscheinung bezeichnet (Plu. *Sull.* 7), und das zehnte – und letzte – Jahrhundert sollte nach den Haruspizes schon im Zeitalter des Augustus anbrechen (Servius, *ad eclog.* 9, 47). Auf eine wahrscheinlich etruskische Quelle geht die Legende von Tarchon zurück (Str. 5, 2, 2; Verrius Flaccus, *Etrusc.rer.*, 1), der angeblich von Tyrrhenos, dem Sohn des Königs Atys von Lydien, mit der Aufgabe betraut worden war, über die zwölf Städte zu herrschen, die auf etruskischem Boden entstehen würden. Aber wahrscheinlich ist die ganze »Mythopöie« über die Herkunft der Etrusker und die Gründung ihrer Städte (die häufig griechischen, argivisch-pelasgischen Helden zugeschrieben wird) gegen Ende des 6. Jahrhunderts v. Chr. auf Betreiben eben dieser Städte entstanden, die sich einen noblen *oikos*, eine noble Abkunft verschaffen wollten.

Die archäologischen Daten, die sich mit der »Saecula-Theorie« nahezu decken, gestatten es uns, den Anfang der Geschichte der Etrusker in das 9. Jahrhundert v. Chr. zu legen, in die Eisenzeit: Es ist der Zeitpunkt, zu dem die ersten Ansiedlungen dort entstehen, wo sich später die großen etruskischen Städte erheben; und es ist zugleich der Beginn großer wirtschaftlicher und sozialer Veränderungen, denn nun nehmen die produktiven Tätigkeiten – sowohl die lokal gebundenen Tätigkeiten wie die Landwirtschaft und das Handwerk als auch die eher dynamische Tätigkeit des Handels – innerhalb der recht großen Gemeinschaften von mehreren tausend Einwohnern allmählich System und Struktur an. Wenn wir uns näher mit dem Besiedlungsgefüge und der Verbreitung der Objekte der materiellen Kultur beschäftigen – was in den Nekropolen besser gelingt als an den einstmals bewohnten Plätzen –, dann erkennen wir, daß gegen Ende des 9. und im Verlauf des 8. Jahrhunderts v. Chr. die präurbanen Ansiedlungen im Küstengebiet in ihrer Organisation schon eine gewisse Stabilität erreicht haben. Der Handelsverkehr zwischen den einzelnen Gemeinschaften, von Caere bis Populonia, förderte auch Kontakte mit weiter entfernten Kulturen, zum Beispiel mit der »önotrischen« und der nuraghischen: Am Ende des 9. und in der ersten Hälfte des 8. Jahrhunderts v. Chr. sind an einigen wenigen Stellen schon keramische Erzeugnisse bekannt, die aus dem Tal des Sele stammen und vermutlich über Pontecagnano im Golf von Salerno nach Südetrurien gekommen sind, und das gleiche gilt für Erzeugnisse der sardischen Metallurgie.

Seit einiger Zeit nimmt man an, daß die ersten griechischen »Kundschafter« in historischer Zeit, die Euböer, die vor der Mitte des 8. Jahrhunderts nach

Villanova-Geschirr aus Tarquinia, Nekropole von Selciatello di Sopra, Tomba 158 (2. Hälfte 9. Jahrhundert v. Chr.): Ungeklärt ist die Zugehörigkeit des Fußgefäßes. Florenz, Museo Archeologico.

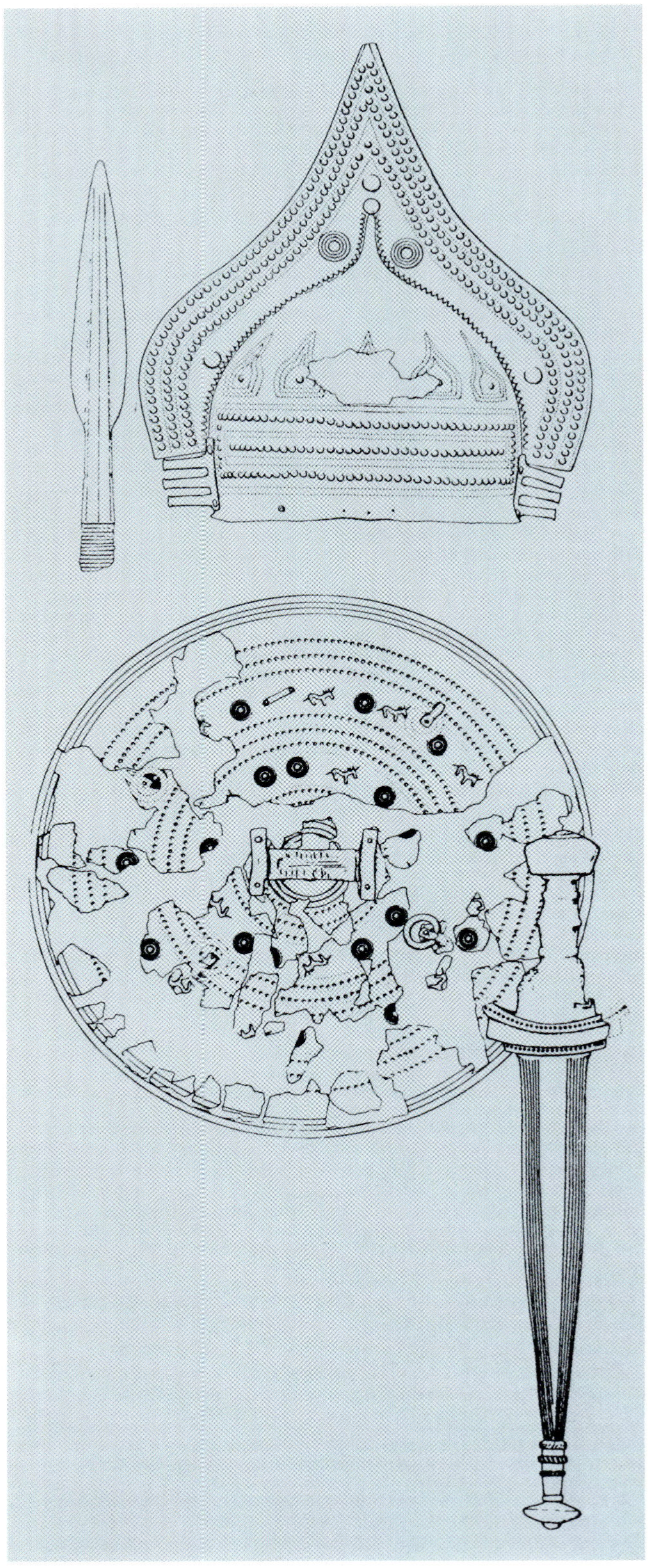

Italien kamen, den Seeweg entlang der Küste Kampaniens und Latiums nahmen, der den Etruskern schon bekannt war. Wenn wir unsere Aufmerksamkeit in diesem Zusammenhang auf die Verbreitung aus Griechenland importierter keramischer Erzeugnisse des geometrischen Stils richten, dann sehen wir, daß diese Ware in den Jahrzehnten unmittelbar vor der griechischen Kolonisation in Kampanien in die »schwächsten« Zonen eindringt, ins Tal des Volturno (Capua) und ins untere Tibertal (Rom, Veji und Falerii), daß sie aber in den nördlicher gelegenen Küstenstädten Etruriens auf Widerstand stößt. Hier taucht die griechische Keramik vielmehr, in vergröberter Form, frühzeitig von akkulturierten Handwerkern imitiert, vom letzten Viertel des 8. Jahrhunderts an auf. Von eben dieser Zeit an nehmen einige Zentren, wie Volci und Tarquinii, systematische Beziehungen zu den Gruppen von Griechen auf, die sich im Emporium Pithecusae (Ischia) und in der Kolonie Cumae bereits fest niedergelassen haben.

Diese Form der Akkulturation, die sich im Laufe des 7. Jahrhunderts v. Chr. immer stärker ausprägt, ist vor allem für die höheren sozialen Rangstufen und insbesondere für die Klasse der »Fürsten« von Bedeutung, der Inhaber prunkvoller Gräber, für welche die Übernahme von Modellen einer fortgeschritteneren Kultur, wie sie ihnen durch die Adelsgesellschaft von Cumae nahegebracht werden, nicht nur eine Prestigefrage ist. Zugleich erwerben sie damit ja technologische Kenntnisse, die sich auf dem Sektor der Produktion nutzen lassen. Eine gleichzeitige Erscheinung, die wahrscheinlich die politische Sphäre beeinflußt, ist die Kolonisationsbewegung ins Innere Südetruriens, die weniger von Tarquinii als vielmehr von Caere und Volci ausgeht und durch die Gründung kleiner Ansiedlungen entlang den Höhenzügen und in den Flußtälern ein Territorium mit Leben erfüllt, dessen produktive Möglichkeiten mit der Zeit immer weiter entwickelt werden.

Aber die Küstenstädte des Südens sind zugleich auch die Orte, in denen die Handelsgeschäfte mit den weiter nördlich liegenden Regionen vermittelt werden, so als ob den Griechen, die ja an den Metallen interessiert sind, in diesem Augenblick der direkte Zugang zu dem von Vetulonia und Populonia kontrollierten Bergbaugebiet verwehrt wäre.

Önotrisch-geometrischer Krug aus der Nekropole dell'Osteria in Vulci (Ende 9. Jahrhundert v. Chr.). Rom, Museo di Villa Giulia.

Bikonisches Gefäß aus Bronzeblech aus der Nekropole dell'Osteria in Vulci (2. Hälfte 8. Jahrhundert v. Chr.). Vatikan, Museo Etrusco Gregoriano.

Bronzerüstung, bestehend aus Helm, Schild, Schwert und Lanze, aus der Tomba AA 1 der Nekropole Quattro Fontanili in Veji (Mitte 8. Jahrhundert v. Chr.). Civita Castellana, Museo Archeologico.

Mit Goldplättchen verzierte Bronzehände aus Vulci (1. Hälfte 7. Jahrhundert v. Chr.). Vatikan, Museo Etrusco Gregoriano.

Kleine silberne Amphore mit Doppelspirale und Besitzerinschrift (»ich des Larth«) aus der Tomba Regolini-Galassi in Cerveteri (um 650 v. Chr.). Vatikan, Museo Etrusco Gregoriano.

Silberner Krug mit Goldverzierungen, phönizisch-zypriotisch, aus der Tomba Regolini-Galassi in Cerveteri (um 650 v. Chr.). Vatikan, Museo Etrusco Gregoriano.

Inneres der Tomba Regolini-Galassi in Cerveteri (2. Viertel 7. Jahrhundert v. Chr.).

Außenansicht der Tomba della Capanna in Cerveteri: der Dromos (Mitte 7. Jahrhundert v. Chr.).

Nach den archäologischen Zeugnissen nehmen die »Fürsten« von Caere im Laufe des 7. Jahrhunderts v. Chr. eine Protagonistenrolle auch gegenüber Latium ein. Hier scheint das kulturelle System, das allem Anschein nach »geschlossener« ist als das Südetruriens, am Ende des 8. Jahrhunderts v. Chr. einen qualitativen Sprung gemacht zu haben: die Siedlungen an der Tiberstraße und an der Durchgangstraße von Anzio nach Satricum und nach Praeneste sind zunehmend »zivilisiert« worden: Ein großer Teil der Objekte und der Formen der Kultur, die wir hier antreffen (nicht zuletzt die Schrift), haben ihren Ursprung allem Anschein nach in Caere. Es sieht also so aus, als ob die »Fürsten« von Caere eine Politik der Expansion nach Latium begonnen hätten, und zwar nicht zu Lande, sondern auf dem Seewege und mit Schiffen und Schiffsverbänden, von denen wir dank zeitgenössischer Beschreibungen sogar recht gut wissen, wie sie aussahen. Für die angeblichen Konflikte mit den Griechen in dieser Zeit, die wohl auf den Geschichtsschreiber Ephoros von Cumae zurückgehen, der im späten 4. Jahrhundert v. Chr. lebte (Str. 6,2,2), gibt es keine Bestätigung. Auf einem in Caere gefundenen Krater, der um 650 v. Chr. von dem griechischen Keramiker Aristonothos bemalt wurde, ist allerdings eine Seeschlacht zu sehen, in der manche Betrachter eine Auseinandersetzung zwischen Griechen und Etruskern erkennen wollen. Und noch früher, in der zweiten Hälfte des 8. Jahrhunderts v. Chr., werden den großen griechischen Heiligtümern von Olympia und Delphi eine Anzahl von Bronzewaffen geweiht, die aus Mittelitalien geholt worden sind.

In der ersten Zeit seiner Expansion nach Latium scheint Caere jenes Gebiet um den Tiber zu meiden, an dem Veji und Rom gleichermaßen interessiert sind. Die Auseinandersetzungen zwischen diesen beiden großen Zentren nehmen, wenn man der römischen Ge-

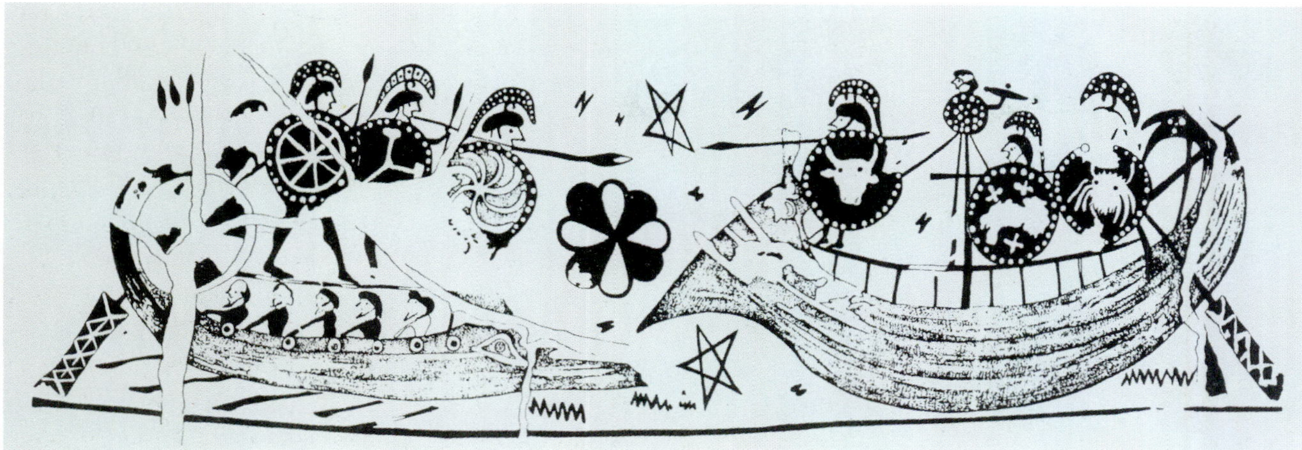

Darstellung einer Seeschlacht auf dem Krater des Aristonothos aus Cerveteri (Mitte 7. Jahrhundert v. Chr.). Rom, Musei Capitolini.

Detail eines der Schiffe auf dem Krater des Aristonothos.

schichtsschreibung glauben darf, ihren Anfang schon in der Regierungszeit des Romulus (Liv. 1, 14, 4; D. H. 2, 54–55; Plu., *Rom.* 33), prägen dann die gesamte Zeit der Königsherrschaft und konzentrieren sich vor allem auf die Gegend von Fidenae, eine nördlich von Rom am Tiber gelegene Stadt, bei der sich eine Furt befand. Allerdings wissen wir ja, daß sowohl Titus Livius (der zwischen 29 und 25 v. Chr. zu schreiben begann) als auch Dionysius (der etwa im Jahre 7 v. Chr. tätig war) ihre Informationen aus recht späten Quellen beziehen, vorwiegend aus dem Werk des Fabius Pictor, der am Ende des 3. Jahrhunderts v. Chr. einem griechisch sprechenden Publikum die Geschicke Roms nicht ohne Pathos vortrug, seinerseits aber eher nüchterne Dokumente heranzog, vor allem die Annalen der Hohenpriester. Rom war im Gegensatz zu den übrigen Zentren Altlatiums durch einen synoikistischen Prozeß entstanden, nämlich durch die Vereinigung einer Reihe von dörflichen Ansiedlungen auf dem Palatin, auf dem Esquilin und auf dem Quirinal, die nach Ausweis der archäologischen Daten in der zweiten Hälfte des 8. Jahrhunderts im Bereich des Forums auch einen Platz ausfindig gemacht hatten, der sich eher zu Handels- als zu Wohnzwecken eignete, weil er häufig überschwemmt wurde. Es kann also – ungeachtet der Hinzufügungen, Ausschmückungen und Erfindungen der späteren Geschichtsschreibung – gar keinen Zweifel daran geben, daß es zwischen der aufblühenden Stadt Rom und den Etruskern aus Veji – wie auch zwischen Rom und den Bewohnern anderer, latinischer und sabinischer, Zentren – immer wieder zu feindlichen Begegnungen kam.

Die Aufgeschlossenheit der Adelsgesellschaft der südetruskischen Zentren gegenüber kulturellen Einflüssen, die ihnen von außen zukamen, hat allerdings die Integration nichtetruskischer Gruppen ganz sicher begünstigt. Unter diesen Fremden befand sich nach einer Mitteilung, die auf Fabius Pictor zurückgeht, ein adliger Kaufmann namens Demaratos aus Korinth, der mit einer Gruppe von Verwandten um die Mitte

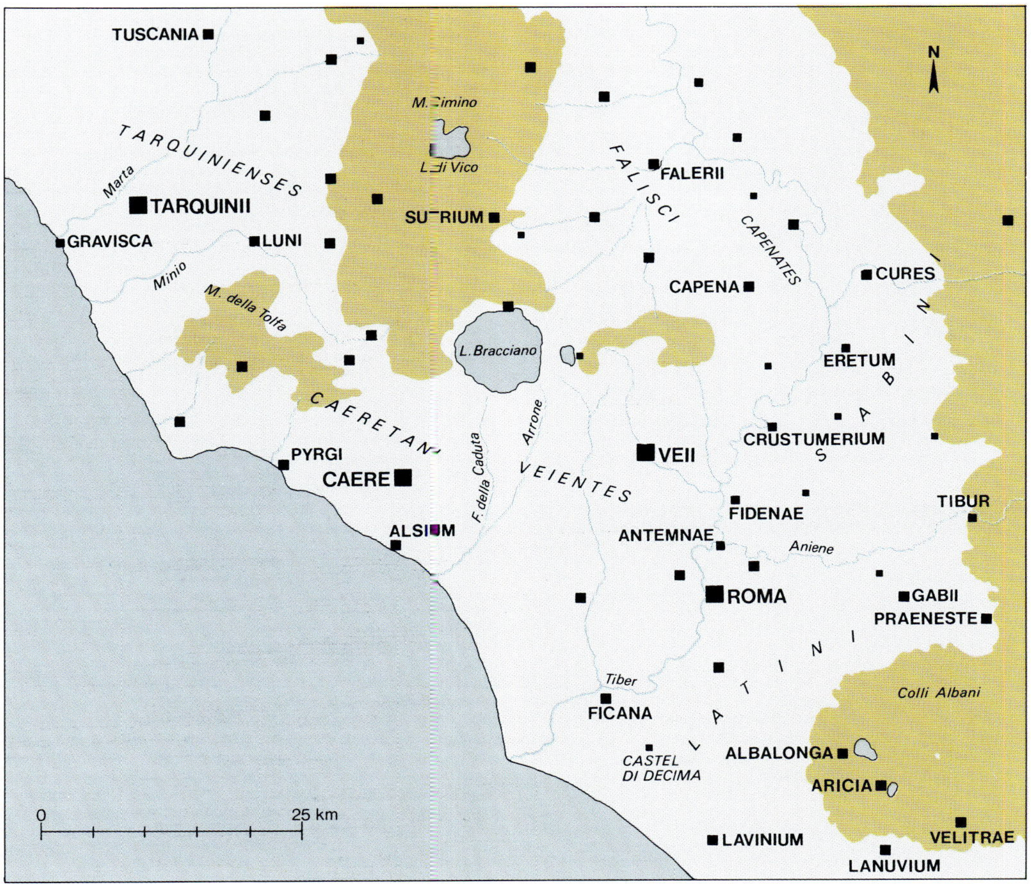

des 7. Jahrhunderts v. Chr. nach Tarquinii kam, mit dessen Bürgern er zuvor schon Handelsbeziehungen gepflegt hatte. Dieser Mann war – als Vater des zukünftigen Königs von Rom, Lucius Tarquinius Priscus – so bekannt, daß die antiken Quellen ihm eine »zivilisatorische« Wirkung auf Etrurien nachsagen: er soll hier die Schrift (Tac., *ann.* 11, 14) und die bildenden Künste eingeführt haben, indem er griechische Künstler mitbrachte (Plin., *nat.* 35, 43). Tatsächlich setzt von diesem Zeitpunkt an – mit einer zeitlichen Differenz von einigen Generationen – ein Prozeß der raschen Urbanisierung ein – am zeitigsten in Caere –, der durch eine Steigerung der Produktion, durch die Organisation der Produktion und durch eine breitere Verteilung des Reichtums gekennzeichnet ist, die sich ganz deutlich in der Funeralkultur äußert. Die Grabanlagen, die jetzt für ganze Familiengruppen bestimmt sind, ahmen in ihrem Innern die Architektur des Wohnhauses nach, wobei nun dauerhafte Materialien verwendet werden.

Eine »Parallele« zur Geschichte des Demaratos haben wir in derjenigen seines Sohnes Lucumo, der seinerseits von Tarquinii nach Rom auswanderte und dem es dort gelang, dem König Ancus Marcius unter dem Namen Lucius Tarquinius auf den Thron zu folgen (z. B. Livius, 1, 34; D. H. 3, 57; Str. 5, 2, 2). Nach den archäologischen Daten kam es im Verlauf seiner Regierungszeit, die von 616 bis 578 v. Chr. gedauert haben soll, zur endgültigen Umwandlung Roms in eine Stadt: die römischen Straßen wurden gepflastert, es wurden Abwasserkanäle angelegt, die Häuser mit Ziegeln gedeckt und die ersten Kultbauten aus Stein errichtet. Daß in Rom auch etruskische Laute zu hören waren, wie wir aus Inschriften wissen, die im Heiligtum auf dem Forum Boarium gefunden wurden, erlaubt uns nicht den Schluß, daß nun mit dem ersten Tarquinius etwa eine Periode der politischen Herrschaft der Etrusker eingesetzt hätte; es war eher ein Prozeß der kulturellen Assimilation durch die Übernahme spezifisch etruskischer Merkmale. Dem Tarquinius Priscus bescheinigen die literarischen Quellen auch einige institutionelle Reformen (z. B. Cic., *rep.* 2, 11, 35), die sich schon auf der Linie jenes politischen Programms bewegen, das dann später von Servius Tullius verwirklicht wird. Vor allem aber sagen ihm die Quellen ein konfliktreiches Verhältnis zu den etruskischen Städten nach – nicht nur zum nahen Veji, sondern auch zu Zentren in Nordetrurien wie Clusium, Arretium, Volaterrae, Rusellae und Vetulonia, die mit den Sabinern verbündet waren (D. H. 3, 51). Die Zusammenstöße ereignen sich immer in der Nähe der Tiberfurten, in Fidenae und in Eretum, einer sabinischen Siedlung in der Nähe des Heiligtums des Lucus Feroniae, die nach den jüngsten archäologischen Erkenntnissen zur Zeit des Tarquinius Priscus schon ein eigenes städtisches Gebilde war. Sie enden in einer Serie von Vergeltungsschlägen gegen Veji und auch gegen Caere (D. H. 3, 58), die beiden Städte, die Rom am nächsten liegen. Schon zu Beginn des 6. Jahrhunderts v. Chr. ist also in

Umrissen eine Situation zu erkennen, die sich dann in den beiden folgenden Generationen deutlich herausbildet: Auf der einen Seite Auseinandersetzungen zwischen Rom und den angrenzenden südetruskischen Städten, die wahrscheinlich deshalb an der Eroberung der Tiberfurten interessiert waren, weil diese ja in den Landweg, die Alternative zum Seeweg, »eingebaut« waren und so das Vordringen nach Latium erleichtern konnten; auf der anderen Seite der Druck in Gestalt der aus Inneretrurien kommenden Gruppen, die wahrscheinlich den Weg durch das Tibertal nahmen.

Das Zeitalter der Expansion

In den letzten fünfundzwanzig Jahren hat sich die archäologische Forschung unter anderem auch den Hafensiedlungen an den Küsten Südetruriens zugewandt. Pyrgi, der antike Hafen von Caere – und laut Servius, dem Kommentator Vergils (*ad Aen.* 10, 184), das Zentrum des etruskischen Piratenwesens –, Graviscae, der weniger berühmte Hafen von Tarquinii, und Regisvillae, der Hafen von Volci, der der Überlieferung zufolge von einem Pelasgerkönig gegründet wurde (Str. 5, 2, 8), heben sich als nach urbanistischen Gesichtspunkten strukturierte Zentren aus dem schon Ende des 7. Jahrhunderts v. Chr. insgesamt dicht bevölkerten Gebiet zwischen den großen Städten und dem Küstenstreifen heraus. Die geographische Lage von Caere, Tarquinii und Volci gestattete es nicht, die Handelsgeschäfte im Innern dieser Städte abzuwickeln – im Gegensatz zu Rom, das direkt am Tiber lag. Daher wurden der Handel und die Kontakte mit den ausländischen Kaufleuten an die Hafensiedlungen delegiert, die in vielen Fällen die Funktion regelrechter Emporia übernahmen. Wie uns die Ausgrabungen in Graviscae zeigen, waren hier im 6. Jahrhundert v. Chr. einige städtische Zonen für die Kulthandlungen der griechischen Kaufleute reserviert, die in die Gemeinschaft dieses Emporiums voll integriert waren.

Im Laufe der ersten Hälfte des 6. Jahrhunderts v. Chr. müssen neben den Korinthern, die ja in den griechischen Kolonien an der Straße von Messina bereits ihre Stützpunkte hatten, mit ziemlicher Sicherheit auch die Bewohner der in Kleinasien gelegenen ionischen Stadt Phokäa mit den Etruskern Handel getrieben haben. Die Phokäer waren nach Herodot ausgezeichnete Seefahrer und hatten das Mittelmeer bis an sein äußerstes westliches Ende befahren (Herodot 1, 163). Um 600 v. Chr. sollen sie die Stadt Massalia (Marseille) an der Küste Südfrankreichs gegründet haben, in einem von ligurischen Stämmen bewohnten Gebiet (Iust. 43, 34), das nach Ausweis des archäologischen Materials schon zwanzig Jahre zuvor vom etruskischen Handel erreicht worden war. Etruskische Erzeugnisse – vor allem Amphoren für den Weintransport und Buccherogeschirr aus den Zentren des Südens – finden sich in der ersten Hälfte des 6. Jahrhunderts v. Chr.

Zweikampf zwischen vulcentinischen Condottieri und Kriegern aus Volsinii, Sovana und Falerii (?) auf den Fresken der Tomba François in Vulci (3. Viertel 4. Jahrhundert v. Chr.). Rom, Villa Albani.

Caile Vipinas wird von Mastarna-Servius Tullius befreit. Aus den Fresken der Tomba François. Rom, Villa Albani.

Gegenüberliegende Seite: Eisenzeitliche Siedlungen in Südetrurien und Altlatium.

Metropolen und Hafenstädte an der etruskischen Küste zwischen dem 7. und dem 5. Jahrhundert v. Chr.

aber auch an den Küsten Korsikas, des von den Phöniziern besiedelten Sardinien, in Karthago und in den griechischen Kolonien auf Sizilien. Damit ist eine sehr rege Verkehrstätigkeit der in den Hafensiedlungen Südetruriens beheimateten etruskischen Schiffe und Schiffsverbände erwiesen.

Die Gründung von Massalia sollte vermutlich sowohl die Etrusker als auch die Karthager in der Aus-

Caeretanische Hydria, Detail mit Seehund (foca), Symbol Phokäas (um 520 v. Chr.). Sammlung Hirschmann, Schweiz.

Darstellung einer Seeschlacht auf einer schwarzfigurigen etruskischen Hydria des Malers von Micali (um 500 v. Chr.). London, British Museum.

Fragment eines Elogiums des Velthur Spurinna aus Tarquinia (frühe Kaiserzeit). Tarquinia, Museo Archeologico.

Goldblech mit Weihinschrift des Thefarie Velianas an Uni-Astarte in phönizischer Sprache aus Pyrgi (um 500 v. Chr.). Rom, Museo di Villa Giulia.

weitung ihrer Handelsbeziehungen behindern, wobei die letzteren nicht nur nach Sardinien und Westsizilien, sondern auch an die afrikanische Nordküste und an die spanische Levante drängten. Die Errichtung einer weiteren phokäischen Kolonie in Alalia an der Ostküste Korsikas um 565 v. Chr. gefährdete die maritimen Interessen der etruskischen Städte noch weiter, die kurz nach der Mitte des Jahrhunderts des öfteren unter der Piraterie der Phokäer zu leiden hatten. Herodot, der uns von diesen Dingen berichtet, hält sich auch des längeren bei der ersten Seeschlacht in der Geschichte der Etrusker auf, von der wir wissen (1, 165–167): Um das Jahr 535 v. Chr. kam es in den sardischen Gewässern in der Nähe der korsischen Küste zur feindlichen Begegnung zwischen der Flotte der Etrusker und der mit ihnen verbündeten Karthager auf der einen und den Schiffen der Phokäer auf der anderen Seite. Jede Seite war mit 60 Schiffen vertreten. Die Schlacht endete mit der Niederlage der Phokäer und machte so jeden Versuch einer griechischen Niederlassung auf Korsika zunichte; vielmehr wurden nun mehrere etruskische Stützpunkte auf der Insel gegründet, darunter Nikaia (D. S. 5, 13, 4), das vermutlich mit der in der Nähe des heutigen Aleria entdeckten etruskischen Kolonie identisch ist. Wie man ebenfalls bei Herodot (1, 16) nachlesen kann, spielte die wichtigste Rolle bei diesem Zusammenstoß die Stadt Caere, die nach dem Unternehmen dem Apollon von Delphi ein eigenes Schatzhaus errichtete (Str. 5, 2, 3) und wahrscheinlich ihre Verträge mit Karthago noch durch ganz spezifische Vereinbarungen absicherte, wie man aus den Goldblechen von Pyrgi schließen kann. In diese Zeit gehören aller Wahrscheinlichkeit nach jene *symbola,* Handelsvereinbarungen zwischen Etruskern und Karthagern, von denen Aristoteles spricht (*Pol.,* 3, 9, 6–7) und die kurz vor dem ersten römisch-karthagischen Vertrag liegen, der nach Polybios (3, 22) im Jahr 508 v. Chr. geschlossen wurde. Gerade aus dem Text des Polybios geht letzten Endes hervor, daß die etruskischen Städte nach politischer Autonomie auch gegenüber den eigenen Partnern strebten, daß es also keine »nationale« Politik der etruskischen Stadtstaaten gab.

Die politische Autonomie der etruskischen Städte kommt auch in den Geschehnissen während der Regierungszeit des sechsten Königs von Rom, Servius Tullius, zum Ausdruck, die nach der annalistischen Überlieferung von 578 bis 534 v. Chr. dauerte. Die römische Geschichtsschreibung betont seine Rolle als Reformator des Staates, während sie den Auseinandersetzungen mit den südetruskischen Städten nur wenig Raum widmet (D. H. 4, 27); ein byzantinischer Epitomatiker beschränkt sich auf die Feststellung, daß Servius »auch einige Kriege gegen die Vejenter und gegen alle Tyrrhener führte, in denen nichts Erwähnenswertes geschah« (Zonar. 7, 9 B). Die etruskische Überlieferung dagegen, und zwar schriftliche wie bildliche Quellen, liefert uns nicht wenige Anhaltspunkte zur Frage der Herkunft dieses Mannes. Verrius Flaccus erzählt von zwei Brüdern aus Volci, Aulus und Caelius Vibenna, die mit einem Gefährten, einem gewissen Max(tarna), nach Rom gekommen seien, um einen nicht näher identifizierten Tarquinius zu sehen oder zu unterstützen. Der Kaiser Claudius spricht in seiner auf der großen Bronzetafel von Lyon (ILS 212) festgehaltenen Rede von der treuen Gefährtschaft zwischen Mastarna und Caelius Vibenna bei allen ihren Unternehmungen in Etrurien, vom Tod des Caelius und vom Aufbruch des Mastarna nach Rom, wo er sich der Herrschaft bemächtigt und den Namen Servius Tullius angenommen habe. Die Malereien der Tomba François in Volci, die um 330 v. Chr. entstanden sind, zeigen *Macstrna* (dessen Name sich vom lateinischen *magister,* »Kommandant« ableitet), wie er den *Caile Vipinas* von seinen Ketten befreit, während andere Krieger aus Volci, darunter *Avle Vipinas,* im Kampf Mann gegen Mann sämtliche Gegner töten, die sich durch ihre Stammesnamen als Volsinier, Sovaner, Falisker (?) und Römer erweisen: Der Name des römischen Kriegers ist bezeichnen-

Kampanien in archaischer Zeit: In vielen Zentren an der Küste wie im Innern hat man etruskische Inschriften gefunden (Capua, Cales, Calatia, Pompeji, Nola, Stabia, Vico Equense, Fratte, Pontecagnano, Eboli).

derweise *Cneve Tarchunies* (CIE 5266–5275), also Gnaeus Tarquinius. Tacitus schließlich (*ann.* 4, 65), der die etruskische Überlieferung mit der römischen vermengt, führt die Ankunft des Caelius Vibenna, eines Heerführers der Etrusker, auf eine ausdrückliche Bitte des Tarquinius Priscus oder eines anderen Königs zurück. Die Glaubwürdigkeit dieser Geschichten ist durch die Weihinschrift des *Avile Vipiiennas* aus der Mitte des 6. Jahrhunderts auf einem Buccherokelch bestätigt, der im Heiligtum der Minerva in Veji dargebracht wurde (TLE 35): wir können schwerlich annehmen, daß der Auftraggeber einfach ein Namensvetter des Helden aus Volci war. Überdies legt die Entstehungszeit dieser Inschrift es nahe, die auf den Malereien der Tomba François dargestellte Episode in das zweite Viertel des 6. Jahrhunderts zu datieren, in eine Zeit lebhaftester Handelstätigkeit der Vulcenter in Rom, und nicht in die Zeit des Zusammenbruchs der Monarchie, den die Geschichtsschreibung in das Jahr 509 v. Chr. datiert.

Einmal abgesehen von der Frage nach der Herkunft des Servius Tullius, welche die römische Annalistik, wenn auch mit nur legendären Begründungen, nach Latium verlegt (z. B. Liv. 1, 39–41), wird die Geschichte der Etrusker damit um eine Episode bereichert, von der wir sonst nichts wüßten und in der Volci, die große südetruskische Stadt, als Protagonistin eines Kampfes gegen eine Reihe miteinander verbündeter Städte im Tibergebiet (Rom, Falerii, Volsinii) erscheint. An diesem Kampf ist bezeichnenderweise auch Sovana beteiligt, ein kleineres Zentrum im Tal des Fiora an der Verbindungsstraße zwischen Volci und Volsinii: offensichtlich kam es in den Territorien Südetruriens von diesem Augenblick an zu politischen und sozialen Veränderungen, die dann in den letzten Jahrzehnten des 6. Jahrhunderts v. Chr. zum Zusammenbruch der kleinen lokalen Herrschaftsräume (die nach Ausweis des archäologischen Materials so gut wie vollständig verlassen wurden) und zu einem weiteren Anwachsen der städtischen Siedlungen führten.

Quinto Fiorentino: Inneres der Tomba della Montagnola (Ende 7./Anfang 6. Jahrhundert v. Chr.).

Quinto Fiorentino: Inneres der Tomba della Mula, heute als Keller genützt (letzte Jahrzehnte 7. Jahrhundert v. Chr.).

So haben sich beispielsweise die Küstenmetropolen jetzt nach der Schlacht in den sardischen Gewässern offenbar vorgenommen, den gesamten tyrrhenischen Raum zu erobern, und sie führen dieses Vorhaben dann auch aus, und zwar nicht nur in der Weise, daß sie Stützpunkte auf Korsika gründen, sondern auch dadurch, daß sie ununterbrochen mit ihren Schiffen an den Küsten Kampaniens – im Golf von Neapel und im Golf von Salerno – auftauchen (wobei vereinzelt auch feste Niederlassungen gegründet werden, die direkt den Etruskern unterstehen). Es ist möglich, daß von diesen Zentren aus dann auch eine Expansionspolitik in Richtung des südlichen Tyrrhenischen Meeres betrieben wurde. In diesen letzten Jahrzehnten des 6. Jahrhunderts vermischt sich die Geschichte der Etrusker in der Tat mit der der westgriechischen Kolonien, insbesondere mit der Geschichte von Cumae und von Lipara. Allerdings vermitteln uns die griechischen Autoren, die gewöhnlich aus Quellen des späten 4. Jahrhunderts v. Chr. schöpfen, ein höchst ungenaues Bild vom politischen Leben der Etrusker: Sie projizieren nämlich eine Situation, wie sie zu ihrer eigenen Zeit bestand, ins 6. und ins 5. Jahrhundert v. Chr. und stellen die Etrusker als eine einheitliche und fest gefügte ethnische Gemeinschaft dar, die sich eher der Piraterie widmete als kriegerischen Aktionen, hinter denen ein politisches Programm stand. Dagegen vermeldet die etruskische Überlieferung – zum Beispiel im Spiegel der *elogia* von Tarquinii – ausdrücklich lokalhistorische Begebenheiten, in deren Mittelpunkt die höchsten Magistratsbeamten der Stadt stehen, die in einer Zeit, die wir wohl mit dem Ende des 6. oder dem Beginn des 5. Jahrhunderts gleichsetzen müssen, im mittleren tyrrhenischen Raum und in Sizilien zu tun haben. Aus den gleichen Dokumenten wird auch die Binnengeschichte Etruriens deutlich: die Städte betreiben keine gemeinsame Politik, sondern verfolgen jeweils eigene und autonome Impulse, was gelegentlich sogar zu militärischen Auseinandersetzungen führt.

Im letzten Viertel des 6. Jahrhunderts scheinen dann auch jene Etrusker in Bewegung zu geraten, die im Innern der Region wohnen. Das einzige Zentrum, das hier im Laufe des 6. Jahrhunderts den Prozeß seiner Stadtwerdung zum Abschluß gebracht hatte, war Volsinii. Dagegen nehmen andere Orte, wie etwa Clusium, Perusia und das weiter nördlich gelegene Arretium städtische Merkmale erst in den beiden letzten Jahrzehnten des Jahrhunderts an. Dies geschieht erst nach einem schmerzhaften Prozeß der Umwandlung des zuvor existenten Besiedlungsgefüges, in dessen Verlauf die kleinen Herrschaftsräume zerstört werden, während sich die primären Zentren siegreich behaupten. Von diesem Bereich im Innern Etruriens nehmen die Kolonisationsbewegungen in Richtung der Poebene ihren Ausgang, die bis nach Adria reichen und den Etruskern Padaniens das neue städtische Modell aufnötigen. Die ersten etruskischen Inschriften, die in Adria bzw. in Ravenna gefunden worden sind und aus der Zeit von 530–520 v. Chr. stammen, gelten wegen des verwendeten Alphabets als von Zuwanderern aus Volsinii angefertigt, und die Gründung von Felsina wird von der Überlieferung einem gewissen *Aucnus* aus Perusia zugeschrieben (Serv., *Aen.* 10, 198).

Nach einer großgriechischen Überlieferung, die in der römischen Annalistik nicht enthalten ist, soll eine Koalition von Etruskern aus dem adriatischen Raum, Umbrern und Daunern im Jahre 524 v. Chr. versucht haben, Cumae zu erobern (D. H. 7, 3): In der Schlacht, die sich im Hinterland der griechischen Kolonie abspielte, tat sich ein Adliger namens Aristodemos besonders hervor, der später noch andere Gefechte gegen die Etrusker angeführt haben soll. Die vor Cumae geführten etruskischen Angreifer konnten sich weder auf jene anderen Etrusker stützen, die, von der See kommend, bereits enge Beziehungen mit der an der Küste Kampaniens lebenden Bevölkerung angeknüpft hatten, noch konnten sie bei ihren Invasionsbewegungen den Korridor des Tibertals benutzt haben, denn hier war schon zur Zeit des Tarquinius Priscus eine Koalition von Städten entstanden, die zum größten Teil im Innern der Region lagen (D. H. 3, 51).

Nach der römischen Annalistik regierte damals in Rom der zweite Tarquinius, der uns mit den typischen Kennzeichen des Tyrannen beschrieben wird. Nach Titus Livius gelang es dem Tyrannen dank seiner Bündnispolitik mit den etruskischen Städten und den im Zuge dieser Politik unternommenen Versuchen einer Invasion nach Südlatium, in die Territorien der Volsker und der Äquer, zunächst nach Caere zu flüchten (1, 60, 2), dann einen Krieg der Vejenter und der Tarquinier gegen den neuen römischen Staat zu entfesseln, der unentschieden ausging (2, 6), und schließlich den König von Clusium, Lars Porsenna, zu Hilfe zu rufen (2, 9–15; siehe auch D. H. 5, 21–35). Von den vielen Gestalten, die in diesem Augenblick im Spiel

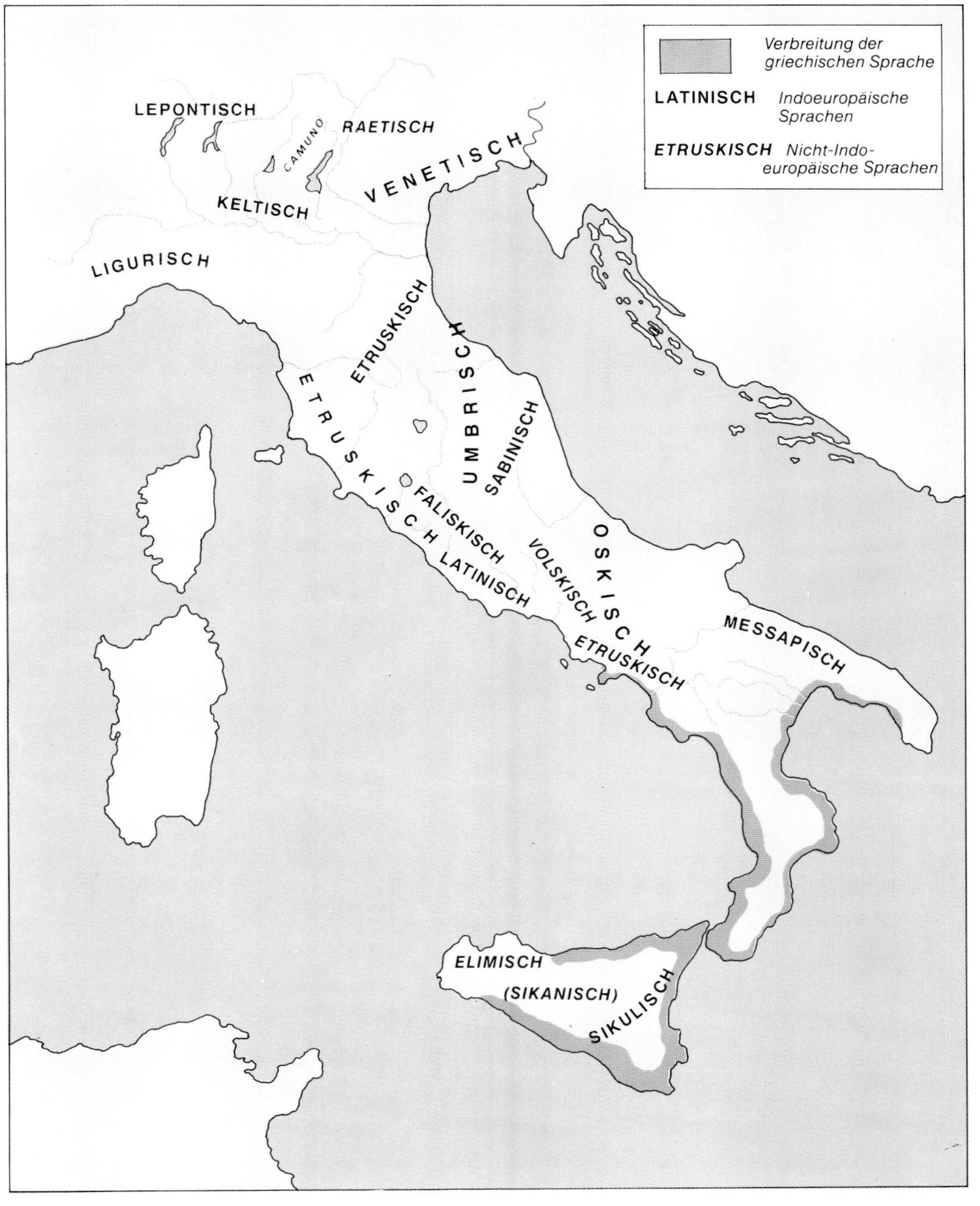

Die Verbreitung der Sprachen im antiken Italien.

Orvieto: Blick auf den Westabhang.

Orvieto, Nekropole des Crocifisso del Tufo. Im Vordergrund das Grab des Avele Flusena.

sind, ist Porsenna eine der wenigen, die historisch zu fassen sind. Anderen Überlieferungen zufolge war die Periode, für welche die Annalistik nur die Belagerung Roms durch Lars Porsenna meldet (507–506 v. Chr.), eine Zeit, in der die Etrusker die Stadt tatsächlich beherrschten (Tac., *hist.* 3, 72, 1; Plin., *nat.* 34, 139). Wie zuvor Tarquinius Superbus soll dann auch Porsenna versucht haben, tiefer nach Latium hineinzudringen, aber das Heer unter der Führung seines Sohnes Arruns wurde um das Jahr 505 v. Chr. bei Ariccia geschlagen.

Am Ende soll Porsenna in seine Heimatstadt zurückgekehrt sein, während sich in Rom das republikanische Regime konsolidierte. Einer der ersten römischen Konsuln war Publius Valerius, der mit Sicherheit gelebt hat, wie die Weihinschrift bezeugt, die vor noch nicht allzu langer Zeit im Heiligtum der Mater Matuta in Satricum entdeckt wurde. Tarquinius verzichtete endgültig auf die Herrschaft und lebte als Exilant zunächst in Tusculum (Liv. 2, 15) und später – nach dem Sieg der Römer über die Latiner am Lago Regillo im Jahre 496 v. Chr. – in Cumae bei Aristodemos (Liv. 2, 21; D. H. 7, 2 und 12). Seine Aufnahme bei Aristodemos, der der Feind des Porsenna gewesen war, schafft beträchtliche Probleme, auch wenn man sie vor dem Hintergrund einer »etruskophilen« Einstellung dieses Mannes sieht: Aristodemos war nämlich nach dem Sieg von Ariccia nach Hause zurückgekehrt, hatte die Vertreter des Adels verjagt und sich, gestützt auf seine persönliche Truppe aus etruskischen Gefangenen und Emigranten, zum Tyrannen von Cumae aufgeworfen (D. H. 7, 5–9 und D. S. 7, 10).

Die Nachrichten, die wir über die Ereignisse des 6. Jahrhunderts besitzen, sind zwar lückenhaft; wir können aber wohl sagen, daß dieses Jahrhundert beherrscht war von den Aktionen aristokratischer Gruppen, die vor allem den Handel und die Schiffahrt förderten und damit eine Kolonisationsbewegung in Gang setzten, die in mehrere Richtungen ging: nach Gallien, wie die etruskischen Inschriften aus dem 6. Jahrhundert beweisen, die in Lattes (dem antiken Lattara) gefunden wurden, nach Genua, dem ligurischen Emporium, in dem am Ende des 6. Jahrhunderts die etruskische Komponente fest verwurzelt ist, nach Korsika und vor allem in das Küstengebiet Kampaniens. Hier besetzen die Etrusker nicht nur den *ager picentinus,* sondern sie tauchen von den letzten Jahrzehnten des 6. Jahrhunderts an immer häufiger auch in Pompeji und in den Siedlungen des kampanischen Hinterlandes auf und bringen diese Gebiete schließlich unter ihre Kontrolle. In manchen Fällen werden die archäologischen Daten durch die schriftliche Überlieferung bestätigt, so zum Beispiel für Korsika (D. S. 5, 13, 3–4) und für die Küste Kampaniens (Str. 5, 4, 12 und Plin., *nat.* 3, 70). Der Mobilität zur See entsprechen auch Versuche einer Expansion nach Latium hinein, die zumindest durch die persönliche Geschichte der »Condottieri« wie des Mastarna und der Brüder Vibenna belegt sind. Diese scheinen in einem Augenblick des sozialen Wandels zu operieren, der Phänomene der Stasis begünstigt; die Regelung der lokalen Angelegenheiten erfolgt dann mit der Zeit, auch durch ein Trauma, und unter der Führung von Personen, die tyrannische Züge annehmen. Von mehreren Seiten ist darauf hingewiesen worden, daß die Periode der *Stasis* in Cu-

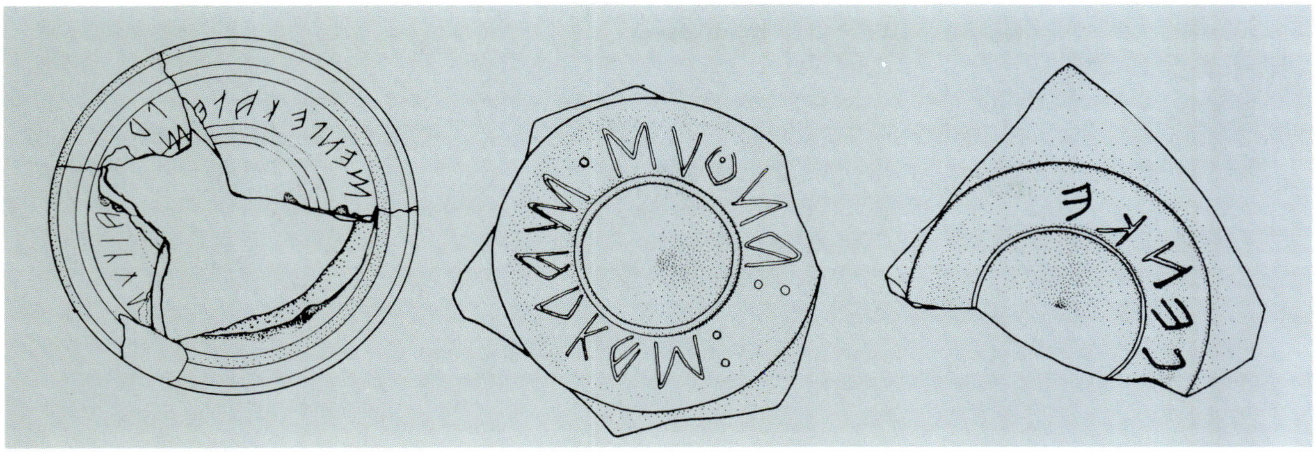

Votivinschriften in etruskischer Sprache aus Bagnolo S. Vito (5. Jahrhundert v. Chr.). Soprintendenza archeologica per la Lombardia.

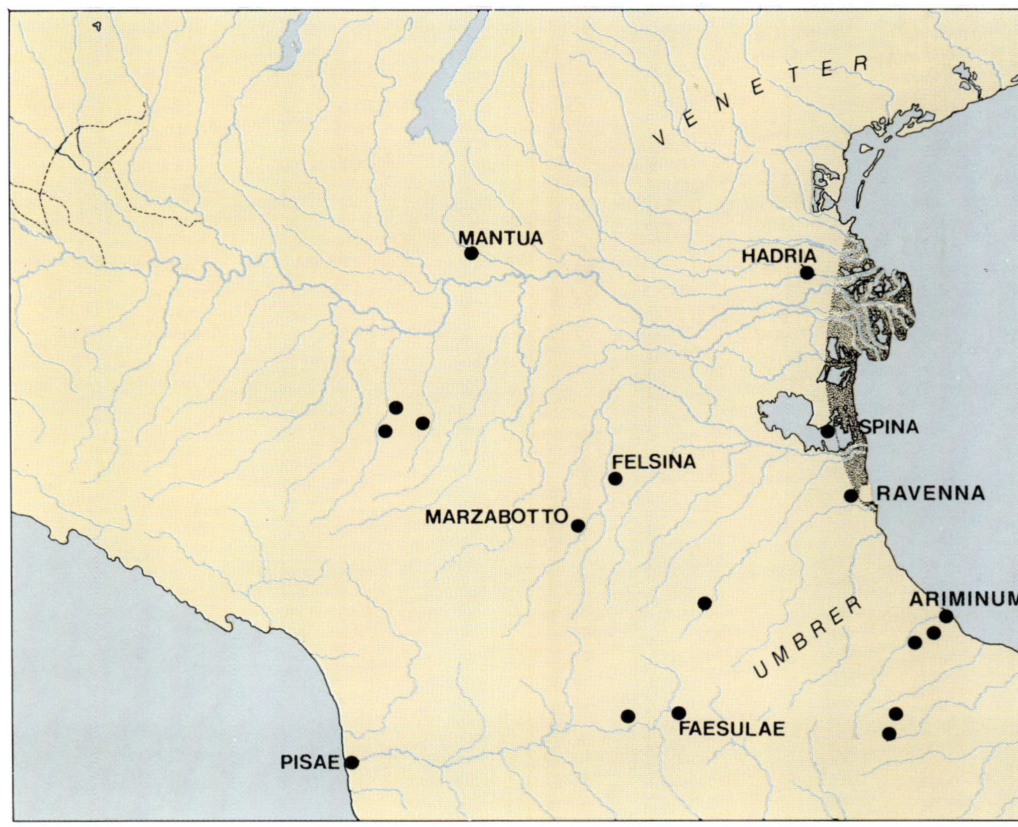

Verbreitungsgebiet etruskischer Inschriften nördlich des Apennin.

Bronzestatuette eines angreifenden Kriegers aus dem Depot von Brolio (3. Viertel 7. Jahrhundert v. Chr.). Florenz, Museo Archeologico.

mae unter Aristodemos mit dem Konsulat des von Plutarch als *tyrannos* geschilderten Lucius Valerius Publicola und vor allem mit der Herrschaft des Thefarie Velianas, des »Königs von Caere«, zusammenfiel: als dieser der Göttin Uni den Tempel von Pyrgi weihte, wie die phönizische Inschrift besagt, regierte er seit drei Jahren und bemühte sich, auf dem Weg über diese Dedikation, seiner Herrschaft Charisma zu verleihen.

Die Zeit der Krise

Die »Etruskophilie« des Aristodemos ist etwas, an das wir uns halten müssen, wenn wir uns die etruskischen Expansionsbestrebungen im Süden des Tyrrhenischen Meeres erklären wollen. Außer von den Angriffen gegen Lipara wissen wir von Herodot (6, 17) auch von Piratenakten des Dionysius von Phokäa gegen die Karthager und die Etrusker. Nachdem er sein Vaterland verlassen hatte, das unter das Joch der persischen Herrschaft geraten war, soll er nach 494 v. Chr. von

Cippus aus Delphi mit Weihinschrift von »Tyrrhenern« an Apollo in griechischer Sprache (Anfang 5. Jahrhundert v. Chr.).
Delphi, Museum.

Heiligtum von Delpni: Die Fundamente des angeblichen archaischen Schatzhauses der Caeretaner neben dem Schatzhaus der Athener.

Bronzehelm mit Weininschrift des Hieron, aus Olympia (474–473 v. Chr.).
London, British Museum.

Sizilien aus, wo er sich vielleicht einen Stützpunkt in Syrakus geschaffen hatte, eine Art persönlichen Krieg gegen die Völker geführt haben, deren Schiffe diese Gewässer ständig befuhren. Das waren vor allem die Etrusker und die Punier, die, wie wir schon gesehen haben, einander durch gegenseitige Abmachungen verbunden waren. Und ein großer Teil der griechischen Städte in Sizilien sah unter dem Druck der Tyrannen von Syrakus in diesem Umstand einen Anlaß zum gemeinsamen politischen Handeln. Gelon, der sich im Jahre 485 v. Chr. in Syrakus festgesetzt hatte, begann eine gegen Karthago und zumal gegen die phönizischen Zentren in Westsizilien gerichtete Politik, mit der er im Jahre 480 v. Chr. in der Schlacht bei Himera einen Erfolg verzeichnete (Hdt. 7, 165–167). Von diesem Augenblick an sah Anaxilaos, Tyrann von Reggio und Verbündeter der Karthager, sich gezwungen, seine politische Haltung, die bisher vielleicht auch den Etruskern gegenüber positiv gewesen war, zu ändern und sich verstärkt um die Verteidigung der Straße von Messina gegenüber den Angriffen der Tyrrhener zu kümmern (Str. 6, 1, 5).

Die Expansionspolitik der Etrusker brachte die griechischen Städte offensichtlich in große Schwierigkeiten. Nach dem Sturz des Aristodemos kurz nach 490 v. Chr. (D. H. 7, 10 f.) und der Wiederherstellung der Oligarchie durch eine Gruppe junger Adliger, die sich während der Tyrannis nach Capua geflüchtet hatten, hatte Cumae mehrfach unter den Angriffen der Etrusker zu leiden. Die Etrusker, die sich inzwischen fest an den Küsten Kampaniens niedergelassen hatten, waren in der Tat zu »Herren des Meeres« geworden, wie es in der griechischen Geschichtsschreibung heißt. Deshalb riefen die Einwohner von Cumae im Jahr 474 v. Chr. den neuen Tyrannen von Syrakus, Hieron, den Bruder des Gelon, zu Hilfe (D. S. 11, 51), dem es in einer Seeschlacht gelang, die etruskische Flotte zu schlagen. In Pithecusae wurde eine Garnison aus Syrakus stationiert, die ganz offensichtlich die Straße kontrollieren sollte, die das etruskische Kernland mit dem etruskischen Kampanien verband: Mit diesem Augenblick begann der Niedergang der etruskischen Ansiedlungen an der kampanischen Küste, wie aus dem archäologischen Material hervorgeht. Der Sieg von Cumae, so kurz nach dem Erfolg Gelons vor Himera und nach dem Ende der persischen Kriege, wurde von Pindar begeistert besungen (P. 1, 72 ff.).

Das Jahr 474 v. Chr. sah daneben auch den Beginn eines vierzigjährigen Waffenstillstandes zwischen Rom und Veji (Liv. 2, 54) nach mehr als zehnjährigen Kämpfen: Hier haben wir es mit einer Koinzidenz zu tun, die uns, wie wir schon sagten, einen Beweis für die Zuverlässigkeit der römischen Archive liefert. Die Annalistik berichtet nämlich für die Zeit zwischen 483 und 474 v. Chr. von einer Reihe feindlicher Begegnungen zwischen den Römern und den Vejentern, denen sich nach gemeinsam gefällten Entscheidungen weitere etruskische Städte angeschlossen hatten. Auf römischer Seite spielten die Mitglieder des Geschlechtes der Fabier eine wichtige Rolle bei diesen Auseinandersetzungen; die *gens* Fabia war wahrscheinlich am Besitz von Ländereien in der Nähe von Veji interessiert. Die Zusammenstöße gipfelten in einer Schlacht im Jahre 480 v. Chr., über die Livius in Anlehnung an berühmte literarische Vorbilder berichtet (2, 44–45). In der Schlacht soll die gesamte *gens* Fabia gefallen sein (2, 49–50). Die abrupte Beendigung dieser Aktionen im Jahre 474 v. Chr. wird heute als ein Echo auf die Niederlage von Cumae und als der endgültige Verzicht der Etrusker auf die Herrschaft über Kampanien angesehen. Ganz und gar anachronistisch klingt daher die von Cato überlieferte Nachricht von der Gründung der etruskischen Stadt Capua im Jahre 471 v. Chr., eine Mitteilung, die schon in der Antike im Widerspruch zu jener anderen stand, der zufolge Capua im Jahre 800 v. Chr. von den Etruskern gegründet worden sein soll (Vell. 1, 7). Tatsächlich ist es einigermaßen seltsam, daß die cumanische Quelle, der wir die Überlieferung der Geschichte des Aristodemos verdanken, Capua zwar als den Aufenthaltsort der exilierten Adligen von Cumae erwähnt, auf seine Charakterisierung als etruskische Stadt aber mit keinem Wort eingeht. Und tatsächlich finden wir in dem bemerkenswerten epigraphischen Dokument von Capua, das man inzwischen gefunden hat und dessen Wortlaut auf Tontafeln des 5. Jahrhunderts v. Chr. geschrieben ist, ein südetruskisches Alphabet, das dem in Veji verwendeten sehr ähnlich ist. Das spricht durchaus für einen Vorstoß etruskischer Kolonisatoren aus dem inneren Latium, wahrscheinlich in den Jahren nach dem Tod des Aristodemos, und es paßt auch zu den Expansionsversuchen von Veji in Richtung Latium, die sich vom Jahr 483 v. Chr. an verstärkten. Die Fachleute sind sich weitgehend einig darüber, daß man in der Niederlage von Cumae ein Schlüsselereignis der etruskischen Geschichte zu sehen habe: Mit dem Jahr 474 v. Chr. setzt in den Küstenstädten Südetruriens tatsächlich eine Periode der Rezession ein. Sie verschließen sich dem Handel mit den Griechen, der, inzwischen übrigens von Athen gesteuert, jetzt die reichen Märkte am Adriatischen Meer entdeckt hat, die von den Etruskern im Mündungsgebiet des Po eröffnet worden waren. Trotzdem vernachlässigt Athen die etruskischen Häfen am Tyrrhenischen Meer nicht vollständig.

Eine eigene Entwicklung hatte vom Ende des 6. Jahrhunderts v. Chr. an die metallverarbeitende Industrie von Populonia genommen. Hier war ein regelrechtes Bergbaugebiet entstanden, das die etruskische Stadt selbst, die Insel Elba mit ihren Eisenerzvorkommen und die etruskisch besiedelte Küste Korsikas umfaßte. Auf diesen neu entstandenen Bereich konzentrierte sich die gegen Etrurien gerichtete Politik von Syrakus, übrigens auch noch nach dem Sturz des Hieron, denn im Jahre 463 v. Chr. fanden zwei kriegerische Aktionen zur See gegen die Etrusker statt, die, wie Diodoros Siculus berichtet, ihre Piratenzüge nicht eingestellt hatten (11, 88, 4–5).

Auch wenn die schriftlichen griechischen Quellen außerordentlich lückenhaft sind, so können wir doch zumindest ahnen, daß die Etrusker auch im Laufe des 5. Jahrhunderts v. Chr. gegenüber Syrakus feindselig eingestellt waren. Als Athen zum Beispiel im Jahre 415 v. Chr. begann, diese großgriechische Stadt zu belagern, konnte es sich der Unterstützung durch ein kleines etruskisches Heer versichern: etwa 250 Männer auf drei Schiffen zu je 50 Rudern (Th. 6, 88, 6 und 103, 2). Die Aktionen der Etrusker in diesem Krieg waren ohne große Wirkung (7, 53, 2–3); wie Thukydides berichtet, beteiligten sie sich ganz einfach »aus Feindschaft gegenüber den Syrakusanern« (7, 57, 11).

Der sogenannte »Ziegel von Capua«, Archivdokument eines etruskischen Heiligtums, das in S. Maria Capua Vetere entdeckt wurde. Abgebildet ist ein Abdruck des Originals, das heute in den Staatlichen Museen in Berlin/DDR aufbewahrt wird (1. Hälfte 5. Jahrhundert v. Chr.). Rom, Istituto di Etruscologia dell'Università.

Als Konflikte zwischen einzelnen Städten und nicht etwa als Auseinandersetzungen, an denen die ganze »Nation« teilhatte, muß man auch alle Episoden des Krieges zwischen Rom und Veji ansehen, der zwischen 438 und 426 v. Chr. in der Gegend von Fidenae stattfand (Liv. 4, 17–34). Diese von Etruskern bewohnte Stadt (Liv. 1, 15) war schon früher ein Streitobjekt gewesen: Sie lag, wie schon erwähnt, in der Nähe einer der Tiberfurten und bildete einen wichtigen Brückenkopf für die Expansion Roms nach Norden und Osten sowie für die endgültige Kontrolle über den Tiber. Zu Beginn des Krieges gewann der König von Veji, Lars Tolumnius, die Unterstützung der Falisker, die das Gebiet nördlich von Rom auf dem rechten Tiberufer bewohnten und natürlich unter den römischen Expansionsbestrebungen zu leiden hatten (Liv. 4, 17). Nach den ersten Mißerfolgen und dem Tod des Königs von Veji (4, 20) versuchten Vejenter und Falisker bei einer Zusammenkunft im *Fanum Voltumnae,* die übrigen etruskischen Städte für ihre Sache zu gewinnen (23, 5), aber sie erhielten sowohl bei dieser als auch bei einer

Bronzestatuette des sich selbst tötenden Ajax aus Populonia (um 480 v. Chr.). Florenz, Museo Archeologico.

anderen Gelegenheit wenig später (25, 7) eine abschlägige Antwort. Veji mußte allein gegen Rom kämpfen und verlor Fidenae schließlich für immer (4, 21, 6–34). Es ist das erste Mal, daß Livius in einem historisch-politischen Zusammenhang und nicht nur in einer Abschweifung, in der er historische Betrachtungen anstellt, vom Ort der Zusammenkunft der verschiedenen etruskischen Städte spricht, einem Heiligtum, das einer Gottheit aus Volsinii geweiht war, die später auch im etruskischen Viertel in Rom verehrt wurde (Prop. 4, 2, 1 ff.). Diese *concilia,* die, hervorgegangen aus überkommenen Formen der Stammessolidarität, im Altertum auch von anderen italischen Völkern abgehalten wurden, entwickelten sich ganz offensichtlich im Laufe der Zeit und zumal in der Periode der Romanisierung zum Ort von politischen Entscheidungen, die das ganze *nomen etruscum* betreffen konnten. Das zeigt sich auch am weiteren Verlauf des Krieges zwischen Rom und Veji, der im Jahre 396 v. Chr. mit der Kapitulation der etruskischen Stadt zu Ende ging. Der autonome Charakter des Krieges zwischen Rom und Veji wird übrigens auch an der Unterstützung deutlich, welche die Küstenstädte Etruriens und vor allem die im Bereich des Tiber gelegenen Zentren der Stadt Rom während der Hungersnot von 412 v. Chr. (Liv. 4, 52) angedeihen ließen. Alle Städte im Tiberbecken außer Veji – genauer gesagt Falerii, Volsinii und Clusium – hatten sich in der Zeit des Niederganges Südetruriens in der zweiten Hälfte des 5. Jahrhunderts v. Chr. ihre Blüte noch weitgehend bewahrt, was vor allem im Bereich der Sakralbauten erkennbar ist. Es ist nicht unwahrscheinlich, daß es gerade Volsinii, der Ort des *Fanum Voltumnae,* war, das jetzt die politische »Führung« übernahm und einem Kampf mit Rom aus dem Wege ging, dessen Bevölkerung dringend auf Lebensmittellieferungen angewiesen war.

Dieser ganze Bereich muß zu Beginn des 4. Jahrhunderts v. Chr. vorübergehend von der keltischen Invasion überrannt gewesen sein, und auch bei dieser Gelegenheit muß sich gezeigt haben, daß die einzelnen etruskischen Städte ganz unterschiedliche politische Positionen einnahmen. Livius (5, 33 ff.), der sich an andere als annalistische Quellen hält, verbindet die erste Invasion der Kelten in Italien mit der Regierungszeit des Tarquinius Priscus (616–578 v. Chr.) und indirekt auch mit der Gründung von Massalia durch die Phokäer, die einer anderen Überlieferung zufolge um das Jahr 600 v. Chr. erfolgt sein soll (Iust. 43, 3–4). Diese erste Gruppe der Kelten soll sich in der Lombardei niedergelassen und Mediolanum (Mailand) gegründet haben, aber das war nur der Anfang einer riesigen Bewegung von nachrückenden Bevölkerungsgruppen: die Cenomanen ließen sich in der Gegend um Brescia und Verona nieder, die Boier besetzten einen Teil der Emilia, und die Senonen drangen schließlich bis ins Picenum vor. Polybios, der seine *Weltgeschichte* zwischen 167 und 150 v. Chr. verfaßte, liefert eine ganz ähnliche Beschreibung der Besetzung Norditaliens durch keltische Stämme (2, 14 ff.). Die Senonen, die auf der Suche nach neuen Territorien als letzte ins Land gekommen waren, entdeckten im reichen und entvölkerten Inneretrurien ein Gebiet, das ihren Bedürfnissen entsprach: daß sie überhaupt über den Apennin gelangten, verdankten sie einem Mann aus Clusium, der den Galliern angeblich die reichen Erträge dieser Region gezeigt haben soll (Liv. 5, 33, 1–3; D. H. 13, 10–11).

Von Clusium, das damals mit Rom verbündet war, sollen die Kelten dann über den Tiber bis nach Rom vorgedrungen sein, was nicht zuletzt auf das Ungeschick der Fabier, der Botschafter Roms in Clusium, zurückzuführen war (Liv. 5, 35, 4–36). Rom war siegreich aus dem Krieg gegen Veji hervorgegangen, das 396 v. Chr. gefallen war, wobei es sich indirekt die

Unterstützung von Städten wie Caere und Clusium und, in einem allgemeineren Sinn, die Neutralität des etruskischen *concilium* zunutze gemacht hatte (Liv. 5, 1). Das Hilfsersuchen, das die Einwohner von Clusium an die Römer richteten, paßte also durchaus in die in diesem Augenblick bestehenden politischen Beziehungen. Die Invasion der Gallier und die Tatsache, daß Rom den Truppen des Brennus in die Hände fiel, werden in den schriftlichen Quellen als eine regelrechte Katastrophe beschrieben. Hier interessiert uns nicht so sehr die chronologische Diskrepanz zwischen den römischen (Liv. 5, 41 nennt das Jahr 390 v. Chr. als den Zeitpunkt der Niederlage Roms) und den griechischen Quellen (Plb. 1, 6 spricht dagegen vom Jahr 386 v. Chr.) als vielmehr die Position, die Rom gegenüber den etruskischen Städten einnahm. Nach der verheerenden Schlacht am Fluß Allia flüchtete ein großer Teil der Römer nach Veji, wo die plebejische Faktion sogleich an die Möglichkeit dachte, die Stadt, die in die Hände der Kelten gefallen war, von neuem zu gründen. Gleichzeitig waren die Vestalinnen nach Caere geflüchtet, wohin auch die heiligen Geräte verbracht worden waren (Liv. 5, 40, 9). Eine andere Überlieferung, die auf Diodoros (14, 117, 6) zurückgeht, aber auch dem Strabo bekannt war (5, 2, 3), besagt, daß die Caerer nach dem Einfall der Gallier in Rom gegen diese gekämpft und sie geschlagen hätten. Gewissermaßen als »umherziehendes« Volk, das sich nie der Seßhaftigkeit erfreut hatte, zu der es die ersten Gruppen der Kelten in Padanien gebracht hatten, waren die Senonen, die die Niederlage Roms verursacht hatten, auch in das adriatische Küstengebiet eingefallen; dort waren sie bis nach Iapigia gekommen und hatten ein Bündnis mit Dionysius I von Syrakus geschlossen (Iust. 20, 5, 4 ff.). Der großgriechische Tyrann, dem sehr daran gelegen war, seinen Machtbereich zur See zu vergrößern – und zwar sowohl im Tyrrhenischen wie auch im Adriatischen Meer –, hatte an beiden Küsten die Etrusker zu Feinden. Wir befinden uns praktisch jetzt in dem Jahrfünft, das auf den Brand von Rom folgte: in eben diesen Jahren begann Dionysius, nachdem er sich mit Hilfe der Epiroten die Kontrolle über die Straße von Otranto gesichert hatte, eine Reihe von Kolonien zu gründen, die für die Inseln des dalmatischen Archipels und für Ancona und Adria Bedeutung hatten (D. S. 15, 13, 1 und 11; Str. 5, 4, 2). Im Bereich des Tyrrhenischen Meeres waren seine Versuche nicht ganz so erfolgreich: Im Jahre 384 v. Chr. unternahm er eine Aktion zur See, die, wie das Unternehmen von 453 v. Chr., in das Bergbaugebiet und nach Korsika zielte. Bei dieser Gelegenheit wurde auch das Heiligtum von Pyrgi, dem Hafen von Caere, geplündert (D. S. 15, 14, 4). Die Gleichzeitigkeit dieses Überfalls und der Schlacht zwischen den Caerern und den Galliern, von der man nicht genau weiß, wo sie stattfand, läßt vermuten, daß die beiden Ereignisse sich nicht ganz unabhängig voneinander abgespielt haben, sondern vielleicht die Frucht des Bündnisses zwischen Syrakus und den Kelten waren. Nachdem Veji gefallen und Rom vorübergehend entvölkert war, schien Caere die einzige Stadt im etrusko-latialen Raum zu sein, die sich den neuen Invasoren und der Politik des Dionysius von Syrakus entgegenstellen und auch die übrige etruskische Küstenregion verteidigen konnte, insbesondere das Bergbaugebiet, das wichtigste Produktionszentrum des gesamten Küstenbereiches.

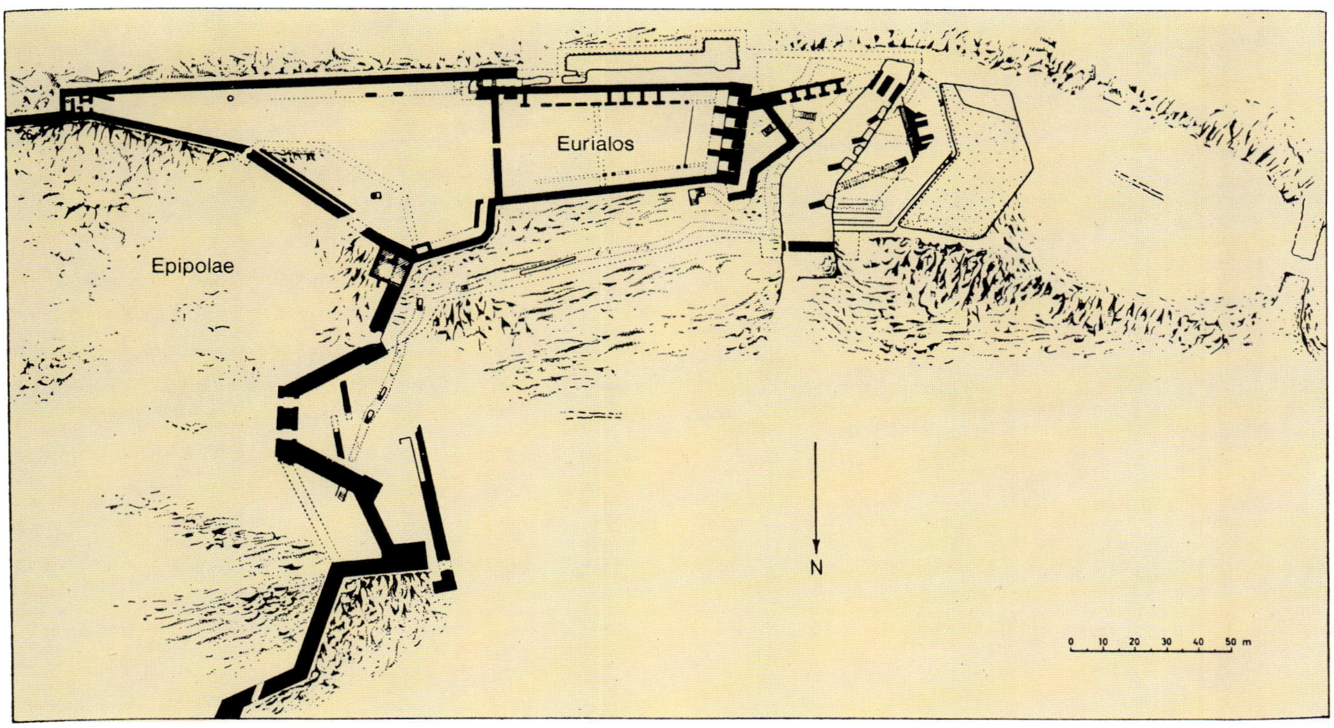

Syrakus: Grundriß des Castello Eurialo und der unter Dionysius I (405–367 v. Chr.) errichteten Mauern.

Mauro Cristofani
(Aus dem Italienischen von Ulrike Stopfel)

Rom erobert Etrurien

Die römische Eroberung Vejis, die um 396 v. Chr. abgeschlossen war (Liv. 5, 22, 8), bedeutete einen Wendepunkt in der Geschichte der Etrukser. Über die vorangegangenen Konflikte zwischen Römern und Etruskern wissen wir kaum etwas, nur soviel, daß es den Römern nie zuvor gelungen war, eine bedeutende etruskische Stadt unter ihre Kontrolle zu bringen. Die ungeheure Rücksichtslosigkeit der Römer, ein bereits bekannter Charakterzug, wird auch an ihrem Verhalten nach diesem Sieg deutlich: sie zerstörten die Stadt, beschlagnahmten das gesamte Hoheitsgebiet (d. h. sie

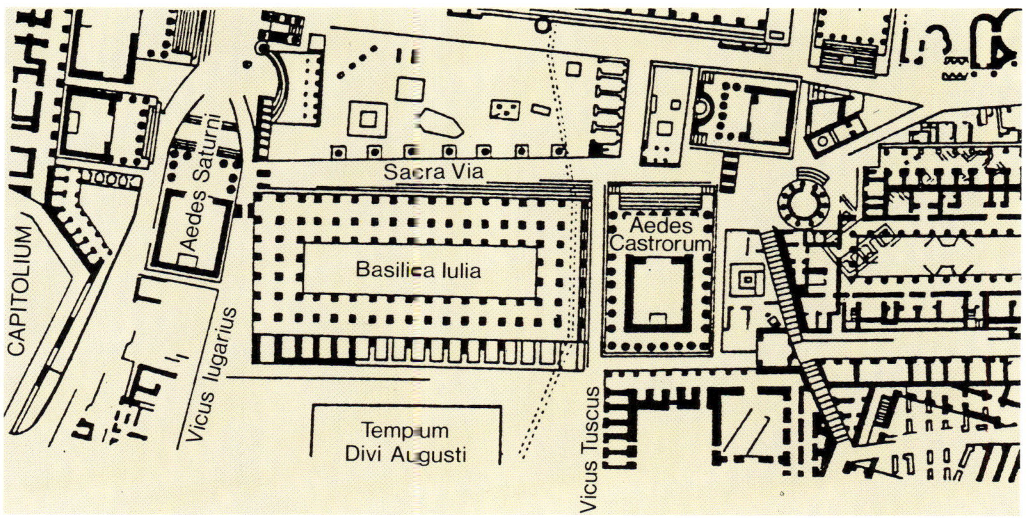

Plan des Forum Romanum mit dem Vicus Tuscus.

machten es zum »öffentlichen Land des römischen Volkes«) und versklavten die überlebenden Stadtbewohner. Das beschlagnahmte Land wurde unter den Römern aufgeteilt; einige Parzellen erhielten Vejenter, die während des Krieges zu den Römern übergelaufen waren (Liv. 5, 30, 8; D.S. 14, 102, 4). Archäologische Funde bestätigen, daß Veji in der Folge als etruskischer Stadtstaat ohne Bedeutung war.

Die Eroberung Vejis befriedigte die Römer jedoch nicht, noch nicht einmal für den Augenblick. Bereits im folgenden Jahr unterwarf man Capena, etwa 20 km von Veji entfernt (Liv. 5, 24, 3). Noch etwas weiter nördlich gab es einen weiteren bewaffneten Konflikt zwischen Rom und der Stadt Falerii, die jedoch ihre Unabhängigkeit verteidigte (Liv. 5, 27, 11 und 15).

Die Quellenlage erlaubt uns keine übergreifende Sicht dieser Ereignisse. Offensichtlich aber fand ein erbitterter Kampf um Land und Bodenschätze statt, den die Römer gewannen, einfach deshalb, weil sie ihre Armeen besser einzusetzen verstanden.

Dennoch scheinen die anderen etruskischen Städte die Gefahr, die aus dem Süden drohte, nicht erkannt zu haben. Denn die Gallier waren für einige von ihnen eine viel unmittelbarere Bedrohung. Dieses durchaus aggressive Nachbarvolk zerstörte die etruskische Vorherrschaft in der Po-Ebene und hatte das Gebiet bereits zu Beginn des 4. Jahrhunderts völlig unter Kontrolle. Um das Jahr 390 setzte sich eine gallische Armee plündernd nach Süden in Bewegung. Welchen Schaden sie in Etrurien anrichteten, wissen wir nicht; berühmt wurde jedoch ihre nur kurz andauernde Besetzung Roms, die genügte, um die anhaltende römische Aggression für eine Reihe von Jahren einzudämmen.

Zudem waren die römischen Herrscher klug genug, mit einigen Städten Etruriens gute Beziehungen zu unterhalten solange dies zweckdienlich schien. So hatten sie mit Sicherheit zur Zeit des gallischen Angriffs gute Verbindungen zu Caere, zumal die Caerer damals Kultgegenstände und Priester des römischen Volkes aufnahmen und ihnen Schutz gaben (Liv. 5, 50, 3). Nach dem Rückzug der Gallier honorierte Rom dieses Verhalten damit, daß es sich gegen Caere freundlicher verhielt als gegenüber anderen etruskischen Städten, zumindest für eine Weile. Wohl in diesem Zusammenhang verlieh Rom den Caerern überdies die Ehrenbürgerschaft, die *civitas sine suffragio*. Dies hatte kaum praktische Auswirkungen, wurde aber von den meisten Caerern als symbolischer Akt verstanden, dafür, daß die römische Haltung – zumindest zu jener Zeit – ungewöhnlich friedfertig war.

Diese Beziehung bedeutete jedoch eine verstärkte Gefahr für die Städte Tarquinii und Falerii; um so mehr als die Römer an Schlüsselpositionen in den Ciminischen Bergen Kolonien gegründet hatten – etwa Sutrium im Jahre 383 und Nepet im Jahre 373. Man darf in diesem Zusammenhang nicht übersehen, daß Nepet weniger als zwei Stunden Fußmarsch von Falerii entfernt liegt (Liv. 6, 21, 4). Dennoch ereignete sich während der folgenden beinahe achtzig Jahre nach dem gallischen Rückzug nichts Entscheidendes – Rom griff nicht gezielt an, und so unternahmen die etruskischen Städte, soweit wir wissen, nichts, um der sich ständig nach Süden ausdehnenden Macht Widerstand entgegenzusetzen. Um 350 gab es einen mehrjährigen ergebnislosen Konflikt, der überwiegend Tarquinii und zu einem gewissen Maße auch Caere betraf. In militärischer wie in politischer Hinsicht wissen wir kaum etwas über diese Ereignisse (so gibt es etwa keine zuverlässigen Ortsbeschreibungen). In den *fasti* wird ein römischer Triumph über nicht näher bezeichnete *Tusci* überliefert. Gräßliche Geschichten über Blutbäder unter Gefangenen auf tarquinischer wie auf römischer Seite offenbaren allerdings eine tiefe Feindseligkeit zwischen den beiden Staaten. Nichtsdestotrotz wurde der Krieg im Jahre 351 durch einen 40jährigen Waffenstillstand beendet, woraufhin sich die Römer wieder Latium und den Gebieten weiter im Süden widmeten (Liv. 7, 23, 6).

Als im Jahre 311 erneut der Krieg zwischen Etruskern und Römern ausbrach, hatte der römische Staat – verglichen mit 396 oder 351 – ungemein an Macht gewonnen. Das Ungleichgewicht verfügbarer Truppen zwischen dem römischen Staat einerseits und einem beliebigen etruskischen Stadtstaat bzw. einem etruskischen Zusammenschluß andererseits ist deutlich, wenn auch nicht quantifizierbar. Die Römer verfügten zudem über weitere Vorteile, besonders was die militärische Erfahrung betraf. Wahrscheinlich vertraten einige etruskische Städte Rom gegenüber eine durchaus ambivalente Haltung. Ein Teil der erfolgreichen Etrusker des späten 4. Jahrhunderts sahen Rom natürlich als nationalen Feind: man vergleiche etwa einige der Szenen der Tomba François in Volci. Wenn wir auch sehr wenig über die Innenpolitik der etruskischen Stadtstaaten des 4. Jahrhunderts wissen, so gibt es dennoch ausreichend Anlaß zu vermuten, daß es in einigen, vielleicht sogar vielen Städten Etruriens eine prorömische Minderheit gab. Dies bedeutete im Extremfall sogar, daß die örtliche Adelsschicht die römische Macht als Gegengewicht zu aufständischen Elementen in der eigenen Bevölkerung begrüßte: Dies scheint etwa die Haltung der einflußreichen arretinischen Cilvius Familie (um sie mit ihrem römischen Namen zu bezeichnen) gewesen zu sein, als die Stadt im Jahre 302 in Gefahr war (Liv. 10, 3, 2; 5, 13).

Es ist offensichtlich, daß die etruskischen Städte, selbst dann, wenn die römische Bedrohung vehement war – was am Ende des 4. Jahrhunderts ohne jeden Zweifel der Fall war –, nur unter größten Schwierigkeiten militärische Zusammenschlüsse zu organisieren vermochten. Es gab einen »Zwölferbund«, dessen Wirken jedoch kein effektiver militärischer oder politischer Widerstand gegen Rom beigemessen werden

Die politische Situation in Italien im 3. Jahrhundert v. Chr.

kann. Dieser Eindruck mag theoretisch mit dem Fehlen von schriftlichen etruskischen Quellen zusammenhängen; wie wir jedoch im folgenden aufzeigen werden, erkannten die einzelnen etruskischen Stadtstaaten zu keinem Zeitpunkt deutlich genug, daß die einzige Hoffnung, ihre Selbständigkeit zu erhalten, darin bestand, sich Jahr um Jahr gegen den römischen Ansturm zusammenzuschließen. Daran änderten gelegentliche Heiraten und somit vermutlich auch andere enge Kontakte zwischen den Oberschichten der verschiedenen Städte nichts.

Niemand kann genau sagen – ohne daß zusätzliche etruskische oder zumindest objektivere Quellen als Livius entdeckt würden –, was den erneuten Ausbruch eines Krieges im Jahre 311 verursachte. Aus römischer Sicht war der Moment überaus günstig, da im Konflikt mit den Samniten sich das Blatt zu den eigenen Gunsten gewendet hatte. Die römische Überlieferung, nach der etruskische Armeen im Jahre 311/310 versuchten, Sutrium zurückzuerobern, mag stimmen oder auch nicht. Auf jeden Fall drangen die Römer in drei oder vier aufeinanderfolgenden Feldzügen weit in das nördliche Etrurien ein; diese Feldzüge betrafen Perusia, Cortona und Arretium, die zum ersten Mal in den Krieg mit Rom eintraten, sowie Volsinii (D. S. 5, 20, 35, 1–5 und 44, 8–9). All das erscheint glaubhafter, wenn wir uns vergegenwärtigen, welcher Art der Kampf war, den die Römer führten – nicht etwa zum Ziele der systematischen Unterwerfung der Städte, sondern vielmehr als schnelle Feldzüge zum Zwecke der Plünderung und Zerstörung. Von Interesse ist dabei die Tatsache, daß sie ihre Bemühungen nicht etwa auf die etruskische Küstenebene konzentrierten, sondern grob gesagt auf die Tibermündung (im Jahre 308 wurde ein weiterer langjähriger Waffenstillstand mit Tarquinii geschlossen). Wie weit sie in den Norden vordrangen, können wir nicht genau sagen: wahrscheinlich bis in das Gebiet von Perusia. Rom gelang es zwar noch nicht, irgendeine der etruskischen Städte dauerhaft zu unterwerfen, weshalb die etruskisch-römischen Kriege für einige Jahre eingestellt wurden; aber die Römer hatten entdeckt, daß es ihnen möglich war, weit in das etruskische Territorium einzudringen.

Cosa: Monte Argentario und Lagune von Orbetello.

Nachdem der römisch-samnitische Krieg im Jahre 304 an einem Frontabschnitt zum Ende gekommen war, konnten die Römer einen erneuten Krieg gegen die Etrusker, der dann 302 auch ausbrauch, ohne Mühe verkraften. Er entpuppte sich als alles entscheidender Eroberungskrieg mit alljährlichen Feldzügen, der, mit wenigen Unterbrechungen, bis zum Jahre 280 andauerte. Die Chancen standen nun entschieden gut für einen durchschlagenden römischen Sieg. Nicht nur waren die Samniten eine erheblich kleinere Gefahr als zuvor; auch große Teile des oskischen Italien hatten begonnen, die militärische Stärke Roms zu spüren.

Bereits im Jahre 310 war Rom mit Arretium in

Cosa: Kapitol.

Kontakt gekommen, und 302 schließlich initiierte der römische Diktator M. Valerius eine römische Intervention (Liv. 10, 3, 1–2). Die Einzelheiten jener Ereignisse waren bereits als Livius darüber schrieb ganz und gar in Vergessenheit geraten. Die innere Uneinigkeit der Arretiner allerdings, die bereits erwähnt wurde, gilt als erwiesen. Und es scheint tatsächlich eine Schlacht stattgefunden zu haben, an deren Ende Valerius einen Triumph feiern konnte; daß die Schlacht in einer solchen Entfernung von Rom stattfand, sollte uns nicht überraschen (römische Armeen kämpften häufig an weit abgelegeneren Orten in Süditalien). Valerius führte schließlich einen Feldzug in das Gebiet von Rusellae, das bedeutet etwa 100 km weiter in Richtung Südwesten (Liv. 10, 4, 1–5, 12). Um dies alles zu verstehen, müssen wir uns ins Gedächtnis rufen, daß einerseits Plünderei zu den Hauptbeweggründen der Römer gehörte, und daß andererseits die Reaktion der Etrusker gewöhnlich darin bestand, sich nicht etwa auf eine militärische Konfrontation einzulassen, sondern vielmehr, sich in ihre befestigten Städte zurückzuziehen.

In den neunziger und achtziger Jahren des 3. Jahrhunderts – zum ersten Mal im Jahre 299 – wandten die etruskischen Städte gelegentlich auch eine andere Strategie an: Sie verbündeten sich mit den jenseits der Apenninen lebenden Galliern gegen Rom. Das Problem war, daß die Gallier stets auf die eine oder andere Weise entlohnt werden mußten (man konnte von ihnen kaum erwarten, daß sie erkannten, von welcher Bedeutung die etruskische Unabhängigkeit auf lange Sicht für ihre eigenen Belange war); andererseits standen ihre Chancen, die Römer zahlen zu lassen, schlecht, außer durch einzelne und wohl unerwartete Überfälle wie den des Jahres 299. Es war keineswegs einfach, mit den gallischen Eindringlingen zu kooperieren, und in der entscheidenden Schlacht von 295, die in einem römischen Sieg über die vereinigten Truppen der Gallier und Samniten im umbrischen Sentium gipfelte, war die Effektivität der etruskisch-gallischen Kooperation nicht gerade groß. In den Jahren 284–282 verbanden sich zahlreiche Etrusker mit den gallischen Eindringlingen und kämpften zumindest eine gemeinsame Schlacht ziemlich weit im Süden, am Vadimonischen See (283; Plb. 2, 19, 7; 20, 6) – einer Stelle am Tiber, etwa sechs Kilometer stromaufwärts von Orte. Aber sie wurden geschlagen und im folgenden Jahr ein weiteres Mal, noch weit vernichtender.

Um auf die Ereignisse der neunziger Jahre des 3. Jahrhunderts zurückzukommen: Im Jahre 298 wurden die Plünder-Feldzüge in gleicher Weise fortgesetzt und gelangten bis Volaterrae (Liv. 10, 12, 4). Für kurze Zeit (296 und 295) gelang es einigen etruskischen Städten, sich mit den Samniten zusammenzuschließen: Es wäre interessant zu wissen, ob Livius' Darstellung, daß die Initiative von den Samniten ausging, stimmt. Denn nun waren sämtliche etruskischen Städte in ernster Gefahr: die ganze Region war zum Hauptangriffsziel

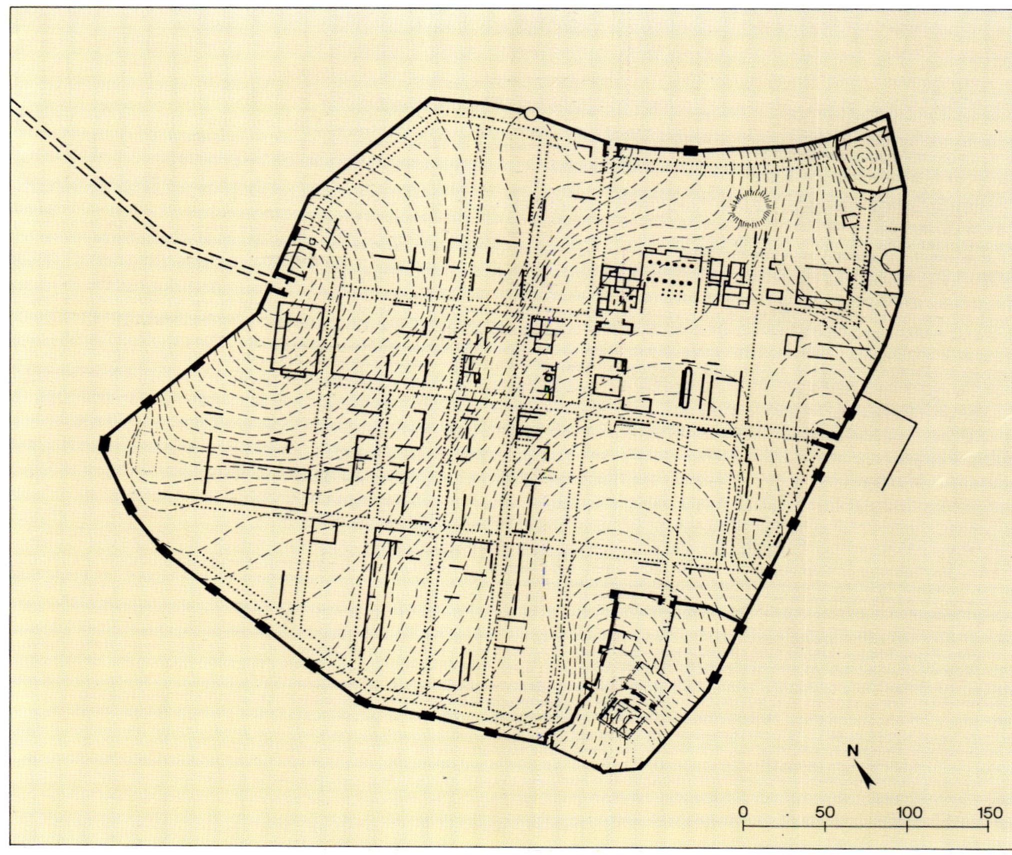

Topographie von Cosa.

Cosa: Polygonale Mauer.

der Römer geworden. Zudem hätte klar gewesen sein müssen, daß – obwohl seit der Eroberung von Veji keine etruskischen Städte mehr eingenommen worden waren – Rom hartnäckig sein und einmal gewonnene Macht nicht aufgeben würde. Die Römer waren stark genug, um vereinzelte Niederlagen – etwa 296 oder 295 bei Camerinum – zu verkraften. Aber eine rein etruskische Armee konnte ohne Unterstützung kein römisches Heer schlagen. So kamen Perusia und Clusium 295 zu Schaden (Liv. 10, 30, 1–2), Volsinii 294 und noch im selben Jahr fiel die erste etruskische Stadt an Rom – Rusellae (ein durchaus erklärlicher Umstand aufgrund seiner Lage, die nur relativ schwache natürliche Befestigungen aufweist, Liv. 10, 37, 1–12). Eine weitere Stadt, die wir unter dem Namen »Troilum«, den Livius ihr gibt, nicht eindeutig identifizieren können (es könnte in der Nähe von Montefiascone gewesen sein), fiel im Jahre 293 (Liv. 10, 46, 10–16). Inzwischen hatten sich Volsinii, Perusia und Arretium im Jahr zuvor einen weiteren Waffenstillstand mit Rom und zwar für die Dauer von vierzig Jahren erkauft. Rom hatte mit Falerii noch immer Schwierigkeiten, und die Etrusker waren noch keineswegs besiegt.

Teller mit der Darstellung eines Kriegselefanten aus Capena (Anfang 3. Jahrhundert v. Chr.). Rom, Museo di Villa Giulia.

Es ist klar, daß diese Waffenruhen nicht lange andauerten, aber die folgenden Ereignisse sind uns unbekannt. Denn durch einen unglücklichen Zufall gingen die Bände 11 bis 20 von Livius' Geschichtswerk, das im Jahre 292 einsetzt, im Mittelalter verloren. Aus anderen Quellen wissen wir, daß 292 der Krieg gegen Falisker und Etrusker weiterging, und daß in der Zeit zwischen 292 und 288 die Kämpfe zwischen Volsinii und Rom wieder aufgenommen wurden. Mit Ausnahme dieser Ereignisse war es zu Beginn der achtziger Jahre des 3. Jahrhunderts ruhig in den kriegerischen Auseinandersetzungen mit Rom. Grund dafür war jedoch nicht, daß Rom das Interesse an der Konsolidierung seiner Macht verloren hatte, sondern daß interne Kämpfe, die 287 ihren Höhepunkt erreichten, die Römer dieses eine Mal von der Beschäftigung mit äußeren Angelegenheiten abhielten.

Durch diese Ruhe wohl ermutigt, machten einige Etrusker einen letzten und verheerenden Versuch, sich mit den gallischen Armeen zu verbünden, die zwischen 284 und 282 in Italien einfielen (2, 19, 7–20, 6). Polybius – in diesem Zusammenhang die beste und detaillierteste Quelle – macht unglücklicherweise keine genauen Angaben darüber, welche etruskischen Städte sich mit den Galliern verbündeten; auch in anderen Quellen findet sich dazu kein Hinweis. Polybius vermittelt uns aber den Eindruck, daß das Engagement umfangreich war, und die entsprechenden Etrusker nach den Niederlagen der Jahre 283 und 282 kapitulierten. Tatsächlich war wohl 282 das Jahr, in dem die wichtigsten Städte ihre endgültigen und unvorteilhaften Verträge mit Rom schlossen.

Weitere zwei oder drei Jahre dauerten die Kämpfe noch an. Einer der Konsuln des Jahres 280, Tiberius Coruncanius, feierte einen Triumph *de Vulsiniensibus et Vulcientibus*, über Volsinii und Volci, so daß dies das Jahr gewesen sein könnte, in dem diese beiden Städte ihre Unabhängigkeit endgültig verloren. Die Kapitulation der wichtigen Städte im Nordwesten, unter ihnen Volaterrae und Populonium, ließ wohl nicht mehr lange auf sich warten.

Bevor wir beleuchten wollen, was »Kapitulation« für die etruskischen Städte bedeutete, sollen noch einige andere militärischen Ereignisse erwähnt werden. Um 273 unterwarf Caere, offensichtlich angesichts der Bedrohung durch einen römischen Angriff, die Hälfte seines Territoriums, das nun »öffentliches Land des römischen Volkes« wurde (D. C. 33). Ob die Römer tatsächlich Gewalt anwandten oder lediglich damit drohten, können wir nicht sicher sagen: jedenfalls ist uns die Präsenz römischer Macht eindeutig überliefert durch Wandmalereien, die man 1983 in Cerveteri entdeckt hat. Diese nehmen Bezug auf C. Genucius Clepsina, den vermutlichen Prätor des Jahres 273.

In der folgenden Dekade fand in Volsinii eine weitere römische Intervention statt, dieses Mal ohne jeden Zweifel militärischer Natur. Zu dieser *vicenda* verfügen wir über eine Fülle interessanten, wenn zuweilen auch nicht eindeutigen Informationsmaterials. Es scheint, daß, nachdem Sklaven oder genauer gesagt Leibeigene in Volsinii die Macht übernommen hatten, deren ehemalige Herren Rom baten, den *status quo* wiederherzustellen. Dies gelang Rom erst durch massiven militärischen Einsatz (265/64), der damit endete, daß die Überlebenden aus ihrer sehr gut zu verteidigenden Heimat (Orvieto) an den Ort, der nun das römische Volsinii (Bolsena) wurde, umgesiedelt wurden. Dies war der letzte militärische Widerstand größeren Ausmaßes gegen Rom mit Ausnahme eines kurzen Aufstands der Falisker im Jahre 241. In charakteristischer Weise ließ M. Fulvius Flaccus, nachdem er 264 über Volsinii triumphiert hatte, auf dem Aventin einen Tempel errichten für die Hauptgottheiten der Stadt Vortumnus/Voltumna (Paul. Fest. 228 L). Auf diese Weise untergrub er die Religion der geschlagenen Etrusker und vergrößerte seinen Ruhm unter den Römern. Wie Außenstehende, welche die römische Macht nicht zu faszinieren vermochte, über all dies dachten, mag deutlich werden an der griechischen Behauptung, die Römer haben Volsinii um 2000 Statuen willen erobert (Plin., nat. hist. 34, 34). So wurden in einem Zeitraum von nur wenig mehr als einer Generation die freien Stadtstaaten Etruriens von Rom erobert – unter großen Menschenopfern, jedoch ohne die Plünderung der bedeutenden Städte – mit Ausnahme von Rusellae und Volsinii. Deutlich ist aber auch, daß die Städte der Küstenebene, von Caere bis Populonium und weiter bis Volaterrae, ihren Widerstand zu spät aufgaben.

Die Romanisierung

Warum dies die endgültige Unterwerfung bedeutete, kann man nur verstehen, wenn man die von den Römern angewandten Mechanismen zur Aufrechterhaltung ihrer Macht in Betracht zieht. Zuweilen haben die Historiker von »Großmut« gesprochen, wenn es um die Behandlung der geschlagenen Italiener durch die Römer geht. Hier handelt es sich aber um ein Mißverständnis, entstanden aus der Tatsache, daß Rom keinerlei Tribut forderte – was praktisch allerdings auch unmöglich gewesen wäre, da nur Teilbereiche der italienischen Wirtschaft in Zahlungsmitteln verfügbar waren. Unglücklicherweise bestimmte Rom in den wenigen Fällen, in denen eine Rückkehr zur etruskischen Unabhängigkeit möglich gewesen wäre, was zu tun sei. Nominell behielten sämtliche Städte ihre Unabhängigkeit, aber diese Freiheit war sowohl formal durch Verträge eingeschränkt als auch praktisch durch ökonomische Gegebenheiten.

Jede etruskische Stadt, oder doch zumindest beinahe jede, verlor Territorium an Rom. Zunächst wurde nur ein kleiner Teil dieser Gebiete kolonisiert – tatsächlich war Cosa im Gebiet von Volci die einzige frühe Stadtgründung. Dieser Akt der Kolonisierung im Jahre 273 sollte sowohl nach außen auf Karthago (das Sardinien noch immer beherrschte) als auch nach innen auf Etrurien wirken (Vell. 1, 14, 7). Ganz im Süden wurde an der Küste Castrum Novum (in der Nähe von Santa Marinella) wohl im Jahre 264 gegründet, später dann, während des Ersten Punischen Krieges Alsium, Fregenae (Vell. 1, 14, 8) und wahrscheinlich Pyrgi. Obwohl man dieses Land Caere weggenommen hatte, betraf die politische Dimension dieser Sache wiederum Karthager genauso wie Etrusker. Cosa allerdings war eine bedeutende Siedlung, ein Miniatur-Rom, das viele tausend Hektar Land nutzbar machte, welches zuvor den Etruskern gehört hatte. Und es kann nicht bezweifelt werden, daß für die Machtausweitung der Römer

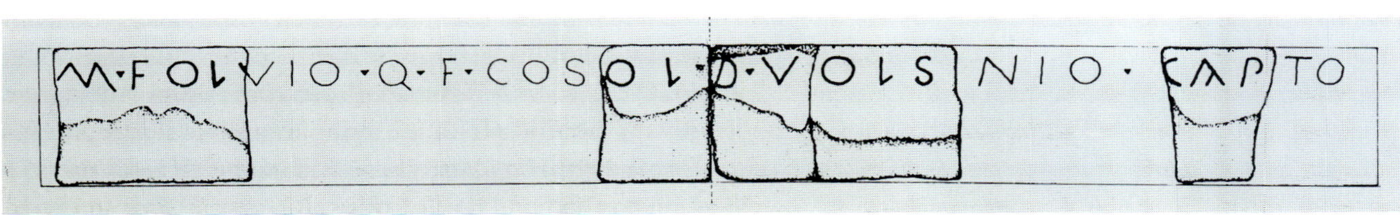

Inschrift mit dem Namen des C. Genucius Clepsina, Prätor in Caere im Jahre 273 v. Chr. Auf einem Gebäude im Stadtbezirk von Cerveteri.

Apograph der Inschrift des Genucio Clousino.

Weihinschrift des M. Fulvius Flaccus (264 v. Chr.). Rom, Musei Capitolini.

und ihrer Verbündeten die Landnahme von großem Vorteil war. Der größte Teil des Landes, das den Etruskern »legal« enteignet worden war, wurde nicht kolonisiert; aber es wurde zugunsten des römischen Staates verkauft oder verpachtet. Im 2. Jahrhundert kam es zu weiteren Kolonisierungen, welche das nach wie vor ausgesprochen ausbeuterische Verhältnis Roms zu seinen etruskischen »Verbündeten« unterstrichen: Graviscae (181), das auf dem Gebiet der alten Hafenstadt Tarquinii gegründet wurde (Vell. 1, 15, 2), und weiter landeinwärts zwei nahe beieinander liegende Städte, Saturnia (183, Liv. 39, 55, 9) und Heba (um die Mitte des Jahrhunderts – ein vermutetes Datum, das eventuell der Korrektur bedarf, sobald der Ort ausgegraben ist). Die Enteignung etruskischen Territoriums wurde im 1. Jahrhundert fortgeführt, aber sie war nicht Teil des ursprünglichen, im 3. Jahrhundert entstandenen Herrschaftssystems, das die Zerstörung von Kolonien oder Festungen in der gesamten Region zum Ziel hatte.

Tarquinia, Nekropole von Monterozzi: hellenistische Gräber auf dem Predio Scataglini.

Tarquinia, Nekropole von Monterozzi, Villa Tarantola: Tomba degli Anina (3.–2. Jahrhundert v. Chr.).

Die neuen etruskischen Verbündeten hatten in der Folge Rom gegenüber eine vertragliche Verpflichtung mit tiefgreifenden Auswirkungen: jedes Jahr mußten sie zu der stets aktiven römischen Armee Soldaten beisteuern. Als man diese Verpflichtung akzeptierte, erschien sie wohl nicht besonders schwierig: die etruskischen Führer konnten nicht voraussehen, daß Rom – mit der Vorherrschaft über die italienische Halbinsel keineswegs zufrieden – jahrhundertelang mit der Unterwerfung fremder Völker fortfahren würde. Im 3. Jahrhundert überstieg die durchschnittliche Anzahl an Soldaten, die den etruskischen Städten abverlangt wurden, die Summe von 2700 nicht. Zugegebenermaßen mag diese Belastung bereits unangenehm genug gewesen sein, zumal die etruskischen Städte den größten Teil der Ausgaben zu tragen hatten ohne jedoch direkt von den römischen Siegen zu profitieren. Zu Zeiten von Hannibals Invasion aber (die – das wollen wir nicht vergessen – auf eine römische Provokation reagierte) wurden erheblich mehr Truppen beschlagnahmt, und während der römischen Kriege des 2. Jahrhunderts mußten die etruskischen Städte Rom wohl mit mindestens 10 000 Soldaten jährlich versorgen. Dies hatte erhebliche Auswirkungen sowohl auf die wirtschaftliche Situation der Städte als auch auf deren kulturelle Romanisierung. Eine Folge war, daß Rom einfach eine beträchtliche Anzahl des produktiven Menschenpotentials entfernte.

Eine andere Methode der Römer, um die Etrusker unter Kontrolle zu halten, war gegenstandslos, aber dennoch nicht weniger wichtig oder effektiv. Wie bereits erwähnt, waren die römischen Garnisonen und Kolonien nicht das Rückgrat des Systems. Wie sonst konnten die Römer sicherstellen, daß ihre Wünsche respektiert wurden? Sie machten sich die jeweiligen lokalen Gegebenheiten zunutze, besonders die ausgeprägte soziale Abgrenzung zwischen Herren und Leibeigenen, indem sie sich zusammen mit den erstgenannten gegen Letztere stellten. Durch das Fehlen aussagekräftiger Quellen ist es unmöglich, eine allgemeingültige Aussage für alle etruskischen Städte zu machen, aber das Material reicht aus, um zu zeigen, daß die Vorherrschaft der Oberschicht gegen Ende des 4. Jahrhunderts in Gefahr war. Beispiele dafür konnten wir in Arretium und Volsinii beobachten. In diesem und anderen Fällen gehörten die Sympathien und die aktive Unterstützung der aristokratischen römischen Herrscher natürlich der jeweiligen Adelsschicht und richteten sich gegen die *penestai* (um den Begriff zu verwenden, den Dionysius von Halikarnassos im Zusammenhang mit den etruskischen Leibeigenen benutzt). Diese Eingriffe waren nicht zufällig: Das Fehlen etruskischer

Kolonien zeigt deutlich, daß Rom nicht nur hinter der bestehenden sozialen Ordnung Etruriens stand, sondern von der Oberschicht in gewissem Maße als Garant gesellschaftlicher Stabilität akzeptiert war. Nach den dramatischen Ereignissen der Jahre 264/265 in Volsinii bedurfte es keiner weiteren Lektion.

Für einen Teil der etruskischen Stadtbewohner war die Zugehörigkeit zu einer wachsenden Kaisermacht auch von Vorteil. Denn sie hatten, wie auch die anderen italienischen Verbündeten, teil an der wirtschaftlichen Vorherrschaft, die Rom – besonders nach dem Sieg über Karthago im Jahre 202 – den Gebieten rund um das Mittelmeer aufzwang. Vielfältige Möglichkeiten standen offen – nicht zuletzt für den Verkauf von Waren in den sich im 2. Jahrhundert neu entwickelnden Städten Norditaliens. Vereinzelte Quellen bei Livius (28, 45) zeigen, daß in Arretium die metallverarbeitenden Werkstätten um 250 recht betriebsam arbeiteten. Dasselbe traf wahrscheinlich auf Populonium zu, welches so sehr florierte, daß es während der Punischen Kriege sogar Silbermünzen prägte. Am Ende jedoch litt der größte Teil des etruskischen Küstengebiets unter wirtschaftlichem Verfall. Man muß sich zudem daran erinnern, daß der größte Teil der Etrusker mehr oder weniger direkt von der Landwirtschaft abhing, und in diesem Bereich brachte die römische Vorherrschaft kaum etwas im Sinne einer wirtschaftlichen Entschädigung.

Wie also wirkte sich die römische Eroberung faktisch auf die wirtschaftlichen Strukturen der etruskischen Welt aus? Zunächst unterlagen die eigentlichen Strukturen keinem grundsätzlichen Wandel, obwohl Rom einen Überschuß abzweigte. Der Umgang mit Münzgeld weitete sich im 3. und 2. Jahrhundert aus, aber nach Beendigung der Punischen Kriege konnten es sich nur wenige Städte leisten, eigene Münzen zu prägen. Und die uns bekannten Münzvorräte vermitteln nicht den Eindruck, als ob in den nördlichen bzw. in den im Landesinneren gelegenen Städten sehr viele römische Münzen benutzt worden seien. Im 3. und noch stärker im 2. Jahrhundert muß es in Etrurien einen Zustrom von Leibeigenen gegeben haben, und ein Teil dieser Arbeitskräfte wird sowohl von den Etruskern als auch von den Römern ausgebeutet worden sein. Derweil blieben die *lautni* Leibeigene, wenn auch mit gewissen Persönlichkeitsrechten versehen. Im 2. Jahrhundert kam es wohl unter den etruskischen, unzweifelhaft jedoch unter den römischen Landbesitzern zu einer Konzentration von Grundbesitz. Eine soziale Revolution oder Neuordnung zugunsten der Leibeigenen – wie sie auf der Basis der Nomenklatur, die man in etruskischen Epitaphen vorgefunden hat, von einigen Wissenschaftlern für die Zeit zwischen 150 und 135 v. Chr. angenommen wurde – sollte jedoch strikt zurückgewiesen werden. Das genannte Phänomen kann überzeugender erklärt werden, und es gibt überhaupt keinen Grund anzunehmen, daß die Leibeigenen der etruskischen Städte (die, das soll betont werden, politisch voneinander unabhängig waren) wohl schon in der Mitte des 2. Jahrhunderts damit begannen, die vollen Bürgerrechte zu erwerben. Ganz im Gegenteil: Wenn wir die Weissagung der Vegoia berücksichtigen – einen lateinischen Text, bestehend aus etwa 140 Worten (Grom. S. 348–350 L), der offensichtlich in einem etruskischen Umfeld um 91 v. Chr., zur Zeit des Bundesgenossenkriegs, entstanden ist –, verläuft die soziale Trennlinie deutlich zwischen Herren und Sklaven, Sklaven allerdings, die, wie wahrscheinlich auch die etruskischen Leibeigenen, gewisse Eigentumsrechte besaßen. So sollten wir davon ausgehen, daß die alten Sozialstrukturen überlebten. Dazu kamen

Das etruskische Straßennetz in römischer Zeit.

als billige Arbeitskräfte Sklaven, die der römische Imperialismus lieferte, welche von den Großgrundbesitzern ohne Zweifel bevorzugt wurden.

Die politischen Strukturen änderten sich in ihrer Erscheinungsform zwischen der Eroberung und der Lex Iulia aus dem Jahre 90 v. Chr. kaum. Die Realität

Saturnia: Blick auf Dorf und Umgebung.

Saturnia: Mauern der römischen Kolonie (183 v. Chr.).

allerdings veränderte sich erheblich, da sich die Etrusker, nachdem Rom seine Macht gefestigt hatte, immer mehr daran gewöhnten, Gehorsam zu leisten. Die Unterwerfung unter die siegreiche Kaisermacht erschien annehmbar. Was Polybius von den Italienern insgesamt sagt in bezug auf ihre Einstellung zum Kelteneinfall von 225 v. Chr., gilt wohl ganz besonders für die Etrusker, da ihr eigenes Territorium betroffen war: »... glaubten die Einwohner Italiens nicht mehr den Römern Bündnishilfe zu leisten ..., sondern jeder sah die Gefahr auf sich selbst, seine eigene Stadt und sein Land zukommen, ...« (Plb. 2, 23). Der Prüfstein aber für das römische Regierungssystem in Italien war die Invasion Hannibals, die sich direkt im Jahre 217 auf Etrurien auswirkte und indirekt noch viele Jahre später. Die Taktik des Eindringlings, der versuchte, die italienischen Verbündeten zu besiegen, war schwierig in die Praxis umzusetzen und in Etrurien nur sehr begrenzt erfolgreich; denn dieser Teil des mit Rom verbündeten Italien war der loyalste – zumindest was die offizielle Haltung betraf. Nach der Trasimenischen Katastrophe war hier bis zum Jahre 212 keine nennenswerte römische Streitmacht stationiert. Als die Kriegsbedingungen sich verschärften, wuchs die Unzufriedenheit, besonders in Arretium beginnend mit dem Jahre 209. Rom nahm die Kinder arretinischer Senatoren als Geiseln (208, Liv. 27, 22, 13), und von diesem Zeitpunkt an bis zum Jahre 200 war die Präsenz römischer Truppen Vorbedingung zur Aufrechterhaltung der römischen Kontrolle. Besonders 204, mit dem Karthager Mago in Ligurien, standen verschiedene Städte kurz vor der Rebellion (allerdings viel zu spät). Dennoch hielt der Deich weiterhin stand, was in anderen Teilen Italiens nicht immer der Fall gewesen war. Nach Beendigung des Zweiten Punischen Kriegs kam es 196 zu einem Aufstand der Sklaven (wahrscheinlich Leibeigenen, Liv. 33, 36, 1–3), und danach kehrte im Bereich öffentlicher Politik wieder Ruhe ein. In anderen Bereichen konnte es noch immer zu grundlegenden Konflikten kommen, wie die römische Unterdrückung des Bacchus-Kults 186 verdeutlicht (Liv. 39, 13). Diese bedeutete, zusammen mit anderen Ereignissen, einen massiven und gewalttätigen Eingriff Roms in die religiösen Angelegenheiten der italienischen Verbündeten. Man weiß, daß *Fufluns* in Etrurien eine ganz und gar »respektierte« Gottheit war, aber es ist zu vermuten, daß sein Kult und seine Anhänger im Jahre 186 Schlimmes erlitten. Ob der Kult selbst Züge angenommen hatte, die den Römern mißfielen, oder ob es eher um potentielle politische Implikationen ging, ist schwer zu beurteilen.

Die kulturelle Romanisierung kam im 2. Jahrhundert in Gang. Rom wurde immer mehr zur Metropole für ganz Italien, da sich hier Wohlstand, Bevölkerung und Macht in zunehmendem Maße konzentrierten.

Bevor wir bezüglich dieses Prozesses, den wir »Romanisierung« nennen, weiter ins Detail gehen, sollen einige andere politische Schachzüge der Römer erwähnt werden. Wie allgemein bekannt, bauten die Römer mit großem Einsatz Fernstraßen, die strahlenförmig von der Stadt Rom ausgingen; auf Etrurien bezogen waren dies hauptsächlich die Via Aurelia, die Via Cassia und die Via Clodia. Die genauen Entstehungsdaten dieser Straßen sind unbekannt, aber sie gehören wohl alle in das 2. Jahrhundert, das bedeutet, *nicht* in die Zeit der Eroberung selbst. Was also bedeutete es für Etrurien, daß die römischen Magistrate, die ohne Zweifel im Sinn hatten, Truppenbewegungen durch diese Gebiete zu ermöglichen, diese Straßen anlegten? Die wirtschaftlichen Nebeneffekte waren beträchtlich, dennoch waren sie wohl von geringerer Bedeutung als die Demonstration der römischen Macht.

Vetulonia: Ansichten des hellenistischen Stadtviertels.

Eine andere römische Taktik, oder besser Praxis, war die *de facto* Ausweitung des römischen Bürgerrechts. Die Anzahl der Nutznießer war zahlenmäßig bedeutungslos, aber sie waren außerordentlich nützlich für das Zustandekommen von Verbindungen zwischen den jeweiligen Adelsschichten, denen sie entstammten, und Rom. Daß Rom in gewisser Weise solchen Leuten offen gegenüber stand, zeigt sich am deutlichsten am Aufstieg der Pepernae: Bereits 130 v. Chr. wurde ein gewisser Marcus Pepernae römischer Konsul.

Die kulturelle Romanisierung Etruriens aufzuzeigen, ist ein schwieriges Unterfangen, zum Teil schon deshalb, weil die etruskische Kultur für uns so schwer faßbar ist. Des weiteren unterlag Rom selbst zu dieser Zeit, beginnend um 230, einem durchgreifenden kulturellen Wandel – der Hellenisierung. Eine ausgesprochen romanisierende Veränderung bedeutete für Etrurien allerdings die Umstellung auf eine völlig andere Sprache, nämlich Latein. Noch im frühen 3. Jahrhundert kann kaum ein Etrusker des Lateinischen mächtig gewesen sein, aber zu Beginn des 1. Jahrhun-

derts n. Chr. war Latein bereits vorherrschend, während die etruskische Sprache auf Randgruppen der Bevölkerung beschränkt war. Mit entsprechender Vorsicht betrachtet, können uns die etruskischen und lateinischen Inschriften der Übergangsperiode durchaus Informationen zu Chronologie und Geographie des Wandels liefern. Tatsächlich gab es im etruskischen Kernland nur wenige lateinischen Inschriften, die von Etruskern in Auftrag gegeben worden waren bis kurz vor – und vielerorts nach – dem Bundesgenossenkrieg. Das bedeutet selbstverständlich nicht, daß bis dato niemand des Lateinischen kundig war, und besonders die örtlichen Beamten, die gewöhnlich mit Rom zu tun hatten, waren wahrscheinlich bereits viel früher mit der Sprache vertraut. Die soziale Dynamik dieses Wandels können wir nicht im Detail verfolgen, aber Latein – die Sprache der Macht und des Wohlstands – gewann für die jeweilige lokale Oberschicht immer stärker an Bedeutung; unterdessen war das Etruskische, obwohl es mehr Widerstandskraft besaß als etwa das Oskische, für seine Muttersprachler nicht von der vitalen Bedeutung wie etwa das Griechische für die Griechen.

Um 91/90 v. Chr. fand in den römisch-etruskischen Beziehungen ein abrupter Umschwung statt. Etrurien gehörte zwar keineswegs zu den Zentren des Widerstands gegen Rom; aber natürlich waren einige Etrusker gegen den Vorschlag – und aus gutem Grund – in Italien neue Kolonien zu gründen, wodurch der Tribun Livius Drusus gehofft hatte, das »italienische Problem« zu lösen. Im Jahre 90 allerdings, viele Monate nachdem weiter südlich Aufstände ausgebrochen waren, machten einige Etrusker Anstalten, sich den Rebellen anzuschließen; dies war einer der Hauptgründe für den Erlaß der Lex Iulia, welche die römische Politik insofern umkehrte, als sie jenen, die noch nicht aufbegehrt hatten, die Bürgerrechte anbot. Nach Appians Überlieferung (*Ital.* 49, 213) nahmen die meisten Etrusker dankbar an. Wohl kam es in Etrurien zu Kämpfen, aber nur an einigen wenigen Punkten; eine Quelle betont, daß Faesulae sehr zu Schaden kam (*epit.* 2, 6, 5). Auf jeden Fall schien sich die römische Regierung dazu entschlossen zu haben, den größten Teil Etruriens so zu behandeln, als habe er nicht rebelliert.

Man hat zuweilen behauptet, daß die Adelsschichten der etruskischen Städte die allgemeine Übertragung des römischen Bürgerrechts gar nicht wünschten, da dieses auch den unteren Klassen weitere politische Rechte eingeräumt hätte. Tatsächlich gab es wohl eine gewisse Zurückhaltung, unabhängig von der Gefahr, Land abgeben zu müssen für römische Kolonien (im Jahre 91); aber insgesamt erwartete die jeweilige lokale Oberschicht, daß die Kontrolle sowohl über die Politik als auch über den Besitz der Städte in ihren Händen verbliebe – und so weit wir es beurteilen können, geschah dies auch.

Allerdings nicht ohne zahlreiche Beeinträchtigungen, denn mit dem Jahre 90 begann in Etrurien gerade ein halbes Jahrhundert politischen wie sozialen Aufruhrs und zwar überwiegend als Folge umfassender Unruhen in der späten römischen Republik. Einige der alten etruskischen Städte, etwa Caere und Tarquinii (das bereits stark romanisiert war), scheinen nicht sehr stark davon betroffen gewesen zu sein; andere wurden verwüstet.

Perugia: Tomba dei Cutu, Zentralkammer (Ende 3.–1. Jahrhundert v. Chr.).

Gegenüberliegende Seite: Perugia: Hypogäum der Volumni (Ende 4.–1. Jahrhundert v. Chr.).

Der erste ernsthafte Zwischenfall war die Landung des skrupellosen C. Marius in Talamone im Jahre 87. Er kam aus Afrika nach Italien zurück in der Hoffnung, die Regierung stürzen zu können. Aber er verfügte über nur wenige Truppen und so rekrutierte er intensiv in der ganzen Gegend, indem er sich an die Bauern wandte und den Sklaven die Freiheit anbot; wahrscheinlich betraf dies etruskische wie kolonisierte Gebiete, und um die 6000 Soldaten kamen zusammen. Allerdings bewirkten die Marianer in Etrurien keinen dauerhaften sozialen Wandel, und nach dem Tode von Marius im Jahre 86 versuchten Cinna und Carbo statt dessen, die lokalen Adelsschichten zu unterstützen.

Volterra: Porta dell'Arco (3.–2. Jahrhundert v. Chr.).

Perugia: Augustus-Bogen (3.–2. Jahrhundert v. Chr.).

Der sullanische Krieg bedeutete für Etrurien eine Katastrophe. Merkwürdigerweise ist nicht ganz klar, weshalb der Widerstand gegen Sullas Machtergreifung hier so massiv war. Viele Römer schlossen sich seiner siegreichen Sache an. Im Jahre 82 versprach Sulla feierlich, er werde den Italienern ihre gerade eben erkämpften Wahlrechte nicht nehmen (obwohl dies die meisten Etrusker wohl nur sekundär interessierte); dennoch blieb eine starke Antipathie zwischen ihm und den Bürgern bestehen. Die etruskischen Unterschichten mögen gehofft haben, daß die Regierung des jüngeren Marius (Konsul im Jahre 82) einen halbwegs populistischen Kurs einschlagen würde, vergleichbar dem seines Vaters. In gewissem Maße hatte Etrurien auch deshalb zu leiden, weil hier die hartnäckigen römischen Widersacher Sullas ihren letzten Widerstand organisierten, nachdem sie sich nach Norden zurückgezogen hatten. Zu den Widerstandszentren gehörten insbesondere Clusium, Arretium, Volaterrae und Populonia, wobei in all diesen Fällen keineswegs klar ist, wie stark der Widerstand der einheimischen Bevölkerung war. Volaterrae und Populonia müssen sehr gelitten haben, da sie durch Belagerung eingenommen wurden (Str. 5, 2, 6). Nach dem Krieg bedachte Sulla seine Helfer und Veteranen mit italienischem Land und zwar hauptsächlich in Gegenden Etruriens und Kampaniens, wo ausgezeichnetes Land zur Verfügung stand, das noch nicht von römischen Bürgern besiedelt war; anders ausgedrückt mußten einige der italienischen Verbündeten nun einen großen Teil der Kosten des römischen Bürgerkriegs tragen. In Clusium, Arretium und Faesulae wurden beträchtliche Gruppen sullanischer Veteranen angesiedelt, die allerdings die alten Bewohner nicht völlig verdrängten. Auch von Volaterrae wurde Land konfisziert. Da keiner dieser Orte zuvor kolonisiert worden war, kam die neue Besiedlung einer gewaltsamen Romanisierung gleich.

Konstitutionell wie kulturell war die Zeitspanne eine Generation nach dem Bürgerkrieg gekennzeichnet von recht schnellem Wandel. Die ehemals verbündeten Städte wurden zu römischen *municipia* und müssen während der siebziger und achtziger Jahre die entsprechenden Rechtsformen angenommen haben (es gab keine *zilath* mehr, lediglich *quattuorviri, duoviri* und andere Beamte mit römischen Titeln). Die Ausbreitung der lateinischen Sprache beschleunigte sich, besonders nach der Kolonisierung durch Sulla, da die natürlichen Zentren etruskischen Kulturguts durchdrungen waren von lateinisch sprechenden Bewohnern aus anderen Teilen Italiens. In den ersten Jahrzehnten des Jahrhunderts war es immer noch möglich gewesen, daß ein begüterter Etrusker aus Trasimenien eine teure Statue wie den *Arringatore* aufstellen konnte, die zwar römisch wirkt, aber von einer etruskischen Widmung an den Gott Tece Sans begleitet ist; so etwas hätte in den siebziger oder sechziger Jahren v. Chr. nicht mehr geschehen können.

Die von Sulla enteigneten Etrusker verschwanden nicht einfach. Nach Sullas Sieg gingen viele nach Spanien und dienten in der letzten vergeblichen Rebellion des Quintus Sertorius. Ein Teil der Enteigneten blieb in Etrurien und verursachte in den nördlichen Regionen periodische Unruhen. Diese kamen im Jahre 63, unter L. Sergius Catilina, zu einem Höhepunkt. Die schwerwiegendste militärische Bedrohung für die bestehende Regierung kam in diesem Jahr von einem gewissen Maulius aus Faesulae (angeblich ein Zenturio des Sulla), der eine Rebellen-Streitmacht anführte, hauptsächlich bestehend aus verarmten Bewohnern der Gebiete Faesulae und Arretium. Diese Rebellion erlitt das gleiche Schicksal wie die anderen Volksaufstände – die völlige Vernichtung durch die Römer.

Dem Beispiel Sullas folgend nahm auch Caesar italienisches Land in Besitz, um seine Helfer zu belohnen, und Oktavian tat dies in noch größerem Ausmaße (zunächst wegen der *triumviri*, dann, nach Actium, um seiner selbst willen). Diese Aktionen bewirkten einmal

mehr die umfangreiche Veränderung der lokalen Bevölkerung. Perusia litt vielleicht am meisten, nachdem es 41/40 von Oktavian belagert worden war; praktisch das gesamte Territorium scheint konfisziert worden zu sein. Zu den ehemals verbündeten Städten, die ebenfalls weitere Konfiszierungen hinnehmen mußten, gehören Volaterrae (unter Caesar), Rusellae und nochmals Arretium und Faesulae.

Was bedeutete es zu jener Zeit, Etrusker zu sein? Von den Armen in Stadt und Land wissen wir, wie üblich, nichts Genaues; aber wir können annehmen, daß ein Bewußtsein für die etruskische Identität und ebenso die lokalen Traditionen (einschließlich der Sprache) sich am längsten unter der immobilen Bevölkerung in abgelegenen Tälern hielt. Innerhalb der Oberschicht und unter Bürgern mit bescheidenem Wohlstand allerdings war das Etruskertum zur Zeit der späten Republik bereits im Rückgang begriffen, und nachdem Augustus seine Art von »Frieden« nach Italien gebracht hatte, war kaum etwas davon übrig geblieben. Sprache und Kultur änderten sich weiter; um 50 v. Chr. ist, wie man aus Inschriften weiß, Latein weitgehend geläufig, und in den meisten Städten (mit Ausnahme vielleicht von Volaterrae) die vorherrschende Sprache in Wort und Schrift. Eine Generation später werden wir Zeuge, wie Latein das Etruskische selbst

in weit von Rom entfernten Gebieten ersetzt: ein besonders deutlicher Beweis ist das Grab der Hepenius Familie in Ascanio, wo man die letzten etruskischen Epitaphe anhand numismatischer Belege in die vorletzte Dekade vor Christi Geburt datieren kann. Auch in Volaterrae wurde das Etruskische wahrscheinlich weiterhin für solche Zwecke verwendet bis in das erste Viertel des 1. Jahrhunderts n. Chr. Danach Stille: Selbst wenn wir berücksichtigen, daß Inschriften nicht unmittelbar die gesprochene Sprache wiedergeben, müssen wir erkennen, daß das nachaugusteische Etrurien hauptsächlich lateinisch sprach. Zugleich trug auch die gegenständliche Welt Etruriens, soweit sie uns bekannt ist, immer weniger spezifisch etruskische Züge. Weder in Skulptur noch in Architektur oder Keramik ist die Fortsetzung etruskischer Tradition zu erkennen. Eine Ausnahme sind die Graburnen von Volaterrae, die noch im 1. vorchristlichen Jahrhundert hergestellt wurden. Natürlich überlebten Familien trotz des Blutbads, das die Römer angerichtet hatten, etwa die Cacinae aus Volaterrae und die Metelli aus Cortona (letztere Nachfahren oder nahe Verwandte des Stifters des *Arringatore*). Die Altertumskunde blühte, und Kaiser Claudius war von den Etruskern so fasziniert, daß er zwanzig Bücher *Tyrrhenika* schrieb. In Etrurien waren allerdings selbst die religiösen Traditionen umgeformt worden. Die Götter hatten andere Namen, und seit Augustus, wenn nicht sogar früher, war selbst die *haruspicina* immer weniger auf die etruskischen Traditionen angewiesen, obschon sie weiterhin existierte. Roms Vorherrschaft erstreckte sich nun auf alle Bereiche.

William V. Harris
(Aus dem Englischen von Silvia Merz)

Etruskische Mauern und Stützpfeiler des Heiligtums von Castelsecco (Arezzo, 2. Jahrhundert v. Chr.).

Vulci: Luftaufnahme. Auf dem Decumanus die spätrepublikanische Domus del Criptoportico und rechts die Fundamente des etruskischen Tempels vom Ende des 4. Jahrhunderts v. Chr.

E

F

Die Tomba François in Vulci (3. Viertel 4. Jahrhundert v. Chr.). Rom, Villa Albani.

C

D

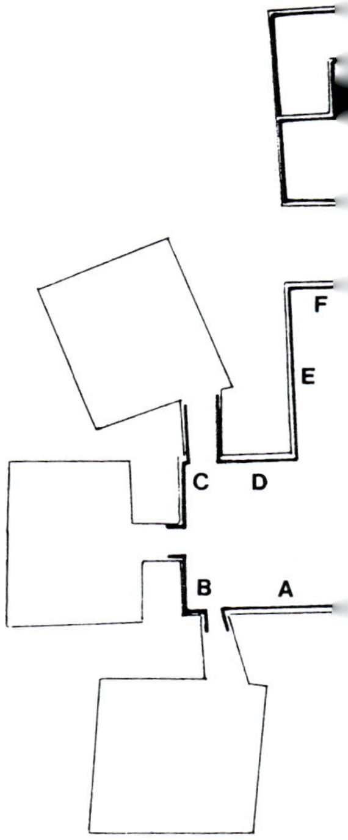

B

A

F′

E′

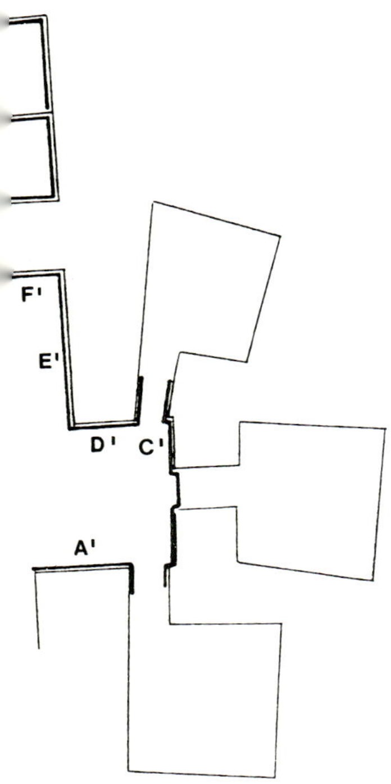

D′

C′

A: Ajax und Kassandra.
B: Phönix.
C: Nestor.
D: Eteokles und Polynikes.
E und F: Die Opferung der trojanischen Gefangenen.

A′: Amphiaraos und Sisyphus.
C′: Vel Saties.
D′: Marce Camitlnas und Cneve Tarchunies.
E′ und F′: Die Sage der Vipinas und der Kampf der Helden aus verschiedenen Städten.

A′

Ackerbauern, Handwerker und Kaufleute

Ackerbau und Viehzucht

Der Wechsel der Wohnstätten, der die Anfänge der historischen Zeit in Etrurien kennzeichnete, kann seinen Grund auch in der Suche nach Plätzen gehabt haben, an denen sich das Nahrungsbedürfnis der Menschen leichter befriedigen ließ. Der Zusammenhang zwischen der Gruppe, so wie sie organisiert ist, und dem äußeren Raum, in dem sie lebt, mit allen Möglichkeiten der Veränderung, die damit gegeben sind, ist von grundlegender Bedeutung auch in der Geschichte der Besiedlung Etruriens.

Die Relation zwischen den Bedürfnissen einer Gruppe und ihrer Produktivität ist natürlich nicht die

Luftaufnahme von Roselle.

Die Landschaft um Chiusi.

gleiche, wenn das Ziel einmal das nackte Überleben und ein anderes Mal die Erwirtschaftung von Überschüssen ist, die sich zu Handelszwecken nützen lassen. Wer über die Produktionsmittel verfügt (sei es eine größere Gemeinschaft, eine Gruppe oder ein einzelner), wird selbstverständlich bestrebt sein, entweder die Technologie (Geräte, Infrastruktur) auszubauen oder aber die Arbeitskräfte zu qualifizieren, deren sozialer »Status« entsprechend den geltenden Beziehungen variiert.

Das Beispiel Etruriens ist in seinem gesamten geschichtlichen Verlauf einigermaßen signifikant; es zeigt nämlich eine ganze Folge von Veränderungen innerhalb der Kulturlandschaft, die ihrerseits mit der Besiedlungsgeschichte und den Produktionsverhältnissen zu tun haben. Dokumentiert ist diese Entwicklung für die vorgeschichtliche Periode durch archäologische Funde und für die Zeit, in der die Region unter die Oberherrschaft Roms gerät, in erster Linie durch schriftliche Quellen.

Die paläobotanischen Funde, die zum Beispiel in der vorvillanovianischen (wohl im 10. Jahrhundert v. Chr. entstandenen) Ansiedlung Luni am Fluß Mignone gemacht wurden, bestehen vorwiegend aus Gerste, gefolgt von Weizen, Wicke, Erbse und Kichererbse. Die Gesamtheit dieser Pflanzen gewährleistete eine Ernährung auf der Grundlage von Kohlehydraten (Weizen) und pflanzlichem Eiweiß (Gemüse); bevorzugt angebaut wurde aber eine Weizensorte *(triticum dicoccum)*, die leicht zu ziehen war und auch in feuchten und wenig bearbeiteten Böden gedieh und die, geröstet und gemahlen, bis zum 5. Jahrhundert das mehr oder weniger einzige Grundnahrungsmittel der Römer darstellte, wie die römischen Autoren berichten (Plin., *nat.* 18, 11). Zwar haben die Archäologen bisher noch keine Getreidespeicher aus vorrömischer Zeit gefunden, aber der Vorratsraum muß doch jeweils einen Teil der Wohnfläche beansprucht haben, wie wir an den Privathäusern aus archaischer Zeit sehen, die in Acquarossa entdeckt worden sind; und im übrigen wissen wir ja, daß Etrurien von griechischen und römischen Schriftstellern mehrfach als ein besonders fruchtbares Land bezeichnet worden ist. Die römische Annalistik verzeichnet für das 5. Jahrhundert v. Chr. wiederholt Getreidekäufe, die Rom in Zeiten des Mangels tätigen mußte. In den Jahren 492, 440, 433 und 411 kommen diese Vorräte von den Feldern im Innern und an den Küsten Etruriens (D. H. 2, 34, 2–5; 4, 12–16, 25, 2 und 52, 5–8), und das Landesinnere wird von Titus Livius immer wieder in seiner ganzen Fruchtbarkeit geschildert. Zu Beginn des 4. Jahrhunderts v. Chr. zum Beispiel, so berichtet Livius, bitten die Gallier die Einwohner von Clusium, die mehr Ackerland besitzen als sie zu ihrem Lebensunterhalt bestellen müssen (Liv. 5, 36, 3), ihnen Land abzutreten; als Gegenleistung versprechen sie, sich friedlich zu verhalten. Am Ende des gleichen Jahrhunderts, zur Zeit der ersten römischen Einfälle in

Kulturlandschaft in der Umgebung von Vulci.

Etrurien, entdeckte ein Römer vom Monte Cimino aus die reichen Gefilde im Territorium von Volsinii (Livius 9, 36, 11). Noch später, im Jahre 205 v. Chr., trugen die Städte Etruriens zur Versorgung der Truppen bei, die Scipio gegen Hannibal nach Afrika führte: Caere, Rusellae, Volaterrae, Clusium, Perusia und Arretium schicken riesige Mengen von Weizen (Livius 28, 45).

Zur Fruchtbarkeit des Terrains, das nach Varro in einigen Gebieten Etruriens fünfzehnfache Erträge brachte, kam die Qualität der Getreidearten. In ihren Büchern über den Ackerbau berichten römische Schriftsteller des 1. Jahrhunderts v. Chr., daß der Spelt von Clusium die übliche Nahrung des römischen Volkes bildete (Plinius, *nat.* 18, 66). Sie loben die helle Farbe des Mehls und die feine Beschaffenheit des Weizens, der für die Feinbäckerei verwendet wurde und auf den Feldern um Clusium und Arretium wuchs (Plin., *nat.* 18, 87). Aus der Bestellung des Bodens, die anfangs nur den Unterhalt zu sichern hatte und in eher waldigen Gegenden von den Bewohnern der vorvillanovianischen Ansiedlungen betrieben worden war, hatte sich der extensive Anbau auf den Schwemmlandböden der Ebene entwickelt, und jetzt schon mit dem Ziel, Erträge über den eigentlichen Bedarf hinaus zu erzielen.

Wir sind daran gewöhnt, den Ackerbau im antiken Italien mit den Augen Vergils zu sehen (der ja das Leben der kleinen Bauern schildert). Es fällt uns daher nicht leicht, uns den Prozeß der Entstehung großer Getreideanbauflächen vorzustellen. Immerhin soll nach der etruskischen Mythologie (Colum. 10, 346 f.) Tarchon, der Gründer von Tarquinii, als erster seine Felder eingezäunt haben; die Grenzsteine, die in die Erde gerammt wurden, um den Besitz abzustecken, spiegeln eine Organisation des Raumes wider, die nach einer zu Beginn des 1. Jahrhunderts v. Chr. geltenden, aber zweifellos schon älteren Vorstellung der himmlischen Ordnung entsprach. Am Ende des 6. Jahrhunderts v. Chr., als ganze Scharen etruskischer Kolonisten jenseits des Appenin neue Ansiedlungen in Marzabotto und in Spina gründeten, war die Technik der Landvermessung bereits fortgeschritten; das beweist uns das Vorgehen bei der Aufteilung des städtischen Raumes, von dem wir schon gesprochen haben.

Das heißt also, daß wir die Herausbildung des extensiven Ackerbaues unter Zuhilfenahme des Systems der Brache in jene vier Jahrhunderte einordnen müssen, die zwischen den ersten villanovianischen Ansiedlungen und der Gründung solcher »Kolonien« liegen. Und in eben dieser Zeit ist dann auch das System der geometrischen Aufteilung des Bodens in Felder entstanden, das die Etrusker von den griechischen Kolonisten übernahmen und dann vervollkommneten – das Vermessungsinstrument par excellence, die *groma*, ist im Lateinischen ein Lehnwort aus dem Griechischen und über das Etruskische in die lateinische Sprache eingegangen.

Wir müssen uns also die Geschichte der etruskischen Kulturlandschaft so vorstellen, daß zunächst eine Art allgemeines Nutzungsrecht bezüglich des für die extensive Bewirtschaftung vorgesehenen Bodens bestand und daß sich mit der Zeit eine Tendenz zur Privatisierung ausbildete. Indirekt kann der Augenblick, in dem die Privatisierung einsetzte, dadurch bestimmt worden sein, daß um 630 v. Chr. Intensivkulturen entstanden, mit denen bereits eine spekulative Absicht verfolgt wurde. Wein und Öl erscheinen schon frühzeitig in den Zeremonialhandlungen der Adligen: anfangs durch den Handel mit den Phöniziern und den Griechen erworben, werden sie seit dem 7. Jahrhundert v. Chr. in Etrurien selbst produziert. Im Laufe des 6. Jahrhunderts tauchen etruskische Weinamphoren in Latium, Kampanien und Ostsizilien, auf Sardinien und auf Korsika und im Norden an den Küsten Frankreichs und Spaniens auf. Das zeigt nicht nur den Umfang der Handelsbeziehungen der Etrusker an, sondern es ist auch ein Hinweis auf die Intensität der Produktion, die vor allem in Volci angesiedelt ist. Nachdem der Wein eine Zeitlang nur in Adelskreisen konsumiert worden ist, wird er nun zum verbreiteten Getränk, und der Weinbau ist vor allem für ein Territorium wie das von Volci interessant, das im 7. und 6. Jahrhundert v. Chr., wie wir schon gesehen haben, eine dünne Besiedlung aufweist und sehr viele für den Weinbau geeignete Flächen besitzt.

Ähnliches können wir von der Olivenkultur sagen, die von den griechischen Kolonisten mitgebracht worden war: Das etruskische Wort für Öl, *eleiva,* ist (wie *oleum* im Lateinischen) ein Lehnwort aus dem Griechischen, ebenso wie die etruskische Bezeichnung für den Ölschlamm (ital. *morchia,* lat. *amurca,* das wiederum eindeutig auf dem Weg über das Etruskische vom ursprünglichen griechischen *amorga* herkommt). Die kostbare Flüssigkeit, Grundbestandteil wohlriechender Salben, wurde in kleinen Balsamarien aufbewahrt. Zunächst, in der zweiten Hälfte des 7. Jahrhunderts, füllte man sie in kleine Buccherovasen, die häufig mit einer Weihinschrift versehen wurden. Später wurde sie in *aryballoi* und *alabastra* (kugeligen oder länglichen Salbgefäßen) aufbewahrt, die im linearen Stil oder in der den Korinthern nachempfundenen Technik der schwarzen Figuren dekoriert waren. Wie die Weinamphoren waren sie im Laufe der ersten Hälfte des 6. Jahrhunderts im Innern Italiens wie auch an den Küsten des Adriatischen und des Tyrrhenischen Meeres weit verbreitet: vom Gebiet der Sabiner bis zum Picenum, von Kampanien bis zu den unter phönizischem Einfluß stehenden Regionen wie Karthago und Tharros in Sardinien. Allerdings wurden die Oliven auch als ganze Früchte verzehrt. In zwei Gräbern in Cerveteri aus der ersten Hälfte des 6. Jahrhunderts hat man die mediterrane Sorte der *olea sativa* gefunden, und zwar in eigens dafür bestimmten Vorratsbehältern, von denen einer aus Bronze war.

Die Anlage von Baumkulturen, die ein festes Pachtverhältnis voraussetzten, sorgfältige Pflege brauchten und sehr viel mehr Arbeitskräfte erforderten als die extensiven Kulturen, mußte in den allgemeinen Prozeß der Privatisierung des Bodens durch die neu auftauchende gesellschaftliche Klasse eingeschlossen werden, vor allem wenn man mit den Überschüssen aus dieser Produktion Geschäfte machen wollte. Es ist durchaus möglich, daß die Krise der Adelsgesellschaft, der führenden Schicht des 7. Jahrhunderts v. Chr., im Laufe des 6. Jahrhunderts zu einer anderen Art der Organisation der Kulturlandschaft führte: die timokratische Ordnung, welche die neue und gegenüber der »Fürstenklasse« des 7. Jahrhunderts zahlenmäßig viel größere Oberschicht kennzeichnet, spiegelt sich nämlich in den urbanistischen Maßnahmen in den Nekropolen zum Beispiel von Caere und Volsinii, die in der zweiten Hälfte des 6. Jahrhunderts eine »städtische« Mentalität erkennen lassen. Das heißt, jetzt werden feste Regelungen bezüglich des Eigentums an Grund und Boden wichtig, gemäß einem System, das man auch in der Planimetrie der Kolonien erkennen kann, zum Beispiel in Marzabotto und Spina in der Emilia und in Capua in Kampanien. Es ist also anzunehmen, daß es im 6. Jahrhundert v. Chr. (auch infolge griechischer Einflüsse) zum Ausbau des Pachtsystems kommt: Als am Ende dieses Jahrhunderts das Verhältnis zwischen Stadt und abhängigem Territorium sich dramatisch zuspitzt, und es schließlich zur Entvölkerung der ländlichen Gegenden und zu einer Wanderbewegung aus dem etruski-

Cippus aus Perugia: Der eingemeißelte Text enthält Vorschriften über die Aufteilung des Bodens zwischen zwei etruskischen Familien (2. Jahrhundert v. Chr.). Perugia, Museo Archeologico.

schen Kernland hinaus kommt, haben die südetruskischen Städte das Modell der großen landwirtschaftlichen Besitzung bereits übernommen, das vermutlich aus dem griechischen Kolonialraum kam. Es ist das Modell, das wir auch in den etruskisierten Gebieten Cisalpiniens antreffen, in denen die Produktivität nach Aussage mehrerer Autoren der ersten Kaiserzeit (z. B. Str. 5, 1, 12) größer war als im etruskischen Kernland; ein Modell also, das sich sowohl in den Städten an der Küste als auch in den Städten im Innern durchgesetzt hatte, welche die Handelswege überwachten und selbst Nahrungsmittel erzeugten, die für den Handel bestimmt waren, wie Volsinii – das aber zum Beispiel in Clusium anscheinend nicht befolgt wurde: Zu Beginn des 4. Jahrhunderts, in einer Zeit, in der ganz Mittelitalien offenbar eine Rezession erlebte, waren hier riesige Anbauflächen unbestellt, und die wenigen und halbwilden ländlichen Sklaven wurden im Bedarfsfall durch kriegerische Unternehmungen herbeigeholt (Liv. 9, 36,6).

Unter den römischen Schriftstellern der Spätzeit der Republik, die sich mit der Landwirtschaft beschäftigen, ragen zwei Theoretiker etruskischer Herkunft hervor, die Brüder Saserna, die ein 50 Hektar großes Gut zwischen Piacenza und Velleia besaßen. Diese Faktorei betrieb neben Anbau und Ernte auch die Konser-

Etrusko-korinthische Balsamarien (Ende 7./1. Hälfte 6. Jahrhundert v. Chr.). Florenz, Museo Archeologico.

Weinamphore aus Vulci mit Besitzerinschrift (»ich des Laris Achis«). (630–600 v. Chr.). Vatikan, Museo Etrusco Gregoriano.

Pithos aus Caere, wahrscheinlich zur Aufnahme von Lebensmitteln bestimmt (2. Hälfte 7. Jahrhundert v. Chr.). Leningrad, Eremitage.

Darstellung des Pflügens auf der Situla der Certosa (2. Viertel 6. Jahrhundert v. Chr.). Bologna, Museo Archeologico.

Oben links: Votivpflug aus dem Vivarelli-Strozzi-Depot von Talamone (Mitte 3.–2. Jahrhundert v. Chr.). Florenz, Museo Archeologico.

Votivsichel und -hacken aus dem Genio-Militare-Depot von Talamone (2. Jahrhundert v. Chr.). Florenz, Museo Archeologico.

Kleiner Bronzewagen aus Bisenzio, geschmückt mit figürlichen Szenen aus dem Alltagsleben, u. a. Darstellung des Pflügens und der Jagd (letztes Viertel 7. Jahrhundert v. Chr.). Rom, Museo di Villa Giulia.

Veji: Ponte Sodo.

vierung und den Verkauf ihrer Erzeugnisse; daneben wurden Tonbehälter für den Transport der Produkte hergestellt und sogar die Kleider für die Arbeitskräfte selbst gewebt. Dieses völlig »autarke« System war wahrscheinlich das Werk der etruskischen Besitzer, die sich eine eigene Methodologie erarbeitet hatten.

Auf diesem mittelgroßen Gut brauchte man sechs Männer für den Getreideanbau und eine Anzahl weiterer Arbeitskräfte für den Weinanbau. Die Produktivität bemaß sich allerdings nach dem Einsatz der Arbeitskräfte und danach, welche Geräte sie benutzen konnten. Zur Arbeit in der Landwirtschaft, die je nach Bodenbeschaffenheit leichter oder schwerer fiel, gehörten das Pflügen, das Hacken des Bodens und das Unkrautjäten, Tätigkeiten, zu denen Diener und bezahlte Arbeitskräfte herangezogen wurden. Die erste uns bekannte Darstellung eines Pfluges auf der Situla der Certosa von Bologna (575–550 v. Chr.) unterscheidet sich nur geringfügig von späteren Darstellungen, etwa des Pfluges in der Gruppe des »Pflügers von Arezzo« (um 400 v. Chr.) oder desjenigen aus dem Votivdepot von Talamone (2. Jahrhundert v. Chr.): Aber während auf der Situla der Certosa das Joch fehlt, so als ob die Arbeit des Pflügens noch vom Menschen selbst geleistet worden sei, wird das Gerät auf den späteren Darstellungen von einem Ochsenpaar gezogen. Und das Pflügen muß eine häufig geübte Tätigkeit gewesen sein, wenn Plinius für den etruskischen Boden vorschlägt, vor der Aussaat neunmal zu pflügen (*nat.* 18, 20). Das schon erwähnte Votivdepot von Talamone enthielt Miniaturen landwirtschaftlicher Geräte: Hacken, zweizinkige Gabeln und Sicheln, welche die wichtigsten Geräte für den Getreideanbau gewesen sein müssen.

Graphische Rekonstruktion eines Systems von cuniculi, wie es in etruskischer Zeit zur Bewässerung der Felder diente

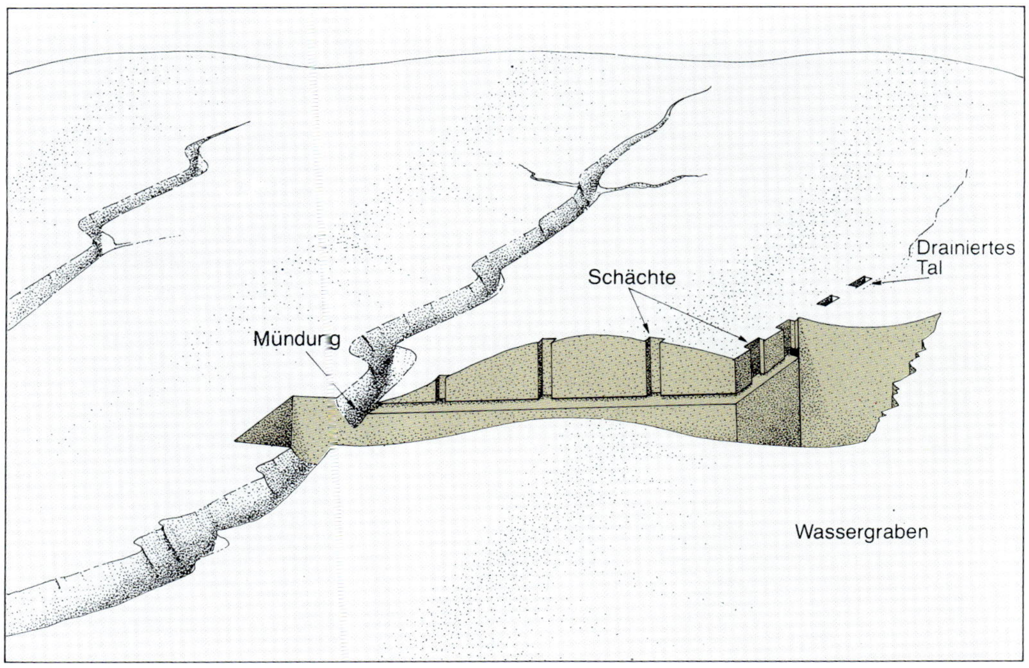

	Ort	*Extensivkulturen*	*Intensivkulturen*	*Allgemeine Hinweise*
	Pisa	Getreide bester Qualität (Plin., *nat.* 18, 86).	Reben, die besten Wein ergeben (Plin., *nat.* 14, 39)	*Böden:* Fette und ertragreiche Erde (Varr., *rust.* I, 9; D.S. 5, 40), leicht zu bearbeiten (Varr., *rust.* I, 44), muß gepflügt werden (Plin., *nat.* 18, 181).
Etrurien Küstenbereich	Rosellae Caere	Getreide (Liv. 28, 45). Getreide (Liv. 28, 45).	Reben, die besten Wein ergeben (Mart. 13, 124; Colum. 3, 9, 6).	*Landwirtschaftsprodukte:* Geschätzte Weine (D. H. I, 37, 2), jedoch leichte in Veji (Hor., *sat.* 2, 3, 143; Pers. 5, 147; Mart. I, 103, 9; 2, 53, 4; 3, 49).
	Tarquinia	Lein (Liv. 28, 45).	Reben in Gravisca (Plin., *nat.* 14, 67–68).	*Viehzucht:* Schweineherden (Plb. 12, 4); Schafherden in Pisa und Caere (Lycophr., *Alex.* 1241) in Rosellae (Liv. 10, 4), bei Volsinii (Plin., *epist.* 8, 20); kräftige und an Arbeit gewöhnte Ochsen (Colum. 6, 1, 1) speziell auf dem Agro Falisco (Ov., *am.* 3, 13; Ov., *fast.* I, 84).
	Statonia		Reben (Plin., *nat.* 14, 67–68).	
	Volterra	Getreide (Liv. 28, 45).	Reben (Plin., *nat.* 14, 36).	
	Arezzo	Getreide (Liv. 22, 3; 28, 45); Getreide bester Qualität (Plin., *nat.* 18, 87).		
Etrurien Binnenland	Chiusi	Getreide (Liv. 28, 45; Plin., *nat.* 18, 66); Getreide bester Qualität (Plin., *nat.* 18, 87).	Reben (Liv. 5, 33; Plin., *nat.* 14, 35 und 38).	
	Perugia	Getreide (Liv. 28, 45).	Reben (Plin., *nat.* 14, 67).	

Zur Entwicklung der Landwirtschaft trug mit Sicherheit auch die Regulierung der Wasserversorgung bei. Die Anlage der Wohnplätze in der Nähe von Quellen oder Flüssen war eine notwendige Voraussetzung auch für die Landwirtschaft. In den Zonen aber, in denen die extensiven Kulturen Meliorations- und Bewässerungsarbeiten erforderlich machten, und zumal in den vulkanischen Gebieten mit dem leicht auszuhöhlenden Tuffboden wurden unterirdische Kanäle angelegt und durch Brunnenschächte erschlossen. Die Stollen, die auf den Territorien von Clusium und Caere gefunden wurden, vor allem aber das insgesamt etwa 25 Kilometer lange System der *cuniculi* auf dem Gelände zwischen der Stadt Veji und dem Tiber, das mühsam von im Dienst der *comunitas* stehenden Arbeitskräften angelegt wurde, dienten wohl dem Zweck, einen Überschuß an Getreide zu erzeugen. Und im Laufe des 5. Jahrhunderts, in dem dieses Bewässerungssystem entstanden sein soll, konnte eine Infrastruktur von so imposanten Ausmaßen nur auf Betreiben der staatlichen Autorität verwirklicht werden.

Die Überlegenheit der Etrusker auf dem Gebiet der Hydraulik wurde selbst von den Römern anerkannt: der Bau der *Cloaca Maxima* in Rom erfolgte unter der Anleitung des Tarquinius Superbus (Liv. 1, 56, 2; Plin., *nat.* 36, 104), und daß es den Römern gelang, Veji einzunehmen, verdankten sie dem Rat eines etruskischen Haruspex – sie gruben nämlich einen unterirdischen Gang (Liv. 5, 19, 10).

Was die Viehhaltung angeht, so sind die Beschreibungen der antiken Autoren sehr viel unergiebiger. Polybios (12, 4) erwähnt Schweineherden im Gebiet der Maremmen, Lykophron (*Alex.* 1241) spricht von den »waldigen und herdenreichen Tälern« von Caere, bei Livius (10, 4) und bei Plinius dem Jüngeren (*epist.* 8, 20) ist von Herden bei Rusellae und in der Nähe des Vadimonischen Sees die Rede. Nach Aussage des späteren sich mit Landwirtschaft befassenden Schriftstellers

Columella (6, 1, 1) waren die etruskischen Ochsen kräftig und für die Feldarbeit geeignet.

Aus sehr früher Zeit stammt die erste Darstellung einer Herde von Zuchtebern unter der Aufsicht eines Schweinehirten (ca. 650 v. Chr.). Sie ist auf einer vergoldeten Silber-Situla eingeritzt, die in Clusium gefunden wurde. Die gleiche Situla weist außerdem die Darstellung eines Opfers von Schweinen und Ziegen auf, mit dem das Kriegsglück erbeten wurde. Schweine und Ziegen enthält auch der Fries einer schwarzfigurigen Hydria aus Caere (um 530 v. Chr.) . Dort werden die Vorbereitungen für die Opferhandlung gezeigt. Rinder können, anders als in Rom, bei solchen Riten nicht geopfert worden sein; zumal wenn sie zur Feldarbeit bestimmt waren. Das Rind taucht zusammen mit menschlichen Figuren in den Votivdepots des 7. und 6. Jahrhunderts v. Chr. im Innern Nordetruriens auf und erscheint »als Paar« in der berühmten Darstellung des »Pflügers von Arezzo« aus dem Ende des 5. Jahrhunderts.

In der Ernährung der Menschen muß das Schwein eine wichtige Rolle gespielt haben, wie aus den reichen Funden von Eber- und Wildschweinknochen in der etruskischen Siedlung Massarosa bei Viareggio (600–450 v. Chr.) hervorgeht, und das etruskische Wildschwein, das auch in den Grabmalereien von Tarquinii eine Rolle spielt, wo adlige Jäger ihm nachstellen, war zumal den römischen Dichtern der Kaiserzeit gut bekannt (Iuv. 1, 22; Stat., *silv.* 4, 6, 9; Mart. 7, 26). An zweiter Stelle folgen (wiederum in Massarosa) die Schafsknochen. Das Schaf wurde sowohl wegen seines

Schwarzfigurige Hydria aus Cerveteri mit Darstellung der Fleischzubereitung unter einer Laube (um 530 v. Chr.). Rom, Museo di Villa Giulia.

Sperandio-Sarkophag (Perugia) (Anfang 5. Jahrhundert v. Chr.). Perugia, Museo Archeologico.

Münzen aus Tarquinia: auf der Vorderseite ein Wildschweinkopf; auf der Rückseite eine Lanze (Ende 4. Jahrhundert v. Chr.). Tarquinia, Museo Archeologico.

Darstellung einer Hirschjagd auf einem Elfenbeinplättchen aus Orvieto, Truhenapplik (520–500 v. Chr.). Florenz, Museo Archeologico.

Detail eines Freskos aus der Tomba della Caccia e della Pesca in Tarquinia (um 530 v. Chr.).

Detail eines Freskos aus der Tomba dei Leopardi in Tarquinia: Mundschenke zwischen Lorbeerbüschen (um 470 v. Chr.).

Luftaufnahme des Parco dell'Uccellina (Grosseto). Dieses unter Naturschutz stehende Gebiet gehört zu den wenigen Landschaften, die uns ein Bild vom Aussehen der tyrrhenischen Küste in der Antike vermitteln können.

Fleisches als auch und vor allem wegen der Milch, des Käses und der Wolle gehalten. Noch in der Kaiserzeit war der Käse von Luni berühmt (Plin., *nat.* 11, 241; Mart., 13, 30), und von den Römerinnen heißt es, daß sie zur Zeit des Hannibal über Schwielen an den Händen sehr klagten: denn sie verspannen etruskische Wolle (Iuv. 6, 289).

Eichen und Buchen müssen in der Mast eine Rolle gespielt haben, und daneben lieferten sie Holz für alle möglichen Zwecke, von den Zimmererarbeiten bis zu den Holzkernen für die raffinierten Erzeugnisse der Bronzehandwerker. Aus dem Hochwald kam das Holz für den Haus- und den Schiffsbau (im Jahr 205 v. Chr. lieferten Volaterrae, Perusia, Clusium und Rusellae

Tannenholz für die Schiffsrümpfe der Flotte des Scipio; aus der Macchia dagegen kamen biegsame Hölzer für alle möglichen Zwecke). Bei der Beschreibung der Gärten und Felder, die seine Villa in der Nähe des heutigen Città del Castello umgaben, verweilt Plinius der Jüngere bei den Wiesen, die voller Klee für das Vieh stehen, bei den üppigen Weinbergen und den Gärten, in denen Akanthus und Rosen, Lorbeer und Efeu, Platanen und hochstämmige Zypressen gedeihen. Seine Schilderung paßt sehr gut zu den Grabmalereien in Tarquinii aus der zweiten Hälfte des 6. und der ersten Hälfte des 5. Jahrhunderts v. Chr., auf denen schmausende und tanzende Teilnehmer an einem Gastmahl zwischen Lorbeerbüschen und Lauben dargestellt sind, an denen Efeu und Wein ranken.

Wenn wir das große Repertoire an vegetabilen Schmuckformen, über das die etruskische Kunst gebietet, mit den Augen des Botanikers betrachten, dann werden wir auf eine erstaunliche Vielfalt von Zier- und Kulturpflanzen stoßen. Die Weinrebe, der Ölbaum, der Granatapfelbaum gehören zu einem Vegetationsbestand, der reich an kultischen Bezügen ist, während die Fülle der übrigen Pflanzen und Blumen – Akanthus, Winde, Glockenblume, Krokus, Aronstab, Narzisse, Lilie, Iris und Rose –, zumal vom 4. Jahrhundert an, auf eine Vorliebe für den Blumen- und den Ziergarten deutet. Eiche, Pinie und Lorbeer werden schon sehr viel früher dargestellt; sie müssen allerdings in jenem Maremmenwald existiert haben, der im Küstenstreifen der Toskana noch heute zu finden ist.

Bergbau und Metallindustrie

Eine besondere Rolle kommt in der Entwicklung der etruskischen Kultur der Gewinnung der Bodenschätze zu. Erzvorkommen sind besonders häufig im Tolfa-Gebirge im Süden (Kupfer, Blei, Zink und Eisen), in den Colline Metallifere (vor allem Kupfer in der Form des Chalkopyrits), im Gebiet von Campiglia Marittima (Kupfer in der Form des Chalkopyrits, Blei als Galenit, Zinn als Kasseritit) und auf Elba (Eisen als Hämatit). Metallgewinnung und -verarbeitung haben seit der Bronzezeit diese Gegend charakterisiert und in gewisser Weise die kulturelle Entfaltung der Region insgesamt begleitet und bestimmt.

Die heutigen Erzvorkommen im etruskischen Kernland lassen sich wie folgt darstellen:

	Kupfer	Eisen	Zinn	Silber	Blei
Apuanische Alpen	×	×	×	×	×
Volterra-Gebiet	×				
Campiglia-Gebiet	×	×	×	×	×
Elba		×			
Colline Metallifere	×	×	×	×	×
Monti della Tolfa	×	×			×

Am Beginn der geschichtlichen Zeit stellt die Metallurgie einen Sektor dar, der sich von den übrigen »erzeugenden Tätigkeiten« deutlich abhebt. Sie dient nicht nur der Produktion von Waffen und Prestigegegenständen, sondern auch dazu, landwirtschaftliche Geräte und andere Gebrauchsgegenstände herzustellen. Auch wenn wir die Schmuckgegenstände und die übrigen Objekte aus Bronze und Eisen, die aus den Gräbern geborgen worden sind, gut kennen, so tappen wir doch im Dunkeln, was das Aufsuchen und Zugänglichmachen der Lagerstätten und die eigentliche Förderung angeht. Die Spuren dieser Vorgänge sind oft durch spätere Aktivitäten ausgelöscht worden.

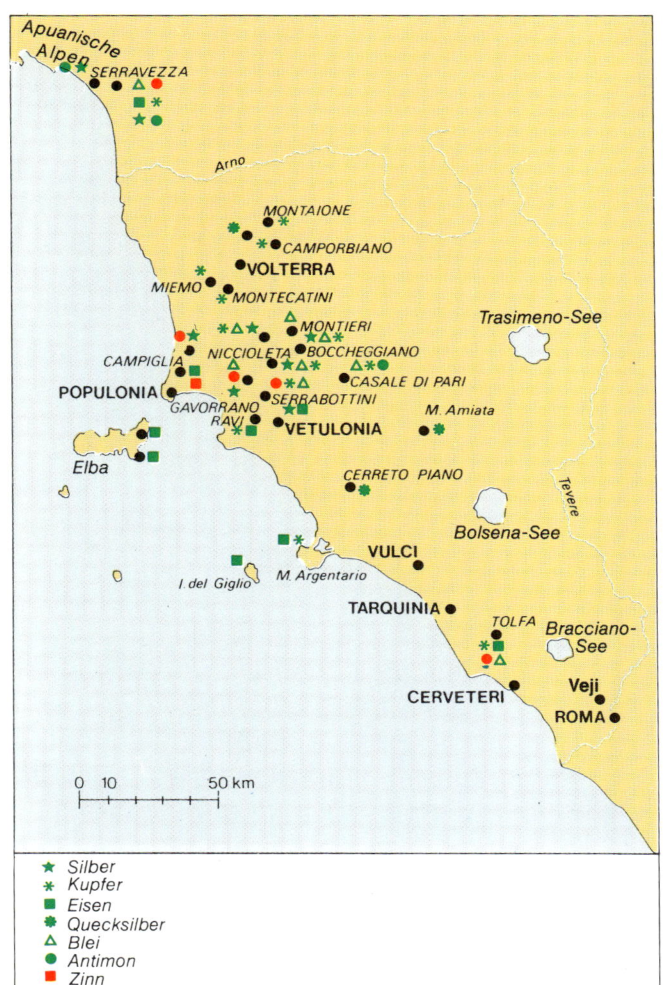

Abraumhalde im Bergbaugebiet von Gavorrano.

Lageplan der Mineralvorkommen in Etrurien.

Populonia, Tomba delle Oreficerie (um 625–575 v. Chr.).

Populonia: Luftaufnahme der Reede, des »Industrieviertels« und der Nekropole von S. Cerbone.

Über die Gerätschaften und Metalle, mit deren Hilfe das Erz geläutert wurde, haben wir dagegen, auch noch in jüngster Zeit, einiges in Erfahrung bringen können. Bei Serrabottini im Gebiet der Colline Metallifere sind zum Beispiel Höhlungen von geringer Tiefe und mit einer sehr engen Öffnung entdeckt worden, welche die Forscher mit der Erzgewinnung in etruskischer Zeit in Verbindung bringen. Die abgebauten Massen wurden zerkleinert und von Hand ausgelesen. Die Hinterlassenschaften einer ersten Bearbeitung bestehen aus Schlacken mit Resten von Zuschlagstoffen, die dem Mineral beigegeben wurden. Danach kam der Vorgang des Schmelzens in Öfen, die sich unweit der Lagerstätten befanden. Anfangs bestanden sie nur aus einfachen Höhlungen, in windreichen Gegenden in abschüssiges Terrain eingegraben. In diesen Höhlungen kam das Mineral in direkten Kontakt mit dem Brennmaterial. Im 3. Jahrhundert v. Chr. tauchten in Val Fucinaia, in der Gegend von Campiglia Marittima und in Populonia dann die Öfen »a graticola« (also mit einem Gitter bzw. Rost versehen) auf, welche die Form eines Kegelstumpfes haben. Eine durchlöcherte Trennwand im Innern dieser Öfen, die von einer Mittelsäule gestützt wird, teilt das Ganze in zwei übereinanderliegende Kammern ein. In die obere Kammer füllte man das bereits sortierte Erz zusammen mit der Kohle, in der unteren entzündete man ein Feuer. Bei hohen Temperaturen schied sich das Kupfer ab, wurde flüssig und tropfte in die untere Kammer.

Der Hämatit von Elba zeichnet sich gegenüber dem Kupfererz durch einen hohen Gehalt an Metall aus. Das bedeutet, daß weder das Zertrümmern der Brokken noch die Auswahl der Stücke viel Arbeit bereiteten, und der anschließende Schmelzvorgang keine hohen Temperaturen erforderte. Zu Barren reduziert, konnte der Hämatit auch von den Lagerstätten weg- und an einen anderen Ort transportiert werden, zum Beispiel nach Populonia oder auch nach Ischia, wo er in der Nähe von Monte Vico auf Schlackenhalden gefunden wurde; in dieser Form war er auch in niederen Öfen leicht reduzierbar. Die Überreste des Schmelzvorgangs – die Schlacken, die den Strand und das Hinterland des Golfes von Baratti bei Populonia buchstäblich zudeckten – enthielten noch immer einen hohen Eisenanteil;

der Prozeß der Reduktion muß also recht oberflächlich verlaufen sein. Diodoros Siculus (5, 13) sagt, daß auf Elba, vermutlich im 2. Jahrhundert, das Eisen zu Barren reduziert wurde, die großen Schwämmen ähnlich sahen, und daß es in dieser Form an die Handelsplätze gebracht wurde, wo die Handwerker es kauften.

Die Öfen, die für die Läuterung des Eisens verwendet wurden, hatten nicht das Geringste mit den »Gitteröfen« zu tun, von denen oben die Rede war und die sich wohl eher für den Tonbrand als für die Metallgewinnung eigneten. Bei ihrer Auffindung in Populonia und auf Elba waren sie in der Regel zerstört. Sie waren wohl aus feuerfesten Steinen erbaut, die mit Lehm verschmiert waren, besaßen eine zylindrische Form, einen Durchmesser von 1 Meter und eine Höhe von etwa 2 Metern. Oben mit einem Schornstein versehen, waren sie mit dem unteren Teil in den lehmigen Boden eingegraben. Das Erz wurde mit Holzkohle vermischt, bei einer Temperatur von ca. 700 Grad zum Schmelzen gebracht und damit reduziert: Die Reaktion des Hämatiten mit dem Karboanhydrid führte dazu, daß Eisenoxid freigesetzt wurde, das wiederum dafür sorgte, daß das träge Material nach unten floß und durch eine dort angebrachte Öffnung aus dem Ofen herauslief, um sich dann in der charakteristischen Form der Schlakken wieder zu verfestigen. Das Metall im reinen Zustand blieb dagegen oben: abgekühlt wurde es dann im Festzustand – als schwammige Masse – durch eine Öffnung in der Wand des Ofens herausgeholt, der, da man ihn immer von neuem herrichtete, insgesamt nicht sehr dauerhaft gebaut war.

Populonia: Tomba dei Carri, Detailaufnahmen (650–600 v. Chr.).

Rechts: Populonia, Tomba dei Letti Funebri (650–600 v. Chr.).

Die Geschichte der Nutzung der Erzlager bestimmt weitgehend die Vorgänge im Bergbaugebiet von Etrurien, also in der Gegend um Vetulonia und Populonia. Die Überreste einer archaischen Ansiedlung in der

Links oben:
Populonia, Tomba delle Pissidi Cilindriche (675–625 v. Chr.).

Rechts:
Tomba delle Pissidi Cilindriche: Detail der Grabkammer.

Mitte:
Populonia, Tomba dei Colatoi (600–575 v. Chr.).

Populonia, Tomba del Bronzetto dell'Offerente (530–450 v. Chr.).

Nähe der Erzlager am Lago dell'Accesa, die wohl im 7. und 6. Jahrhundert v. Chr. bewohnt war, zeigen, daß es im wesentlichen diese Periode war (die übrigens der Blütezeit von Vetulonia entspricht), in der der Erzabbau überaus intensiv betrieben wurde. Folglich kam es zu einer Überproduktion an Metallen, durch die diese Ansiedlung zu einem der bedeutendsten und reichsten Orte werden konnte. In der antiken Literatur spielt allerdings Elba (bei den Griechen unter dem Namen Aithalia, die »Rußgeschwärzte«, bekannt) die Hauptrolle in der etruskischen Metallurgie. Mit »unerschöpflichen Vorräten« an Eisen und Kupfererzen gesegnet, habe es ganz Etrurien mit Metallen versorgt (Ps.-Arist., *Mir. ausc.*, 93).

Aber die Schriftsteller, die die Insel erwähnen und die zwischen dem 4. Jahrhundert v. Chr. und dem 1. Jahrhundert n. Chr. lebten (um das 1. Jahrhundert waren die Erzlager bereits wieder verlassen), enthüllen auch, daß das Zentrum der Eisenverarbeitung Populonia war (nicht nur der Pseudo-Aristoteles, sondern auch Varro in Serv., *Aen.* 10, 174; Str. 5, 2, 6). Der »maritime« Bergbaudistrikt war also zu einem wirt-

Bronzemünzen aus Populonia: Auf der Vorderseite Kopf des Sethlans; auf der Rückseite Zange und Hammer. Florenz, Museo Archeologico.

Populonia, Poggio della Porcareccia: Ansichten des »Industrieviertels«.

Rekonstruktion eines Schmelzofens aus Populonia mit Erläuterung des Reduktionsprozesses.

schaftlich sehr interessanten Gebiet geworden und um die Mitte des 5. und zu Beginn des 4. Jahrhunderts v. Chr. auch das Ziel mehrerer räuberischer Expeditionen der syrakusischen Marine (D. S. 11, 88; 15, 14).

Erst durch Grabungen, die in jüngster Zeit vorgenommen wurden, hat man feststellen können, daß die Eisenverhüttung in Populonia von der zweiten Hälfte des 6. Jahrhunderts an in einem regelrechten »Industrieviertel« außerhalb der Stadtmauern betrieben wurde, auf einem Areal, das zwar vor den Seewinden geschützt war, sich aber doch nahe am Meer und an den mutmaßlichen Landeplätzen der Reede von Baratti befand. An die Stelle der kleinen niedrigen Schmelz-

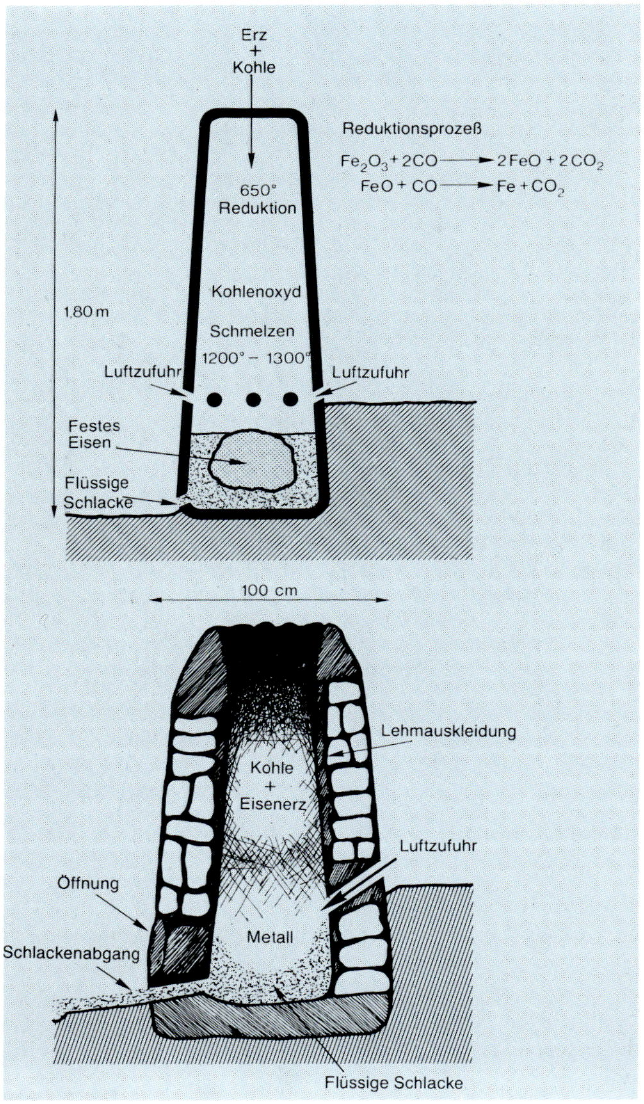

öfen vom Beginn des 6. Jahrhunderts, die auf einem Areal in den lehmigen Boden gegraben worden waren, das zuvor als Nekropole gedient hatte, traten nun Aufbauten mit festen Wänden, in denen sowohl der Arbeitsplatz als auch die Wohnstätte des Metallwerkers Platz hatten. Mehrfach wiederaufgebaut, bis zu Beginn des 3. Jahrhunderts das ganze Viertel zerstört wurde, scheinen sich diese nach einem zuvor festgelegten Plan angeordneten Wohnstätten insgesamt an einer Aktivität ausgerichtet zu haben, zu der der Stadtstaat ganz genaue Anweisungen erlassen hatte.

Zwischen dem Ende des 6. und dem Beginn des 3. Jahrhunderts v. Chr. war Populonia also das wichtigste Zentrum der Eisenverhüttung an der etruskischen Küste und fest in den Kreislauf der Handelsbeziehungen um das Tyrrhenische Meer eingebunden. Es hatte Verbindungen sowohl nach Norden zu den griechischen Kolonien in Südfrankreich als auch nach Süden, zu Großgriechenland und nach Sizilien. Nachdem es in das römische Bündnissystem eingegliedert worden war, lieferte Populonia Eisen für die Bewaffnung der römischen Truppen (z. B. Liv. 28, 45) und wandte sich von dem bisherigen geregelten System der Eisenverhüttung ab, die von nun an eher ungeordnet betrieben wurde. Mit der Oberherrschaft Roms wird also eine »Massenproduktion« eingeleitet, die wohl von einer starken kriegsbedingten Nachfrage diktiert ist und deren Arbeitskräfte nunmehr wahrscheinlich Sklaven waren. Auch auf Elba, das zwischen dem 5. und dem Beginn des 3. Jahrhunderts v. Chr. mit kleinen befestigten Stützpunkten versehen worden war, vermutlich auf Betreiben des Stadtstaates Populonia und mit dem Zweck, Aufseher und Bergleute vor Piratenüberfällen zu schützen, wurde der Erzabbau nun auch an weniger stark befestigten Plätzen wiederaufgenommen, denn auch im 2. Jahrhundert v. Chr. kommen Kaufleute auf die Insel, um sich mit Metallen zu versorgen.

Die Arbeitskräfte

Nachdem wir die beiden wichtigsten Sektoren der Produktion – die Landwirtschaft und die Metallgewinnung und -verarbeitung – jetzt ganz aus der Nähe betrachtet haben, bleibt noch zu untersuchen, wie sich das Verhältnis zwischen dem Staat und dem System der verarbeitenden Industrien historisch entwickelt hat. Wir wollen diese Betrachtung in dem Augenblick beginnen, in dem die wirtschaftliche Tätigkeit noch allein dem Lebensunterhalt diente, und die Arbeit sich im Umkreis des Hauses abspielen mußte. Am Endpunkt unserer Betrachtung steht dann ein sehr viel komplexerer Zustand, nämlich das Wirtschaftsleben des Stadtstaates, in dem sich eine Arbeitsteilung bereits herausgebildet hat.

Die Bezeichnung *penéstai,* von Dionysius von Halikarnassos auf die Angehörigen der etruskischen Truppen angewandt, die zu Beginn des 5. Jahrhunderts v. Chr. die mächtigen verbündeten Fürsten von Veji in den Krieg gegen Rom begleiten, deutet in gewisser Weise schon auf das Vorhandensein einer ländlichen *Plebs* hin. Von »Notaufgeboten etruskischer Bauern« spricht auch Titus Livius (9, 36, 12), als am Ende des 4. Jahrhunderts v. Chr. Fabius Rullianus in das etruskische Binnenland einfällt. In beiden Fällen haben wir es also mit dem Hinweis auf ein Abhängigkeitsverhältnis zu tun, das nicht etwa Sklaventum bedeutet, sondern sich eher der Institution der Klientel vergleichen läßt. Die ländliche Bevölkerung des Innern, die, wie Livius bemerkt, schlecht ausgerüstet war, stellte im Bedarfsfall die Truppe der lokalen Fürsten.

Zur gleichen Zeit gehörten in einer Küstenstadt wie Populonia, das Sitz einer »Staatsindustrie« war, die Handwerker einer teilweise alphabetisierten Schicht an, die sich nicht im gleichen Maße wie die *liberi* zur Geltung zu bringen vermochte, wenn sie nur mit dem eigenen Namen, nicht aber mit einem Gentilnamen aufwarten konnte.

Die Mitteilungen der griechischen und römischen Schriftsteller über die Sklavenaufstände in Inneretrurien im 4. und 3. Jahrhundert v. Chr. lassen uns in der ländlichen Plebs jene Schicht erkennen, die ihre untergeordnete Stellung gegenüber den Magnaten, also den großen Landbesitzern, modifizieren will. Wenn wir bedenken, daß im 2. Jahrhundert v. Chr. in der Umgebung von Clusium und Perusia kleine Bauerngüter entstehen, was durch archäologische Funde bestätigt

Weihrauchgefäß aus Bucchero mit Signatur des Handwerkers (?) Larthuza Kulenie. Aus Artimino (Ende 7. Jahrhundert v. Chr.). Artimino, Museo.

Amphore aus der Polychromen Gruppe aus Cerveteri (630–600 v. Chr.). Rom, Museo di Villa Giulia.

ist, dann taucht sogleich der Gedanke auf, daß es dieser Schicht vielleicht zugestanden war, das Land selbständig zu bearbeiten. In einem Dokument aus der Zeit kurz vor der Machtübernahme durch die Römer (Grom. 1, 350 L) wird zwischen »Dienern« und »Herren« kein Unterschied gemacht, soweit es um den Landbesitz geht; Titirus, Held der ersten vergilschen Ekloge und Bauer im ehemals etruskischen Padanien, besitzt und bestellt Land. Der Prozeß der Veränderung, der diese Epoche kennzeichnet, hatte der ländlichen Plebs in Inneretrurien also einen Zustand des Wohlergehens und der relativen Selbständigkeit beschert, der auch darin zum Ausdruck kam, daß diese

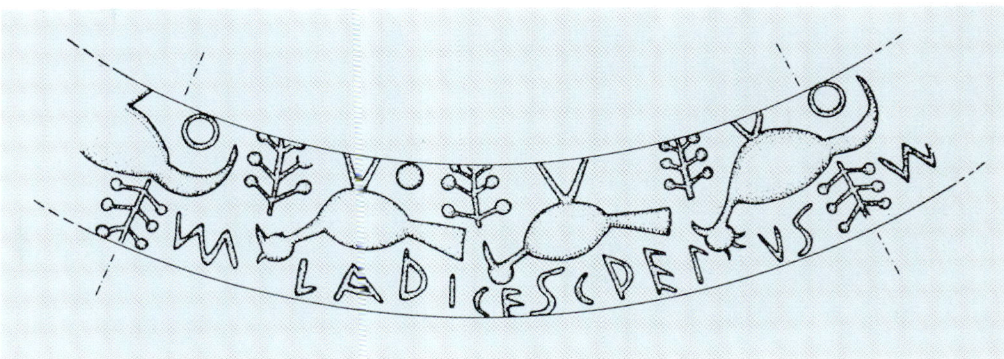

Kohlebecken aus rottonigem Impasto mit Signatur des Handwerkers (?) Larice Crepu aus S. Giovenale: graphische Wiedergabe eines Teilstückes des Randes (6. Jahrhundert v. Chr.).

Oinochoe aus schwerem Bucchero mit Herakles und dem kretischen Stier. Aus Chiusi (3. Viertel 6. Jahrhundert v. Chr.). Florenz, Museo Archeologico.

Schicht es zu einer Benennung brachte, die der Benennung der *liberi* gleichwertig war. Das Prinzip des kleinen Landbesitzes geriet allerdings dadurch wieder in Gefahr, daß der römische Staat seinen ehemaligen Soldaten Land zuwies. Durch diese Landzuweisungen sieht sich Titirus bedroht.

Gegenüber den kaum spezialisierten Landarbeitern oder den in einer genau bestimmten Richtung spezialisierten Arbeitern in der Eisenverhüttung war die Position der Handwerker sehr viel deutlicher umrissen. Die überkommenen Tätigkeiten in der Metallverarbeitung beispielsweise scheinen wegen ihres spezialisierten Charakters die ersten zu sein, die innerhalb der Gemeinschaft deutlich zu erkennen sind und die ein Gewerbe aufnehmen und fortführen, das in vorgeschichtlicher Zeit von umherziehenden Dienstleuten betrieben worden sein muß. Die Anwesenheit von Handwerkern aus dem Orient und aus Griechenland, die sich gegen Ende des 8. Jahrhunderts in die örtlichen Gemeinschaften einfügen und neue Techniken der Goldschmiedekunst und der Keramik vermitteln, führt zwei weitere »Industrien« herauf, die auf einer höheren technologischen Ebene stehen (wie die Einführung der Töpferscheibe zeigt). Aufgrund seiner besonderen Spezialisierung mißt der Handwerker, sei er nun Metallverarbeiter oder Keramiker, seiner Arbeit innerhalb der Gemeinschaft einen bestimmten Wert bei, zumal wenn seine Erzeugnisse für die Oberschicht bestimmt sind: auf Keramiken des 7. Jahrhunderts v. Chr. finden sich bis zu acht Künstlersignaturen eingeritzt, die sich entweder auf die materielle Ausführung und Herrichtung des Stückes (ausgedrückt durch das Verb *zinace,* griech. *epoiesen*) oder auf seine Verzierung (*zichuce,* griech. *égrapsen*) beziehen. Aus diesen Signaturen kann man entnehmen, daß der Handwerker, der lesen und schreiben kann und mithin einer Schicht angehört, der die Mittel der Kultur zur Verfügung stehen, einen Status einnimmt, mit dem eine gewisse Autonomie verbunden ist.

Die Zunahme der keramischen Produktion im letzten Viertel des 7. Jahrhunderts v. Chr. – ob es sich nun um Buccherogefäße, um Impastovasen oder um die schwarzfigurige Keramik handelt – zeigt, daß es auf diesem Sektor jetzt regelrechte Werkstätten gibt. Es ist nicht mehr der einzelne Künstler, sondern eher eine

Produktionsgemeinschaft, eben die Werkstatt, die einer immer größer werdenden Nachfrage gerecht werden soll. Die umfangreiche Produktion etrusko-korinthischer Keramik in Volci zwischen 630 und 550 v. Chr. zeigt, daß die Töpfer von einem Werkstattmeister angeleitet wurden, dem die Kunstgeschichte die Urheberschaft im Zusammenhang mit bestimmten Modellen und dekorativen Traditionen zuschreibt. In der ersten Hälfte des 6. Jahrhunderts v. Chr. signiert der Werkstattmeister oder der Besitzer einer Werkstatt in dem zu Caere gehörenden kleinen Ort San Giovenale, ein gewisser *Larice Crepu* (CIE 10486), seine rottonigen und mit Hilfe kleiner Holzwalzen reliefierten Kohlebecken schon mechanisch, nämlich mit einem kleinen Zylinder. Das Bauwesen, wie es sich in archaischer Zeit in den etruskischen Zentren entwickelt, läßt eine ganze Reihe spezialisierter Tätigkeiten erkennen (Zimmermannsarbeit, Ziegelherstellung, Dachdeckung – die oft dadurch erleichtert wird, daß die Ziegel mit Buchstaben gekennzeichnet werden), die mit der Zeit Autonomie gewinnen. Wenn an der Akroterplastik des »Palastes« von Murlo, die im zweiten Viertel des 6. Jahrhunderts v. Chr. entstanden ist, der enge Zusammenhang zwischen der keramischen und der Technik der Architekturdekoration noch erkennbar ist, so spezialisiert sich die Tätigkeit der »Dekorateure« in der zweiten Hälfte des 6. Jahrhunderts mit der immer weitergehenden Entwicklung des städtischen Bauwesens. In Caere hat man in den Jahren 1983/84 in einer Zisterne, die zu Beginn des 5. Jahrhunderts v. Chr. mit Abfall verfüllt wurde, Architekturterrakotten gefunden, von denen man annimmt, daß sie von mehreren Privathäusern stammen, da sie ganz verschieden aussehen. An ihrer Qualität wird deutlich, daß der Werkstattleiter jetzt zum Kleinunternehmer geworden ist, bei dem man hochspezialisierte Arbeiten in Auftrag gibt. Dies ist etwa von Vulca und von jener Gruppe von Meistern aus Veji bekannt, die am Ende des 6. Jahrhunderts v. Chr. nach Rom gerufen wurden, um die Giebel des Tempels des Jupiter Capitolinus zu gestalten (Plu., *Publ.* 13; Plin., *nat.* 35, 157). Nach Livius war es Tarquinius Superbus, der *fabri,* also Künstler, in die Bauhütte des größten römischen Tempels berief. Und wenn auf der einen Seite der Handwerker bzw. die Gruppe freier Handwerker innerhalb des Volksganzen bemerkbar ist, so wurde auf der anderen Seite die Masse der Bevölkerung zur Arbeit an großen öffentlichen Vorhaben herangezogen, denn »wo man keine Verwendung für sie hatte, waren sie eine Last für die Stadt« (Liv. 1, 56).

Links:
Versilberte Hydria aus Falerii (Ende 4./Anfang 3. Jahrhundert v. Chr.). Rom, Museo di Villa Giulia.

Bronzene Schnabelkanne, Seitenansicht und Blick auf den Henkelansatz. Aus Vulci (2. Hälfte 6. Jahrhundert v. Chr.). Rom, Museo di Villa Giulia.

Es bildet sich im 6. Jahrhundert v. Chr. also eine Situation heraus, in der ein spezialisierter Handwerker, der sich innerhalb der Schicht der *liberi* als solcher qualifiziert, gegenüber der Masse der Arbeitsleute, die wahrscheinlich Sklaven waren, deutlich herausgehoben ist. In diesen Zusammenhang gehört ein Passus aus der Vita des Numa Pompilius von Plutarch (17, 1–40), der dem zweiten König von Rom die Einteilung der Bürger in Stände bescheinigt. Dazu gehören in seiner Liste der Reihe nach die Flötenspieler, die Goldschmiede, die Zimmerleute, die Färber, die Gerber, die Schmiede und die Vasenmaler, Kategorien, die eine klare Abgrenzung der Tätigkeiten innerhalb der städ-

Aschenurne aus rotem Impasto. Der Deckel ahmt Struktur und Verzierung eines Hausdaches nach. Aus Cerveteri (650–625 v. Chr.). Rom, Museo di Villa Giulia.

Kalksteinurne in Form eines Hauses aus Chiusi. Verziert mit Pilastern mit äolischem Kapitell, Loggia und rustiziertem Sockel gibt sie das Aussehen eines »herrschaftlichen« Palastes der hellenistischen Zeit wieder. Florenz, Museo Archeologico.

Vestibül der Tomba G. Moretti in Cerveteri, das uns das Innere einer herrschaftlichen Wohnstätte zeigt (2. Hälfte 6. Jahrhundert v. Chr.).

tischen Gemeinschaft zum Ausdruck bringen, von denen einige hier bereits genannt worden sind.

Die Flötenspieler beispielsweise werden schon seit der Mitte des 7. Jahrhunderts v. Chr. als Mitgestalter öffentlicher und privater Zeremonien dargestellt; Aristoteles und Alcimus sagen, daß die Etrusker beim Klang der Flöte kochten, auspeitschten und Faustkämpfe austrugen (bei Poll. 4, 56; Ath. 12, 518 B); das lateinische Wort für den Flötenspieler *(subulo)* scheint aus dem Etruskischen abgeleitet zu sein. Auf dem Gebiet der Goldschmiedekunst entstehen nach dem häufigen Auftreten der reichen Schmuckformen in den »fürstlichen« Gräbern der ersten Hälfte des 7. Jahrhunderts v. Chr., nur sehr viel später, nämlich seit der Mitte des 6. Jahrhunderts, sehr elegante und feingearbeitete Gegenstände, die für die städtische Adelsgesellschaft bestimmt sind und zu deren Herstellung neue und spezifische Techniken angewandt werden. Nach der Phase, in der die Kleider vermutlich noch im Haushalt *(oikos)* hergestellt wurden, wie uns das auf der Schelle aus der Tomba degli Ori in Bologna bezeugt wird – und zwar nach Vorbildern, die in Art eines »Plaid« gearbeitet sind –, kommen im Laufe des 6. Jahrhunderts neue Formen auf, bei denen Stickereien und Bordüren eine Rolle spielen und deren Stoffe durch entsprechende Verfahren lebhaft eingefärbt sind. Das üppige und prunkvolle Leben der Etrusker, wie es uns von den griechischen und römischen Schriftstellern geschildert wird (z. B. Posidonio in D. S. 5, 40), zeigt sich im wesentlichen im verbreiteten Gebrauch bestickter Decken, silberner Vasen, feiner Geräte – den sichtbaren Zeugnissen eines spezialisierten Kunsthandwerks. Die kostbaren Erzeugnisse zeigen überdies sehr viel deutlicher nicht nur die Wandlungen des Geschmacks, sondern vor allem das Vorhandensein von Auftraggebern, die ihrerseits bei ihrem öffentlichen wie auch in ihrem privaten Auftreten der wechselvollen wirtschaftlichen Entwicklung unterliegen.

Mauro Cristofani
(Aus dem Italienischen von Ulrike Stopfel)

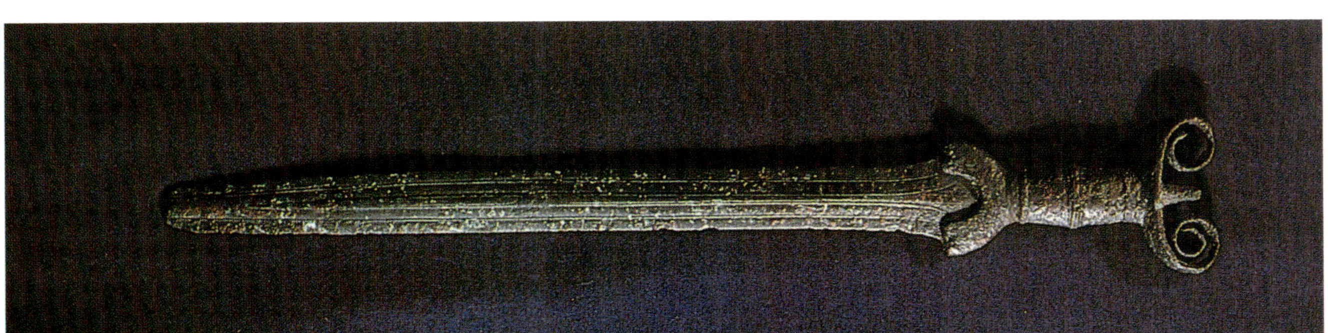

Bronzenes Rasiermesser, vielleicht ein Erzeugnis aus Vetulonia. Aus Laerru, Sassari (2. Hälfte 9. Jahrhundert v. Chr.). Sassari, Museo Archeologico.

Links: Nuraghische Schnabelkanne, Impasto, aus Vetulonia (Ende 9./Anfang 8. Jahrhundert v. Chr.). Florenz, Museo Archeologico.

Bronzenes Rasiermesser aus dem Nuraghen Nurra, Sassari (Ende 10./Anfang 9. Jahrhundert v. Chr.). Sassari, Museo Archeologico.

Antennenschwert aus Bronze, Nuraghe Attentu di Ploaghe, Sassari (9.–8. Jahrhundert v. Chr.). Sassari, Museo Archeologico.

Der Handel

Beim Blick auf den Handel sollte man sich vor Augen halten, auf welche dokumentarischen Grundlagen sich die Forschung stützt. Die großen etruskischen Städte, die bei Entstehung und Entwicklung der Handelsbeziehungen eine entscheidende Rolle spielten, sind oft nur durch eine – gelegentlich beeindruckende – Reihe großer, reich ausgestatteter Gräber bekannt. Was wissen wir aber von Städten wie Caere, Tarquinii oder Volci, von ihrem Grundriß, von ihren Vierteln, ihren Straßen oder ihren Häusern? Sehr wenig. Die wirtschaftlichen Verhältnisse der alten Römer zu erforschen, ist sicher nicht einfach, doch Pompeji, Ostia und andere große Städte bieten Dokumentationsmaterial, wie es den Etruskologen leider nicht zur Verfügung steht. Wir sprechen von etruskischen Handwerkern, kennen aber nur ihre in Gräbern aufgefundenen Erzeugnisse und nicht ihre Werkstätten; wir sprechen vom Handel, wissen aber nicht, wie ein etruskischer Hafen tatsächlich in seiner Anlage und im täglichen Betrieb beschaffen war.

Soll nun das vorhandene Material gesichtet und gedeutet werden, so erhebt sich ein weiteres, vielleicht noch schwierigeres Problem. Die Auswertung archäologischer Funde setzt ein Interpretationsmodell voraus, das jegliche willkürliche Verallgemeinerung vermeiden sollte und die im Altertum ganz anders gearteten wirtschaftlichen, gesellschaftlichen und geistigen Verhältnisse nicht an einer modernen Realität messen darf. Das Vokabular ist daher der erklärte Feind des Forschers, dem fast nur Worte von heute zur Verfügung stehen, wenn er Zustände aus früher Vergangenheit beschreiben will. Allerdings sind griechische Zeugnisse über den Aufschwung der Kultur und des Handels der Etrusker zugänglich (man denke nur an Herodot), doch hier lauert eine dritte Gefahr: Der Etruskologe muß darauf achten, daß er die Welt der Etrusker nicht aus dem Blickwinkel der Griechen betrachtet, die diesem Volk nicht unbedingt wohlgesonnen waren, wie aus der auf uns gekommenen Literatur hervorgeht.

Der Handel folgt freilich gewissen Regeln, die für alle auf dem gleichen Entwicklungsstand befindlichen Gesellschaften gelten. Gefördert wurde die Kenntnis dieser Mechanismen einerseits durch die Erforschung der primitiven Gesellschaften und die Arbeiten von Karl Polányi zur Wirtschaftsanthropologie, andererseits durch die Untersuchungen der Historiker marxistischer Prägung zur asiatischen Produktionsweise. Vor allem aber haben die Soziologen, insbesondere Marcel Mauss, dargelegt, welche Bedeutung den irrationalen Formen des Handels zukommt oder – genauer – den Vorgehensweisen und Praktiken, die nicht nur die kapitalistischen Marktregeln nicht befolgen, sondern sich sogar jeglichen volkswirtschaftlichen Maßstäben entziehen. So kennzeichnet der Brauch des Geschenks und Gegengeschenks, der sogenannte *gift trade*, die Beziehungen zwischen Sippen-Oberhäuptern wie auch zwischen örtlichen Herrschern und Machthabern.

Bei den mittelitalienischen Gesellschaften trat dieses Phänomen vor allem im 8. und 9. Jahrhundert v. Chr. auf; dies läßt sich aus Gefäßinschriften erschließen. Bedeutsame Hinweise hierzu enthält die hervorragende Dokumentation über die Funde in den Gräbern, besonders den sogenannten »Fürstengräbern« der etruskischen Städte. Die Gegenstände wurden nicht willkürlich in die Grabstätten gelegt, und daß sie den Toten beigegeben wurden, bedeutet mehr, als daß sie ihnen nur gehörten. Die Erforschung der Begräbnis-Ideologie hat vielmehr in den letzten zwei Jahrzehnten ergeben, daß mit den Grabbeigaben der Rang, die Stellung und die Funktion des Verstorbenen in der Gesellschaft der Lebenden dargestellt wird. Es sind Statussymbole, die Auskunft geben über die Bindungen und sozialen Verflechtungen im Umkreis des »Fürsten«, an deren Entstehen er selbst beteiligt war.

Hier liegt daher ein regelrechter Deutungskodex vor, den man – mit gebotener Vorsicht – benutzen kann. Wenn wir beispielsweise in einem reichen Grab in Volci vom Ende des 9. Jahrhunderts v. Chr. außer den für jene Zeit typischen Beigaben drei sardinische Figürchen – eine hochgestellte Persönlichkeit, einen Hocker und einen Korb – vorfinden, können wir mit Mario Torelli schließen, daß es sich wahrscheinlich um das Grab einer aus Sardinien stammenden, mit einem Würdenträger von Volci verheirateten Adligen handelt. Das Objekt wird auf diese Weise zum »Zeichen«: Der Wert dessen, was man aus ihm erkennen kann, übersteigt den rein materiellen Wert. So haben die sardinischen Bronzefigürchen keine »wirtschaftliche« Bedeutung im engen Sinn, sondern weisen auf die menschlichen Kontakte zwischen der Insel Sardinien und dem italienischen Festland zu Beginn der Eisenzeit hin.

Die Archäologen haben sich daher mehr mit den »Zeichen« des Handels beschäftigt als mit den Handelsgütern selbst, und zwar infolge der Beschränkungen, die durch die archäologischen Funde gegeben sind: Gegenstände sind vorhanden, aber nichts, was sich auf den Handel mit Metallen, mit Stoffen oder auch mit Sklaven beziehen würde. Man spricht häufig von den etruskischen Erzgruben, aber der Handel mit Metallen ist nirgends dokumentiert. So fehlen beispielsweise Metallbarren, wie sie aus anderen Gegenden und anderen Zeiten des Altertums bekannt sind.

F. Villard untersuchte den etruskischen Handel und erforschte dazu die Verbreitung der *Kantharoi* in Buccherokeramik, also der für die archaische etruskische Keramik charakteristischen Trinkgefäße mit zwei vertikalen Henkeln. Diese Verfahrensweise erfordert allerdings Vorsicht. Selbst wenn die Entdeckung eines *Kantharos* in Buccheromanier an einem Ort im Mittelmeerraum auf eine Beziehung oder einen Kontakt zum damaligen Etrurien hinweist, wäre es übertrieben, sogleich von Handel zu sprechen; es könnte auch eine gelegentliche und nicht im strengen Sinn wirtschaftliche Verbindung gewesen sein. Die Erforschung des

Önotrisches Kännchen mit Zeltdekor aus der Tomba 140 von Selciatello di Sopra, Tarquinia (1. Hälfte 8. Jahrhundert v. Chr.). Florenz, Museo Archeologico.

Attische Ölamphore der Gruppe SOS aus der Tomba 4 von Monte Abatone, Cerveteri (650–630 v. Chr.). Rom, Museo di Villa Giulia.

Chiotische Weinamphore aus der Tomba 4 von Monte Abatone, Cerveteri (650–630 v. Chr.). Rom, Museo di Villa Giulia.

Gegenüberliegende Seite: Gesamtansicht und Detail mit dem unteren Ansatz des Henkels einer bronzenen Olpe aus dem Nuraghen Ruju, Buddusò (Sassari) (1. Hälfte 7. Jahrhundert v. Chr.). Sammlung Erben Don De Mela.

Kleines nuraghisches Boot aus Bronze aus dem Circolo delle Tre Navicelle in Vetulonia (1. Hälfte 7. Jahrhundert v. Chr.). Florenz, Museo Archeologico.

Bronzenes Becken mit gespundetem Rand aus der Nekropole del Fusco in Syrakus (letzte Jahrzehnte 4. Jahrhundert v. Chr.). Syrakus, Museo Archeologico.

Großer Kantharos aus grauem Bucchero aus der Nekropole der Via Crispi Gela (1. Hälfte 6. Jahrhundert v. Chr.). Syrakus, Museo Archeologico.

Bucchero-Oinochoe aus Bithia (630–600 v. Chr.). Cagliari, Museo Archeologico.

Bucchero-Oinochoe aus Bithia (630–600 v. Chr.). Cagliari, Museo Archeologico.

etruskischen Handels kann sich also nicht darauf beschränken, Listen der Fundstücke aufzustellen, und die Tauschbeziehungen innerhalb der etruskischen Welt oder auch mit Gebieten außerhalb Etruriens sind noch nicht geklärt, wenn man einen Katalog der Gegenstände dieser oder jener Herkunft erarbeitet hat. Dies ist nur die erste Stufe der Forschung.

Ein geschichtliches Phänomen darf nicht aus seinem gesellschaftlichen und wirtschaftlichen Zusammenhang gerissen werden. Dies gilt in besonderem Maß für das Mittelmeergebiet in vorrömischer Zeit. Die Denkarbeit der Historiker vollzog sich lange Zeit in den Kategorien des modernen Europa: Die Etrusker, Griechen und Punier entwickelten sich wie die großen »Nationen« im Europa des 18. Jahrhunderts, Bündnisse wurden geschlossen und wieder aufgelöst, dem Frieden folgte der Krieg, die Flotten prallten immer wieder wie unbesiegbare *Armadas* aufeinander. Es war eine Sicht moderner Prägung und nicht nur das: Der Geschichtsforscher wurde von den Perserkriegen beeinflußt und vor allem von der Art, wie die Griechen Marathon und Salamis priesen oder wie die Ilias vom Trojanischen Krieg berichtete. Dies alles reduzierte sich auf die Auseinandersetzung zwischen den Griechen und den anderen Völkern, das heißt den Barbaren, auf den Gegensatz zwischen Tag und Nacht, Zivilisation und Chaos, logischem Denken und irrationalem Handeln, Ordnung und Unordnung. Die Propaganda des alten Athen hatte somit eine weitaus größere Wirkung, als damals vorauszusehen war.

Ein solcher politischer Rahmen bot natürlich Platz für den wirtschaftlichen Krieg, für Embargo und Blokkade. Griechen, Etrusker und Punier standen in erbitterter Konkurrenz und stritten sich um die Märkte. Die Etrusker waren Piraten, die Karthager gerissene Händler (Orientalen, wie sie im Buch stehen), die Griechen überwanden sämtliche Widerstände und gewannen schließlich die Oberhand. Eine derartige Sicht der Dinge ist offenkundig größtenteils falsch, da sie der Parteilichkeit der griechischen Quellen unterliegt.

Die Wirklichkeit dagegen ist weitaus komplexer und nuancenreicher. Der Mittelmeerraum jener Zeit ist nicht das Mittelmeer des Zusammenpralls zwischen Rom und Karthago und noch weniger das der *Armadas* der neueren Zeit. Sicher gibt es solche Gegensätze zwischen Griechen, Etruskern und Puniern, aber es sind nicht die einzigen und nicht immer diejenigen, die man eigentlich erwartet hätte.

Der Mittelmeerraum gleicht also einem Flickenteppich. Die westlichen Griechen – in Syrakus, Rhegion (Reggio), Metapont, Tarent oder Poseidonia (Paestum) – konnten sich einem einheitlichen *Ethnos* zugehörig fühlen, aber im Alltagsleben waren sie in erster Linie Bürger der *Polis*, ihrer Stadt. Sie konnten Vorzugsbeziehungen zu den Bewohnern ihrer Mutterstädte in Griechenland oder Ionien aufrechterhalten, doch diese beeinflußten den Handel, den sie voranzutreiben suchten, in keiner Weise.

Es ist der Mittelmeerraum der Vermischung und des Kontakts, der ständigen Kulturdurchdringung. Das *Emporion* ist in gewisser Weise sein Symbol. An den Toren der großen etruskischen Städte, die – mit Ausnahme von Populonia – nicht am Meer liegen, zeugt das Emporion, der Handelsplatz, von den Beziehungen nach außen. Dies geht schon aus den dort errichteten griechischen Heiligtümern hervor. Die etruskische Metropole duldet und begünstigt sogar die Einrichtung kleiner Freimärkte, die sie überwacht und die sich nicht zu Konkurrenten des binnenstädtischen Marktes entwickeln. Herumziehende Kaufleute fühlen sich dort heimisch und können ihren Kult ausüben. Doch bis zu welchem Punkt beherrschen sie die Handelstätigkeit? Gibt es einen zweiten, dem Emporion ähnlichen Zeugen, der aber über die wirtschaftlichen Absichten, über die Wirtschaftspolitik der Stadt Aufschluß erteilt? Daraus geht hervor, wie schwierig es ist, die Verbreitung von Gegenständen dem »griechischen« oder dem »etruskischen« Handel zuzuordnen. von einem etruskischen Seemann erworben worden sein. Wichtig ist aber, daß dieselbe Laterne, wäre sie auf dem Festland gefunden worden, als Hinweis auf Beziehungen zur punischen Welt, ja auf den karthagischen Handel gegolten hätte. Wie man sieht, sind die Dinge nicht gerade einfach.

Noch bedeutsamer sind die Ladungen der sogenannten »Bon-Porté-« und »Pointe du Dattier«-Wracks, die ebenfalls vor der provenzalischen Küste gefunden wurden. Sie enthielten etruskische und griechische Amphoren, und das Vorhandensein der letzteren läßt sich nicht mit dem Hinweis auf die Schiffsbemannung erklären. Aus verschiedenen technischen

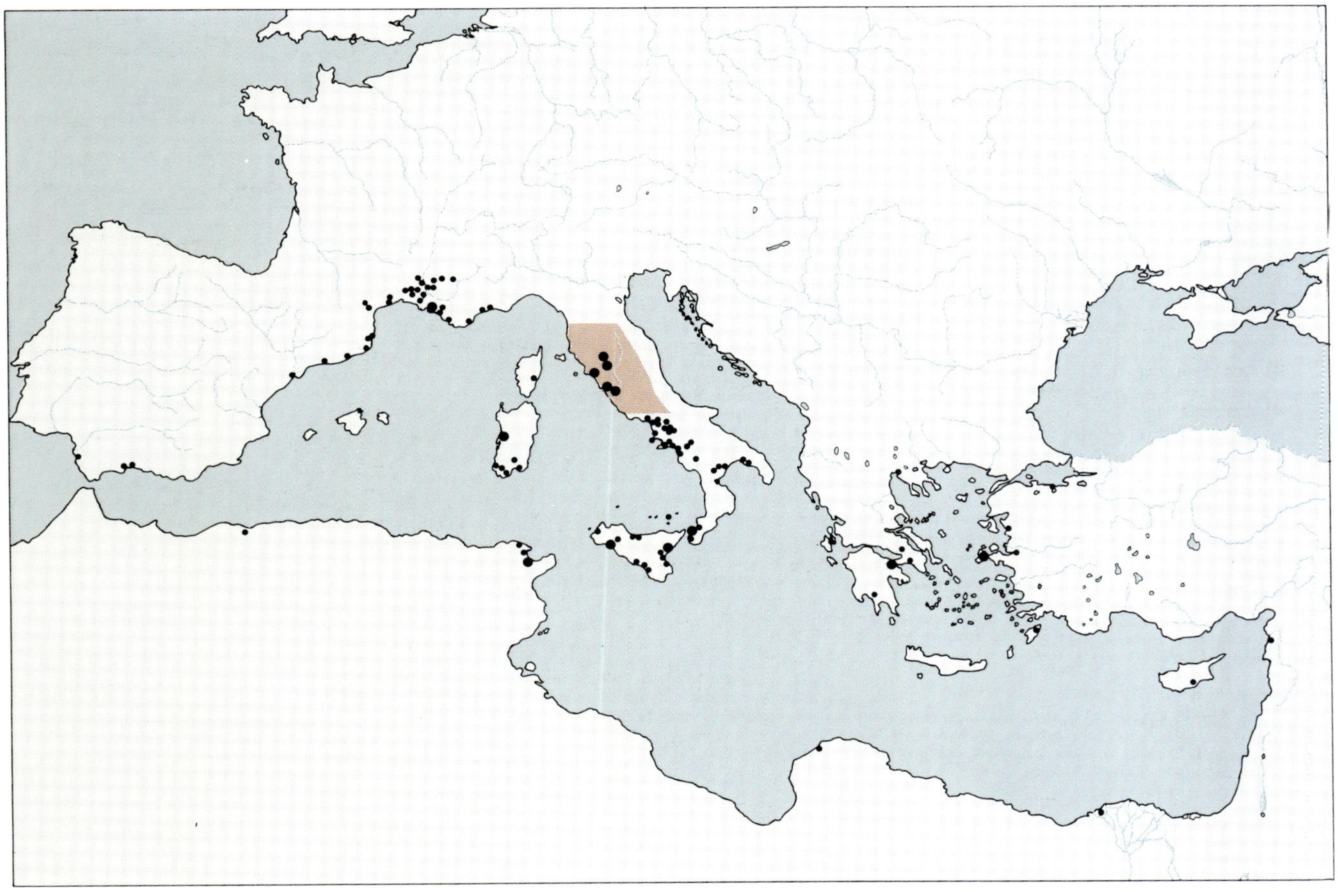

Verbreitungsgebiet der Buccheroware im Mittelmeerraum und in Südgallien.

Wir haben die schlechte Angewohnheit, bei Gegenständen griechischer Herkunft von griechischem Handel und bei Gegenständen etruskischer Herkunft von etruskischem Handel zu sprechen. Die wenigen Schiffswracks, die wir kennen, beweisen aber, daß wir unrecht haben. Bis jetzt hat kein einziges Wrack eine einheitliche Ausstattung und Ladung enthalten. Aus dem Wrack von Antibes, dem bekanntesten Fund, der 1955 an der Côte d'Azur entdeckt wurde, barg man eine erhebliche Menge etruskischer Bucchero-Amphoren und etruskischer Nachahmungen von korinthischen Gefäßen. Dies rechtfertigt die Annahme, daß es sich um ein etruskisches Schiff handelte. Man fand aber auch eine punische Lampe mit Gebrauchsspuren und kam zu dem Schluß, dies sei eine Schiffslaterne gewesen. Daraus ergibt sich, daß man vorsichtig sein muß, wenn man die Herkunft der Ausrüstung und der Mannschaft bestimmen will. Die Lampe kann natürlich Einzelheiten geht aber die Echtheit des Wracks von Bon-Porté hervor. Die Ladungen waren also gemischt. Man kann daraus schließen, daß innerhalb der Handelsbeziehungen ein System des Zwischen- und Einzelhandels mit Erzeugnissen und Gegenständen verschiedener Herkunft herrschte. Schließlich enthielt das bei der Insel Giglio vor der toskanischen Küste geborgene Wrack wahrscheinlich eine Ladung griechischer Keramiken (eine ionische Schale, eine korinthische Vase etc.); die Bergung des Materials bereitete große Schwierigkeiten. In gewisser Weise ist daher die Annahme begründet, daß die archaischen Wracks die Einrichtung des *Emporion* widerspiegeln und ein bemerkenswertes Gemisch von Menschen, Gegenständen und Erzeugnissen belegen.

Dies bedeutet aber nicht, daß keine Rivalität und Konkurrenz geherrscht hätte. Ganz im Gegenteil. Aber man sieht, daß vereinfachte Vorstellungen von etruski-

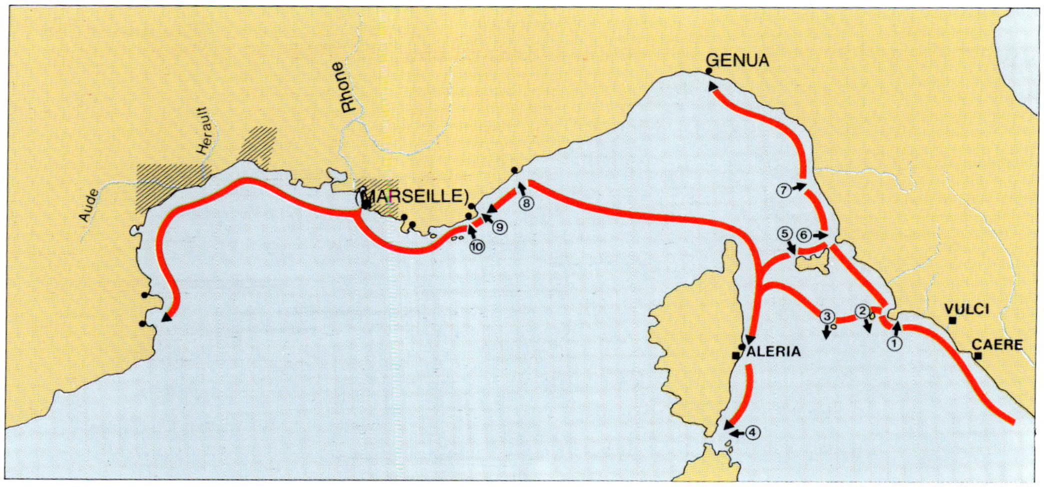

Verbreitungsgebiet etruskischer Amphoren in Südgallien und im Norden des Tyrrhenischen Raumes. Die Zahlen bezeichnen die bekannten Fundstellen.

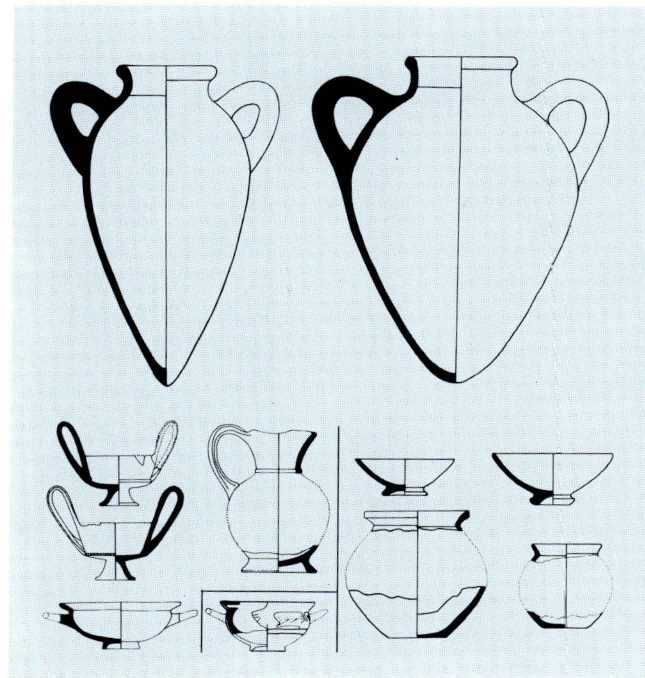

Typologie der Gegenstände aus dem Fund von Cap d'Antibes (2. Viertel 6. Jahrhundert v. Chr.): Weinamphoren, Buccherogeschirr (links), etrusko-korinthische Keramik (unten), Keramik für den häuslichen Gebrauch (rechts).

schen, punischen oder griechischen Seewegen irrig sind. Ebenso hat die neueste Forschung ergeben, daß der etruskische Handel mit Frankreich auch nach 474 v. Chr. fortgesetzt wurde, also nach der nur zu bekannten Schlacht bei Cumae, die lange Zeit auf der Grundlage von wenigen Versen Pindars (*P.* I, 135–147) als etruskisches Waterloo angesehen wurde. Auch die Ausgrabungen von Aleria an der Ostküste von Korsika haben gezeigt, daß die Erklärung der Schlacht bei Alalia schwierig ist.

Bei dem Bemühen, die Handelsstrukturen auf der Grundlage der durch die Keramiken gegebenen Zeichen zu erhellen, hat sich das Interesse in jüngster Zeit auf die Amphoren gerichtet, wodurch bemerkenswerte Erkenntnisse gewonnen wurden. Diese Großbehälter hatten merkwürdigerweise bisher kaum Beachtung gefunden, abgesehen von den markenartigen Inschriften auf den griechischen Amphoren der hellenistischen Zeit. Das zunehmende Wissen von verschiedenen Herstellungsweisen antiker Amphoren griechischer oder westlicher Herkunft (aus Phönizien oder Westkarthago, Etrurien und Marseille) hat es ermöglicht, gewisse Handelsbeziehungen klarer zu umreißen. Die Amphore als Gefäß für Flüssigkeiten ist – nach einer klassisch gewordenen Unterscheidung von G. Vallet und F. Villard – ein Behälter und keine Ware an sich. Sie ist aber, wie man hinzusetzen sollte, kein Behälter wie der kleine Aryballos oder das Alabastron zur Aufbewahrung von Salbe; sie dient nicht nur als Gefäß für irgendein Produkt beim Verkauf, sondern wird vorrangig zum Transport über weite Strecken und auf Seewegen benützt, und zwar für grundlegende Produkte der antiken Wirtschaft wie Wein und Öl.

Fälschlicherweise spricht man von Weinamphoren, um diese großen Behälter von den kleinen Tischamphoren zu unterscheiden, die zur Aufbewahrung von Flüssigkeiten im Haushalt dienten. Die Laboruntersuchungen werden bis jetzt noch nicht so systematisch durchgeführt, daß wir von vornherein sagen könnten, ob diese oder jene Amphore zur Beförderung von Wein oder eher von Öl benutzt wurde. Merkwürdigerweise wurden die etruskischen Amphoren zuallererst in einer weit von Etrurien entfernten Gegend bekannt: In Südfrankreich richteten die Archäologen in den letzten zwanzig Jahren ihre besondere Aufmerksamkeit auf die zahlreichen Amphoren mit den charakteristischen Rändern, Henkeln und Füßen, die sich in den Ursiedlungen der ersten Eisenzeit fanden. Die *oppida* im Languedoc und in der Provence wurden von der zweiten Hälfte des 7. Jahrhunderts an immer stärker vom Mittelmeerhandel durchdrungen. Man findet dort eingeführte Gefäße und vor allem die etruskischen Bucchero-Kantharoi. Zugleich wurden die Archäologen in Sizilien in Erstaunen versetzt durch die vielfältige Typologie der großen Amphoren, die in den Nekropolen der griechischen Kolonien für die Bestattung von Kleinkindern verwendet wurden (dieser Brauch wird *Enchytrismus* genannt). Diese archäologischen Funde an so weit voneinander entfernten Orten führten zu einer speziellen Erforschung der Transportamphoren, insbesondere derjenigen, deren Herkunft aus Etrurien gesichert erscheint. Ein koordiniertes Vorhaben von P. Pelagatti und dem archäologischen Forschungsamt für das südliche Etrurien erbrachte unlängst die Entdeckung derartiger Amphoren in den Läden und Lagerhäusern Etruriens.

Auf diesem Gebiet bleibt jedoch noch viel zu tun. Zuerst sollte geklärt werden, wann und wo diese Amphoren angefertigt wurden. Besaß jede etruskische Stadt ihre eigenen Brennöfen und Formen wie in der griechischen Welt? Und vor allem: Welche Verbindung bestand zwischen der Weinbereitung (und Ölgewinnung) in den Ländereien von Caere und Volci und dem Ausfuhrhandel mit diesen Gütern nach Südfrankreich? Hier stößt man auf ein echtes Problem: die Beziehungen zwischen Stadt und Land in der etruskischen Welt.

Die spezifische Rolle der einzelnen etruskischen Städte ist somit ein Thema geworden, das man nicht umgehen kann. Seit etwa zehn Jahren ist klar, daß man nicht einfach von »den Etruskern« sprechen kann.

Würde man es tun, so würde man wiederum Gefahr laufen, diese Zivilisation nach Art der griechischen und lateinischen Schriftsteller von außen zu betrachten. Die Bevölkerungskarte des Dreiecks zwischen dem Arno, dem Tiber und dem Meer weist Unterschiede zwischen den großen Städten auf (der etruskischen Dodekapolis mit dem religiösen Zentrum in Volsinii–Orvieto). Die großen Handelsstädte lagen etwas landeinwärts und genossen die Vorzüge des Meers, ohne seinen Nachteilen, der Bedrohung durch Seeräuber, ausgesetzt zu sein (vgl. Cicero, *rep.* 2, 3, 4). Populonia und Vetulonia im Norden waren seit dem 9. Jahrhundert aktiv und widmeten sich dem Handel mit Sardinien. Danach erlebten sie einen Niedergang, der für Vetulonia wegen der Veränderung der Küstenlinie endgültig war, für Populonia jedoch nur vorübergehend; es errang zur Blütezeit im 5. und 4. Jahrhundert v. Chr. neue Bedeutung im Handel mit dem korsischen Alalia und Marseille. Dies waren die Metallhandelsstädte nahe der Küste des Teils von Etrurien, in dem Mineralien verarbeitet wurden. Auf einem römischen Relief aus Caere (Cerveteri), das die Völkerschaften Etruriens darstellt, ist die Symbolfigur für Vetulonia ein Jüngling, der ein Ruder auf der Schulter trägt – eine ferne Erinnerung an den Seehandel der Stadt.

Weiter südlich, jenseits der Rusellae- und der Argentario-Gegend, die im Blick auf die Handelstätigkeit noch kaum untersucht ist, beginnt das »Etrurien des Weins«, das geographisch und chronologisch auf das »Etrurien des Metalls« folgt. Dieses zweite Etrurien ist gekennzeichnet durch die eigenständige, aber im Seehandel zweitrangige Rolle von Tarquinii, das zu ebenso früher Zeit wie die Städte im Norden aufblühte. Es nahm die Techniken der frühen griechischen Töpferkunst auf, aus denen sich die sogenannten italo-geometrischen Erzeugnisse in reichem Maß entwickelten. Tarquinii war jedoch mehr in Etrurien selbst als auf dem Meer präsent; den Seehandel überließ es den rivalisierenden Städten Volci und Caere oder – genauer – seinem Emporion Graviscae.

Hier stellt sich eine bereits angesprochene Frage: Welche reale Macht übte Tarquinii über Graviscae, dieses kleine etruskische Naukratis, aus? Vorläufig lautet die Antwort, daß bisher noch kein Beweis für eine überseeische Ausfuhr der für Tarquinii typischen Erzeugnisse gefunden wurde. Hatten vielleicht die Griechen in Tarquinii so sehr die Oberhand, daß sie eine Wirtschaftspolitik ähnlich derjenigen in den südlichen Nachbarstädten Caere und Volci nicht aufkommen ließen?

Der Dialog zwischen diesen beiden Städten verdeutlicht die etruskische Anwesenheit auf der Mittelmeerszene. Jede von ihnen besaß ihre Häfen, die sie an der Küste verteilte wie auf den Feldern eines Schachbretts. Bekannt sind bis heute nur Regisvillae, der Ha-

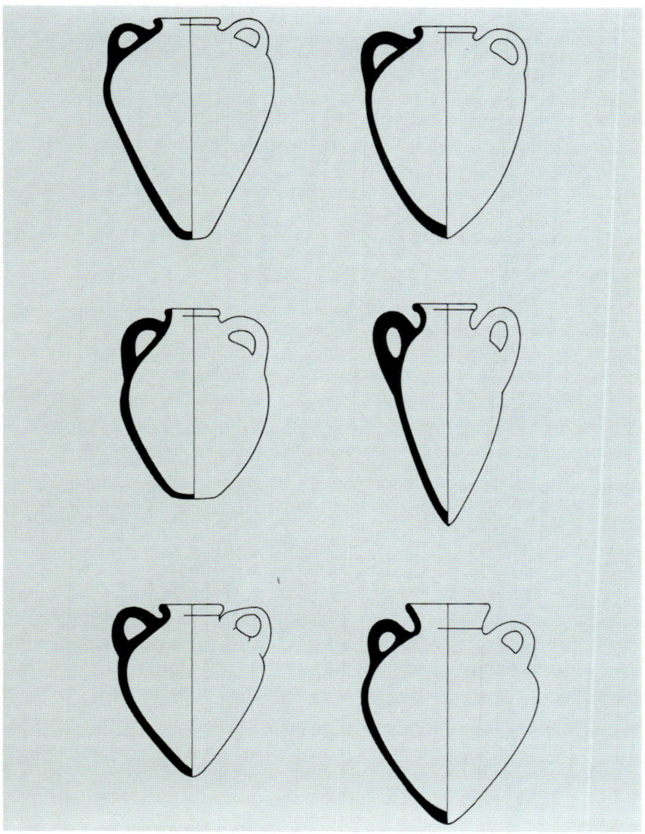

Typologie der etruskischen Amphoren. 1–2: letztes Viertel 6. Jahrhundert v. Chr.; 3–4: 6. Jahrhundert v. Chr.; 5–6: 5.–4. Jahrhundert v. Chr.

Verbreitungsgebiet etruskischer Amphoren in Etrurien und an den Küsten Italiens mit Angabe der wichtigsten etruskischen Handelswege.

Frachtschiff auf der Pania-Pyxis aus Chiusi (um 600 v. Chr.). Florenz, Museo Archeologico.

fen von Volci, und Pyrgi, der Hafen von Caere. Caere besaß noch zwei weitere Landeplätze, den einen bei Ladispoli (Alsium), den anderen in der Nähe von Santa Marinella, dem berühmten, sagenumwobenen Punicum. Beide Städte führten Amphoren und Bucchero-vasen aus. Caere scheint früher aktiv gewesen zu sein, aber im zweiten Viertel des 6. Jahrhunderts war Volci wahrscheinlich mächtiger. Offenbar konkurrierten sie nicht miteinander, weder auf dem Gebiet der Herstellung von Töpfereiwaren noch in dem Bemühen um Expansion zur See. Die Kantharoi beider Städte lassen sich nicht voneinander unterscheiden. Kunsthandwerker, die in Volci zu arbeiten begannen, zogen später nach Caere, so beispielsweise der etruskisch-korinthische Maler der Vasen mit menschlicher Maske. Zwischen den zwei Städten bestanden zweifellos zahlreiche Verbindungen und Beziehungen wirtschaftlicher Art; dies wurde jedoch bis jetzt noch nicht gründlich erforscht. Volci besaß ein fruchtbares, ausgedehntes Hinterland mit Binnensiedlungen, die das Land beherrschten: Poggio Buco, Pitigliano und Sovana, Magliano und Saturnia. Caere hatte in dieser Beziehung geringere Möglichkeiten; im Osten wurde es von Veji und im Süden von dem nicht weniger bedrängenden Rom begrenzt. Es verfügte nicht einmal über das Nordufer des Tiber, das für Veji der einzige Zugang zum Meer war.

Wie schon erwähnt, wurden aus keinem etruskischen Wrack beide Arten von Amphoren – mit flachem Fuß und mit spitzem Fuß – zugleich geborgen. Die typologische Untersuchung der Amphoren ergibt, daß die unterschiedliche Ausbildung des Fußes nicht nebensächlich, sondern höchst bedeutsam ist; denn nur sehr wenige Amphoren unterscheiden sich in der Form lediglich durch den Fuß. Liegt somit die Hypothese nahe, die Amphoren mit flachem Fuß stammten aus Volci und diejenigen mit spitzem Fuß aus Caere? Im gegenwärtigen Stadium der Forschung wäre eine bejahende Antwort auf diese Frage verfrüht.

Im Hinterland, im Innern Etruriens lagen noch weitere große Städte. Von Süden nach Norden findet man Veji, das schon wegen seiner Beziehungen zu Latium und Caere erwähnt wurde, dann Volsinii (Orvieto) und Perusia, noch weiter im Norden Clusium, Cortona und Arretium. Dieses binnenländische Etrurien war, wie G. Colonna herausgearbeitet hat, keineswegs träge. Ganz im Gegenteil, es war durch einen doppelten Verkehr von Waren und Menschen belebt: von Norden nach Süden im Tal des Tiber oder in den Paralleltälern und von Osten nach Westen auf den Handelswegen zu den Küstenstädten. Der Handel und andere Beziehungen verursachten wahrscheinlich Zwistigkeiten wegen der Herrschaft über dieses und jenes Gebiet. Clusium beispielsweise suchte Zugänge zum Meer, während die Küstenstädte nicht auf die Produkte des fruchtbaren Binnenlandes verzichten konnten. So entwickelte sich jene »politica delle lunghe distanze«

(G. Colonna), eine Politik der weiten Entfernungen, die der etruskischen Welt eine gewisse Einheit verlieh.

Jedenfalls steht fest, daß man nicht von einem reichen Etrurien am Meer und einem armen Etrurien im Landesinnern sprechen kann. Etrurien war nicht Kleinasien. Die Ausgrabungen von Murlo (bei Siena), von Acquarossa, Bisenzio, Ferento, Falerii und Capena haben bewiesen, daß auch das Binnenland reich und dynamisch war. Örtliche Machthaber nahmen den Zufluß von außen auf; die Stellung von Volsinii (Orvieto) ist bezeichnend. Waren wurden über den Tiber hinweg gehandelt. Städte wie Ferento spielten in archaischer Zeit eine hervorragende Rolle. Diese aktive Präsenz des Landes lag dem Rhythmus der Geschichte der etruskischen Welt zugrunde. Mit ihrem Hinterland traten die Städte in Konkurrenz. Nach dem Niedergang von Ferento widersetzte sich Volsinii der Ausdehnung von Tarquinii ins Landesinnere; das religiöse Zentrum wurde somit zum unbestrittenen Beherrscher des mittleren Tibertals. Später, im 5. Jahrhundert, erlebten die Siedlungen des Binnenlandes einen Niedergang und erlagen der Vorherrschaft der Städte. Zugleich trat aber auch in den großen Küstenstädten eine Rezessionsphase ein. Ein einziger Amphorentyp wurde weiterhin an die Küsten Südfrankreichs ausgeführt.

Die Untersuchung des Handels in der etruskischen

Tarquinia, Porto Clementino: Luftaufnahme des Hafenheiligtums von Gravisca.

Welt ist gleichbedeutend mit der Erforschung der Lebensrhythmen einer uneinheitlichen Gesellschaft, die von Hochblüten gekennzeichnet ist und sich historisch in die Zeit zwischen der Ankunft der Griechen im Westen und der Eroberung durch Rom einordnen läßt. Doch zwischen dem friedlichen Eindringen der Griechen und dem Krieg mit Rom ist Raum für eine authentische Geschichte politischer und religiöser Gemeinschaften, deren wirtschaftliche Dynamik beredtes Zeugnis von ihrer Herrschaft über die Ereignisse ablegt.

Im Blick auf die Anfänge könnte man radikal fragen: Wurden die Villanova-Gesellschaften umfassend »befruchtet« vom griechischen Abenteuer im Westen und von den gleichzeitig hereinkommenden orientalisierenden Zuflüssen? Oder gelangten sie vielmehr am Ende einer langen Entwicklung auf ein wirtschaftliches und soziales Niveau, das sie zu aktiven Gesprächspartnern der griechischen »Prospektoren« werden ließ, so daß ihre Geschichte neu belebt wurde und sie in eine weitere kulturelle Phase eintraten?

Etrusko-korinthische Olpe aus Vulci (640–625 v. Chr.).
Rom, Museo di Villa Giulia.

Hinter diesen absichtlich vereinfachten Fragen liegt ein großes Defizit der Geschichtsforschung, das auf dem Gebiet der Theorie vertieftes Nachdenken über die wirtschaftliche Ausformung der präkapitalistischen Gesellschaften erfordert. An dieser Stelle kann nur auf die Gegebenheiten des Problems hingewiesen werden. Anders ausgedrückt: Es ist zu erforschen, ob der Handel die Ursache oder das Zeichen dafür ist, daß eine Gesellschaft einen bestimmten Grad der Differenzierung und des wirtschaftlichen Wohlstands erringt. Beruht der wirtschaftliche Aufschwung einer Gesellschaft auf der Produktion, auf dem Landbau, auf dem Handel oder auf dem Zugang zum Meer (im Fall der Etrusker)? Begannen die bäuerlichen Gesellschaften der Villanova-Kulturen mit dem Handel, um eine durch vernünftige Nutzung des Bodens entstandene Überschußproduktion abzusetzen? Oder weckte der Kontakt mit der griechischen Welt die Nachfrage und erforderte eine gesellschaftliche und wirtschaftliche Organisation, welche die Produktion zu verwalten und das Nutzland wirtschaftlich zu beherrschen vermochte?

Eine Antwort auf all diese Fragen läßt sich nicht eindeutig finden, da sie eine Entscheidung voraussetzen würde, die keine Rücksicht nimmt auf jene dialektische Dynamik, die damals, im Verlauf des 8. Jahrhunderts v. Chr., eine Reihe aufeinanderfolgender, jedoch miteinander zusammenhängender Veränderungen auslöste. Die Frühgeschichtsforscher haben aufgezeigt, daß die Gesellschaften der zu Ende gehenden Bronzezeit (etwa von 1100 bis 800 v. Chr.) schon einen differenzierten Aufbau besaßen, da die örtlichen Herrscher bereits gewisse Mechanismen steuerten. Im 9. Jahrhundert jedoch beobachtet man eine Neuverteilung der Wohnstätten. Die traditionellen Siedlungen verschwinden. Tatsächlich zeichnen sich die ältesten Gemeinschaften der Villanova-Kultur durch einen gewissen Mangel an hierarchischer Schichtung aus. Dies dauerte nicht lange an. Indessen sollte man daraus nicht schließen, daß das Vorhandensein einer sozialen Differenzierung mit einem Aufschwung des Handels verbunden wäre. Um einen schon dargelegten Gedanken aufzunehmen: Die Aristokratien jener Epoche sind nicht mit denjenigen in Flandern zu moderner Zeit zu vergleichen. Die Untersuchung gewisser primitiver Gesellschaften läßt uns heute dieses in der Entwicklung der Gesellschaften so wichtige Stadium besser verstehen. Es ist gekennzeichnet durch die Beziehungen zwischen Stammesoberhäuptern *(chieftain's trade)* und den Austausch von Geschenken *(gift trade)* in einer Welt, in der die Gegenseitigkeit der Kontakte und das Prestige mehr Gewicht haben als Effizienz und Rentabilität. Auf eine solche Gesellschaft stießen die griechischen Kaufleute, und sie ging bei dieser Berührung nicht unter; der Brauch des Geschenketauschs ist für ganz Italien zur Zeit der östlichen Beeinflussung, also während eines guten Teils des 7. Jahrhunderts v. Chr., unanfechtbar erwiesen. Dies bedeutet nicht, daß die Villanova-Kulturen, die sich dem östlichen Zustrom öffneten, »primitiv« gewesen wären und keine wirtschaftlichen Vorstellungen gehabt hätten; sie unterhielten bereits überseeische Beziehungen und tauschten Waren mit den Herrschern der damaligen Bewohner Sardiniens. Hingewiesen sei hier auf Gegenstände der Villanova-Kulturen, die in Sardinien gefunden wurden (Rasiermesser, Fibeln, Schwerter), und auf die kleinen sardinischen Boote in den etruskischen Gräbern. Es handelt sich zweifellos um einen Austausch von Gegenständen zwischen Adligen, doch der wirtschaftliche Aspekt wird sichtbar, wenn man feststellt, daß in den Werkstätten von Vetulonia die typischen Schnabelkannen sardinischer Herkunft nachgebildet wurden.

Aus alledem geht hervor, daß man sich vor Verallgemeinerungen hüten sollte. Die erste wirtschaftliche Expansion der Etrusker trug noch die Züge des vorangegangenen Tauschhandels. Die ältesten auf Sizilien entdeckten, von Caere exportierten Buccherovasen waren noch Prestige-Objekte. Die in Naxos und Megara Hyblaea gefundenen Vasen mit graviertem Dekor folgten auf die italo-geometrischen Schalen mit Reihern, die aus Südetrurien ausgeführt wurden. Dasselbe gilt für Karthago, wo bei jüngsten Ausgrabungen in den punischen Nekropolen auf dem Hügel Byrsa die feine Bucchero-Oinochoe gefunden wurde, die man gewöhnlich aus den großen etruskischen Gräbern der ersten Zeit nach dem Eindringen der Griechen kennt. Aufschlußreich ist, daß sich dieser Verkehr von Gegenständen auf das Tyrrhenische Meer (Sizilien, Sardinien und Karthago) beschränkte, während Südfrankreich noch ausgeschlossen war von diesen frühen Betätigungen und Handelsversuchen, die man noch nicht eigentlich als Handel bezeichnen kann.

Der entscheidende Sprung vollzog sich dann im dritten Viertel des 7. Jahrhunderts v. Chr. sehr rasch. Um jene Zeit ordnete Etrurien seine Produktion völlig neu und entwickelte offenkundig einige ihrer Aspekte im Zusammenhang mit der Ausfuhr, wenn auch nicht ausschließlich zu diesem Zweck. Es begann mit der serienmäßigen Herstellung eines Kantharos-Typs, der seinerseits das Ergebnis einer langen Entwicklung seit dem Anfang des 7. Jahrhunderts war. Dieses Gefäß wurde im Mittelmeerraum, der noch kein Geld kannte, eine Art Wertzeichen. All diese Kantharoi gehören nicht nur demselben Typ an, sondern weisen ähnliche, wenn nicht gleiche Maße auf. Der gravierte Dekor ist fast völlig verschwunden, lediglich zwei Linien unter dem Rand werden beibehalten. Das in dieser Weise auf seine Form reduzierte und genormte Gefäß hat in sich keinen Wert mehr; dafür hat es eine »Repräsentations-

Die Kylix Iaconica des Boreaden-Malers aus Cerveteri (575–565 v. Chr.). Rom, Museo di Villa Giulia.

funktion« angenommen. Technik und Form sind seine einzigen Merkmale. Damit sind wir beim Gegenteil des Geschenketauschs angelangt, und man könnte fast sagen, Etrurien habe sich eine »keramische Währung« geschaffen, auch wenn noch darzulegen bleibt, daß es sich in der großen frühgeschichtlichen Tradition um ein prämonetäres Zeichen handelt.

Ein weiteres Unternehmen, parallel zum vorhergehenden, bildete die Grundlage für den etruskischen Handel. Die Villanova-Kulturen hatten kein Gefäß für den Transport von Öl oder die Aufbewahrung von Wein entwickelt. Dies ist keineswegs erstaunlich, denn der Anbau von Ölbäumen und Reben kam nicht vor

Schwarzfigurige nikosthenische Amphore attischer Produktion (2. Hälfte 6. Jahrhundert v. Chr.). Rom, Museo di Villa Giulia.

der ersten Hälfte des 7. Jahrhunderts v. Chr. auf. Hier trifft man nun auf das schon erwähnte Problem: Es hat den Anschein, als betätige sich Etrurien auf kommerziellem Gebiet, um eine Überproduktion von Wein abzusetzen. Dazu benötigte es stabile Behälter, die auf einem Schiff platzsparend gestapelt werden konnten. Die Etrusker mußten das Modell dafür außerhalb ihres Landes suchen, und es ist aufschlußreich, wenn man feststellt, daß sie sich zur Nachbildung der großen Weinamphoren entschlossen, die in den phönizischen Kolonien des Westens in der ersten Hälfte des 7. Jahrhunderts hergestellt wurden und mit denen der Wein erstmals nach Latium, Rom und wahrscheinlich auch nach Südetrurien kam. Wie bei den Buccherovasen wandte sich Caere, wie man annimmt, als erste etruskische Stadt der Gestaltung phönizischer Amphoren zu, wenn auch Volci praktisch zur selben Zeit das gleiche unternahm, wobei es sich für einen anderen phönizischen Typ, die Amphore mit flachem Fuß, entschied.

Nicht zufällig wurde das phönizische Modell dem griechischen vorgezogen. Zweifellos spielten dabei die Beziehungen zwischen Etruskern und Puniern eine Rolle, ebenso aber auch der Wunsch, sich so gut wie möglich gegen die korinthische und attische Konkurrenz abzugrenzen. An sich war es durchaus logisch, daß die Weinexporteure als Modell nicht die griechischen Amphoren wählten, die vor dem Ende des 7. Jahrhunderts wahrscheinlich mehr für den Transport von Öl als für die Aufbewahrung von Wein verwendet wurden.

Die frühesten etruskischen Amphoren, die wir kennen, tragen rote Lackinschriften, die gelegentlich an den Brauch des Geschenketauschs erinnern. Doch dieses Phänomen war verhältnismäßig eng begrenzt. Bald wurden die großen Amphorenserien genormt und entwickelten sich nach technischen Kriterien. Vorrangig unter diesen war das Stapeln auf den Schiffen; der Gefäßkörper wurde demzufolge immer schlanker. Erstmals in Italien wurde die Amphorenproduktion organisiert. Dies war der Beginn einer langen Geschichte, die sich in hellenistischer, republikanischer und kaiserlicher Zeit fortsetzte.

Erstmalig in Italien wurde auch ein Exporthandel organisiert. Einem vergleichbaren Unternehmen im Mittelmeerraum begegnet man erst wieder bei der Verbreitung der Töpfereiwaren aus der Campagna. Ziel des Ausfuhrhandels war in erster Linie und zum großen Teil Südfrankreich, das noch nicht unter der Herrschaft der Phokäer stand und deshalb – wenn man den Berichten von der Gründung der Stadt Marseille glauben will – den Wein und seinen Anbau nicht kannte. Der Handel konzentrierte sich auf die Küste von der Rhônemündung (Saint-Blaise) bis zu den flachen, lagunendurchsetzten Stränden des Languedoc (Lattes, La Monedière) und drang kaum ins Landesinnere vor (höchstens einige Dutzend Kilometer an manchen Flußläufen entlang). Es ist nicht ausgeschlossen, daß sich Etrusker dort niederließen oder Ehen mit eingeborenen Frauen eingingen, doch gründeten sie keine autonomen Gemeinschaften, betrieben keine Kolonisierung und versuchten nicht, die Herrschaft über das Land zu erringen. Der Handel ging weiter, als die Phokäer eindrangen, die allmählich an die Stelle der Etrusker traten und im dritten Viertel des 6. Jahrhunderts v. Chr. das Land vollständig beherrschten. Um jene Zeit war der etruskische Kantharos verschwunden und die etruskische Amphore viel seltener geworden als die Amphore aus Marseille. Der Weinhandel ging in die Hand der Phokäer in Marseille über.

Der etruskische Handel mit Südfrankreich ist also ein Beispiel für großangelegte wirtschaftliche Expansion im Altertum. Von den antiken Schriftstellern wurde er als »Thalassokratie«, Beherrschung des Meeres, bezeichnet. Er zeugt von einer realen Dynamik und einer Organisation, die sich auf die früheren Erfahrungen der Phönizier und der Griechen stützt, um ein neues Kapitel in der Geschichte des Mittelmeerraums aufzuschlagen.

Allerdings ist noch vieles zu erforschen über die Strukturen, die einem solchen Handel zugrunde lagen. Die literarische Dokumentation, die es A. Mele ermöglicht hat, ein schönes Buch über den griechischen Handel im Altertum zu schreiben, fehlt dem Etruskologen völlig; er weiß nichts über die wirtschaftliche Organisation hinter dieser Ausfuhrtätigkeit. In gewisser Beziehung trägt dieser Handel noch die Merkmale des *Prexis*-Handels im griechischen Altertum, also des Tauschs von lebensnotwendigen Gütern wie Wein und Öl *(Biotos)* gegen Metall oder Halbfertigerzeugnisse. Die Organisation war jedoch schon feiner differenziert, wie aus der Serienherstellung von Kantharoi und Amphoren hervorgeht. Caere und Volci steuerten wahrscheinlich den Schritt von der Herstellung zur Ausfuhr, doch die Herren des Wirtschaftsmechanismus waren nicht mehr die alten Aristokratien der orientalisierenden Epoche. Anzunehmen ist, daß die wirtschaftliche Expansion die gesellschaftlichen Strukturen umstürzte; die Gräber des 6. Jahrhunderts weisen tatsächlich eine weniger deutliche soziale Aussage auf und sind nicht so stark hierarchisch gegliedert wie zuvor. Ebensowenig sei vergessen, daß wohl in jener Zeit (um 600 v. Chr.) der Hafen Pyrgi gebaut und durch eine Straße mit Caere verbunden wurde. Dies setzt eine umfassende Handelstätigkeit der Stadt voraus, die sich die für ihre neue wirtschaftliche Rolle notwendige Infrastruktur schuf. Man kann und muß daher sowohl von politischem Willen als auch von Wirtschaftspolitik sprechen.

Diese Hochblüte des Wirtschaftslebens der küstennahen Etrusker fällt mit der zunehmenden Einflußnahme der östlichen Griechen (besonders von der Insel Samos) zusammen. Dies trug zur Einrichtung des *Emporion* bei; zu Beginn des 6. Jahrhunderts entstand Graviscae gleichzeitig mit Pyrgi. Dieses neue Handelsinstrument hängt einerseits mit der Gründung von Marseille durch die Phokäer zusammen, andererseits mit der Dynamik des südlichen Etrurien. Die beiden Phänomene vermischten sich, gingen aber nicht ineinander auf. Die etruskische Expansion verlangsamte sich nach 550 v. Chr., als in der zweiten Hälfte des Jahrhunderts das *Emporion*-System am breitesten ausgebildet war und ein umfangreicher Zuzug von Ioniern in Etrurien, insbesondere in Tarquinii, stattfand. Dies brachte einen großen Wandel für Tarquinii mit sich, das noch zu Anfang des Jahrhunderts seine Buccherovasen und Amphoren nicht ausgeführt hatte. Volci konnte offenbar mit mehr Erfolg Widerstand leisten als Caere, das in der zweiten Hälfte des 6. Jahrhunderts v. Chr. in politische Krisen geriet. Von diesen erfahren wir indirekt aus den Berichten über die Steinigung der Phokäer (Herodot I, 167) und aus dem Bündnis mit Karthago (vgl. die Tafeln von Pyrgi).

Während dieser Jahrzehnte der lebhaften Handelstätigkeit nahmen die Etrusker das Bild des Piraten an, das von der griechischen Tradition geschickt gezeichnet wurde im Gegensatz zu dem auf Homer zurückgehenden Bild der Phönizier, die listenreiche Orientalen sind und »in ihrem schwarzen Schiff tausenderlei Waren haben«. Auf die handeltreibenden und besonders auf die seeräuberischen Etrusker geht ein Mythos mit historischen Wurzeln zurück: Nicht zufällig taucht seit dem 6. Jahrhundert v. Chr. auf den griechischen Vasen die Darstellung vom Raub des Dionysos durch tyrrhenische Piraten auf. Eine Schale von Exechias ist das oft angeführte Meisterwerk, aber zweifellos nicht das einzige. Das Thema war langlebig; man findet es nicht nur auf einem Teller von Genucilia vom Ende des 4. Jahrhunderts v. Chr., sondern auch auf einem Relieffragment aus Tarent, das aus der gleichen Zeit stammt, wieder. Die ältesten Darstellungen lassen jedoch deutlich erkennen, daß der Mythos in archaischem Zusammenhang entstanden ist. Die Tyrrhener rauben den Gott des Weins, jenen Dionysos, der zur selben Zeit mit dem etruskischen Kantharos in der Hand dargestellt wird; zu jener Zeit wurde aber der Kantharos nicht mehr ausgeführt und auch nicht mehr hergestellt. Der griechische Gott triumphiert über den etruskischen Wein – das wollten die athenischen Künstler wahrscheinlich darstellen. Doch die Weinamphoren gelangten noch bis zum Beginn des 4. Jahrhunderts v. Chr. nach Gallien und die Luxusgegenstände nach Sardinien und ins östliche Mittelmeergebiet. Es war die Blütezeit von Alalia (Aleria) an der Ostküste Korsikas. Die Etrusker, unter ihnen besonders die Bewohner von Caere, waren dort stärker präsent denn je; dies geht aus den in der Totenstadt gefundenen Keramiken hervor. Erst die Eroberung durch die Römer bereitete der Handelsdynamik des südlichen Etrurien ein Ende. So betrachtet, hat Caere die Mittelmeerpolitik Roms vorbereitet.

Rotfiguriger attischer Kantharos des Nikosthenes-Malers aus Vulci (um 520 v. Chr.). Leningrad, Eremitage.

Michel Gras
(Aus dem Französischen von Brigitte Weitbrecht)

Gesellschaft und Staat

Klassen und Wandlungen der Gesellschaft

Die antike Tradition

In letzter Zeit in der etruskologischen Forschung aufgetaucht, stellt die Frage der Herausbildung und Gliederung der Gesellschaftsklassen des antiken Etrurien einen der Kernpunkte dar für das Verständnis der Geschichte des Landes von der Eisenzeit bis zur Romanisierung. Die antike literarische Überlieferung spricht übereinstimmend von der Existenz einer dominierenden Schicht in der etruskischen Gesellschaft, deren herausragende Vertreter in den sowohl historischen als auch ethnographischen griechischen und lateinischen Texten auf verschiedene Weise bezeichnet werden: *principes, sublimes viri, nobiles* und *domini* in den römischen Quellen, *despótai* (Herrscher), *dynatótatoi* (die Mächtigsten), *kýrioi* (Herren) und *árchontes* (die im Besitz der Macht sind) in den griechischen Quellen, um nur die häufigsten Benennungen anzuführen. Es ist offensichtlich, daß die griechischen Quellen Herrschaft und Besitz als Kennzeichen dieser hegemonialen Stände hervorheben, die lateinischen dagegen den Nachdruck vor allem auf ihren ideologischen Bedeutungsgehalt, den einer Vorrangstellung oder Vornehmheit, legen: Das hat einerseits damit zu tun, daß man in römischen Kreisen zurückhaltender damit war, eine Führungsschicht, die sich in jahrhundertelanger, enger Beziehung mit der entsprechenden römischen befand, nur in Machtbegriffen zu definieren; die wirtschaftlichen Grundlagen letzterer und deren ideologi-

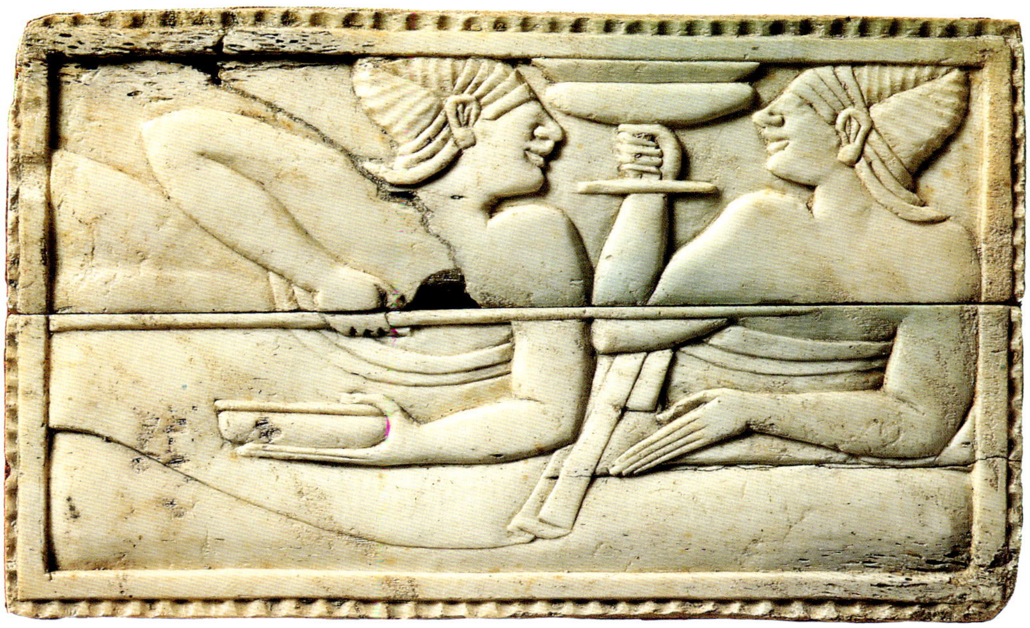

Aristokraten beim Gelage. Elfenbeinplakette, aus Orvieto (520–500 v. Chr.). Florenz, Museo Archeologico.

Haussklaven. Tomba della Caccia e Pesca (530 v. Chr.). Tarquinia, Nekropole.

Bronzethron aus der Tomba Bernardini in Palestrina (um 680 v. Chr.). Rom, Museo di Villa Giulia.

Kette mit Goldplatten, aus Bisenzio (um 720–700 v. Chr.). Rom, Museo di Villa Giulia.

sche Selbstdarstellung hatte mehr als einen Berührungspunkt mit denen der etruskischen hegemonialen Stände. Zum anderen ist es nicht ohne Bedeutung, daß dagegen die griechische Welt aus wesensbedingten Gründen (die unterschiedliche Struktur der Produktionsverhältnisse) und aus formalen Gründen (die immer wieder betonte Distanz zwischen »Hellenen« und »Barbaren«) weniger geneigt ist, die dominierenden Schichten der etruskischen Gesellschaft mit denselben Begriffen zu umschreiben, wie sie es bei denen der griechischen Gesellschaft tut, also etwa *áristoi* (die Besten) und *estlói* (die Guten), den geläufigen Bezeichnungen der griechischen Adelsstände. Abgesehen von diesen Unterschieden im Bedeutungsgehalt unterstreichen die beiden Überlieferungen, die griechische und die römische, übereinstimmend Macht und gehobene Stellung dieser herrschenden Klasse.

Unsere Informationen über die untergeordneten Klassen sind spärlicher. Die lateinischen Quellen bewegen sich zwischen allgemeinen Bezeichnungen wie *multitudo* oder nur wenig konkreteren (*plebs,* beispielswei-

se) und Begriffen wie *servi,* die uns den Grad der Abhängigkeit dieser Klassen nicht klar anzeigen, da *servus* sowohl der klassische Sklave ohne Rechtspersönlichkeit und reines »Produktionsmittel« wie auch (allerdings viel seltener) der Bedienstete oder der Abhängige mit begrenzten politischen und wirtschaftlichen Möglichkeiten bedeuten konnte. Die griechische Überlieferung, die auch hier wieder mehr auf die sozioökonomischen Bezeichnungen achtet als die römische, spricht von *penéstai,* »Arme«, *oikétai,* »Bedienstete« und *therápontes,* »Diener«, aber nie von *doûloi,*also den klassischen Sklaven. Die Bandbreite der römischen Quellen ist bezeichnend, denn mal schreibt sie dieser Klasse

Cerveteri, Ansichten der Nekropole Banditaccia (Tumuli aus dem 7.–6. Jahrhundert v. Chr.).

eine »freie« Stellung zu, wenn sie sie als »Plebs« und als »Menge« beschreibt, mal einen servilen Rang, wenn sie von Sklaven spricht: Die Unsicherheit entsteht aus der Schwierigkeit, die Physiognomie der untergeordneten etruskischen Klasse in das Bezugssystem einzugliedern, das von der römischen Wirtschafts- und Sozialstruktur gebildet wurde, die seit langem, seit dem 4. Jahrhundert v. Chr., jede archaische Form der Abhängigkeit für die grundlegenden Produktionstätigkeiten abgeschafft hatte; und zugleich verrät sie die grundlegende Zweideutigkeit in den Augen der Römer, die aus dem bäuerlichen Kleingrundbesitz den Nerv ihrer politisch-militärischen Staatsordnung gemacht hatten, eines Standes – des abhängigen etruski-

Vetulonia, Tumulus der Tomba della Pietrera (2. Hälfte 7. Jahrhundert v. Chr.).

schen –, der am Rande des Staates angesiedelt, aber nicht ganz ohne ein eigenes Statut der Autonomie war. Symptomatisch hierfür ist die dieser Klasse gegebene Definition von *plebs,* beispielsweise durch Livius (10, 3–5) anläßlich des Umsturzversuchs von Arretium im Jahre 302 v. Chr., der diese untergeordneten Klassen einem einzigen »Familienclan« (offensichtlich die fürstliche Spitze der lokalen Gesellschaft) gegenüberstellt, der Cilnium genus, also die Familie mütterlicherseits von Maecenas, der nicht zufällig von Horaz (car. 1, 1, 1) als »Sproß königlicher Vorfahren« bezeichnet wird. Die römische Geschichtsschreibung sann über die Natur des Klassenkonflikts seiner ältesten republikanischen Geschichte nach und fand Analogien zwischen der römischen Plebs, die ohne politische Rechte, aber zu ganz bestimmten politisch-militärischen Leistungen verpflichtet war, und abhängigen Ständen Etruriens.

Die griechischen Quellen unterstreichen dagegen den Charakter familiärer Abhängigkeit, wenn sie in Begriffen wie »Bedienstete« und »Angestellte im Dienst des *oîkos«* (also der Familien- und Geschlechterorganisation) von den untergeordneten Klassen sprechen und ihnen die Charakterisierung als »Sklaven« verweigern. Und in der Tat wollte die archaische griechische Vorstellung vom Sklaven als Objekt der Eroberung, die sich später schrittweise auf die eines *sôma,* eines »Körpers« (meist ein ausländischer) und Handelsobjekts ausgedehnt hatte, nicht auf diese Volksmassen passen. Vermutlich gehörten sie in großen Teilen dem selben *ethnos* ihrer Herrn an und siedelten seit langer Zeit auf diesem Land, meist mit einem Arbeitsverhältnis, das sich vom Status der Sklaven unterschied: Vergessen wir in diesem Zusammenhang nicht die Gleichsetzung, die in der politischen Literatur des 4. Jahrhunderts v. Chr. umgeht, zwischen *bárbaroi* und *(physei) doûloi,* »Sklaven (aus Natur)«. Daher die Notwendigkeit, diese untergeordneten Klassen in Begriffen eines Diener- aber nicht Sklavenverhältnisses darzustellen, wobei auf eine Terminologie aus dem häuslichen Bereich zurückgegriffen wird, welche die persönliche Beziehung Herr–Diener hervorhebt und so die Existenz von Bindungen erkennen läßt, die aus dem Gedanken des *oikos* und damit von dessen Hierarchien, Riten und religiösem Gedankengut stammen. Auf der anderen Seite soll die weitere Definition *penéstai,* »Arme« weniger einen Stand mit den modern anmutenden Merkmalen einer verbreiteten Armut kennzeichnen, sondern vielmehr eine deutliche Trennung zwischen der ungeheuren Anhäufung von Reichtümern der herrschenden Klasse und dem bescheideneren Konsumniveau der untergeordneten Stände. Dieser Begriff *penéstai* verrät aber auch noch andere Wertigkeiten der Klassensituation. *Penéstai* sind nämlich der ethnographischen und historiographischen griechischen Überlieferung auch an anderen Orten im Mittelmeerraum bekannt, insbesondere in Thessalien: Die Art, wie Dionysios von Halikarnassos (2, 44, 7), der sich

auch in Thessalien gut auskennt (5, 74, 3), diesen Begriff gebraucht, beweist, daß er diese Etrusker lieber mit den untergeordneten thessalischen Ständen verglichen haben wollte als mit den *pelátai,* wie er die *clientes* der archaischen Wirtschaftsform des patrizischen Roms nennt.

Diese Unterscheidung, vorgenommen durch eine unserer besten Quellen für das Rom archaischer Zeit, verdient noch weiteren Kommentar. In Dionysios' Augen ist der Status eines *penéstes* nur eine Stufe über dem des klassischen Sklaventums, also des Menschenhandels, und bringt die Ausübung von Aufgaben mit sich, die »eines freien Mannes unwürdig« sind, sowie körperliche Züchtigung; anderen Quellen entnehmen wir jedoch, daß die thessalischen Knechte, die öfter Aufstände gegen ihre Herren anzettelten, das Recht auf Besitz hatten, aber an das von ihnen auf Rechnung der Herren bestellte Land gebunden waren, während sie unter manchen (uns unbekannten Umständen) auch Wehrdienst leisteten. Vergleicht man ihren Status mit dem der römischen Klienten, erscheint er trotz der vielen und starken Analogien grundsätzlich verschieden, vor allem, was die persönliche Bindung an den Patron angeht. Der römische Klient hat sich zur Bestellung des Bodens seinem Herrn verpflichtet und hat ein Recht auf den eigenen, kleineren Grundbesitz, ist aber Bürger mit allen Rechten und Pflichten, denn er hat Stimmrecht bei den Versammlungen und Komitien (wenn er auch verpflichtet ist, dem Willen seines Patron zu folgen) und er leistet Wehrdienst wie alle anderen auch. Er ist also ein freier Mann, der sich aller politischen Rechte erfreut wie alle anderen Bürger auch, obwohl er de facto diese Rechte nur beschränkt wahrnehmen kann. Nicht zufällig unterscheidet Dionysios deshalb ausdrücklich zwischen den thessalischen *penéstai* und den römischen *clientes* und gebraucht zur Bezeichnung der Klienten einen anderen Begriff, *pelátai,* »die (dem Patron) aus der Nähe folgen«, wodurch die persönliche Verpflichtung dieser Beziehung betont wird. Diese ist in der rechtlich-religiösen römischen Tradition von der Verpflichtung der *fides* sanktioniert, einem Instrument der Garantie persönlichen Schutzes des Klienten und eines wirtschaftlich-sozialen Bündnisses zwischen beiden Parteien.

Populonia, Tomba dei Flabelli (Ende 7. Jahrhundert v. Chr.).

Die Analyse der antiken literarischen Dokumentation hat uns so dazu geführt, die Beziehung der Klassen untereinander in Etrurien als eine der vielen Abhängigkeitsbeziehungen zu beschreiben, die es in der Welt des Mittelmeerraums gab, ohne daß es sich dabei um eine Sklavenhaltung gehandelt hätte. Von den Menschen der Antike selbst wurde sie als Oligarchie beschrieben, die über breite Stände *metaxỳ eleuthérōn kaì doúlōn,* »zwischen Freien und Sklaven« herrschte. Die Spitze der Gesellschaft wird von wenigen Familien, in deren Besitz sich große Reichtümer befinden, beherrscht, Familien, denen ein besonderer Wohlstand und die uneingeschränkte Verwaltung der politischen Ämter sicher sind. Ihr Wohlstand und ihre Reichtümer stammen aus der Zwangsarbeit abhängiger Stände, deren Knechtschaft allerdings nicht das Recht auf Grundbesitz und Güter ausschließt, die aber nicht oder nur bei bestimmten Gelegenheiten zu den Waffen greifen können und vom Handel und von der Ehe mit den bemittelten Klassen sowie vom Recht, öffentliche Ämter auszufüllen ausgeschlossen sind.

Während dies nun das Bild in großen Zügen ist, nehmen einige andere klassische Quellen über die etruskische Sozialstruktur eine besondere Bedeutung und Wertigkeit an. Vor allen Dingen tauchen in der

antiken Literatur immer wieder eindeutige Anspielungen auf den »Müßiggang« und den »Luxus« der Etrusker auf. Der Begriff *tryphé,* der aus der griechischen politischen Sprache stammt und in Beschreibungen oder Wertungen der etruskischen Welt häufig auftaucht, soll genau das ausdrücken: den Wohlstand der herrschenden Klassen, die keine Produktionstätigkeit ausüben, und die Zweckbestimmung – zum Zwecke einer umfassenden Reproduktion der Gesellschaft – des Luxuskonsums als Instrument der Bekräftigung dieser Herrschaft und des damit verbundenen Prestiges. Somit werden die immer wieder auftauchenden Anspielungen auf die »Weichheit« *(tryphé)* und »Üppigkeit« *(habrótes)* der Etrusker verständlich, sowie diejenigen auf ihre Leidenschaft für die Musik usw. bis hin zu der ebenso lebenswahren wie stereotypen Beschreibung des Etruskers als *obesus.*

Ebenso lassen sich innerhalb dieses Bilds andere und umstrittene antike Quellen über die untergeordneten Klassen erklären. Als Diodorus unter Rückgriff auf Poseidonios die Situation Etruriens beschreibt (5, 40), erwähnt er Scharen von »Abhängigen« in den

Castellina in Chianti, Tumulus Montecalvario (Ende 7. Jahrhundert v. Chr.).

Gegenüberliegende Seite: Sovana, Tomba Ildebranda: Beispiel für den Typus mit Tempelaufriß (3. Jahrhundert v. Chr.).

Tarquinia, Nekropole Monterozzi, Landgut Scataglini: Gräber des mittleren Stands (3. Jahrhundert v. Chr.).

Höfen der Häuser, luxuriös gekleidete »Knechte«, die sich um die Gelage der Herren kümmern, und schließlich weist er darauf hin, daß »in Etrurien nicht nur die Knechte, sondern auch der größte Teil der Freien gut ausgestattete Häuser besitzen«. Diese Anmerkung ist wertvoll, denn neben dem Erstaunen über diesen »Luxus der Knechte« bestätigt sie uns einerseits die »familiäre« Beziehung Knechte–Herren (die große Zahl von Knechten in den Höfen der Häuser) und andererseits den relativen Wohlstand der Knechte, die über geräumige und gut ausgestattete Wohnungen verfügen; nicht weniger wertvoll ist die Quelle deshalb, weil sie uns einerseits die Gründe für den Erfolg des Gesellschaftsmodells sehr gut beschreibt, das den Knechten zu einem Wohlstand verhalf, der sogar größer war als der vieler Freien, zum anderen weil sie uns die Existenz zu Zeiten von Poseidonios eines Stands von »Freien« bezeugt, der formal zwischen dem der Herren und dem der Knechte stand. Aber darauf kommen wir später noch zurück.

Das Recht auf Besitz seitens der Knechte, das dergestalt im Text des Diodorus betont wird, wird uns von einer anderen Überlieferung bestätigt, die diesmal aus der etruskischen Welt selbst stammt. Ich meine die berühmte »Weissagung der Vegoia«, ein Fragment der *Etrusca disiplina*, des religiösen Schrifttums, ausgearbeitet von etruskischen Priestern (die sich mit den *principes* deckten), das uns in lateinischer Übersetzung überliefert ist. Die Weissagung (S. 350-i L) – von der man vermutet, sie könne von einer *Nymphe* stammen, also von einer etruskischen *Lasa* namens *Vegoia*, die man auch aus etruskischen Bildquellen kennt, wo sie sich als *Lasa Vecu* an einen Haruspex namens Arruns Veltymnus wandte – will unter Androhung von Unheil die Unveränderbarkeit der *termini*, der zur Bezeichnung der Ländereien gesetzten Grenzsteine neu bekräftigen. Nach einigen apokalyptischen Vorbemerkungen zählt der Text die Folgen auf, die eintreten, falls die Grenzsteine aus *avaritia* oder *cupido*, also in der verbrecherischen Absicht der Bereicherung versetzt werden: »Tun es die *servi*, werden sie sich, was ihre Herrschaft angeht, zum Schlechten verändern; geschieht es aber unter Mitwisserschaft der *domini*, wird deren Haus rascher zerstört werden, und ihr Geschlecht wird als ganzes zugrundegehen.« Die Grenzsteine können also von den Knechten versetzt werden: Und das wird nur verständlich, wenn die Knechte das Recht auf Besitz oder auf einen Teil der Erträge des Bodens haben; die Folge einer solchen Tat ist die Verschlechterung ihres Status, das heißt, es treten habsüchtigere Herren auf den Plan, oder es kommt zu einer richtiggehenden Sklaverei. Der Betrug kann aber auch mit Zustimmung des Herrn verübt werden: Hier trifft der Fluch dann direkt die Herren – und nicht mehr die Knechte, obwohl diese indirekt in den Fluch miteinbezogen sind –, und zwar mit der Drohung der Auslöschung ihres Familiengeschlechts, dem Schreckgespenst der Oligarchien.

Dieses Dokument schildert uns, wie andere Texte

auch, eine Gesellschaft ohne Geschichte, als hätte sie ewig aus *domini* und *servi* bestanden: Allein die Tatsache, daß die archäologischen Zeugnisse eine auf gesellschaftlicher Ebene stärker gegliederte Situation wiedergeben, und daß ein Text vom Beginn des 1. Jahrhunderts v. Chr. – Poseidonios aus Apameia (von Diodorus wiederaufgenommen) – uns ein Etrurien zeigt, das sich nicht nur in Herren und Knechte, sondern auch in Freie gliedert, muß uns zu der ja auch naheliegenden Annahme führen, daß die etruskische Gesellschaftsstruktur nicht überall und immer dieselbe gewesen ist. Es hat also eine Entstehungsphase der *principes* gegeben und auch ihren Niedergang.

Die Herausbildung und die Hochblüte der »Principes«

Die ältesten archäologischen Dokumente aus dem Zeitalter der Villanova-Kultur, die uns allerdings fast ausschließlich aus den Gräbern bekannt ist, scheint eine Gesellschaftsstruktur erkennen zu lassen, die auf dem Prinzip der Gleichberechtigung aufbaut oder sich als solche darstellen will.

Die Nekropolen aus dem 9. Jahrhundert v. Chr. enthalten in der Tat Grabstätten von Individuen, die mit nur wenigen und schlichten Beigaben in Aschenurnen gelegt sind; die Grabbeigaben lassen lediglich unterschiedliche Aufgaben der beiden Geschlechter erkennen, die Männer als Krieger, die Frauen als für die Hausarbeit Zuständige, und zwar für die Wollspinne-

Grabstele aus Tarquinia (letzte Jahrzehnte des 7. Jahrhunderts v. Chr.). Tarquinia, Museo Archeologico.

Gegenüberliegende Seite: Oinochoe aus Tragliatella (Cerveteri) mit Szene eines Kriegers beim Abschied (630–610 v. Chr.). Rom, Musei Comunali.

Behelmter Kopf, Bucchero, aus Cerveteri (um 600 v. Chr.).

Grabstele des Avele Feluske, aus Vetulonia (letzte Jahrzehnte des 7. Jahrhunderts v. Chr.). Florenz, Museo Archeologico.

rei; nichts läßt auf unterschiedlichen Reichtum oder soziale Stellung schließen. Natürlich ist viel darüber diskutiert worden, ob dieses Bild tatsächlich der Wahrheit entspricht oder ob nicht vielleicht eine starke ideologische Bindung bestand, die ein bestimmtes Bestattungsritual vorschrieb und damit letztendlich alle Mitglieder der Gesellschaft vor dem Tode und demzufolge in unseren Augen viele Jahrhunderte später gleich machte. So wie sich die Frage darstellt, scheint das Dilemma unlösbar zu sein. Um dennoch zu einer Lösung zu gelangen, ist es nötig, die in der Gesellschaft herrschenden Verhältnisse insgesamt zu untersuchen, um daraus eventuell Hinweise auf eine gleichberechtigte oder aber klassenabhängige Strukturierung des Gesellschaftsgefüges abzuleiten.

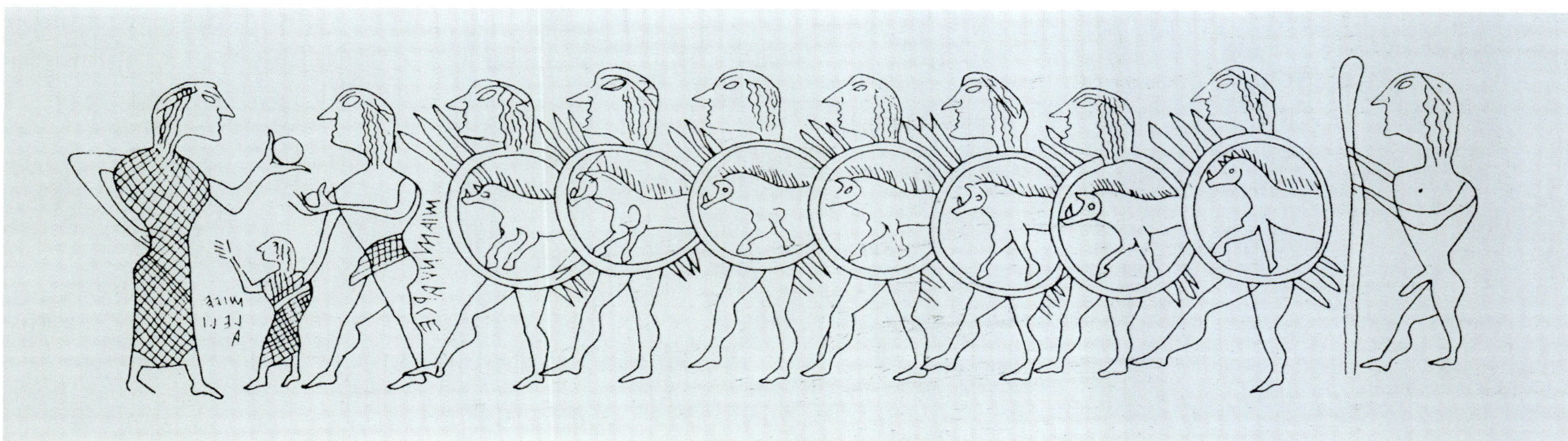

Die Struktur der Besiedlung des älteren Villanova-Gebiets selbst, eine regelrechte Form von »Kolonisation« auf breiter Front, beweist, daß die Gesellschaft in begrenzten Kerngruppen innerhalb von nicht allzu großen Territoriumsabschnitten organisiert ist; die Präsenz von Menschen ist engmaschig genug verteilt und schließt Landverpachtungen, die hierarchisch verwaltet werden, aus, rechtfertigt aber eine Rekonstruktion dergestalt, daß die Produktionsaktivitäten auf verwandtschaftlichen Bindungen aufbauend ausgeübt wurden. Diese Landnahme in dauerhafter Form, die schon in den beiden vorangegangenen Jahrhunderten in der Phase der Jüngeren Bronzezeit in Gang gekommen war, stellt die unabdingbare Voraussetzung für die Entstehung der späteren Produktionsbeziehungen dar. Sie bezeugt uns unmißverständlich die Aneignung des Lands durch größere »familiäre Kerngruppen« und, um mit den römischen Rechtsbegriffen zu sprechen, die Entstehung des *heredium,* des Lands in Privatbesitz, sowie die Macht des *pater familias,* also der unumschränkten Herrschaft des Oberhaupts der familiären Kerngruppe über die weitere Familie. Die Gleichberechtigung der Menschen, wie sie uns das Bestattungsritual zeigt, ist offensichtlich mehr der Form denn der Substanz nach vorhanden, denn sie versäumt es nicht nur, uns Rang- und Machtverhältnisse zu beschreiben, die in dieser Epoche sicherlich schon wirksam waren, wie etwa die Figur des vorgeschichtlichen Königs, sondern scheint auch die Stellung des *pater familias* in keiner besonderen Form anzuzeigen. Dennoch ist dieses Streben nach Gleichheit innerhalb der Gesellschaft sehr lebendig, sie wird aber als Gemeinschaft von Kriegern dargestellt, die untereinander von der großen sozialen Aufgabe der Kriegführung sowie von althergebrachten (Stammes-)Bindungen auf religiöser und kultureller Ebene zusammengehalten werden. Mit anderen Worten, wirkliche soziale Unterschiede existieren nicht, es sind aber schon die ersten Voraussetzungen dafür angelegt: der Privatbesitz an Produktionsmitteln, an Grund und Boden, mit allen impliziten Widersprüchen, etwa dem Unterschied in der Ertragsfähigkeit der Böden, dem verschiedenen Grad an interfamiliärer Kooperation usw.

Aus diesen Widersprüchen entsteht nun die wirkliche Klassengesellschaft in Etrurien, und die archäologische Dokumentation läßt das bald erkennen. Zeichnen die Nekropolen aus dem 9. Jahrhundert v. Chr. das Bild einer Gesellschaft in deutlicher Entwicklung, aber noch in der ideologischen Hülle eines Gefüges gefangen, das im Zeichen der Gleichberechtigung steht, sind die Gräber schon ab dem Jahrhundertende und immer deutlicher in der ersten Hälfte des 8. Jahrhunderts v. Chr. nicht mehr vom schlichten, universell angewandten Ritual und der Einäscherung mit nur den nötigsten, symbolischen Beigaben geprägt; immer häufiger werden Erdbestattungen vorgenommen, und die Gräber enthalten eine wachsende Zahl von immer reicheren Beigaben und geben sichtbare Zeichen sozialer Unterschiede. Die Klassengesellschaft hat begonnen, auch wenn die Ablösung von der alten Ordnung langsam und ungleich vor sich geht. Nicht nur lassen sich jetzt weiter entwickelte Gebiete, die südlichen und die Küstengebiete, von den an archaische Formen gebundenen und weniger entwickelten Gebieten im Norden und im Landesinnern unterscheiden. Auch in den fortschrittlicheren Gebieten zeigen einige konservative Formen der Ideologie – wie etwa die anscheinend den erwachsenen Männern vorbehaltene Einäscherung – die Widerstandskraft der alten Ordnung. Parallel dazu bilden sich die frühen Formen urbanen Zusammenlebens heraus und mit ihnen Möglichkeiten der wirtschaftlich-sozialen Kooperation, welche die archaischen verwandtschaftlich organisierten Strukturen überholen; das Handwerk als außerhalb der familiären Kerngruppe liegende Betätigung breitet sich aus; die durch den Austausch vermittelten hellenischen und orientalischen Kulturbestandteile tragen immer zahlreicher und häufiger zu einem neuen ideologischen Bild bei, das für die aufkommenden Adelsstände von wesentlicher Bedeutung ist.

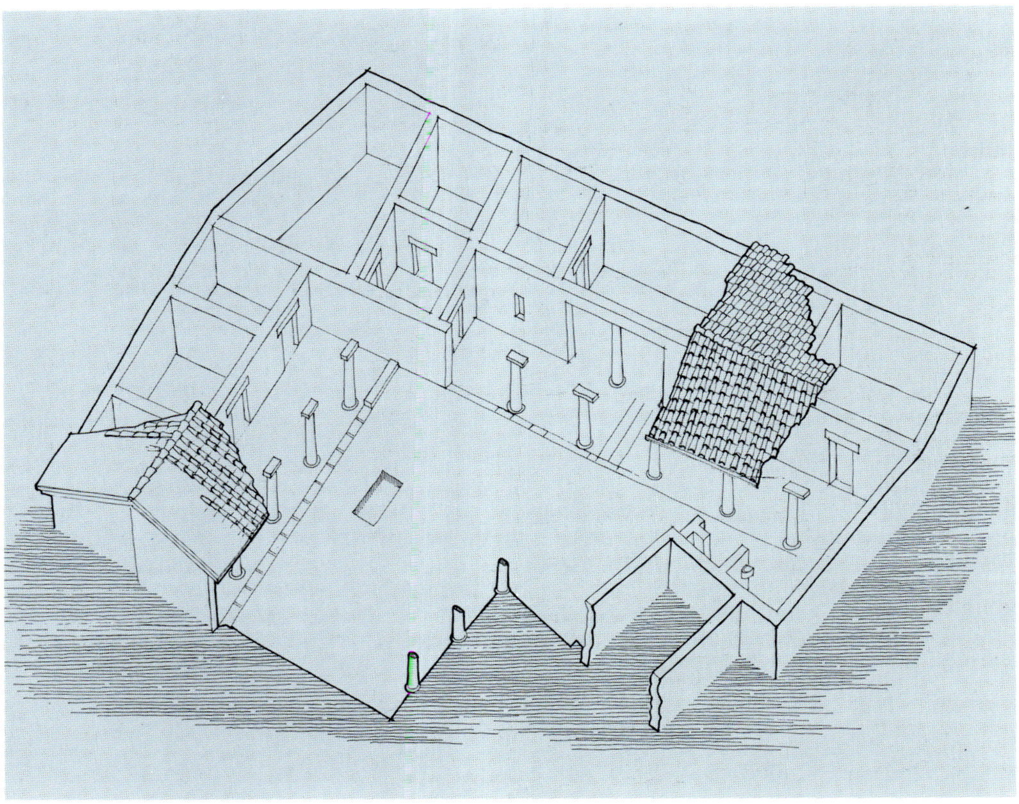

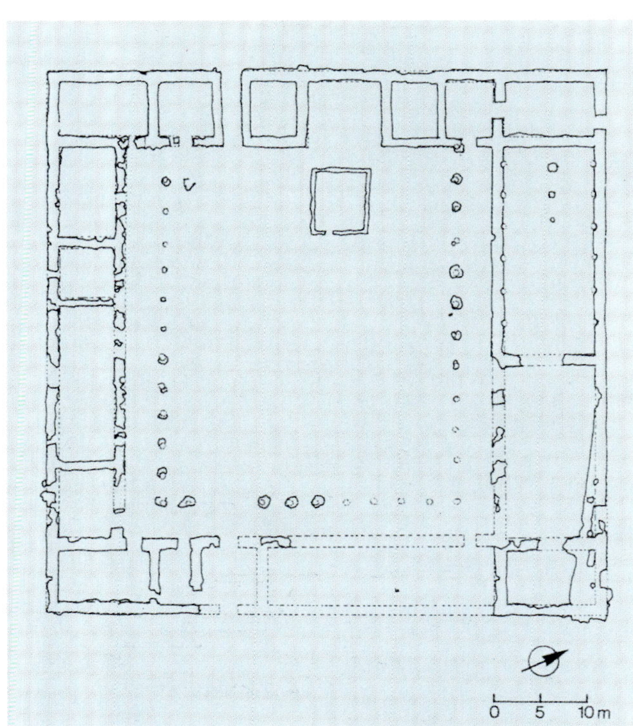

Axonometrische Rekonstruktion des Gebäudes F in Acquarossa (um 530 v. Chr.).

Grundriß des »Palastes« von Murlo (um 575 v. Chr.).

Im Zeitraum von der Mitte des 8. zur Mitte des 7. Jahrhunderts v. Chr. ist dieser Prozeß abgeschlossen: Etrurien wird jetzt von *principes* beherrscht, von mächtigen und reichen Aristokratien, die sich mit Prunk und auffälligen Machtsymbolen umgeben. Die Kammergräber in großen Tumuli offenbaren ihre Bestimmung für ein Adelsgeschlecht, besondere Betonung liegt auf dem Bestattungskult, den ideologischen Herrschaftsformen, die um die Zurschaustellung eines orientalisch geprägten Prunks kreisen, um Luxus und den feierlichen Charakter des Gelages, um die *pompae*, die rituellen Prozessionen, und die Feste mit Wettstreit und Tanz.

Von besonderer Bedeutung für die Bestimmung der Macht dieser Aristokratien sind die großen Wohnhäuser, die sie sich von der Mitte des 7. bis zur zweiten Hälfte des 6. Jahrhunderts v. Chr. bauen und von denen die archäologische Forschung verschiedene Beispiele auf etruskischem Gebiet hat ausfindig machen können, sowie nicht geringe Einflüsse in dem kulturell abhängigen Gebiet Latium. Die ältesten Bauwerke verwenden einen Typ mit rechteckigem Grundriß, mit oder ohne weitere Unterteilung, bedeckt mit Satteldach und bemalten Terrakottaplatten als Verkleidung: Dies ist die bekannte Form der ältesten Wohnhäuser von Acquarossa bei Viterbo und des »Palastes« von Murlo (Siena) in seiner ersten Phase sowie der Gräber in Cerveteri aus der reifen orientalisch geprägten Phase wie die Tomba della Nave oder die Tomba dei Leoni Dipinti. In der Folgezeit, ab dem Beginn des 6. Jahrhunderts v. Chr., entwickeln die Häuser der großen Fürsten von Etrurien nicht nur Wohnhaustypen mit dreigeteiltem Grundriß orientalischen Ursprungs, wobei die Betonung auf dem mittleren, für das Gelage und andere Festlichkeiten des Fürstenlebens bestimmten Raum lag (eine Form, die auch die Tempelbauten beeinflussen wird). Sie fügen diesen Wohnbereichen auch großzügige säulengeschmückte Räume hinzu, die der Entfaltung des gesamten »öffentlichen« Lebens der Fürstengeschlechter dienen, den Spielen, Tänzen, Zusammenkünften und sakralen Veranstaltungen. Das vollendetste Beispiel ist Murlo in der zweiten Phase (ca. 580 v. Chr.). Das Bauwerk hat hier eine Seitenlänge von etwa 60 Metern und ist mit Architekturterrakotten verziert, welche die Höhepunkte im festlichen Leben des Adelsgeschlechts abbilden; es knüpft an orientalische Bautypen an und beherbergt im Hof und in der Nähe der Nordwestseite des Palastes ein kleines Heiligtum, das dem Kult der Vorfahren geweiht war, die man auch in den großen Firststatuen auf den Dächern des vierarmigen Fürstenbauwerks erkennen kann.

Doch schon beim späteren »Palast« von Acquarossa beherbergt das Gebäude F aus dem dritten Viertel des Jahrhunderts mit seiner kleineren Form und den geringeren Abmessungen nicht mehr das Kultbauwerk, das jetzt draußen vor die Anlage gestellt ist, während auf den Kult des Adelsgeschlechts, dessen Mittelpunkt ein im Hof gegrabenes Fossa-Grab bildete, Architekturterrakotten mit der Darstellung von Heraklesmythen anspielen. Das abschließende Beispiel für diesen Typ, das Heiligtum von Montetosto bei Cerveteri aus dem letzten Viertel des Jahrhunderts, stellt keine Resi-

Aschenbehältnis-Statue, aus Chiusi (um 550 v. Chr.). Palermo, Museo Archeologico.

denz eines Adelsgeschlechts mehr dar, sondern sehr wahrscheinlich einen Ort des Heldenkults, der mit der Tötung der phokäischen Gefangenen aus Alalia (535 v. Chr.) und mit der anschließenden, vom Delphischen Orakel befohlenen Rache für das Verbrechen in Verbindung steht: Wir stehen einer Art Umkehrung von Typus und Funktion gegenüber, die wahrscheinlich mit einer politischen Veränderung nach Alalia und einer »Vertreibung der Optimaten« zu tun hat, wie in Rom der Typus des Palastes in der Regia dazu verwendet wird, den »heiligen König« zu beherbergen.

Der Palast in seiner klassischen Form ist also anscheinend die perfekte Verkörperung der Kultur, der

Firststatue eines Vorfahren (?) aus dem »Palast« von Murlo (um 575–550 v. Chr.). Siena, Palazzo Comunale.

Ideologie und der wirtschaftlich-sozialen Erwartungen der *principes*. Der Kult der Adelsgeschlechter ist das stützende Element der sozialen Wirklichkeit und die Garantie für die Reproduktion der Gesellschaft in ihrer Gesamtheit: Riten und Prunkentfaltung dieser Gruppe lassen die Massen der Knechte in den Hof streben, Spiele und Gelage sind Schauspiel, Festlichkeit und Fest, in dem sich Herrschende und Beherrschte gänzlich wiedererkennen. Aber all dies ist der Endpunkt, an dem die Fürstenhegemonie angelangt ist. Die Kooperation in Produktion und Krieg (vor allem in der neuen Form des Hoplitenkampfs mit schwerer Bronzerüstung) bricht diese Realität, indem sie veränderte Produktionsgrundlagen und Solidarität verlangt, die nur die urbanen Strukturen liefern können.

Oligarchien und mittlere Stände im 5. und 4. Jahrhundert v. Chr.

Die Zerstörung der einzeln gelegenen Fürstenresidenzen oder der kleinen, auf dem Land verstreut liegenden Ansiedlungen ist ein altes, schon seit den ersten Phasen des orientalisch geprägten Stils bekanntes Phänomen, das erst Ende des 6. Jahrhunderts v. Chr. zur Vollendung kommt und so in ausgedehnten Gebieten wenige bedeutende Metropolen groß werden läßt. Die urbane Dimension, eine Notwendigkeit für die Entwicklung der Produktivkräfte und für den Hunger nach Prestigeobjekten der *principes,* widerspricht jedoch einer unbeschränkten Herrschaft, die in die archaische Abhängigkeitsbeziehung der *servitus* eingebunden ist; als Paradox des Widerspruchs wird das Städtewachstum von den hegemonialen Tendenzen der herrschenden Klasse selbst begünstigt. Das Ausklingen dieses Prozesses Ende des 6. Jahrhunderts läßt Fälle von Tyrannei aufkommen (der bekannte Fall *Thefarie Velianas*) und begünstigt die Einrichtung oligarchischer Strukturen, die in der Gleichberechtigung, in der wechselseitigen Beschränkung von Macht und Zurschaustellung ihres Prestiges die neuen Regeln für das Funktionieren der Gesellschaft fixieren.

All dies prallte jedoch mit der Wirklichkeit einer langwierigen Herausbildung der urbanen Struktur zusammen. Während der ganzen 150 Jahre, die der Einrichtung der neuen oligarchischen republikanischen Ordnungen vorausgegangen waren, war die Stadt dank dem ständigen und zunehmenden Zustrom fremdstämmiger, ausländischer Volkselemente gewachsen. Gruppen und Individuen, die aus den angrenzenden lateinischen, sabinischen und umbrischen Gegenden stammten: Die Nekropolen in Orvieto mit ihrer enormen Zahl an Adelsgeschlechter-Namen nicht-etruskischen Ursprungs bezeugen, wie intensiv die ethnische Mobilität im 7. und 6. Jahrhundert v. Chr. war, wobei von außen kommende Elemente offenbar in die Führungsschicht mit einflossen. In der Welt des Handels allerdings, wie das Heiligtum des tarquinischen Hafens Graviscae dokumentiert, ist ein erster Versuch der herrschenden Klasse zu verzeichnen, die Ströme von außen hereindrängender Gruppen in eine Struktur von marginaler Bedeutung zu lenken. Es bestand also eine zweifache Tendenz in den besser entwickelten urbanen Gesellschaften des Südens: Die eine nahm die Ströme von Menschen höherer sozialer Stellung (das ist der Fall bei dem halb der Legende angehörenden Demaratos aus Korinth, dem Vater des späteren Königs von Rom Tarquinius Priscus) in die herrschenden Schichten der Gesellschaft auf, die andere drängte die Menschen untergeordneter Herkunft an den Rand der Gesellschaft. Dieser Prozeß brachte letztendlich zahlenmäßig sicher nicht zu vernachlässigende Gruppen hervor, die sich nicht in die Haupt-Klassenstruktur der *principes* und der *servi* einordnen ließen und ein anderes (und neues) Element der sozialen Schichtung darstellen mußten, das wahrscheinlich im Handel und in der handwerklichen Produktion Betätigung fand.

Das Ende der herrschenden Oligarchie und die daraus folgende Beschränkung des Konsums kann nicht ohne negative Rückwirkungen auf dieses Element der sozialen Schichtung geblieben sein, das außerhalb der grundlegenden Produktionsbeziehung stand, welche die hegemonialen Stände damit durchzusetzen suchten. Hier kann der Vergleich mit Rom, wo vom zweiten Viertel des 5. bis zur Mitte des 4. Jahrhunderts v. Chr. der Konflikt zwischen Patriziern und

Orvieto, Straße der Nekropole Crocifisso del Tufo (2. Hälfte 6. Jahrhundert v. Chr.).

Schwarzfigurige Amphore mit Szene vom Aufbruch in den Krieg. Schüler des Micali-Malers (um 510 v. Chr.). Tarquinia, Museo Archeologico.

Plebejern loderte, von Nutzen sein, um das Phänomen in großen Zügen verstehen zu können, wenn auch die einzelnen Stadtgeschichten Etruriens untereinander ganz andere Dynamiken entwickelt haben dürften, abhängig von der – vermutlich sehr verschiedenen – zahlenmäßigen Vertretung dieser Schicht in den einzelnen urbanen Strukturen. Jedenfalls registriert die archäologische Dokumentation ganz Etruriens neben der Konzentration in wenigen großen Städten auch eine beträchtliche Zunahme der Produktion von lokalen Manufakturwaren und eine nicht weniger spürbare Verringerung des Imports attischer Keramiken – deutliche Zeichen für das Aufblühen der Oligarchien und des schwierigen Stands, den die mittleren Gruppen haben, die vom Konsum ausgeschlossen und in ihren Produktionsfunktionen selbst schwer bedroht sind, die ja, wie wir gesehen haben, an Handwerk und Handelsaustausch anknüpfen. Insbesondere die letztgenannte Betätigung, in der auch der Handel mit in Etrurien hergestellten Gütern nach draußen im 6. Jahrhundert v. Chr. Höhepunkte und dann mit dem 5. Jahrhundert v. Chr. eine schlimme Rezession erlebt hatte, verläßt die Handelsheiligtümer und »Wandelhallen« dieser mittleren Stände und wird unmittelbar der Überwachung der städtischen politischen Strukturen unterstellt, wie die Klauseln des ersten Abkommens zwischen Rom und Karthago aus dem Jahre 509 v. Chr. dokumentieren.

Unsere Quellen über die Ereignisse des 5. Jahrhunderts v. Chr. sind wiederum sehr spärlich, aber aus den wenigen Hinweisen – etwa die Weizenlieferungen aus Etrurien nach Rom betreffend oder der sehr beschränkte etruskische Beitrag zu dem Athener Feldzug in Sizilien 415–413 v. Chr. – kann man das Bild eines Landes entnehmen, das von stark abgegrenzten sozialen Gruppen beherrscht wird, die in erster Linie an der extensiven Landbestellung interessiert sind, mit anderen Worten, die oligarchische Herrschaft erscheint nahezu unangefochten zu sein. Daß sich aber hinter dieser Realität sehr weitreichende soziale Konflikte verbargen, wird in der ersten Hälfte des 4. Jahrhunderts v. Chr. durch das beinahe unvermittelte Einsetzen eines anderen Verhältnisses zwischen Stadt und Land deutlich, vor allem, wenn nicht ausschließlich, in den Metropolen des Südens. In erster Linie Tarquinii, aber auch Volci und Caere und – in weit geringerem Ausmaß – Orvieto richten jetzt ein ausgedehntes Netz von kleineren Ansiedlungen in ihren großen Territorien ein, *oppida* und *castella* mit großzügigen Nekropolen und Verteidigungsbauten, die das Aufblühen und die Konsolidierung neuer sozialer Produktionsbeziehungen beweisen. Diese Art von »interner Kolonisation« zeigt in Wirklichkeit das Ende der oligarchischen Kontrolle über ausgedehnte Gebiete öffentlichen Grund und Bodens an, die jetzt den »jüngeren Linien« zugesprochen werden (wie den *Curunas* und den *Spurinas* aus Tarquinii, die sich in Tuscania niedergelassen haben) oder Familien, die im Rahmen neuer Produktionsverhältnisse aufgetaucht sind, welche auf Landbesitz mittlerer Ausdehnung gegründet sind; parallel dazu setzten sich ab der Mitte des 4. Jahrhunderts v. Chr. und bis zur römischen Eroberung wieder das seit mehr als einem Jahrhundert ins Stocken geratene öffentliche Bauwesen und die handwerklichen Massenproduktio-

Cerveteri, Nekropole Banditaccia: Via dei Monti Ceriti (Ende des 6. Jahrhunderts v. Chr.).

nen – Keramiken und Bronzearbeiten für eine breite Käuferschaft – durch, welche die Bedürfnisse dieser »mittleren Klasse« getreu widerspiegeln, derjenigen Klasse, die für die Wandlungen der ersten Hälfte des 4. Jahrhunderts v. Chr. verantwortlich ist. Die Reflexe dieser tiefgreifenden Veränderung auf archäologischer Ebene sind also deutlich zu erkennen, ebenso wie die Vorrangstellung der Metropolen und der neuen herrschenden Klasse, zum Ausdruck gebracht in den großen bemalten oder Felsengruften von Tarquinii, Caere und Orvieto, deutlich wird; ebenso bezeichnend für die neue Mentalität ist, daß sich in der Ideologie die ikonographischen (Umzüge von Würdenträgern, Abzeichen) und die epigraphischen Zeichen (*cursus honorum*, Datierungen mit Namensgebung) einer Staatsgewalt durchsetzen, die auf einer klugen Dosierung von Adelstradition und abstrakten Symbolen der politischen Sphäre aufbaut.

Auch hier wiederum ist der Vergleich mit der Situation in Rom hilfreich, um die Mechanismen der Wandlung Südetruriens verstehen zu können. Die Synchronität zwischen dieser Wandlung und der Lösung des Konflikts Patrizier–Plebejer in den Jahren zwischen der Eroberung von Veji (396 v. Chr.) und den Licinier-Sextier-Gesetzen (367 v. Chr.) ist vollkommen, ebenso wie die Resultate der römischen und der südetruskischen Situation auf archäologischem und ideologischem Gebiet in der zweiten Jahrhunderthälfte dieselben sind. Das Ende der auf der *servitus* und der oligarchischen Herrschaft aufbauenden gesellschaftlichen Produktionsbeziehungen und die Entstehung einer neuen Aristokratie und einer anderen Machtauffassung neben einer Klasse mittlerer Grundbesitzer

Tuscania, Gräber im Ortsteil Peschiera (Mitte des 6. Jahrhunderts v. Chr.).

Bronzehelm des attischen Typus, aus Todi, mit Szene eines Zweikampfs (Mitte des 5. Jahrhunderts v. Chr.). Rom, Museo di Villa Giulia.

stellen die Resultate einer langen, mühevollen Entwicklung dar, die unter den schwierigen inneren und äußeren Umständen des zweiten Viertels des 5. Jahrhunderts v. Chr. begonnen hatte. Nicht zu vergessen ist aber auch, daß, während im Norden der archaische Widerspruch weit von einer Lösung entfernt zu sein scheint, die Lücken, die sich in der Produktion der südlichen Metropolen aufgetan hatten, nicht anders als durch die klassische Form der Sklaverei, deren Anzeichen schon seit der Mitte des 4. Jahrhunderts v. Chr. hier und da erkennbar wurden, sowie durch die zunehmende Einführung von Formen der Währungswirtschaft gefüllt werden konnten.

zung – gelingt, die dramatische Phase der Eroberung und die nicht minder dramatischen Ereignisse der folgenden beiden Jahrhunderte zu überstehen. Das Schicksal der mittleren Stände dieser Städte, das im Zeichen des Verlusts der von Rom konfiszierten Ländereien steht (und wir können uns leicht ausmalen, daß es vor allem ihre Besitztümer waren, die von der Konfiszierung betroffen wurden, berücksichtigt man auch das Überdauern der städtischen *nobiles*), ist Verarmung und Abwanderung: Die tarquinische Grabinschrift eines möglichen Gefolgsmanns von Hannibal in Capua (TLE 890) bezeugt uns vielleicht, daß ein Teil dieser kleinen und mittleren Grundbesitzer im punischen

Tarquinia, Tomba Giglioli: Ausschnitte, Teile von Rüstungen eines Adelsgeschlechts (um 300 v. Chr.).

und hellenistischen Söldnertum einen Bezugspunkt gefunden haben muß.

Römische Eroberung und Niedergang der etruskischen Gesellschaftsordnung

Im Zeitraum zwischen 282 und 273 v. Chr. bricht Rom den letzten etruskischen Widerstand und legt neue Beziehungen zu den besiegten Städten fest, die eine allgemeine Unterwerfung der etruskischen Völker sowie im Süden (Caere, Tarquinii und Volci) auch die Konfiszierung der Hälfte des Grund und Bodens vorsehen. Die Rückwirkung auf die gesellschaftliche Wirklichkeit der Städte des Südens ist offensichtlich: Schrittweise lösen sich im Lauf des 3. Jahrhunderts v. Chr. die im vorangegangenen Jahrhundert zutage getretenen mittleren Stände auf, während es der neuen städtischen Aristokratie – wahrscheinlich nicht ohne römische Unterstüt-

Die Wandlung des 4. Jahrhunderts v. Chr. betraf, wie wir gesehen haben, allein die Städte des Südens; den großen Städten des Nordens, allen voran Clusium, Perusia, Arretium, Cortona, Faesulae und zum guten Teil auch Volaterrae und Rusellae, die eng an die archaischen Abhängigkeitsformen gebunden waren, gelang anscheinend in dieser schwierigen Zeit des römischen Drucks die Festigung ihrer traditionellen Gesellschaftsstruktur – zur besonderen Genugtuung Roms, das durch die *foedera*, die aufgezwungenen Abkommen, schließlich im Austausch für die volle und bedingungslose Solidarität der lokalen Oligarchien mit der römischen Politik die Funktion eines Hüters der verfaßten Gesellschaftsordnung übernahm. Diese spezielle Funktion Roms geht deutlich aus den Ereignissen der Jahre 265–264 v. Chr. in Volsinii hervor. Diese Stadt, Sitz des angesehenen Zentrums des »Städtebunds« für den Kult des *fanum Voltumnae* und 280 v. Chr. von Rom unterjocht, hatte nur am Rande an der Wandlung des 4. Jahrhunderts v. Chr. Anteil gehabt: Einerseits wurde die Macht der antiken Oligarchen durch die wenigen, eindrucksvollen Gräber von hohem Niveau bestätigt, die im 4. Jahrhundert v. Chr. von der Stadt hervorgebracht wurden und alle oder fast alle in der ländlichen Umgebung der Stadt angesiedelt waren; andererseits sind schüchterne Zeichen eines Aufblühens mittlerer Stände in den kleineren Ortschaften des Gebiets in der Gegend von Bomarzo bis Grotte di Castro zu erkennen sowie in den Gräbern dieser Ortschaften mit ihren Materialien, etwa versilberte Keramiken, die solche »mittleren« Niveaus kennzeichnen. Die Kapitulation vor Rom im Jahre 280 v. Chr., die, soweit uns bekannt ist, bezeichnenderweise keinerlei Konfiszierung von Ländereien mit sich brachte, hat dennoch den Prozeß der »Befreiung« der antiken *servi* beschleunigt, die fünfzehn Jahre später mit der Vertreibung ihrer ehemaligen *domini* aus der Stadt einen Schlußpunkt unter diesen Prozeß gesetzt haben. Die umfangreichere Überlieferung über dieses Geschehen, die den ursprünglichen Status der *servi* offenbart, berichtet uns von einer schrittweisen Befreiung der *servi* von den *domini:* Die abhängigen Gruppen haben anscheinend erst das Recht erstritten, ins Heer aufgenommen werden zu können, später die *dióikesis,* die »Verwaltung« der Stadt (vielleicht die Ausübung von geringeren »plebejischen« Ämtern), dann das Recht, Frauen aus den Aristokratenfamilien zu heiraten und schließlich den Zugang zu den höheren Ämtern und dem Senat. Es ist klar, daß in die Zeit zwischen 280 und 265 v. Chr. nur der letzte Akt des Befreiungsprozesses fällt, und daß alle vorangegangenen Phasen mindestens bis zurück ins 4. Jahrhundert v. Chr., wenn nicht sogar bis ins 5. Jahrhundert v. Chr. verfolgt werden müssen: Nur so, mit einem langdauernden Prozeß der »Befreiung« können wir den dramatischen Abschluß, die Vertreibung der *domini* und den Eingriff römischer »Polizei« erklären, die den Aufruhr niederschlägt.

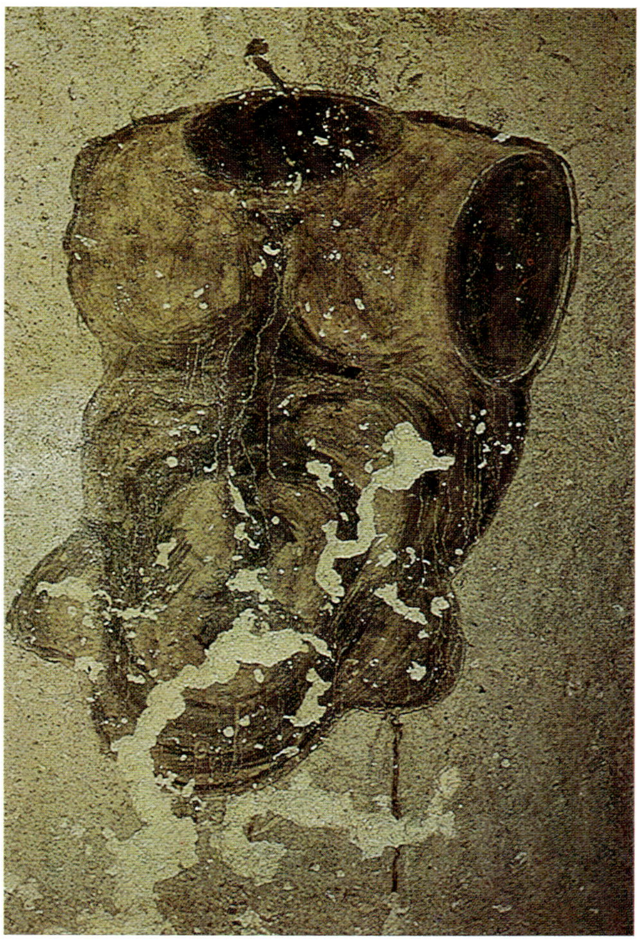

Tarquinia: Die Inschrift erwähnt Laris Felsna (um 180–150 v. Chr.), der sich in Capua aufhielt und mit Hannibals Heer in Berührung kam.

Der Fall Volsinii, ein Grenzgebiet zwischen den klassischen Zonen der Wandlung des 4. Jahrhunderts v. Chr. und einem Norden, der noch herrschenden Formen archaischer Sklaverei verbunden ist, scheint momentan im Panorama des 3. Jahrhunderts v. Chr. isoliert dazustehen. Ein anderes mögliches Grenzgebiet ist das von Rusellae, das nach Veji und vor Volsinii die einzige weitere Stadt ist, die von den Römern 294 v. Chr. eingenommen wird: Wir wissen über die Stadt im 4. Jahrhundert v. Chr., über ihre Nekropolen und ihren Einflußbereich recht wenig, um Hypothesen einer historischen Rekonstruktion aufstellen zu können, auch wenn die »Wiedergeburt« Vetulonias im 3. Jahrhundert v. Chr. die Folge der Kapitulation Rusellaes (das höchstwahrscheinlich Urheber der »Zerstörung« Vetulonias Anfang des 6. Jahrhunderts v. Chr. gewesen war) und einer Neugestaltung der gesellschaftli-

Norchia, Felsnekropole (4.–3. Jahrhundert v. Chr.).

chen Produktionsbeziehungen gewesen sein kann. Wenig klar oder wenig bekannt ist, welche Verhältnisse in den Städten des nördlichen Küstenstreifens zwischen Populonia und Pisa im 4. Jahrhundert v. Chr. herrschten aber insgesamt und vor allem in den Metropolen des Landesinnern muß die Übereinkunft mit Rom eine bremsende Wirkung auf die gesellschaftlichen Wandlungen des weitläufigen Nordens von Etrurien ausgeübt haben. Diese Verlangsamung konnte jedoch dem heftigen zersetzenden Schlag nicht standhalten, welcher der italienischen Halbinsel vom langen und zerstörerischen Hannibalkrieg und von der sich zur gleichen Zeit durchsetzenden imperialistischen Wirtschaftsmacht Roms zugefügt wurde. Und so wird Etrurien zu Beginn des 2. Jahrhunderts v. Chr. von Aufstand und sozialem Protest geschüttelt, die ihre Höhepunkte im Sklavenkrieg, den 196 v. Chr. der Prätor Acilius Glabrio niederschlägt, und in dem 186 v. Chr. in Etrurien ausgebrochenen Aufstand um die Bacchanalien finden, der sich rasch auf der ganzen italienischen Halbinsel ausbreitet und sofort von den Römern in Blut erstickt wird.

Diese beiden Aufstände des beginnenden 2. Jahrhunderts v. Chr. offenbaren die tiefgreifenden sozialen Schwierigkeiten des Landes. Der Sklavenkrieg, der ein Zentrum in Arretium hatte, hatte schon im 4. Jahrhundert v. Chr. das Eingreifen erst des Prätors von Tarquinii, Aulus Spurinna (ca. 360 v. Chr.), und später eines römischen Diktators, M. Valerius Corvo (302 v. Chr.), notwendig gemacht und muß weite Landstriche des Landesinnern von Etrurien betroffen haben, wo die archaischen Abhängigkeitsformen im wesentlichen unverändert fortbestanden: Möglicherweise ist die bekannte Weissagung der Vegoia, die oben erwähnt wurde, auf diesen Zeitpunkt und auf diese Art der inneren Zerrüttung Etruriens zu beziehen und nicht so sehr auf die Phase der Gracchen (auf die man sie – vielleicht zu unrecht – in der Regel gern zurückführt). Die Frage der Bacchanalien, die mit kleinen häuslichen Dionysos-Heiligtümern im neuen Sitz von Volsinii (Bolsena) interessante archäologische Spuren hinterlassen haben, rührte ebenso an die Klassensubstanz der Gesellschaftsbeziehungen, da sie in ihren Riten eine hohe Klassendurchlässigkeit, um nicht zu sagen symbolische Umkehrungen der herrschenden Gesellschaftsbeziehungen, vorsah. Beide Aufstände – der eine zielte direkt auf das Herz des Hauptklassengefüges, der andere dagegen auf die Symbole und das Gedankengut dieses Gefüges – legten die Unhaltbarkeit der gesellschaftlichen Situation in Etrurien offen: Nach den harten Repressionen konnte die Antwort nicht ausbleiben.

Wir sehen uns nun mitten im 2. Jahrhundert v. Chr., vor allem in den weiten Gebieten von Clusium und Perusia, der Durchsetzung eines neuen Typs der Landverteilung gegenüber, der sich auf zahlreiche Siedlungskerne weniger Familien und auf den kleinen und mittleren bäuerlichen Besitz stützt, was durch im Land verstreute bescheidene Nekropolen erkenntlich wird. Die Namenkunde dieser Familien offenbart, daß wir befreite ehemalige *servi* vor uns haben, die als Geschlechtsnamen antike Pränomina oder Individualnamen angenommen haben, welche Personen aus dem Sklavenstand als solche bezeichnen. Wir wissen nicht, wie weitreichend diese Reform war, weder in quantitativer noch in qualitativer Hinsicht: Mit anderen Worten, wir wissen nicht, ob der Prozeß der Freilassung alle *servi* einer Stadt umfaßte und ob er ihnen volle Bürgerrechte gebracht hat. In jedem Fall war die antike Ordnung durchbrochen und diesmal für immer, auch wenn es den alten *principes* gelungen ist, ihre traditionelle Vorrangstellung im wesentlichen zu bewahren. So erklären sich das neue »Wiederaufblühen« des öffentlichen Bauwesens und der mittleren Handwerksproduktion, das Mittel- und Nordetrurien in den Jahren um die Mitte des 2. Jahrhunderts v. Chr. kennzeichnet, und parallel dazu das immer häufigere Auftreten von klassischen Formen der Sklaverei, auf die Inschriften mit Namen von Sklaven und möglichen Freigelassenen hindeuten.

An der Schwelle zur Einverleibung des Landes in den Römischen Staat unter Gewährung des Bürgerrechts an die Italiker im Jahre 89 v. Chr. zeigt sich nun Etrurien als eine im wesentlichen mit dem Rest der Halbinsel homogene Region; der trotz der in Tarquinii und Falerii gegründeten Gracchen-Kolonien weitgehend entvölkerte Süden bewahrte die Reste der antiken Aristokratien aus dem 4. Jahrhundert v. Chr. und wies weite Landstriche mit Sklaven, die für die Primärproduktion zuständig waren, auf – Sklaven, wie sie Tiberius Gracchus bei seiner berühmten Reise durch Etrurien angetroffen hatte.

Mario Torelli
(Aus dem Italienischen von Christel Galliani)

Norchia, Felsnekropole (4.–3. Jahrhundert v. Chr.).

Recht und Verwaltung des Staates

Der Raum und die politisch-territoriale Ordnung

Die historische Rekonstruktion der sozialen Veränderungen gründet sich, wie wir gesehen haben, auch auf den Vergleich mit den Verhältnissen in Rom: Die besondere Beziehung zwischen Etrurien und Rom ergab sich ja vor allem aus einer Ähnlichkeit der strukturellen Situation, wie sie in dieser Form bei den übrigen itali-

Grenzmal (Cippus) aus Fiesole (hellenistische Zeit). Fiesole, Museo.

schen Völkern nicht vorhanden war. Das hier gewählte Interpretationsmodell, das von der Entstehung und Entwicklung einer urbanen Gesellschaft ausgeht, ist in bezug auf das antike Italien nicht durchweg anwendbar, weil der Übergang zu Aggregationen von urbanem Zuschnitt nicht überall zur gleichen Zeit und in der gleichen Weise erfolgte.

So nimmt beispielsweise der tyrrhenische Bereich (Etrurien, Latium und Kampanien) das Modell der *polis,* wie es durch die griechische Kolonisation vorgegeben ist, schon frühzeitig auf; dagegen erscheint das gleiche Phänomen in angrenzenden Gegenden erst später, so zum Beispiel in Umbrien, wo Zentren wie Gubbio und Todi als städtische Gebilde vor allem im 4. Jahrhundert v. Chr. auftauchen; im adriatischen Raum schließlich entstehen Städte erst zur Zeit der römischen Eroberung. Angesichts dieser Situation müssen wir den Gedanken aufgeben, daß die Völker des vorrömischen Italien einschließlich der Etrusker etwa irgendwelche gemeinsamen Institutionen gekannt hätten: das aggregative System, das die urbanen *nuclei* in Etrurien, in Latium und in Kampanien kennzeichnet, orientiert sich an der Stadt mit ihren Institutionen, während das föderative System der oskisch sprechenden italischen Bevölkerungsgruppen (also der Samniten, der Lukaner, der Bruttier), die in verstreuten Gemeinschaften lebten, seinen Bezugspunkt im Heiligtum hat. Das Heiligtum ist – auch noch kurz vor der römischen Eroberung – Ort von euergistischen Handlungen und Äußerungen der eingesessenen Adelsgesellschaft.

Wie wir schon gesehen haben, erfolgt die Stadtwerdung in Etrurien auf zweierlei Weise: in einer weiter zurückliegenden eigentlichen Entstehungszeit durch das allmähliche Zusammenwachsen benachbarter dörflicher Ansiedlungen, in bereits geschichtlicher Zeit, nämlich im 6. Jahrhundert v. Chr., durch eine eindeutige politische Entscheidung, durch die dem neuen Gebilde spezifische Funktionen zugewiesen werden (Hafen-Emporium wie Pyrgi oder Spina; »Karawanen«-Stadt wie Marzabotto usw.). In diesen zuletzt genannten Beispielen ist nun jene kulturelle Leistung ganz unübersehbar ausgeprägt, welche die römischen Schriftsteller den Etruskern im Zusammenhang mit der Einteilung und Begrenzung des äußeren Raumes bestätigen. In der Weissagung der Nymphe Vegoia, von der schon die Rede war, spiegelt sich die Harmonie des Kosmos, die ihren Gegensatz im Urchaos hat, auf der Erde in der Einteilung des Bodens und des Besitzes: konkrete Zeichen dieser Ordnung sind die *Cippi,* Grenzmale, die die heiligen und unverletzlichen Grenzen bezeichnen. In Pyrgi wie in Spina bezeugen diese Grenzmale, die aus beschriebenen Stelen oder aus großen Flußkieseln mit der Aufschrift *mi tular* (»Ich (bin) die Grenze«) bestehen, daß die Anfänge dieses Brauches in archaischer Zeit liegen.

Ein Teil der etruskischen Literatur befaßte sich, wenn man Festus (S. 385 L) folgt, in der Tat mit den Anweisungen zur Stadt-, Altar- und Tempelgründung. Der etruskische Ritus der Stadtgründung bestand nach dem Bericht des Varro (*ling.* 5, 143) darin, daß die Grenzen des städtischen Raumes mit dem Pflug gezogen wurden. Der dieser Linie folgende Graben und die Stadtmauer bezeichneten dann den städtischen Raum, der übrigens auch durch die *Cippi* entlang dem *pomerium* gekennzeichnet war. Auch Rom war der Legende zufolge nach diesem Ritus gegründet worden: Innerhalb des Konzepts der staatlichen Gemeinschaft der Bürger, also der *civitas,* isolierte sich allmählich der Begriff der *urbs,* des realen Gebildes, das, nach ganz bestimmen Regeln errichtet, Wohnort der Bürger, der *cives,* war. Dieses Modell steht, auch was die semantische Ebene betrifft, im Gegensatz zu dem, was wir über die anderen indoeuropäischen Stämme auf italischem Boden wissen. Dort hält sich die institutionelle Terminologie seit dem 5. Jahrhundert v. Chr. durchweg an das Wortpaar von »arx« (oder *rocca*) und »comunitas«

(im sabinischen Dialekt ausgedrückt durch die Begriffe *okrei/touta,* im sikulischen durch die Begriffe *akara/touto,* im umbrischen durch die Begriffe *ocar/touta*). In diesem Wortpaar ist keine Bezeichnung enthalten, die der *urbs* entspräche, einem Ausdruck, der im Lateinischen zur Kennzeichnung einer anderen Art der äußeren Ausprägung soziopolitischer Realität entstanden ist: die *arx* von Rom, das Kapitol, ist nämlich nicht der geheiligte Mittelpunkt einer Gesellschaft, die verstreut in dörflichen Ansiedlungen lebt, wie dies für die Bevölkerungsgruppen im umbrosabellischen Sprachraum zutrifft, sondern eher die Hochburg der *urbs,* des von den Bürgern bewohnten Raumes.

Für Etrurien nennt das einzige »Buch«, das auf uns gekommen ist – ein Text, der auf eine leinene Rolle geschrieben wurde und heute in Zagreb aufbewahrt wird –, unter seinen rituellen Vorschriften eine Reihe von Zeremonien, die zugunsten bestimmter Institutionen zu vollziehen waren, die sich in den Worten *cilϑ,* **spura* und *meϑlum* fassen lassen. Nach einem vergleichenden Blick auf die Bronzetafeln von Gubbio, die vermutlich ähnliche rituelle Vorschriften enthalten (dort ist die Rede von Gebeten und Opfern *ocriper fisiu totaper iiouina,* »für den Felsen Fisia, für die iguvinische Gemeinschaft«), müssen wir in den drei zitierten Begriffen wohl institutionelle Realitäten erkennen, die den iguvinischen zum Teil entsprechen und die in einem Zusammenhang miteinander stehen. **spura* könnte für den Begriff der *comunitas* stehen, denn die Abkürzung *sp* erscheint sowohl auf Bronzegewichten als auch als offizieller Stempel auf Ziegeln, so wie es griechische Stempel mit der Bezeichnung *demosíon,* »öffentlich«, gibt. Bedeutsam erscheinen in diesem Zusammenhang auch die Texte, mit denen auf die Grenzen der Gemeinde Faesulae hingewiesen wird und die sowohl in die *Cippi* eingeritzt sind, die man im Stadtinnern gefunden hat, als auch auf eine Felswand in der Nähe von Sant' Andrea di Morgiano (12 Kilometer von Florenz). Sie beginnen mit den Worten *tular spural,* also »fines civitatis«, »Grenzen der Gemeinde«.

Landschaft bei Orvieto: der Ripesena-Felsen.

Der Reno bei Marzabotto.

Marzabotto: Wohnviertel mit den entlang den Straßenachsen aufgereihten Häusern.

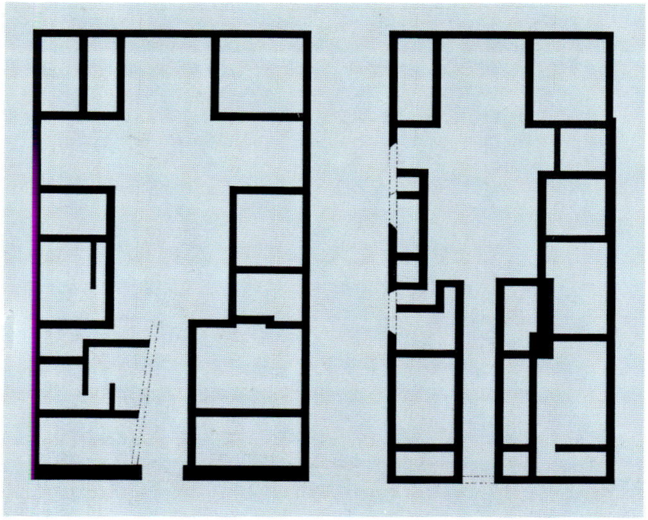

Typologie der Häuser von Marzabotto.

Auch das Wort *meϑlum* erscheint auf einem solchen Grenzmal (in der Verbindung *ϑval meϑlumes*), das am Stadtrand von Bolsena gefunden wurde. Bolsena wurde 264 v. Chr. gegründet, um die Flüchtlinge aus dem zerstörten Volsinii aufzunehmen. Das Zeichen markierte wahrscheinlich die Stelle des *pomerium,* es stand für die *fines urbici,* für die Grenzen des städtischen Raumes, innerhalb deren der Augur seine Handlung vollzog. *meϑlum* bezeichnet auch das Ziel der Tätigkeit eines angesehenen Bürgers von Tarquinii, in dessen Grabinschrift es heißt, daß er *meϑlum nurφzi,* »neunmal *meϑlum*«, *canϑce* (TLE 99).

cilϑ kann an diesem Punkt per exclusionem als »arx« gedeutet werden: das Wort erscheint im Text von Zagreb in attributiver Funktion zusammen mit *sacni-,* »heilig, geheiligt«, und deutet wohl auf den sakralen Charakter der *arx* hin.

Der institutionelle Wortschatz der Etrusker enthält noch ein weiteres Wort, *rasna,* an dessen Bedeutung sich vor noch nicht allzu langer Zeit eine lebhafte Debatte entzündet hat. Nach einem bekannten Passus bei Dionysius von Halikarnassos (1, 30, 9) war Rasenna der Name eines etruskischen Führers, von dem die Etrusker ihren Namen abgeleitet haben sollen. Die griechische, die umbrische und die römische Tradition haben ähnliche Namen für die Etrusker, nämlich *Tyrsenoí, Turskum (numen)* und *Tusci,* die, wenn man einmal von den von der jeweiligen Sprache verwendeten Suffixen absieht, alle die Wurzel *turs-* aufweisen, die vermutlich auch die Wurzel des – uns leider nicht bekannten – Namens bildete, mit dem die Etrusker sich selbst bezeichneten. Das Wort *rasna* erscheint nicht nur im Zusammenhang mit den Aufgaben des Magistrats, sondern findet sich, in der Verbindung *tular raśnal,* auch auf einem bei Cortona gefundenen Grenzstein. Der Stein war möglicherweise in ein Gebäude eingefügt und sollte die Stadtgrenzen anzeigen, und zwar eher auf das *pomerium* denn auf die *comunitas* bezogen. Angesichts dieses archäologischen Befundes erscheint die verbreitete Deutung von *tular raśnal* als »Grenzen Etruriens« zumindest anfechtbar, die in allzu mondernistischer Weise eine territoriale Grenze zwischen Etruskern und Umbrern in einem innerhalb des Jurisdiktionsbereiches von Cortona liegenden Gebiet zieht.

Die archäologisch-epigraphische Dokumentation betont also eher die Autonomie des Stadtstaates als die ethnische Einheit der Etrusker, eine Einheit, die, wie wir gesehen haben, sich im politischen Bereich kaum jemals als solche manifestiert. Die föderative Ordnung der italischen Stämme, die für die Bevölkerungsgruppen galt, die kein sehr großes Territorium bewohnten (denken wir etwa an Altlatium vor der römischen Herrschaft), ist schwerlich anwendbar auf Etrurien, das so ausgedehnt und zugleich so unterschiedlich strukturiert war. Mehr noch als die andere Kultur wirkte die andere Sprache im antiken Italien nach innen als ein politisch verbindendes Element: die Bronzetafeln von

Gubbio bringen den Unterschied sehr deutlich zum Ausdruck, der zwischen der lokalen Gemeinschaft, der *touta iouiina,* und dem besteht, was außerhalb von ihr existiert, und das sind nicht nur die Bewohner der angrenzenden umbrischen Gemeinde Tadino *(tota tarsinate),* sondern auch alle diejenigen, die zu anderen *éthne* gehören und mit dem allgemeinen Etikett des *numen* (lat. *nomen) turscom (etruscum), naharcom (naharcum)* und *iabuscom (iapodicum)* bezeichnet werden.

Das heißt also, daß jenseits der *comunitas,* der Gemeinschaft der Bürger und des von ihr abhängigen Territoriums, noch ein weiteres verbindendes Element ethnischer Art existiert, das für Etrurien in jenem Organ verkörpert ist, in dem das *nomen etruscum* erkennbar wurde: dieses Organ wird von Titus Livius fünfmal (in Episoden, die in die Zeit zwischen 434 und 389 v. Chr. gehören) als *concilium Etruriae* erwähnt. An seinem Versammlungsort in Volsinii beim Heiligtum der Voltumna muß das *concilium,* das unter der Leitung eines *sacerdos* zusammenkam, der die Aufsicht über die feierlichen Spiele hatte, Sitz einer »Liga« gewesen sein, in der auch politische Fragen besprochen wurden.

Orvieto, Nekropole des Crocifisso del Tufo: Ansichten der Nekropole und Detail mit dem in den Architrav eingeritzten Namen des Titulars eines Grabes.

Aber es ist möglich, daß das *concilium* auch schon erheblich früher bestand: Von Volsinii nimmt in der zweiten Hälfte des 6. Jahrhunderts v. Chr. jene Expansion ihren Ausgang, die zur Urbanisierung des etruskischen Padanien und dazu führt, daß Vertreter der Stadt an der Küste des Adriatischen Meeres, von Adria bis Ravenna, anzutreffen sind; aus Inneretrurien kommt es zur gleichen Zeit zu einer Bewegung vermutlich von Vejentern, die sich im kampanischen Hinterland von Capua bis Suessula niederlassen; von Clusium schließlich nimmt unter der Führung des Porsenna jenes Heer seinen Weg, das Rom erobern wird, wenn auch nur vorübergehend. Die zentrale Lage des Sitzes des brachte in diesem Kollektivbegriff das Konzept des Staates zum Ausdruck, wie es auf einem berühmten Relief aus Caere aus der julisch-claudischen Ära ganz ausführlich dargestellt ist: Unter den Sinnbildern der drei Städte sind die Unterschriften *Tarquinienses, Volcentani* und *Vetulonienses* angebracht.

Die Formen der Herrschaft in archaischer Zeit

In einer Gesellschaft wie der etruskischen, die eine so deutliche Unterteilung in *principes* und *servi* aufweist,

Goldene Fibel eines Mannes aus Palestrina (um 675 v. Chr.). Rom, Museo di Villa Giulia.

Oben: Bronzethron aus der Tomba Regolini-Galassi in Cerveteri (650 v. Chr.). Vatikan, Museo Etrusco Gregoriano.

concilium sorgt also, mit anderen Worten, dafür, daß eine Reihe von Bewegungen, die eher den Binnenbereich der Halbinsel Italien betreffen als das tyrrhenische Italien, einem »nationalen« politischen Willen zugeschrieben werden.

Die Stadtstaaten mit den von ihnen abhängigen Territorien waren aber mit Sicherheit autonome politische Einheiten und häufig in feindliche Auseinandersetzungen miteinander verstrickt, wie wir der etruskischen Geschichtsschreibung, vermittelt durch die *elogia,* entnehmen können. Diese Souveränität der Stadtstaaten wird uns verständlich, wenn die römischen Autoren, angefangen bei Titus Livius (1, 8, 3), die etruskischen Städte als *populi* bezeichnen – zwölf an der Zahl –, die in der *Liga* vereinigt sind: *populus* war die Übersetzung des etruskischen **spura* (Gemeinschaft) und leuchtet es ein, daß die Machtausübung im gesamten Verlauf ihrer Geschichte in den Händen der dominierenden Klasse liegt. Diese Klasse taucht, wie wir gesehen haben, zwischen der zweiten Hälfte des 8. und der ersten Hälfte des 7. Jahrhunderts v. Chr. auf. Der aufgehäufte Reichtum, die Zurschaustellung von Symbolen, die etwas mit dem Rang zu tun haben (der Wagen, die Paradewaffen, der Thron), eine Vorstellungswelt, in der das zeremonielle Element im Vordergrund steht, auch soweit es den Tod betrifft (Bankett, Symposion) – all das kennzeichnet die Gesellschaft der *principes,* die das Land besitzt und sich der Arbeitskraft von Klienten oder Sklaven bedient.

Wir besitzen keine unmittelbaren Zeugnisse über die etruskischen Institutionen aus so früher Zeit, aber wir können die institutionelle Geschichte Roms, über die wir besser unterrichtet sind, zum Vergleich heranziehen. In der Zeit der Könige scheint der *rex* (ein Amt, für das wir ein epigraphisches Dokument in dem heiligen Gesetz haben, das auf einem aus der Mitte des 6. Jahrhunderts v. Chr. stammenden *Cippus* eingeritzt ist, der auf dem Forum gefunden wurde, und das auch durch den wenig jüngeren Buccherobecher aus der Regia dokumentiert ist) gar keine unumschränkte Macht besessen zu haben, sondern in seiner Machtausübung durch die Kompetenzen des Senats – der Versammlung der alten Familienoberhäupter – und der Kuriatkomizien beschränkt gewesen zu sein. Bei den letzteren handelte es sich um eine »Volksversammlung«, der Personen angehörten, die durch öffentliche Interessen verbunden waren, die zumindest anfangs aus der Wohn-Gemeinschaft entstanden waren.

Vorderansicht eines Streitwagens aus Castel S. Mariano, Perugia (um 530 v. Chr.). Perugia, Museo Archeologico.

Ein Adliger auf der sella curulis, aus der Tomba dei Giocolieri in Tarquinia. (530–520 v. Chr.).

Der symbolische Apparat, der die etruskischen »Dynastien« kennzeichnet und Ausdruck einer Gentilizgesellschaft ist, zeigt sich zum Beispiel in den Schmuckplatten der »Residenz« von Murlo. Unter den sitzenden Personen fällt in erster Linie ein Ehepaar auf; der Mann sitzt auf der *sella curulis* und hält einen *lituus* in der Hand; ein hinter ihm stehender Diener trägt seine Waffen, eine Lanze und ein Schwert; hier sind die religiöse und die politisch-militärische Macht also in einer Person vereinigt. Dionysius von Halikarnassos geht bei der Aufzählung der Insignien der etruskischen Könige, die während der Herrschaft der Tarquinier dann nach Rom gelangten, sehr viel gründlicher vor (3, 61): »... die goldene Krone, der Elfenbeinthron, das Szepter mit dem Adler an der Spitze, der golddurchwirkte Purpurchiton und der ebenfalls purpurne und mit Stickereien verzierte Mantel, ähnlich dem, den die Könige Lydiens und Persiens trugen, allerdings nicht quadratisch, sondern rund« (geschnitten). Zu dieser Kleidung, die an den prunkvollen Lebensstil der Etrusker in spätarchaischer Zeit denken läßt, die aber auch in gewissen ikonographischen Elementen der zweiten Hälfte des 6. Jahrhunderts v. Chr. reflektiert ist, kam der Brauch, »dem König einen Liktor vorangehen zu lassen, der ein Beil trägt, das in einem Rutenbündel steckt«. Auch die zweischneidige Axt, die als militärisches und politisches Symbol in der archaischen Ikonographie – in Vetulonia wie in Murlo

Unterer Teil eines Omphalos mit Darstellung des Aufbruchs in den Krieg (Murlo, um 575–550 v. Chr.). Siena, Palazzo Comunale.

und in Clusium – auftaucht, die mit Intarsien versehenen Beile, die im Territorium von Clusium gefunden wurden, die Ruten, die als Attribut einer zweiten Person fungieren, die auf einem in Clusium gefundenen *Cippus* dargestellt ist – sie alle stellen aussagekräftiges Material dar.

In diesem Zusammenhang ist festzustellen, daß diese ganze Serie von archäologischen Zeugnissen im wesentlichen aus nordetruskischen Zentren stammt, aus Orten, in denen die Gentilizordnung, die schließlich die Figur des Königs hervorbrachte, mit Sicherheit länger bestand als im Süden. Hier machten sich in der ersten Hälfte des 6. Jahrhunderts v. Chr. die ersten Anzeichen eines Bruches mit dieser Ordnung bemerkbar. Die römische Geschichtsschreibung registriert in dieser Periode die Thronbesteigung des Servius Tullius, eines Mannes, der nichts mit der dynastischen Linie zu tun hat, die bisher die römischen Könige gestellt hat. Nicht unbekannt ist er auch in der etruskischen Überlieferung – hier allerdings unter einem anderen Namen, nämlich als *Macstrna,* in dem noch das lateinische Wort *magister* steckt (das in diesem speziellen Fall mit »Kommandant« zu übersetzen ist).

Wahrscheinlich kam es in der zweiten Hälfte des 6. Jahrhunderts v. Chr. auch in Südetrurien zu Veränderungen in der sozialen Ordnung und in den Machtverhältnissen. In dem Namen *Macstrna* klingt der Titel des *magister* (*populi* oder *equitum*) an, der im Rom der republikanischen Zeit den zukünftigen Diktatoren beigelegt wurde: als Waffengefährte der Brüder Vibenna gehörte er nach der etruskischen Überlieferung jenen organisierten Truppen an, die unter einem Anführer wohl mit Gewalt in Machtbereiche einbrachen, die bis dahin Vorrecht der Aristokraten gewesen waren. Unterstützt von den mittleren sozialen Klassen, erreichten sie eine offizielle Billigung ihrer Autorität dadurch, daß eine Gottheit sie beschützte, mit der sie eine besondere Beziehung eingegangen waren.

Eine solche Figur, Thefarie Velianas, taucht um das Jahr 500 v. Chr. auf, für uns faßbar in den Dokumenten, die im Heiligtum von Pyrgi, dem größten Haften von Caere, gefunden wurden. Aus den in etruskischer und phönizischer Sprache auf Goldbleche geritzten Texten, die der Weihe des Tempels und des Standbildes der Göttin Uni (im phönizischen Text Astarte) gelten, geht hervor, daß er *mlk 'l kjšrj,* »Herrscher über Cisra«, ist und daß der Tempel »im dritten Jahr seiner Herrschaft« errichtet wurde; er hat also nicht etwa ein Jahresamt inne (im etruskischen Text wird dieser Umstand in zwei Aussagen gekleidet: *nac ci avil χurvar tesiameitale ilacve alsase* und *nac atranes zilacal seleitala acnasvers,* »als (er) drei volle Jahre lang (?) im ...?« und »als ... (seiner) Herrschaft, jener ...?«), und er genießt eine ganz außergewöhnliche Autorität, weil die Gottheit ihn beschützt (im phönizischen Text heißt es »Ich habe den Tempel errichtet, weil Astarte es von mir verlangt hat«). *Thefarie Velianas* entpuppt sich also als eine Figur, welche die Merkmale des Tyrannen in sich trägt.

Im Text von Pyrgi findet sich auch ein Begriff, der später zu einer sehr wichtigen Vokabel im Zusammenhang mit der Magistratur werden sollte: der Begriff des *zilac* (*zilac-al* ist der Genitiv), der dem phönizischen *mlk,* »König«, entspricht: mit diesem ersten Beispiel, das bisher auch das älteste ist (Inschriften, in denen es um das Thema der Magistratur geht, kommen vor allem im 4. und im 3. Jahrhundert vor), erhebt sich das Problem der Deutung der Titel im Zusammenhang mit ihrem institutionellen Inhalt. Während wir nämlich, soweit es um die bekannten indoeuropäischen oder semitischen Sprachen geht, den lexikalischen Inhalt eines Titels mit Hilfe der Etymologie irgendwie wiedergewinnen können, ist uns das für das Etruskische nicht möglich.

Es gibt allerdings eine römische Überlieferung, die wahrscheinlich aus der etruskischen Literatur über die Haruspizie stammt, der zufolge der *princeps civitatis* (also der »Anführer der Gemeinschaft«) als Träger der höchsten politischen Autorität eine Alternative zum *rex* darstellt (Serv., *Aen.* II, 669). Aber nach dem, was Titus Livius in Anlehnung an die historiographische Überlieferung schreibt, war die Königsherrschaft im Etrurien des 5. Jahrhunderts eine Ausnahme: Im Jahr 432

v. Chr., als in Veji wegen der Kämpfe, die jährlich um die staatlichen Ämter entbrannten, die Monarchie wiederhergestellt wurde, reagierten die übrigen *populi* Etruriens, die andere Regierungsformen eingeführt hatten, mit Empörung (Liv. 5, 1, 3). Und die gleiche zeitliche Nichtübereinstimmung, was diese Institution angeht, findet sich auch in der etruskischen Geschichtsschreibung, in den *elogia* von Tarquinii, die zur Zeit des Claudius in einer lateinischen Bearbeitung erschienen. Unter den Taten des Aulus Spurinna, der als *praetor Etruriae* (mit der Bedeutung dieses Titels werden wir uns weiter unten befassen) dreimal das höchste Staatsamt innehatte, befindet sich eine Handlung, die sich wegen der Lückenhaftigkeit des Textes nicht genau fassen läßt, die aber jedenfalls mit einem *Caeritum rex,* einem »König der Caeretaner« zu tun hat. Die Datierung dieses Geschehens in die Mitte des 4. Jahrhunderts v. Chr. steht im Widerspruch zu dem, was uns in bezug auf die Institutionen über das 5. Jahrhundert bekannt ist, über eine Zeit, die – wie in Rom – eher den Übergang von der Monarchie zur republikanischen Staatsform bezeichnet.

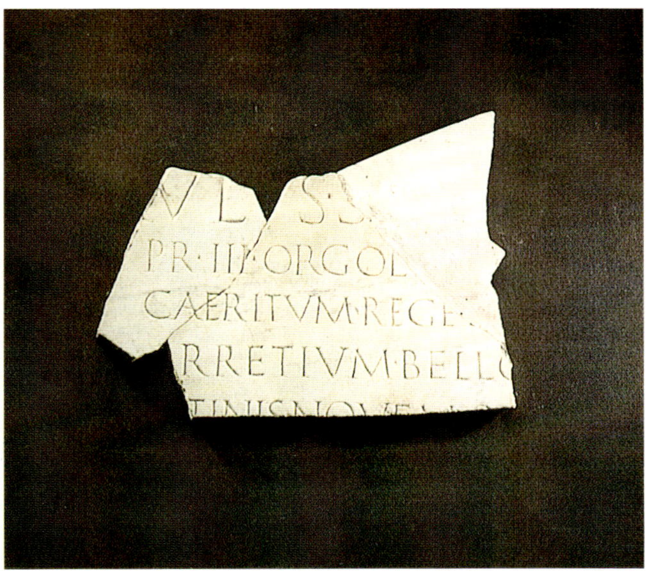

Als Institution ist der Stadtstaat, der in der römischen Geschichtsschreibung als *populus* bezeichnet wird und den wir in dem etruskischen Begriff **spura* ausmachen können, ein Organ, das schon im 5. Jahrhundert v. Chr. besteht, denn in Populonia werden in der zweiten Hälfte dieses Jahrhunderts bereits Münzen geprägt – ein Ausdruck der staatlichen Autorität, die auf der Münze selbst dadurch garantiert wird, daß der Wert und der Name der Stadt angegeben sind.

Was die magistrale Ebene angeht, so scheint die Macht in dieser Zeit in Form von Wahlämtern vergeben zu werden, vermutlich ausgehend von einem Ratsgremium. Der Titel der Magistrate entspricht im römischen institutionellen Sprachgebrauch dem des *praetor*: Zu Beginn der Republik in Rom hatte der *praetor,* zusammen mit einem Kollegen, die zivilen und militärischen Kompetenzen und leitete seinen Namen aus dem Umstand ab, daß er dem Heer voranschritt *(prae-ire).* Nach den *Elogia Tarquiniensia* ist es nicht unwahrscheinlich, daß der etruskische *praetor* die gleichen Befugnisse in seiner Person vereinigte, da seine Unternehmungen immer einen politisch-militärischen Charakter trugen, und sein Aktionskreis sich mithin nicht auf Etrurien beschränkte, sondern auch überseeische Gebiete umfaßte. Was seine Position gegenüber dem Heer anging, so war der *praetor* nicht nur Wahlbeamter des Stadtstaates, sondern auch der »Liga«, wie aus einer alten Überlieferung hervorgeht, die bei Livius (1, 8, 3) und korrekter bei Dionysius von Halikarnassos (3, 61, 2) angeführt ist.

Goldener Ring mit Frauen am Brunnen (um 500 v. Chr.). Rom, Museo di Villa Giulia.

Elogium des Aulus Spurinna, der für eine gegen den König von Caere gerichtete Tat verantwortlich ist. Aus Tarquinia (frühe Kaiserzeit). Tarquinia, Museo Archeologico.

Goldblech aus Pyrgi mit Weihinschrift des Thefarie Velianas (500 v. Chr.). Rom, Museo di Villa Giulia.

Die Verwaltung des Staates in der Periode der »Republiken«

Während wir von der Organisation des Staates in archaischer Zeit nur eine lückenhafte und undeutliche Vorstellung haben, wird dieses Bild für das 4. und das 3. Jahrhundert v. Chr. klarer, denn für diese Zeit stehen uns erheblich mehr ikonographische und epigraphische Dokumente zur Verfügung. Protagonisten dieser veränderten Ausgangslage sind die Angehörigen der grundbesitzenden Oberschicht in den großen Metropolen Südetruriens, die als Auftraggeber monumentaler Grabanlagen auftreten. Diese Denkmäler zeigen feierliche Aufzüge, bei denen Magistrate auf Wagen zu sehen sind, die ihre Amtsinsignien in den Händen halten. Vor dem Wagen schreiten Musikanten, während Liktoren und Subalternbeamte (Schreiber, Assistenten usw.) den Magistraten assistieren. Daneben zeigen die Grabanlagen Aufschriften, in denen nicht nur die – väterliche oder mütterliche – Abkunft, sondern auch die Ämter genannt werden, die der Verstorbene in der öffentlichen Verwaltung bekleidet hatte. Der Brauch, den *cursus honorum* anzugeben, der seit dem Ende des 4. Jahrhunderts auch in Rom geübt wurde (z. B. auf den Sarkophagen der großen Familien der Cornelier und der Scipionier), kennzeichnet nicht nur die *gentes* der Metropolen, sondern auch diejenigen, die in den ländlichen Gegenden im Innern des Territoriums leben, in Norchia, Tuscania, Musarna, wo sich wahrscheinlich die gleiche Struktur wie in den großen Zentren herausbildet.

Sovana, Tomba della Sirena: Beispiel eines Grabes vom Ädikulatyp (3. Jahrhundert v. Chr.).

Cerveteri, Banditaccia-Nekropole: via degli Inferi.

Gegenüberliegende Seite: Bronzeblech aus dem Stadtgebiet von Tarquinia. Die Datierung ergibt sich aus den Namen der beiden zilc (4.–3. Jahrhundert v. Chr.).

Tarquinia, Tomba dell'Orco I: Die Inschrift nennt den Titular des Grabes, der das Amt des zilaϑ meχl rasnal bekleidete.

Tarquinia, Tomba degli Scudi: »Servetto« mit Diptychon mit dem Datum der Anlage des Grabes (sie erfolgte, während Vel Hulχnie zilc war).

Die Merkmale dieser Oberschicht sind dem Leser bereits bekannt: Als Landbesitzer, die wenig Neigung zu überseeischen Unternehmungen verspüren – es sei denn zu der nicht eben bedeutenden Intervention zugunsten von Syrakus in den Jahren 413–412 v. Chr. –, setzen sie Sklaven zur Bewirtschaftung ihrer Güter ein und vererben sich ihre Besitzungen gegenseitig, indem sie nur innerhalb der eigenen Schicht heiraten, wie aus den Grabschriften deutlich hervorgeht. Der Stadtstaat allerdings erscheint als ein Organismus, der dank ihrer Führung funktioniert: es kommt jetzt zu einer Spezialisierung der Funktionen, und damit vervielfacht sich die Zahl der Magistrate. Das heißt natürlich nicht, daß die Verwaltung der »Republiken« etwa überall gleich und auf die gleiche Zahl von Magistratsbeamten verteilt wäre, aber das epigraphische Material enthält jetzt doch eine Reihe von wiederkehrenden Titeln.

Ein Amt, das wir in Caere, Tarquinii, Volci und Volsinii, aber auch in den kleineren Zentren, etwa in Tuscania, Norchia, Musarna und Bomarzo und – in Nordetrurien – in Vetulonia, in Clusium und in Bologna antreffen, ist das Amt des *zilaϑ* (in Clusium *zilat* geschrieben) oder des *zilaχ/zilχ* (auch *zilc* geschrieben), eine Bezeichnung, die in der Verbindung mit einem Suffix Aktion ausdrückt *(zil-aϑ)*: sie bildet die Grundlage für verbale Formen wie die Vergangenheit *zilaχ-ce,* »er war zilaχ«, und das Verbalsubstantiv zilaχnu, aus dem dann wiederum das Partizip *zilaχnϑas,* »*zilaχ* gewesen seiend«, und die Vergangenheitsform *zilaχnuce,* »er hatte das Amt des *zilaχ* inne« gebildet werden.

In Tarquinii erscheint dieses Amt als Jahresamt, denn das jeweilige Jahr ist nach ihm benannt, und zugleich als Kollegialamt: Auf den Bruchstücken einer Bronzetafel aus dem Stadtgebiet heißt es: *zilci ceisiniesi v.* [. . . .]*/esic. v. v.,* »unter der Prätur des V(el) Ceisini (abgekürztes Patronymikum) und des (verlorengegangener Geschlechtsname einer zweiten Person) Vel di Vel« – eine Datierungsformel, die wir – ohne den Magistratstitel – auch in der Gründungsinschrift der Tomba dell'Orco I finden, wo es zwei Magistrate sind (TLE 84), und ebenso in der Tomba degli Scudi, wo es nur ein Magistrat ist (TLE 90, 91). Diese Magistratur kann mehrmals ausgeübt werden (und zwar von zwei Personen, wie in CIE 5816, aber auch von bis zu elf Personen, wie in CIE 5696), übrigens auch im jugendlichen Alter (in TLE 325 ist der Bestattete, der mit 25 Jahren starb, dreimal *zilaχ* gewesen).

Der Titel des *zilaχ* erscheint sowohl allein als auch zusammen mit weiteren Appellativa, durch die die Kompetenzen des *zilaχ* näher beschrieben werden. Die adjektivische Funktion wird entweder so ausgedrückt, daß ein Nomen gebeugt (mit einem Suffix des Genitivs

oder einem Enklitikon versehen) oder aber daß dem Nomen das Suffix des Kollektivs angehängt wird.

Ein durch Anhängen des Suffix des Genitivs gebeugtes Appellativum haben wir in der Form *zilaϑ parχis* (zu analysieren als *parχi-s,* »des *parχi-*«; vgl. *seχi-s,* »der Tochter«), wie sie in Musarna und Norchia vorkommt (CIE 5816, 5874), und in der Form *zilaϑmeχl rasnal* (zu analysieren als *meχ-l rasna-l*) aus Tarquinii und Volsinii (TLE 87, 137, 233). Während uns der semantische Inhalt des ersten Titels unbekannt ist, spielt für die Klärung des zweiten die Deutung des *rasna* eine grundlegende Rolle. *Rasna* bezeichnet, wie wir schon gesehen haben, einen öffentlichen Raum, der eine Umgrenzung erfahren hat: wenn wir jener Stelle bei Dionysius von Halikarnassos trauen wollen, in der es um die Bedeutung geht, die die Etrusker dem Wort *Rasenna* gaben, nämlich »Etrurien, Etrusker« (1, 30, 9), dann ist es möglich, daß der Titel den semantischen Inhalt des Amtes des *praetor Etruriae* ausdrückt, das in der Kaiserzeit wieder eingerichtet wurde. Die Funktion des Titels müßte derjenigen des *strategòs egoúmenos* oder *autokrátor* entsprechen, den die griechischen Autoren (D. S. 50, 40, 1 und D. H. 3, 61, 2) dem Kommandanten des etruskischen Heeres beilegen, der von der Liga gewählt wird. Es ist eine Funktion, die nicht im Widerspruch zu dem ursprünglichen Inhalt des römischen Amtes des *praetor* steht, wie wir schon sagten. *zilaϑ meχl rasnal* könnte als »praetor nominis

Tusci« interpretiert werden, als außerordentlicher Kommandant des Heeres, der die militärischen Aktionen im Namen des *concilium Etruriae* durchführte.

Ein gebeugtes, nämlich mit nachgestellter Partikel versehenes Appellativum enthält der nur in Tarquinii anzutreffende Titel des *zilχ ceχaneri* (TLE 126): anderem syntaktischem Material zufolge müßte die so bezeichnete Person ihr Amt zugunsten eines nicht näher zu bestimmenden *ceχana* vollziehen, der übrigens auch von der Amtsausübung eines Priesters berührt wird (*cepen ceχaneri,* TLE 90). Nicht sehr hilfreich für die Klärung, welche Bedeutung dieses Amt hat, ist der hypothetische Inhalt, der in der Bildung *ceχa,* enthalten ist. die sich als »maro publicus« interpretieren lassen. Die umbrischen Träger dieses Titels, der aus dem Etruskischen entlehnt sein muß, waren Magistratsbeamte zweiter Ordnung mit quästorischen Aufgaben, und ein solches Amt hatten die *marones* wahrscheinlich auch in Etrurien bei den Bacchanalien inne (TLE 131, 137). In ähnlicher Weise müssen wir an das Amt des *zilc purtśva* herangehen, das nur für Volci bezeugt ist (TLE 325): Das Kollegium ist in diesem Fall dasjenige der *purt-,* deren Amt wir, wie das des *marunu,* auch ohne nähere Kennzeichnung genannt finden. Als *purϑ* taucht die Magistratur in Tarquinii (TLE 87, 883) und in Clusium (TLE 581) auf, und diese Bezeichnung bildet (wie *zilaχ*)

Sarkophag aus der Tomba dei Sarcofagi in Cerveteri mit der Darstellung eines Zuges von Magistraten (Ende 5./Anfang 4. Jahrhundert v. Chr.). Vatikan, Museo Etrusco Gregoriano.

Gegenüberliegende Seite: Norchia, Felsnekropole (4.–3. Jahrhundert v. Chr.).

Sovana, Via del Cavone.

Zahlreicher sind die Fälle, in denen auf *zilaχ* ein Nomen folgt, dem ein Suffix des Kollektivs angefügt ist. Seine führende Funktion steht in diesem Fall in einem Bezug zu anderen Magistratskollegien oder Korporationen. Der *zilaχ maru(nu)χva* (TLE 170, 175, 194 bezüglich Tarquinii und Musarna) scheint der Vorsitzende des Kollegiums der *marunu* zu sein (das Verbalsubstantiv wird aus dem Appellativum *maru* gebildet, s. TLE 134 und 190), also der Magistrate, die Funktionen im Namen der Gemeinschaft vollzogen, wie aus den Titeln *marunu spurana* (unveröff., Tarquinii) und *marniu spurana* (Volsinii, TLE 233) hervorgeht, den Ausgangspunkt von Verbalformen wie *purϑ-ce* (für **purϑce* in Caere, CIE 6195, »war *purϑ*«) oder wie *purϑne* in Clusium (TLE 465); die Bildung *purϑ* ist wahrscheinlich eine apokopierte Form des Nomens, das in den Titeln *eprϑne, eprϑni* enthalten ist (beides Verbalformen mit denominativem Suffix wie *φurϑne,* wobei allerdings das ›u‹ durch Synkope weggefallen ist), die sowohl in Tarquinii als auch in Clusium bekannt sind (TLE 896, 463), wo, wie wir gesehen haben, auch die Form *purϑ* bezeugt ist, als schließlich auch in Volsinii (TLE 233) und in den kleineren Gemeinden von Tuscania und Musarna (CIE 5683, 5819). Auch der *zilaϑ* *eterav* (auch als *eterau* geschrieben, wahrscheinlich für den Plural **eterava*) ist Oberhaupt eines Kollegiums oder vielmehr einer Korporation: nämlich der *etera/eteri*, ein Titel, der in den Inschriften nur Männern beigelegt wird und soviel bedeuten muß wie »jung«: der »Führer der Jungen« (bekannt auch als *zileteraias*) entspricht erstaunlicherweise jenem *princeps iuventutis*, der in Rom die Gemeinschaften der Jungen anführte, Vereinigungen, in denen die kulturelle und die politisch-militärische Erziehung der Angehörigen der Oberschicht gepflegt wurde und die es in ähnlicher Form auch bei den Bevölkerungsgruppen des oskisch-umbrischen Sprachraumes gab.

Sovana, Tomba Ildebranda (4.–3. Jahrhundert v. Chr.).

Der semantische Inhalt von *zilaχ*, das in den Umkreis von »Haupt«, »Vorsitzender«, »Anführer« gehört, weist einerseits auf die Funktion des mit unumschränkter Macht ausgestatteten Heerführers (das geht aus den Unternehmungen der Spurinna in ihrer Eigenschaft als *praetor* und aus dem Titel *zilaχ meχl rasnal* hervor, wenn er dem *praetor Etruriae* entspricht) und andererseits – im städtischen Umkreis – auf ein Kollegialamt hin. In der inneren Verwaltung der *civitas* schließen die Kompetenzen zum einen die Eponimie (Namengebung) ein (wie aus den Datierungsformeln erhellt), zum anderen bestimmte Aufgaben (deren Natur sich unserer Kenntnis entzieht, weil wir die Bedeu-

Norchia: Ansichten der Felsnekropole (4.–3. Jahrhundert v. Chr.).

tung einiger Appellativa nicht kennen) und schließlich den Vorsitz in verschiedenen Kollegien. In der vulcentinischen Inschrift (TLE 325) heißt es im Zusammenhang mit dem Titular, daß er *zilaχnu ciz / zilcti purtśvavcti lupu avils maχs zaϑrums,* das heißt »dreimal *zilaχ* gewesen (ist); er starb mit 25 Jahren, während er *zilc* der *purtsva* war«; in der Inschrift CIE 5816 aus Musaṛna ist der Titular *zilaϑ parχis* und *zilaϑ eterav;* aber dann heißt es ein weiteres Mal, daß *elsśi zilaχnu,* »er zweimal *zilaχ* gewesen (ist)«; und ebenfalls in Musarna, in der Inschrift CIE 5819, lesen wir: *avl [e al] eϑnas [a]rnϑal cla[n] ϑanχvilus-c rufvial zilaχ [nu(ce)] / spureϑi apasi svalas(i) marunuχva cepen tenu eprϑnev-c eslz te[nu]*, also »Avle Aleϑna, des Arnϑ Sohn und der Thanχvil Ruvfi (ist) zilaχ (gewesen); in der Stadt, zu Lebzeiten seines Vaters, ist er Priester der *marunu* und zweimal der *eprϑne* gewesen«. Der Titel *zilaχ* kann also, wenn er für sich allein steht, auf spezifische Kompetenzen verweisen, die nicht notwendigerweise aufgezählt werden müssen.

Im Umkreis dieser Kompetenzen muß die des *zilc purtśva* in Volci eine besondere Bedeutung gehabt haben, wenn wir in TLE 324 lesen, daß eine Person *zilχnu cezpz purtśvana ϑunz,* also »sieben Mal *zilaχ* gewesen (ist) wie auch einmal *(zilaχ)* des Kollegiums der *purtśva.*« Das Amt des *purϑ (eprϑne)* kann also mehr als einmal übernommen werden (wie wir dies auch in der Inschrift CIE 5819 lesen, von der oben schon die Rede war), und wenn man seinen Platz in der Liste der Titel betrachtet (zum Beispiel derjenigen von TLE 233 und von CIE 5819), dann ist es wohl ein höheres Amt als das des *maru(nu)*. Während der semantische Inhalt von *purϑ* uns verschlossen bleibt, kann derjenige von *maru*, wie schon gesagt, unter den quästorischen Kompetenzen zu finden sein. Das Amt des *marunu* wird nämlich autonom ausgeübt, wie wir im *cursus honorum* jenes Mannes aus Tarquinii lesen (TLE 137), der *zilaϑ* [*meχl*] *rasnas marunuχ* [*cepe*]*n*, »Führer der etruskischen Liga und *marunu*-Priester« gewesen ist und von dem es weiter einem Mann aus Tuscania verliehen ist (CIE 5270), andererseits durch die *curatela arcae*, eine Aufgabe, die einem Angehörigen des Ordens der 60 Haruspices obliegt, der in der Kaiserzeit in Tarquinii von neuem gegründet wird (CIL XI 3392).

Wenn die beamteten *marunu* unter der Kontrolle eines *zilaχ* standen, dann ist von dieser Kontrolle offenbar das Amt des *camϑi* ausgenommen, das für Tarquinii im Zusammenhang mit der *iuventus* zweimal bestätigt wird (TLE 145; 897: *camϑi eterav*) und dessen Befugnisse im Umkreis des *meϑlum* angesiedelt waren, nicht in dem der **spura* (siehe TLE 99, ebenfalls Tarquinii, wo der Titular *meϑlum nurφzi canϑce:* das Final-

Tarquinia, Tomba 5636: gemalte Inschrift, die eine Person betrifft, die als maru spurana (»öffentlicher Schatzwalter«?) bezeichnet ist (2. Jahrhundert v. Chr.).

heißt, daß *zilc ϑufi tenϑas marunuχ paχanati*, also daß er »einmal Führer und *marunu* am Ort des Bacchus« gewesen ist. Soweit es um den *marunu spurana* geht, den »öffentlichen« *maru* (Tarquinii, unveröff.; Volsinii, TLE 234), so wird dieses Amt oft mit dem Begriff »öffentlich« in Verbindung gebracht; in noch weiter vereinfachter Schreibweise taucht es auch als *maru* oder *marunuχ* auf (TLE 134, Tarquinii; 234, Volsinii). Wie wir schon gesehen haben, ist mit diesem Amt häufig auch das Appellativum *cepen* verbunden, ein Wort, das auch in den rituellen Vorschriften des Textes von Zagreb auftaucht und hier eine Person bezeichnet, die im Namen der Stadt handelt (*cilϑl cepen* entspricht vermutlich dem »Priester vom Felsen«): in den Bildungen *marunuχ spurana cepen* (Norchia, CIE 5874), *marunuχ cepen* (TLE 137, Tarquinii) oder *marunuχva cepen* (TLE 133, Tarquinii; CIE 5819, Musarna) sind die quästorischen Kompetenzen mit denen des Priesters vereinigt, und es ist möglich, daß einer der Priester mit der *cura arcae* beauftragt war, mit der Verwaltung des Schatzes. Das wird uns einerseits durch den Titel des *maru paχaϑuras*, »Quästor der Bacchanten« (?) bestätigt, der verb entsteht aus dem Wort *camϑi*, dem das Suffix der Vergangenheit -ce angefügt wird; daneben kommt es zur Synkope und zur Verwandlung des *m* in *n* vor dem Hauchlaut).

Das Bild, das uns diese Titel vermitteln, ist – über die Tatsache hinaus, daß sich den abstrakten Namensetiketten offenbar spezifische Funktionen nicht zuordnen lassen – jedenfalls einigermaßen einheitlich.

Im Stadtstaat ist die politisch-militärische Funktion einem oder zwei Magistraten übertragen, die als *zilaχ* bezeichnet werden und namengebend sind, während die administrativen Aufgaben den Magistraten zweiter Ordnung anvertraut sind, die in Kollegien vereinigt sind, denen immer ein *zilaχ* vorgesetzt ist. Die Verteilung der Macht erinnert an das System, wie es auch in Rom vor der Zulassung der Plebejer zu öffentlichen Ämtern im Jahre 367 v. Ch. üblich war; was allerdings die Terminologie angeht, so kommt uns das bestgeeignete Modell aus dem griechischen Raum zu, wo die Kompetenzen unter einem Kollegium von Magistraten aufgeteilt waren, die durchweg als *Archonten* bezeichnet wurden, wie zum Beispiel in Athen oder in Reggio. Wir können die gleiche Situation aber auch auf italischem Boden finden, und zwar zwischen dem 4. und dem 2. Jahrhundert v. Chr. in Kampanien, in den Städten der Osker, wo der (lateinische) Titel des *meddix,* dessen semantischer Inhalt mit der Sphäre des »Richtens« zu tun hat, sowohl den rechtsprechenden Magistrat (*meddíss túvtks* in Capua) als auch den für die *iuventus* zuständigen Magistrat (in der Abkürzung m. v. in einer Inschrift in Cumae, vermutlich *meddix vereiae*) als schließlich auch den Magistrat mit den quästorischen Aufgaben bezeichnet (*meddis degetasiús* in Nola, als m. X. abgekürzt in Cumae.) In Etrurien muß die Wahl der Magistrate in einem Gemeinschaftsorgan vor sich gegangen

Altarrelief aus Cerveteri mit Personifikationen der etruskischen Städte (julisch-claudische Epoche). Vatikan, Museo Etrusco Gregoriano.

Perugia, Porta Marzia (2. Jahrhundert v. Chr.)

sein, einer Versammlung oder einem Senat etwa (für Tarquinii wissen wir das aus D. H. 5, 3, für Arezzo aus Liv. 27, 24, 2), von dessen Existenz aber in den etruskischen Epigraphen, soweit wir wissen, nichts gesagt wird. Solche Organe setzten sich in der Regel aus *principes* zusammen, das heißt aus Vertretern jener *nobilitas,* die praktisch die Magistratur leitete und eine besondere Schicht bildete, den *ordo principum,* der in der römischen Geschichtsschreibung erwähnt ist (Macr., *Sat.* 3, 7, 2), bzw. die *domini,* wie sie in der Weissagung der Vegoia heißen – die kleine Elite, die den Sklaven und den Dienern gegenübersteht.

Das Fortleben etruskischer Traditionen

Von dieser Organisation, die in Südetrurien so stark unterteilt ist, blieb das eine oder andere Element auch nach der Eroberung durch die Römer erhalten. Wahrscheinlich haben die Zerstörung von Volsinii und die Plünderung des Heiligtums der Voltumna, die im Jahre 264 v. Chr. von M. Fulvius Flaccus in Rom mit der Anrufung der in einen eigenen Tempel auf dem Aventin verbrachten Statue der etruskischen Gottheit und mit einem Weihgeschenk auf dem Forum Boarium gefeiert wurde, zur Auflösung der Liga geführt. In den Lokalverwaltungen halten nach dem Bundesgenossenkrieg und der Gewährung des römischen Bürgerrechts an die zu römischen *municipia* gewordenen Stadtstaaten nun überall die *quattuorviri* als Richter und die Ädilen und Quästoren als Magistrate zweiter Ordnung Einzug. Die einzigen Ausnahmen von diesem Muster, von den Kolonien abgesehen, bilden die Ämter, die in Caere und in Capena bestanden.

In Caere wird die richterliche Funktion von einem einzigen Magistraten, dem *dictator,* ausgeübt, dem später ein *aedilis iure dicundo* beigegeben wird. In Capena, wo die Situation gegenüber Rom ganz ähnlich ist, hat der einzige *praetor* ebenfalls weiterhin ein lokales Amt inne, dessen – nicht etruskische, sondern sabinische – Bezeichnung uns nicht erklärlich ist.

Von ganz anderem Gewicht ist – sowohl institutionsgeschichtlich als auch als Widerschein und Abglanz des vorrömischen Etrurien – die Wiedereinführung des Titels eines *praetor Etruriae* oder *praetor Etruriae XV populorum,* der zwischen dem 1. und dem 4. nachchristlichen Jahrhundert zwölfmal erscheint und von etruskischen Mitgliedern des Senats oder der Ritterschaft oder von lokalen Notabeln getragen wird, aber auch von Kaiser Hadrian (wie wir in Hist. Aug., *Vita Hadr.* 19, 1 nachlesen können). Daneben erscheint das Amt des *aedilis Etruriae,* das eine sekundäre Stellung einnimmt und viermal an Personen von bescheidenerem Rang vergeben wird. Wahrscheinlich Wahlämter, die jährlich vergeben wurden, aber wiederholt von der gleichen Person bekleidet werden konnten, erweckten diese Ämter die alte Ordnung der etruskischen Dodekapolis noch einmal zum Leben: In der Zahl 15 deuten sich allem Anschein nach die Gesuche von Munizipien der Region an, die in der kaiserlichen Zeit zahlreicher waren als in etruskischer Zeit: vielleicht von Pisa, Faesulae und Saena. Als reine Ehrenämter haben diese Aufgaben ihren Ursprung wohl in der ersten Kaiserzeit zwischen der Regierungszeit des Augustus und der des Claudius.

Mauro Cristofani
(Aus dem Italienischen von Ulrike Stopfel)

VIA · BAGLIONA
E
ROCCA PAOLINA

Wissenschaft und Religion

Die etruskische »Disziplin«

Anders als die seherischen Verfahren, wie sie bei anderen Kulturen der antiken Welt in Gebrauch waren und wie sie von einer Menge an unmittelbaren Dokumenten belegt und daher auch in ihren Einzelheiten ausreichend bekannt sind, ist uns die etruskische Disziplin trotz ihres großen Ruhms bei den Zeitgenossen nur sehr unzureichend überliefert. Da uns nur wenige Dokumente aus erster Hand vorliegen, basiert unser Wissen notwendigerweise auf indirekter Überlieferung sowie auf sich häufig nicht deckenden und stets recht spärlichen Berichten griechischer und lateinischer Schriftsteller, von denen einige lange nach der Zeit lebten, aus der ihre zuverlässigsten Quellen stammen.

Die Disziplin beruht auf einer offenbarten Lehre, die in Sammlungen und Büchern kodifiziert ist: *Tages*, der Sohn von *Genius* und Enkel von Zeus, selbst soll den zwölf *populi* Etruriens die grundlegenden Paradigmata diktiert haben (Paul. Fest. 359 L), als sie zu seiner wunderbaren Erscheinung im Gebiet von Tarquinii herbeigeeilt kamen. Der »Korpus« der Lehre soll jedoch ständig durch neu Hinzugekommenes angereichert worden sein, das, wie Cicero berichtet (*div.* 2, 50), allerdings fortwährend jenen Prinzipien angeglichen wurde. Die Überlieferung wirkt dennoch einzigartig, da sie aufgrund ihrer Eigenart, der einer Lehre, die auf der wiederholten Beobachtung mehr oder weniger wundersamer Geschehnisse beruht, sicherlich, wie der

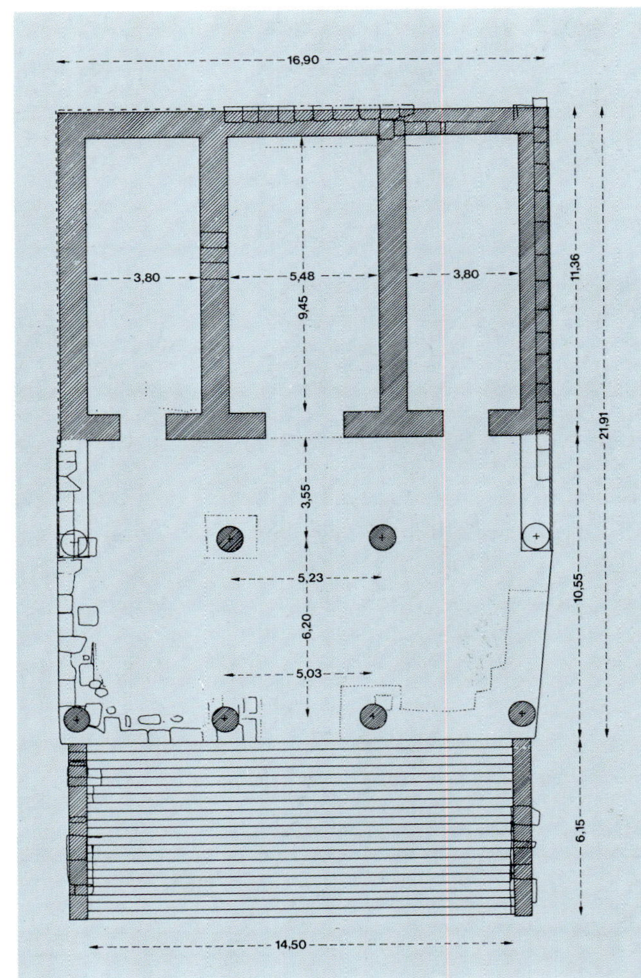

Tempel der Menerva in Veji, Portonaccio (Ende des 6. Jahrhunderts v. Chr.).

Grundriß des Tempels vom Belvedere in Orvieto (5. Jahrhundert v. Chr.).

Ansicht der Stirnseite und der Eingangstreppe des Tempels vom Belvedere in Orvieto.

Gegenüberliegende Seite: Der Tempel der Akropolis in Marzabotto (5. Jahrhundert v. Chr.).

Tempel der Akropolis in Volterra (2. Jahrhundert v. Chr.).

Tempel in Talamone, Fundamente aus dem 4. Jahrhundert v. Chr.

beispielhafte Verlauf der mesopotamischen Divination zeigt, eine sehr lange Zeitspanne benötigt, um einen zufriedenstellenden Grad an Systematik zu erreichen. Da die Quellen der Disziplin übereinstimmend ein ehrwürdiges Alter und eine hohe nationale Tradition zuschreiben, kann somit der Bezug zu Tages den Zeitpunkt der Kodifizierung des Gesamtkomplexes der empirischen Beobachtungen darstellen, die Generationen von Sehern gemacht haben.

Zahllose Indizien und ausdrückliche Hinweise der Quellen zeigen dagegen eine Evolution der etruskischen »Wissenschaft« und offenbaren eine Phase besonderer Dynamik in hellenistischer Zeit, unter dem

Die von den Haruspizes und ihrer Wissenschaft innerhalb der römischen Gesellschaft errungene Popularität begünstigte auch die Scharen von Nachahmern, die versuchten, die Widersprüche des Systems auszugleichen und dessen Regeln mit den jeweils beliebtesten Lehren anzuwenden. Unter den zahlreichen Autoren, die von den Quellen überliefert werden (Clodius Tuscus, Caesius, Vicellius, Campestrius, Polles von Ägäi), verdient jener Attalos – vielleicht ein Grieche aus Pergamon – Erwähnung. Er wurde von Seneca bewundert und sicherlich verwendet und soll die Wissenschaft der Etrusker durch die philosophische Spekulation der Griechen vervollständigt haben.

Tonvotivmodell eines Tempels, getreue Nachbildung des Aufrisses eines Tempelgebäudes aus hellenistischer Zeit. Aus einer Sammlung von Weihegaben in Vulci (2. Jahrhundert v. Chr.). Rom, Museo di Villa Giulia.

Einfluß der philosophischen und wissenschaftlichen griechischen Spekulationen und vor allem der astrologischen Lehren, die von den Anhängern der chaldäischen Schulen wie Berossos und Apollonios von Mindos; diesen Schulen entnahmen die Haruspizes, was dazu beitragen konnte, ihr Wissen zu erneuern und es durch neue Impulse und Anreize zu bereichern.

Der große Erfolg, den die Schriften etruskischer Disziplin im 1. Jahrhundert v. Chr. bei den an den italienischen religiösen Praktiken stark interessierten römischen Altertumsforschern fanden, wurde begünstigt durch das Wirken von Gelehrten wie Tarquitius Priscus aus der Zeit von Silla, Nigidius Figulus, einem Zeitgenossen Ciceros, sowie Julius Aquila und Aulus Caecina, die zur Zeit Cäsars lebten. Sie übersetzten – wie es scheint, direkt aus dem Etruskischen – diejenigen Bücher, die die Lehre kodifiziert hatten, und machten sie so beim römischen Publikum populär; damit bilden sie die Hauptquelle für den größten Teil unserer Informanten, wie Varro, Cicero, Plinius d. Ä. und Seneca.

Aus dem oben Gesagten wird die doppelte Schwierigkeit deutlich, der man sich gegenüber sieht, will man die Struktur der Disziplin kennenlernen. Wir haben es nämlich mit den spärlichen Resten einer Lehre zu tun, die zum einen von römischer Sehweise stark deformiert ist, zum anderen aber häufig von den etruskischen Haruspizes und ihren Übersetzern absichtlich mit einer Menge von Elementen verschiedener Herkunft gekreuzt wurde, die sie sogar für die Zeitgenossen unverständlich machten.

Dennoch scheint der Vergleich zwischen der in den römischen Altertumsschriften aus dem 1. Jahrhundert v. Chr. zusammengeflossenen Tradition und den Erkenntnissen aus dem wichtigsten originalen Zeugnis, das uns erhalten geblieben ist und das praktisch aus derselben Zeit stammt – das in Piacenza entdeckte Bronzemodell einer Leber –, die Existenz eines ausreichend soliden und mit echten Elementen versehenen Kerns zu garantieren, um den herum man die anderen verstreuten Nachrichten der Quellen einordnen kann. Die moderne Forschungstradition hat die Dokumentation in ein dreigeteiltes System geordnet und stützt sich dabei auf zwei Stellen bei Cicero, die eine Klassifizierung des religiösen Schrifttums der Etrusker in *libri fulgurales, haruspicini* und *rituales* vornehmen. Während sich die ersten beiden Zweige der Disziplin offenbar auf begrenzte, wenn auch umfangreiche divinatorische Techniken beziehen, zeigt der dritte in seinem Innern eine Anzahl von Titeln, die es in ihrer ungeheuren Vielfalt der Inhalte erlauben, das breite Spektrum der Sachgebiete zu bestimmen, welche die etruskische Wissenschaft umfaßt: Neben Material, das mit der Divination zusammenhängt und das hier von den *ostentaria* (Verzeichnisse von Wundern) dargestellt wird, finden sich nämlich regelrechte rituelle Vorschriften, die sich auf das gesellschaftliche Leben in seinen verschiedenen Ausprägungen beziehen, von der Anlage der Stadt bis hin zur Aufteilung der Felder; aber es gab darin auch Raum für die Darlegung kosmologischer Theorien und des Schicksals der Menschen und ihrer Städte *(libri fatales)* sowie Abschnitte von eher paraphilosophischem und magisch-religiösem Charakter, wie etwa in den *libri acheruntici* die Theorie von den *Dii Animales*.

Das kosmische System

Die gedankliche Grundlage der Divination kehrt immer wieder zurück auf eine Vorstellung, in der das Gefüge der Realität göttlichen Mächten untersteht, die deren Ordnung und Vernunftmäßigkeit garantieren. Nichts von dem, was geschieht, geschieht zufällig; jedes Ereignis unterliegt einer bestimmten Einordnung und damit auch einer relativen Vorhersehbarkeit innerhalb einer ganzheitlichen Struktur, die den ganzen Kosmos einbezieht. Allein eine solche Sehweise ermöglicht einer Lehre, die der wiederholten Beobachtung von Phänomenen (die bis zu einem gewissen Grad in sich von paradigmatischen Kodizes, ja beinahe wissenschaftlichen Gesetzen geordnet sind) Voraussagen über das Schicksal der Individuen und der Staaten entnimmt, die Legitimierung des Anspruchs einer Wissenschaft. Hierauf spielt eine berühmte Stelle bei Seneca an (*nat.* 2, 32, 2), der die griechische Wissenschaftsauffassung mit einer Art »mystischem Finalismus«, der seiner Ansicht nach für die Etrusker kennzeichnend ist, charakterisiert. In einer solchen Darstellung des Kosmos sind die außerordentlichen Ereignisse Überbringer eines göttlichen Zeichens (sie sind *ostenta*); es gibt aber auch »Naturphänomene«, die man in großen, folgerichtigen Klassen minuziös klassifizieren und – innerhalb gewisser Grenzen – vorhersehen und sogar hervorrufen kann, wie beispielsweise die Blitze. Das Hauptuntersuchungsinstrument in diesem geordneten, aber komplexen Kosmos aus Zeichen ist die Ausrichtung des Raums und seine Einteilung in Sektoren nach einem rationalen Plan. Unter den lateinischen Schriftstellern, die sich mit der Einteilung der Himmelskuppel *(templum caeleste)* durch die Etrusker in Regionen befassen (Cicero, Plinius d. Ä., Martianus Capella und Servius), liefert Plinius die genaueste Beschreibung (*nat.* 2, 143): »Zu diesem Zwecke (um die Herkunft des Blitzes zu bestimmen) unterteilten die Etrusker den Himmel in sechzehn Teile. Der erste liegt zwischen Norden und Osten, der zweite erstreckt sich bis zum Süden, der dritte erreicht den Westen, und dem vierten verbleibt der Raum zwischen Westen und Norden. Dann unterteilten sie jede dieser Regionen in vier Sektoren und benannten die acht östlichen Regionen mit links und die westlichen mit rechts.«

Das System der zwölf Regionen läßt sich in der Welt des Altertums zwar nicht häufig, aber durchaus ver-

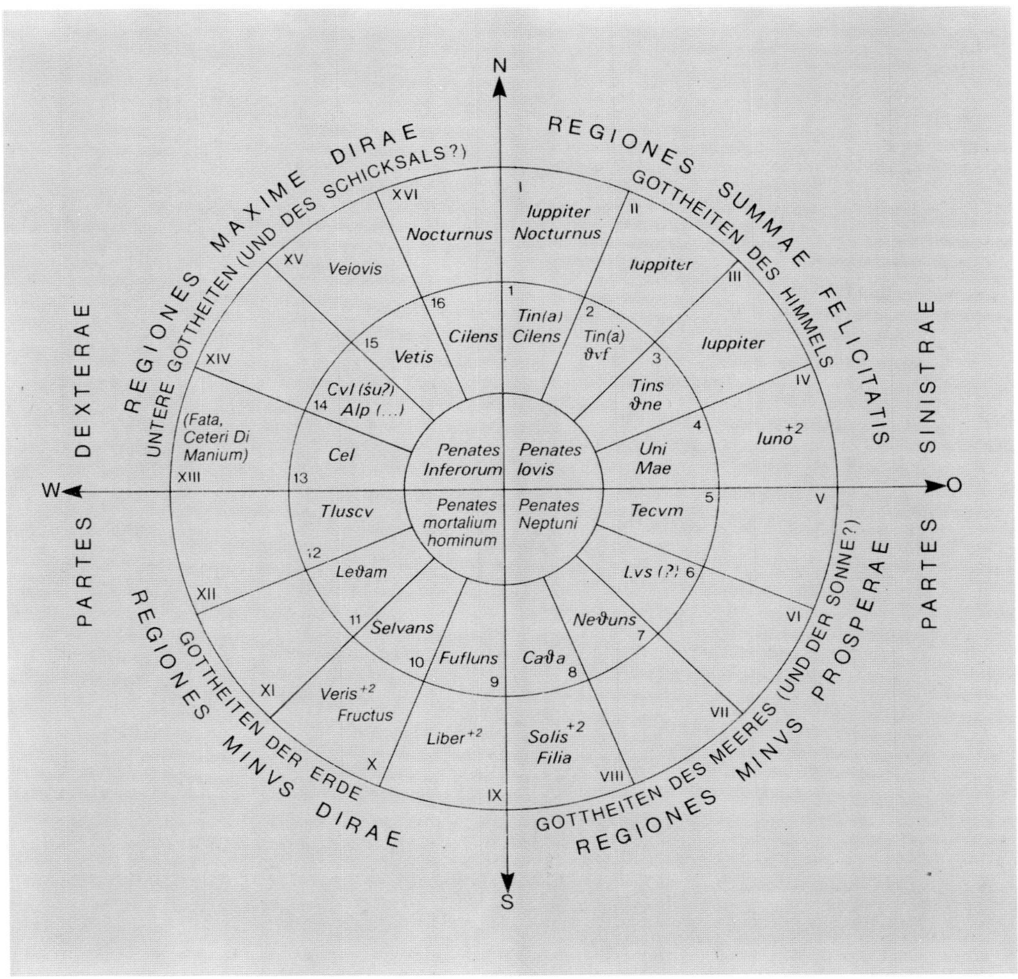

Das kosmische System und das divinatorische System der Etrusker. Das Schema basiert auf der Götterabfolge nach Martianus Capella (äußerer Sektor) und dem Randband der Bronzeleber von Piacenza (mittlerer Sektor), auf der Abfolge der etruskischen Penaten nach Nigidius Figulus (innerer Sektor), sowie auf Stellen bei Plinius dem Älteren, Seneca und Pseudus-Acro. Die mit (+2) bezeichneten Namen sind im Vergleich zu den Reihen von Martianus Capella um zwei Kästchen verschoben.

gleichbar so finden. Bezeichnend erscheint jedoch der Hinweis Ciceros (*div.* 2, 42), diese Unterteilung habe sich am Vorbild des römischen Schemas orientiert und habe sogar dessen grundlegende Vierteilung beibehalten. Tatsächlich fand ein analoges Orientierungssystem im alten Rom im Bereich der Augurenpraktiken Verwendung und wurde in der örtlichen Überlieferung auf König Numa zurückgeführt.

An diesem in Sektoren unterteilten Himmel erkannten die Etrusker die Zeichen, die ihnen die Götter von ihren im Kosmos zerstreuten Wohnstätten sandten. Wir besitzen zwei verschiedene Götterverzeichnisse, die in sechzehn Gruppen unterteilt sind. Das erste Dokument ist das einzigartige überfüllte Pantheon, wie es Martianus Capella in seinem ersten Buch von *De nuptiis Mercurii et Philologiae* beschreibt, ein Verzeichnis, zu dessen Gestaltung unterschiedliche Komponenten beigetragen haben und an dem, neben einer auf die etruskische Religion zurückzuführenden Grundlage, der Einfluß griechischer Reflexion platonischer Prägung erkennbar ist (mit dem Grundmuster eines auf vier konzentrischen Sphären angeordneten Kosmos, von der obersten des Äthers bis zur untersten der Erde). Wie Stephan Weinstock nachgewiesen hat, kann man in dieser wirren Menge von Götternamen – die manchmal, um ehrlich zu sein, unverständlich bleiben – Anhaltspunkte für die Hypothese finden, daß darin eine grundlegende Anordnung um die vier Kardinalpunkte enthalten ist. Das zweite Dokument ist die »Bronzene Leber« von Piacenza, deren Rand auf der konkaven Seite in sechzehn kleine Zellen unterteilt ist, in die Götternamen eingeritzt sind. Der Vergleich zwischen diesen beiden Namensreihen, der heute dank einer genaueren Analyse des epigraphischen Textes möglich ist, hat bestätigt, was schon Massimo Pallottino herausgefunden hatte: daß nämlich bei den beiden Verzeichnissen mindestens zwei verschiedene Reihen von Entsprechungen vorliegen. Man kann in der Tat unmittelbar die Existenz einer doppelten Sequenz von Namen feststellen (sie entsprechen einander bei beiden Zeugnissen völlig), die in den Bereichen um den Ausgangspunkt der Serie enthalten sind. So scheinen etwa die Reihen XV–III bei Martianus *(Veiovis, Nocturnus, Iuppiter/Nocturnus, Iuppiter Secundanus, Iovis Opulentia)* genau auf die Reihen 15–3 der Bronzeleber *(Vetis, Cilens, Tin/Cilens, Tin, Tin)* zu passen. Neben dieser Reihe von Entsprechungen scheint noch eine weitere zu bestehen, die *Caϑa, Fufluns, Selvans* einerseits zu *Solis Filia, Liber, Veris Fructus* andererseits in Beziehung setzt, jedoch mit einer Verschiebung zwischen den beiden Sequenzen um zwei Stellen, die wahrscheinlich aus der Verschiebung herrührt, die der Name von Juno *(Uni)*

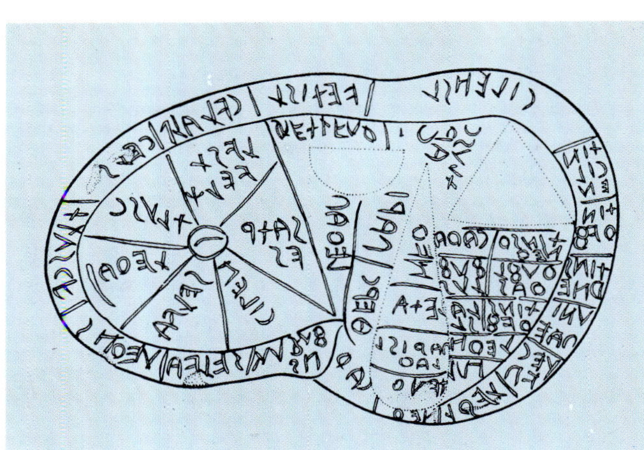

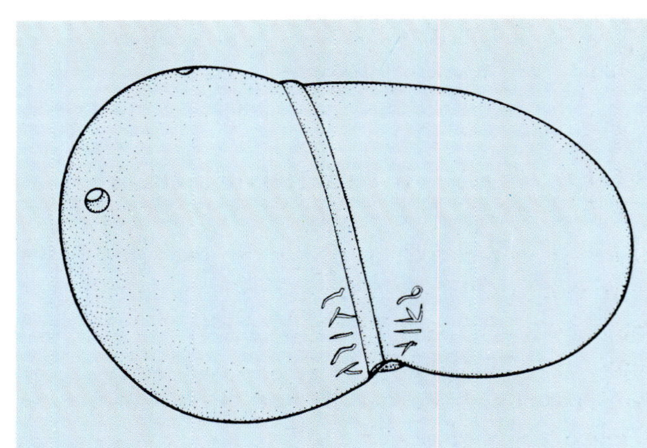

Bronzemodell einer Schafsleber zu wahrscheinlich didaktischen Zwecken, aus Settima (Piacenza). Am Außenrand wird die Fläche von der incisura umbilicalis zweigeteilt: in »lobus dexter« und »lobus sinister«; der Innenbereich ist in vierzig Sektoren unterteilt, von denen jeder den Namen der Gottheit trägt, die ihn lenkt. Plastisch hervorgehoben sind der »processus papillaris«, die »vesica fellea« und der »processus pyramidalis«, die in den divinatorischen Praktiken von besonderer Bedeutung sind (2. Jahrhundert v. Chr.). Piacenza, Museo Archeologico.

beim Übergang von den etruskischen Texten zu den lateinischen erfahren hat: von der vierten Stelle (Bronzeleber von Piacenza) zur zweiten (Martianus), und das sicherlich als Auswirkung der Bedeutung der Kapitolinischen Triade; letztere nämlich mußte zu den ersten drei Himmelsregionen hinzukommen, in denen das etruskische Pantheon dagegen die Wiederholung des Namens von *Tina* vorsah (Ps.-Acro, in Hor. *carm.* 1, 12, 19).

Die Sequenz von Gottheiten, wie sie auf dem Rand der Bronzeleber eingetragen ist, sowie teilweise jene, die durch den Text von Martianus belegt ist, spiegeln sicherlich auch eine besondere Vorstellung vom Universum wider: Der Bezug zur Überlieferung von Arnobius (*nat.* 3, 40) über die vier Arten der sogenannten etruskischen Penaten (von Zeus, Neptun, den Göttern der Unterwelt und den Sterblichen), die an die Lehre von Nigidius Figulus anknüpft, läßt eine grundlegende Vierteilung auch in der Sequenz der Namen auf der Bronzeleber von Piacenza erkennen. Auf diese Weise scheint sich ein Weg aufzuzeigen, der von den Wohnstätten von *Tina* zu jenen von *Neϑuns* und *Caϑa,* der Erde *(Fufluns, Selvans)* und der Unterwelt *(Cel, Vetis)* hinabführt: in einem absteigenden kosmischen System, in dem die verschiedenen göttlichen Entitäten eine jeweils nach ihrer Orientierung verschiedene Höhe innehaben. Die Wiederholung des Namens von *Cilens* (Nocturnus) am Ausgangspunkt der Reihe macht deutlich, daß diese Götterverzeichnisse im Grunde ein technisches Instrument für die Umschreibung des Raums und die Lokalisierung der göttlichen Zeichen darstellen; das Ergebnis ist so etwas wie ein *templum caeleste,* auf dessen konkaver Oberfläche sich die von den Göttern gesandten Zeichen, auch diejenigen derer, die sich im vierten Sektor, der Unterwelt, befinden, widerspiegeln – und also zu erkennen sind.

Die Orientierung des Haruspex und damit des gesamten raumbezogenen Systems auf den Mittag hin, wie sie aus den praktisch übereinstimmenden Aussagen der Quellen geschlossen werden kann, findet ihren Widerhall im Grundriß der sakralen Gebäude, deren Stirnseite häufig nach Südosten zeigt.

Die Deutung der Himmelszeichen

Die *libri fulgurales,* welche die Summe der etruskischen Lehre von den Blitzen bildeten, wurden der Nymphe Vegoia zugeschrieben; die Bücher verfaßte also nicht Tages, obwohl Arnobius (*nat.* 2, 69) behauptete, niemand vor ihm habe sich mit der Beobachtung von Blitzen oder Eingeweiden von Opfertieren befaßt. Ammianus Marcellinus (17, 10, 2), der von *Tagetinici libri Vegonici* spricht, bietet im Zusammenhang mit der Lehre von den Blitzen eine Kompromißlösung an. Die Grundlagen der Lehre sind vor allem dank zweier langer Passagen bei Plinius und Seneca bekannt, die sich beide auf Aulus Caecina aus Volaterrae stützen. Die komplexe Lehre der Etrusker wird von Seneca mit klaren Worten vorgeführt (*nat.* 2, 33): »Die Wissenschaft von den Blitzen gliedert sich in drei Phasen; diejenige der Erforschung *(quomodo exploremus),* die der Auslegung *(quomodo interpretemus)* und die des Sühnopfers *(quomodo exoremus).* Der erste Teil ist eine Sache der Systematik, der zweite eine der Divination, der dritte eine der Versöhnung der Götter.«

Den ersten Schritt, das Herausfinden der Herkunft des Blitzes, führt man mittels der Beobachtung des in Regionen eingeteilten Himmels und der Bestimmung der Blitze schleudernden Götter durch. Die Himmelsteile von Norden bis Osten werden als die der »summa felicitas« betrachtet, die von Westen nach Norden als die Unglück verheißenden und die übrigen als entsprechend weniger Glück verheißende und ungünstige. Doch nicht nur die Herkunft des Blitzes ist wichtig, sondern auch die Bestimmung der Region, in die der Blitz zurückkehrt; eine etruskische Theorie ist nämlich der *reditus fulminis,* von dem Plinius berichtet und feststellt, der Blitz springe immer selbst oder in Gestalt

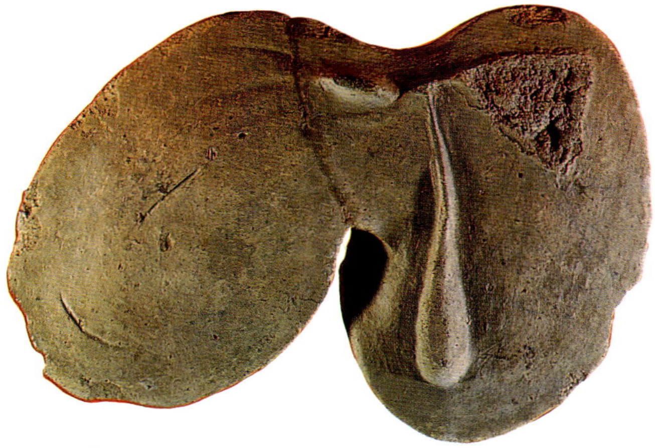

Tonvotivmodell einer Leber aus einer Sammlung von Weihegaben in Falerii (4.–3. Jahrhundert v. Chr.). Rom, Museo di Villa Giulia.

Alabasterurne des Avle Lecu, aus Volterra. Die Schafsleber in der linken Hand kennzeichnet den Verstorbenen als Haruspex (Mitte 2. Jahrhundert v. Chr.). Volterra, Museo Guarnacci.

seines *spiritus* zurück und zwar schneller als der Blitz selbst. Das günstigste Zeichen ist, wenn der leuchtende Pfeil der ersten Himmelsregion entspringt und auch dorthin zurückkehrt. Mit Sicherheit etruskischen Ursprungs ist auch, wie Servius bezeugt (*Aen.* 1, 42), die Theorie vom Abschleudern der Blitze, von den Etruskern *manubia* genannt. Plinius berichtet (*nat.* 2, 138), es habe neun Blitzschleuderer und elf verschiedene Arten von *manubiae* gegeben, da Zeus drei Blitzpfeile gleichzeitig habe schleudern können. Auch diese Theorie ist ganz auf die Haruspizes zurückzuführen, da die Römer nur zwei Blitze schleudernde Gottheiten kannten – Zeus, der für die Blitze am Tage zuständig

Bronzespiegel aus Vulci: Chalchas untersucht die Leber eines Tieres, um daraus die Vorzeichen zu erschließen (Anfang des 4. Jahrhunderts v. Chr.). Vatikan, Museo Etrusco Gregoriano.

war, und Summanus, der für die nächtlichen Verantwortliche.

Ein entscheidender Faktor der Lehre waren die *manubiae* von Zeus, die von den Quellen einstimmig als drei angegeben werden, wenn auch Servius hinzufügt, jener könne aus jedem Himmelsteil Blitze schleudern. Die Gewalt und die mehr oder minder verheerenden Folgen von Zeus' Blitzstrahl richten sich nämlich danach, ob andere Himmelsgottheiten bei der Entscheidung über das Abschleudern mitwirken oder nicht. Den ersten Blitz schleudert Zeus allein ab: Hierbei handelt es sich um einen günstigen Blitz; die zweite *manubia* erfolgt nach der Anhörung eines Götterrats, dem der zwölf *Dii Consentes*. Dieser Blitz bringt manchmal den einen oder anderen Vorteil, aber nicht ohne gleichzeitig zu schaden; die dritte *manubia* wird geschleudert, nachdem die geheimnisvollen *Dii Superiores et Involuti* zu Rate gezogen wurden, einige moderne Fachgelehrte sehen in ihnen das Fatum. Der so entstandene Blitz ist zerstörerisch und verändert jede Situation, sei es die private oder die öffentliche. Diese grundlegende Klassifizierung findet bei Seneca eine noch detailliertere Behandlung, bei welcher der Gegensatz zwischen griechischer wissenschaftlicher Beobachtung der Naturphänomene und der divinatorischen Vorstellung der Etrusker deutlich wird. Auf dieser Ebene der Lehre ist auch der größte Beitrag der orientalischen Lehren festzustellen gewesen, vor allem im Hinblick auf den ersten Götterrat, den der *Dii Consentes*. Deren Anzahl von Wesen (sechs männliche und sechs weibliche Entitäten) sowie manche ihrer Besonderheiten (sie gingen gemeinsam auf und unter), die man einer allerdings problematischen Stelle bei Arnobius (*nat.* 3, 40) entnommen hat, wurden im Zusammenhang mit jenen der zwölf Götter des Zodiakus gesehen. Die komplexe Lehre der drei *manubiae* von Zeus, wie sie uns von Plinius und Seneca überliefert wurde, besteht also aus etruskischen Materialien in Gestalt der drei Himmelsregionen Zeus' und seiner Götterräte, aus Elementen, die den wissenschaftlichen Klassifizierungen der Griechen entnommen wurden, sowie aus dem Glauben in die siderische Ordnung der Blitze.

Auch Juno, Minerva und Vulcanus sind mit Blitzen versehen, wie Servius mit einem Verweis auf die *etrusci libri de fulguratura* berichtet; Mars und Saturn werden dagegen besondere *manubiae* zugeschrieben: nämlich solche, die nicht von selbst, sondern von dem mit dem göttlichen Namen verbundenen Planeten herkommen. Die Blitze Saturns unterscheiden sich ferner von allen anderen dadurch, daß sie im Winter aus der Erde hervorbrechen und daher die höllischen heißen. Bei der Untersuchung des Bedeutungsgehalts des Blitzes spielte auch dessen Farbe eine Rolle, anhand der *manubiae albae* (von Zeus?), *nigrae* (von Saturn?) und *rubrae* (vielleicht von Mars, obwohl der als Pseudus-Acro bekannte Kommentator von Horaz sie Zeus zuschreibt). Die Blitze unterscheiden sich aber auch – und vor allem – in ihrer mehr oder minder drängenden Wirkung auf das Schicksal des Menschen. Einige Informationen aus der detaillierten typologischen Einteilung, die uns Plinius und Seneca überliefert haben, scheinen an ein rein etruskisches System anzuknüpfen: Die Blitze werden eingeteilt in *fatidica* (die von oben oder von den Sternen kommen), *bruta* (die nichts zu bedeuten haben) und *vana* (deren Bedeutung geschwunden ist). Eine besondere Art Blitz ist der von Caecina als *regale* bezeichnete (in Sen., *nat.* 2, 49), der das Forum, das Komitium oder die wichtigsten Stellen einer freien Stadt wie beispielsweise Rom trifft und Gefahren einer Monarchie ankündigt. Nach der etruskischen Klassifizierung konnte der Blitz auch ermahnen oder gutheißen und eine endgültige oder zeitlich andauernde Wirkung ankündigen; ein besonderes Zeichen war der aufschiebende Blitz, dessen allerdings unausweichliche Wirkung unter besonderen Bedingungen zeitlich hinausgezögert werden konnte.

Angesichts solch peinlich genauer Systematik, die man fast als Anhang eines hochentwickelten, wehrhaften Systems bezeichnen müßte, enttäuschen die Interpretationsbeispiele in den lateinischen Quellen durch ihre – zumindest vordergründig so erscheinende – Banalität: Nie wird der Gott und Urheber des Blitzes angegeben, fast nirgends wird auf die raffinierte Untersuchungstechnik Bezug genommen, wie man sie aufgrund von Senecas Text annehmen kann, dafür gibt es zuweilen nur einen Hinweis auf den unermüdlichen Einsatz, mit dem der diensthabende Haruspex auf eine überzeugende Erklärung des *ostentum* sinnt (vgl. z. B. Liv. 42, 20; Obseq. 56). Besser informiert sind wir dagegen über den Ritus der Reinigung des getroffenen Ortes, und zwar dank der eindrucksvollen Schilderung, die Lucanus von dem Haruspex Arruns gibt, wie er, Gebete murmelnd, herumgeht und die brennenden Holzstückchen einsammelt, die der Blitz hinterlassen hat, und sie sorgsam in einem umzäunten Fleckchen Erde vergräbt, das dem Gott geweiht wird, von dem der Blitz geschleudert wurde (Lucan. 1, 608). Die Etymologie des Wortes, das die Quellen dem Grab des Blitzes gaben, wurde in der Antike aus dem Blutopfer eines Schafs erklärt (*bidens:* »Zweizahn«, d. h. ein Tier mit besonders entwickelten Schneidezähnen); der bedeutendste moderne Fachgelehrte auf dem Gebiet der etruskischen Divination, Thulin, war dagegen der Ansicht, hinter diesem lateinischen Begriff verberge sich möglicherweise das etruskische Wort für Blitz. Eine vornehmliche Aufgabe der auf die Deutung von Blitzen spezialisierten etruskischen Haruspizes war die unmittelbare Einwirkung auf den Blitz, den man unter besonderen Opfern und Anrufungen abwenden oder im Gegenteil beschwören konnte: Man nannte in diesem Zusammenhang das berühmte Beispiel Porsennas, der einen Blitz gegen das Ungeheuer Volta beschwor, das die Ländereien von Volsinii verwüstete (Plin., *nat.* 2, 140).

Ein Großteil des uns durch die Literatur überlieferten Materials zu den Blitzen läßt somit deutlich etruskischen Ursprung erkennen; während aber bei Seneca offensichtliche Einmengungen der wissenschaftlichen Erkenntnisse der Griechen vorhanden sind, für die Caecina selbst verantwortlich gewesen sein kann (wie Kroll annahm) oder jener Attalos, der erklärtermaßen griechische Kultur und divinatorisches Wissen der Etrusker miteinander vermengte, wird bei Plinius eine astrologische Komponente deutlich, die für die Theorie von den planetarischen Blitzen verantwortlich ist und deren Aufstellung auf Berossos und seine Schule zurückgeführt wurde. In diesem Falle muß die Vermittlung, wie das Beispiel Volsinii lehrt, das Werk eines etruskischen Haruspex gewesen sein.

Die Beobachtung des Vogelflugs zu Zwecken der Divination scheint dagegen bei den Etruskern keine besondere Behandlung erfahren zu haben; es ist aber nicht auszuschließen, daß die überwältigende Konkurrenz des römischen *auspicium* die Durchsetzung und das Überdauern einer eventuellen nationalen Technik der Etrusker in der literarischen Überlieferung verhindert hat. Denn auch unter so ungünstigen Bedingungen sind nämlich sowohl in den lateinischen Quellen selbst, als auch in etruskischen bildnerischen Zeugnissen Belege für die Existenz einer etruskischen Anwendungsform der bei den italischen Völkern meistverbreiteten divinatorischen Methode erhalten geblieben, eine Anwendungsform, die im übrigen Dionysios von Halikarnassos bekannt war, der ausdrücklich die *tyrrhenikè oionoscopia* erwähnt. Die früheste Erwähnung der divinatorischen Techniken der Etrusker ist Livius' Erzählung (1, 34, 8) des Wunders, das sich anläßlich der Ankunft des späteren Tarquinius Priscus in Rom ereignete. Die Genauigkeit, mit der aufgelistet wird, was alles zu dem außerordentlichen Ereignis gehörte (Vogelart, Herkunft aus einer bestimmten Himmelsregion, göttliche Entität, von der das Zeichen ausgesandt wurde), sowie die ausdrückliche Erwähnung der Fertigkeit der Etrusker bei der Interpretation der himmlischen Wunder läßt die Einfügung auch dieses Typs von Beobachtungen in den Korpus der Lehre Gewißheit werden, und nicht nur das: Auch die verwendeten Begriffe tragen dazu bei, den Zweck der *distributio in regiones* des Himmels noch zu verdeutlichen. Geht man nämlich von der Unhaltbarkeit der doch in den Quellen so übereinstimmend gemachten Angabe aus, es bestünde eine enge genetische Verbindung zwischen Himmelseinteilung und *fulguratura,* und berücksich-

Bronzespiegel aus Tuscania mit Szene einer Leberbeschau. Pava Tarchies (Tages?) unterrichtet Tarchunies (Tarchon?) in der Kunst der Vorzeichendeutung (Ende des 4. Jahrhunderts v. Chr.). Florenz, Museo Archeologico.

Szene einer Leberbeschau; unterer Ansatz des Henkels einer bronzenen Schnabelkanne (Ende des 5. Jahrhunderts v. Chr.). Amsterdam, Allard Pierson Museum.

Szene einer Divination mittels Beobachtung der Vögel; unterer Ansatz eines Henkels einer bronzenen Schnabelkanne aus Arezzo (Ende des 5. Jahrhunderts v. Chr.). Arezzo, Museo Archeologico.

Bronzespiegel aus Bolsena, Cacus darstellend, wie er orakelhafte Weissagungen singt; ein Jüngling überträgt sie auf kleine Tafeln (2. Hälfte des 4. Jahrhunderts v. Chr.). London, British Museum.

tigt man den unüberbrückbaren Widerspruch zwischen der Anzahl der Himmelsregionen (sechzehn), der Anzahl der Blitzeschleuderer (neun) oder ihrer *manubiae* (elf oder zwölf) und den Namen der am Rand der Bronzeleber von Piacenza eingetragenen Götter (wo Zeus und Juno stehen, nicht aber Minerva, Mars, Saturn und Vulcanus), so muß man hieraus schließen, daß diese analytische Unternehmung im Hinblick auf jede Art von Divination, die auf der Himmelsbeobachtung beruhte, durchgeführt wurde und daß sie erst später – sicherlich als Folge der Theorie vom größeren Wert der Blitze im Vergleich zu den anderen *ostenta* (Sen., *nat.* 2, 34) – in engem Zusammenhang mit diesem Bereich der Disziplin gesehen worden ist, und zwar allen noch so offensichtlichen Aporien zum Trotz.

Die eigentümliche Feststellung von Servius (*Aen.* 1, 393), die Tauben lieferten allein Königen Auspizien, findet in der etruskischen Lehre volle Bestätigung, denn diese *auspicia regalia* decken sich völlig mit zwei typischen Figuren der Blitzdeutung und der Eingeweidebeschau, den *fulmina regalia* und den *exta regalia*. Von Interesse erscheint auch der Verweis auf regelrechte Vogelverzeichnisse, die es in der etruskischen Disziplin gab und in denen, wie Plinius aussagt (*nat.* 37), auch Arten abgebildet waren, die man seit Jahrhunderten nicht mehr gesehen hatte. Für sich spricht schließlich die ebenfalls bei Servius (*Aen.* 10, 145) gemachte Angabe zur Gründung der Stadt Capua, die infolge der Augurenbeobachtung eines Falken zustande gekommen sein soll, der im Etruskischen ja *capys* hieß.

Die an eine Wand der Tomba François von Volci gemalte Szene mit der Darstellung eines Generals *(Vel Saties)* in Gestalt eines Triumphators, vor sich einen kauernden Jüngling *(arnza)*, wurde schon bei ihrer Entdeckung als Darstellung eines *auspicium* gedeutet; in jüngerer Zeit führte man diese Szene wegen des Vogels, den der Knabe an einer dünnen Schnur hält und der als *picus martius* eingeordnet wurde, auf kriegerische Auspizien zurück. Eine solche forcierte Form der Beobachtung des Vogelflugs, von der man meinen könnte, daß sie ein besonderes Merkmal der Technik der Divination darstellt, ließ sofort an die römische Praktik der Beobachtung des Verhaltens der heiligen Hühner denken, die von eigens abgestellten Dienern *(pullarii)* in passender Weise gelenkt und vor allem von den Generälen auf dem Schlachtfeld benutzt wurden. Wahrscheinlich ist auch die auf dem unteren Ansatz des Henkels einer Schnabelkanne (vom Ende des 5. Jhd. v. Chr.) dargestellte Szene ein Dokument für die örtliche Praxis der Beobachtung des Vogelflugs wenn auch der etruskische Handwerker offenbar die Person so zeigen wollte, als ob es sich um Teiresias, den berühmtesten Seher der griechischen Epik handle.

Bronzespiegel aus Chiusi mit Szene eines Orakelbescheids von Urphe (Orpheus), der von einem sitzenden Jüngling auf kleine Tafeln geschrieben wird (Ende des 4. Jahrhunderts v. Chr.). Siena, Museo Archeologico.

Ausschnitt aus den kleinen Tafeln mit Weissagungen Orpheus' auf dem Spieg-l in Siena.

Bleierne Kartenleger-Sors aus Arezzo (3.–2. Jahrhundert v. Chr.). Arezzo, Museo Archeologico.

Bronzene Kartenleger-Sors aus Viterbo (3.–2. Jahrhundert v. Chr.). Vatikan, Museo Etrusco Gregoriano.

Blitzdeutung und Deutung des Vogelflugs (und, wie wir noch sehen werden, die Leberbeschau) fallen unter diejenigen Arten der Divination, die Cicero (*div.* 18, 34) als *artificiosa* bezeichnet hat, die also auf Vermutungen beruhen, welche man aus einer hochentwickelten Technik der Klassifizierung wiederholter Beobachtungen hergeleitet hat. Keine Spur gibt es dagegen in dem, was von den *etrusci libri* geblieben ist, von jenen Arten, die Cicero *naturalia* nennt, die also auf der mystischen Besessenheit beruhen; einige, wenn auch recht dürftige Indizien für eine divinatorische Tätigkeit dieser Art sind allerdings in der ikonographischen Überlieferung zur Legende von *Cacu* noch vorhanden, der dargestellt wird, wie er orakelhafte Weissagungen diktiert oder vorsingt, die ein Bursche auf kleine Tafeln überträgt.

Die Deutung der irdischen Zeichen

Ein wichtiger Zweig der divinatorischen Praktiken, die Untersuchung der Eingeweide der Opfertiere, hatte in den Tages zugeschriebenen *libri haruspicini* eine Kodifizierung erfahren. Es ist uns kein Fragment des Werks überliefert, und auch von der Abhandlung *Über die Eingeweide (De extis)* des Nigidius Figulus, der die etruskische Dokumentation mit Sicherheit kannte, ist uns nicht das Geringste erhalten. Die Informationen, über die wir verfügen, sind also fragmentarisch und unzusammenhängend und völlig zufällig. Da wir andererseits die weite Verbreitung und hohe Tradition der Eingeweidebeschau in Rom kennen (Cic., *div.* 1, 95), stellt sich unmittelbar die Frage, wie man die zum römischen Ritus gehörenden Elemente von jenen, die auf den etruskischen Ritus bezogen werden können, trennen kann, wovon das sicherlich existierende Gebiet der Überlagerung unberührt bleibt. Aber der Unterschied zwischen beiden Verfahren ist auch in diesem Falle grundlegend. Die Römer stellen dem Gott eine Frage, die derart formuliert ist, daß die Antwort nur bestätigend *(victima litat)* oder negativ *(non perlitat)* sein kann; in den Augen des etruskischen Haruspex dagegen sind es die Eingeweide des Opfertieres selbst, die zu ihm sprechen, und in ihnen sucht er die von der Gottheit hineingelegte Botschaft (*Tib.* 2, 5, 13). Immer wenn sich die römischen Quellen nicht auf die Feststellung beschränken, ob eine Annahme oder eine Ablehnung des Opfers vorliegt, sondern sich in Einzelheiten ergehen und einen regelrechten divinatorischen Orakelspruch liefern, haben wir es also mit einem etruskischen Priester zu tun, auch wenn das nicht ausdrücklich gesagt wird. Andererseits gab es auch in der Opferpraktik Unterschiede: Die Römer betrachteten die Eingeweide, ohne sie aus dem Körper der Opfertiere zu nehmen, was dagegen in Etrurien geschah (Ov., *met.* 15, 136; Sen., *Thy.* 755 und andere).

Bronzespiegel aus Palestrina mit Gestalten an einem Altar. Der Priester ist dabei, einen Ziegenbock zu opfern, um dessen Eingeweide zu betrachten. (5. Jahrhundert v. Chr.). Florenz, Museo Archeologico.

Auf die etruskische Lehre führen Servius und Macrobius eine grundlegende Unterscheidung der Opfertierarten zurück: *hostiae consultatoriae,* mittels derer man den göttlichen Willen durch Untersuchung der Eingeweide erkundet, und *hostiae animales,* bei denen nur der Lebensgeist *(sola anima)* dem Gott geweiht wird. Diese Klassifizierung, die untrennbar mit der Theorie von den *Dii Animales* verknüpft ist (wie sie in den »libri acherustici« dargelegt wird), ist letztendlich vielleicht dem Einfluß griechischer esoterischer Lehren zuzuschreiben, da es auch in Griechenland eine analoge Unterscheidung gab, die in wechselseitiger Beziehung mit den Praktiken der Geisterbeschwörung und der Magie steht, wobei letztere laut Klemens von Alexandria auch in Etrurien verbreitet war.

Das wichtigste unter den Opfertieren, die, wie auch in Rom, völlig gesund sein mußten, war sicherlich das Schaf: In den Quellen wird immer wieder von *ovis* oder *aries* gesprochen, und in die gleiche Richtung weisen die divinatorischen etruskischen Lebermodelle, die uns erhalten sind und an denen immer erkennbar ist, daß es sich um das Organ eines Schafes handelt, obgleich die lateinischen Autoren in manchen Fällen, bei denen es offensichtlich um einen etruskischen Haruspex geht, auch Stierlebern nennen. Neben der Leber wurden von den *exta* noch Herz, Lunge und Milz untersucht. Die Untersuchung des Herzens war nach Aussage von Plinius im Vergleich zur Lehre in ihrer Gesamtheit eine Neuerung jüngeren Datums, da man mit ihr erst zu Zeiten von Pyrrhus (3. Jhd. v. Chr.) begonnen haben soll. Über die Technik der Konsultation wissen wir nichts: Das Fehlen des Organs (oder dessen dürftige Ausbildung) war ein unheilvolles Zeichen, wie die bekannte Weissagung Spurinnas an Cäsar bestätigt (Cic., *div.* 1, 119). Cicero zählt auch die Lunge zu den Unheil verheißenden *exta;* ihnen schrieb man die Kraft zu, die positiven Vorzeichen, die man der Untersuchung der anderen Eingeweide entnommen hatte, unterbrechen oder aufschieben zu können. Auch in diesem Falle war das Fehlen – oder eher die dürftige Ausprägung – des Organs ein unheilvolles Zeichen. Ungewiß bleibt, ob es eine Untersuchung der Milz gegeben hat, von der Plinius sagt, sie trete manchmal an die Stelle der Leber, jedoch nur mittels eines Wunders. Hauptorgan bei der Eingeweidebeschau war aber zweifellos die Leber. Die zahlreichen etruskischen Darstellungen von Haruspizes bei der Beschau geben Grund zu der Annahme, daß die Untersuchung des Organs nach strengen Vorschriften vorgenommen wurde: Der Priester hielt das dem Opfertier entnommene Organ in der linken Hand und untersuchte es durch Betasten der verschiedenen Stellen mit der rechten (*tractare* ist vielleicht der Fachterminus dafür); auch die Körperhaltung des Priesters können wir als eine rituelle betrachten.

Die Untersuchung begann mit einer allgemeinen Bestandsaufnahme in bezug auf Farbe und Aussehen, und allein schon Membranen, die das Organ verdeckten oder umhüllten, galten als unheilvolles Zeichen. Bei der Leber unterschieden die Haruspizes zwei Teile, einen *familiaris* und einen *hostilis* oder *inimica;* diese Begriffe sind durch die auf den etruskischem Ritus bezogenen Quellen weithin dokumentiert und werden auch für den griechischen bezeugt (Äsch., *Prometh.* 484). Wahrscheinlich bezeichnen sie den dem Konsultierenden vorbehaltenen Bereich sowie den seines Gegenspielers. Somit galt ein günstiges Zeichen in der *pars inimica* als ungünstig für den Fragesteller, ein ungünstiges als günstig; auf diese Weise könnte man wohl die Antwort auslegen, die Kaiser Julian von dem Haruspex Aprunculis Gallus erhielt, der das Vorhandensein einer doppelten Membrane (ein äußerst unheilvolles Zeichen) günstig für ihn auslegte und es als Ankündigung des bevorstehenden Todes von Julians Widersacher deutete (Anm. 22, 1, 1).

In diesem Falle liefert die Bronzeleber von Piacenza eine beachtliche Anzahl von Informationen, die zu einer Klärung dieses in der Fachwelt breit diskutierten Themas beitragen können. Allgemein kann man sagen, daß die Zuordnung linker Lungenflügel / *pars inimica* und rechter Lungenflügel / *pars familiaris* – nach der glaubwürdigsten Interpretation – grundsätzlich aufzunehmen ist. Allerdings ist es das Wesen derjenigen Götter, deren Namen in den kleinen Zellen genannt werden, das letztendlich den günstigen oder ungünstigen Gehalt der Weissagung bestimmt. Die aus der mechanischen Anwendung dieses Interpretationsschemas auf der Bronzeleber von Piacenza herrührenden Aporien können zum Teil überwunden werden, wenn man annimmt, daß diese Bereiche in Wirklichkeit nicht die gesamte Fläche der Lungenflügel einnahmen; in diese Richtung scheint eine Bemerkung bei Lucanus zu gehen, der von den »Zellen [*Teilen*] der Freunde, der Feinde und deren anderer mehr« spricht. Die Feststellung, daß die beiden geometrischen Figuren, die jeweils sechs kleine Zellen enthalten und im inneren Bereich der beiden Flügel angelegt sind (die in Form eines Radialrads links und die netzförmige rechts) Götternamen aufweisen, die nach ihrer Ungunst oder Gunst bringenden Natur geordnet sind, kann dazu veranlassen, in ihnen die von den Quellen erwähnten *partes* zu sehen, denn sie stehen in derselben Anordnung in den Sektoren drei oder vier (chthonisch und unterweltlich) bzw. eins und zwei (himmlisch und marin) des Außenbands; im Mittelteil der Bronzeleber von Piacenza, rings um die Protuberanz der kleinen Gallenblase, stehen dagegen Paare von Götternamen, die offensichtlich durch subtile Symmetriebeziehungen miteinander verknüpft sind, deren Bedeutung mehrdeutig bleibt. Die Interpretation bestätigt auch die tiefgehende Unterscheidung zwischen den inneren Bereichen der Bronzeleber von Piacenza und der Abfolge der Götternamen am Rand; letztere nämlich spiegelt die Aufteilung des Himmels in Regionen wider

Deckelrelief mit Opferszene an einem Altar (490–470 v. Chr.). Perugia, Museo Archeologico.

und senkt sich auf die Leber des Opfertiers, um ihr eine sakrale Orientierung zu geben, indem sie sich auf den astronomischen Hauptbezugspunkt des Haruspex, den Süden, stützt, als der bei der Leber die *incisura umbilicalis* betrachtet wird.

Auf den etruskischen Lebermodellen ist deutlich eine kleine Apophyse auf dem linken Flügel ausgebildet – der *processus papillaris* –, die in den Quellen keine Erwähnung zu finden scheint und deren antike Bezeichnung wir daher nicht kennen. Auch sie muß eine besondere Bedeutung gehabt haben, da dieses Detail auf der Leber, die auf dem Deckel der Aschenurne des Haruspex Aule Lecu aus Volaterrae abgebildet ist, gleich zweimal erscheint: ein also wichtiges *ostentum,* wie die entsprechenden Fälle des *caput duplex* (oder *caput geminum*), des *geminum fel,* der *exta duplicia* usw. beweisen. Von entscheidender Bedeutung war die Untersuchung des *caput iocineris,* das man sicher in dem pyramidenförmigen Ansatz am oberen Teil des rechten Flügels sehen muß. Sein Fehlen galt als unheilvolles Vorzeichen, während seine übernormale Ausbildung (oder, wie wir gesehen haben, seine Verdoppelung) als günstiges Zeichen betrachtet wurde; lag ein Einschnitt darin vor *(caput caesum)*, war dies ein äußerst schlechtes Vorzeichen, ausgenommen in einer Besorgnis und Angst erregenden Situation, denn in diesem Falle vertrieb es die Sorgen (Plin., *nat.* 11, 190). Während uns die Quellen Beschreibungen liefern, wie Haruspizes mit seiner intensiven und minuziösen Untersuchung beschäftigt sind, wird nie irgendeine bestimmte Gottheit genannt, vielleicht weil es, wie schon vermutet wurde, als Sitz aller Hauptgötter galt. In jedem Falle scheint sich die Betrachtung des *caput* darauf beschränkt zu haben festzustellen, ob keine Deformationen vorlagen und welche wundersamen Veränderungen gegebenenfalls zu registrieren waren (Plt., *Sulla*, 27, 6).

Kleinbronze aus Isola di Fano (Fossombrone), einen Auguren darstellend (Ende des 6. Jahrhunderts v. Chr.). Florenz, Museo Archeologico.

Auf den Lebermodellen, die uns überliefert sind, ist stets auch die Gallenblase *(fel)* sorgsam abgebildet, die bei der Bronzeleber von Piacenza auch als einziger der drei Auswüchse eine Einteilung in Regionen mit jeweiligen Inschriften aufweist. Nur ein einziges Mal bringt ein lateinischer Schriftsteller ein Teil der *exta* ausdrücklich mit einem Götternamen in Verbindung, nämlich Plinius der Ältere, der berichtet, die Haruspizes hätten die Galle Neptun und der Kraft des Wassers zugeschrieben; dieser Hinweis wird vom epigraphischen Text bestätigt, wo der Göttername *neϑ(uns)* auch tatsächlich am distalen Ende der kleinen Blase zu sehen ist.

Die Geschichte des Studiums der Bronzeleber von Piacenza ist eng verknüpft mit dem Versuch, die Kunst des etruskischen Haruspex in einem Zusammenhang zu sehen mit der anderen Leberbeschau-Schule, deren durch die Quellen umfassend belegter Ruhm durch die Entdeckung von Dutzenden von beschrifteten Lebermodellen Bestätigung erfahren hat, nämlich der babylonisch-chaldäischen. Obschon beträchtliche und manchmal entscheidende Diskrepanzen zwischen den beiden Traditionen bestehen, lassen sich auch verblüffende Verwandtschaften feststellen: Insbesondere zwei bogenförmige Einschnitte auf dem rechten Flügel, die man auf der irdenen Leber von Falerii und jetzt auch auf der Bronzeleber von Piacenza erkennen kann und die man als zwei charakteristische Zeichen der mesopotamischen divinatorischen Lebern betrachten kann, bestätigen die enge wechselseitige Beziehung zwischen den beiden divinatorischen Wissenschaften, die mindestens ab dem 3. Jahrhundert v. Chr. gesichert ist. Die Verbindung zur chaldäischen Ausprägung, die sich aus dieser Feststellung herleitet, kann dazu veranlassen, nach weiteren Entsprechungen zwischen der sich in der Bronzeleber von Piacenza spiegelnden Lehre und orientalischen Kulturkreisen zu suchen, besonders im Hinblick auf das mögliche Einwirken von astrologischen Elementen. Die klare Einteilung der Götternamen in den inneren Bereichen der Leber in drei Gruppen zu jeweils acht erinnert in der Tat an die dreigeteilten Klassifizierungsmuster, wie sie in der etruskischen Lehre von den Blitzen häufig Verwendung fanden. In dieser Hinsicht nimmt die von den Haruspizes durch die chaldäische Tradition angenommene Theorie von den Blitzen, die von den drei Oberplaneten (Mars, Jupiter, Saturn) ausgesandt werden, eine hervorgehobene Stellung an. Interessant ist im Licht dieses Datums das Vorhandensein der Namen von *Tin(a)*, dem Himmelsgott, auf dem rechten Flügel sowie des von *Satre* – vielleicht gleich Saturn – auf dem linken, letzterer ein mißgünstiger Gott, dem die etruskische Lehre die *fulmina inferna* zuschrieb. Zwischen diesen beiden Regionen erstreckt sich diejenige, in welcher der Name des Gottes *Maris* dominiert, der wahrscheinlich nicht mit Mars-Ares vergleichbar ist, vielleicht aber dessen Nachkomme. Noch verstärkt wird das Interesse durch die Angabe, die Chaldäer hätten den Stern, der für andere der Mars war, beim Namen Herkules genannt, ein Name, der auf der Leber tatsächlich in Verbindung mit dem von *Maris* zu finden ist.

Ein Bezug zu den astrologischen Lehren wird in jedem Falle durch das Vorhandensein der Namen der Sonne und des Mondes auf der Rückseite der Leber postuliert, Gestirne, die immer einen exegetischen Kernpunkt dargestellt haben und die am besten innerhalb eines Modells wie des astrologischen erklärt werden, das die Planeten in lunare und solare klassifizierte. Das angesprochene Modell steht daher in der Welt der Antike nicht allein: Wir wissen nämlich von Psellos, daß die Griechen die Lungenflügel den fünf Planeten widmeten, während der spätlateinische Verfasser des *Hermippus*, der sicherlich aus antiken Quellen schöpft, die Galle dem Planeten Mars zuschrieb. Die Quellen sind immer äußerst karg an Einzelheiten, was die Technik der Eingeweidebetrachtung durch den Haruspex angeht. Nur zwei Stellen, die allerdings mit Vorsicht zu betrachten sind, weil sie in literarischen Texten enthalten sind, liefern eine genauere Schilderung. In Senecas *Oedipus* und in der *Pharsalia* von Lucanus laufen die rituellen Handlungen folgendermaßen ab: Betrachtung des allgemeinen Zustands der Eingeweide des Opfertiers und ihrer Farbe (besonders die der Venen und der Leber), Prüfung, ob Herz und Lunge mehr oder minder deutlich zu sehen und in einwandfreiem Zustand sind, genaue Untersuchung der einzelnen Bereiche der Leber, Feststellung der Natur der Götter, deren Präsenz bei dem Opfertier aufgrund der festgestellten Zeichen als vorherrschend betrachtet werden kann, und schließlich die Formulierung der Weissagung.

Die Untersuchung der irdischen Zeichen wurde auch auf die Wunder ausgedehnt, die *ostenta*. Als letzer Anhang der *libri rituales* eingebracht, sind die *ostentaria* von ganz besonderer Bedeutung innerhalb der Lehre, deren lebendigster, ständig wachsender Teil, der sozusagen experimentelle Bereich der Lehre. Es handelt sich um Verzeichnisse von interpretierten Wundern oder von analytischen Korpora, die auf Klassen von *ostenta* bezogen sind. Die von den Haruspizes beobachteten Wunder gehören verschiedenen Arten an und beziehen sich auf alle Aspekte des Kosmos. Man kennt in der Tat Voraussagen, die sich auf Erdbeben und auf unterirdische Beben beziehen – zu diesem Thema gab es auch ein Werk von Tages, das nach Aussage von Giovanni Lido von dem Römer Vicellius übersetzt worden ist –, über die atmosphärischen Phänomene, Unwetter, Milch- und Blutregen, über die astronomischen Phänomene, über Sterne und Kometen. Macrobius (*Sat.* 3, 20, 3) überliefert uns ein Fragment einer Klassifizierung von unglückbringenden Pflanzen (*arbores infelices*), mit deren Holz die ungeheuerlichen Phänomene abgebrannt werden mußten, eine Klassifizierung, die aus einem Werk von Tarquinius Priscus hergeleitet ist, der wiederum ein etruskisches *Ostentarium arborarium* übersetzt haben soll. Auch was die Tiere angeht, gibt es Spuren einer Unterscheidung in glückverheißende und unheilverheißende; Mäuse und Bienen beispielsweise werden als unheilverheißende Tiere betrachtet: Sie sollen deshalb von böser Vorbedeutung sein, da sie die Monarchie symbolisieren (Plin., *nat.* 12, 56); zu den *animalia felicia* zählen dagegen die Haustiere, insbesondere das Opfertier an sich, das Schaf, bei dem man auch das Fell aufmerksam inspizierte, denn falls ein Schaf oder ein Widder gold- oder purpurfarbene Flecken auf seiner Wolle aufwiesen, kündigte sich für den Herrscher großes Glück an (Macr., *Sat.* 3, 7, 2). Servius sagt (*Aen.* 3, 537), auch die Pferde könnten glückliche Vorzeichen bringen, der unheilbringende Wert der Schlangen war dagegen zweideutig (Obseq. 28).

Ein ganz wichtiges Dokument zur Klärung der Struktur einer Antwort, wie sie aus der Interpretation eines Prodigiums folgte, ist die weithin bekannte Erzählung von Cicero (*har. resp.* 20) über die im Raum Latium vernommenen unterirdischen Beben im Jahre 56 v. Chr. Aus dieser Erzählung geht deutlich die Handlungsabfolge hervor: Auf die Beschreibung des Phänomens, das den Grund für die Hinzuziehung der Haruspizes darstellt, folgt unmittelbar die Angabe derjenigen Gottheiten, die ihren Zorn gezeigt haben (und die daher besänftigt werden müssen), die Bestimmung des Grunds für die göttliche Mißbilligung sowie der Folgen für das Schicksal der Stadt und schließlich die Vorschriften, auf welche Art Sühne zu leisten ist.

Raum und Zeit

Der Kern der *libri rituales* richtete sich auf die Gesamtheit der Aktivitäten des öffentlichen Lebens. Eine bekannte Stelle bei Festus (Paul. Fest. 285 L) faßt einige der wichtigsten Aspekte zusammen: »In den rituellen Büchern der Etrusker sind Vorschriften enthalten über die rituelle Art und Weise, wie Städte zu gründen, Altäre und Tempel zu weihen sind, ferner gesetzliche Verordnungen über die Mauern und Stadttore, sowie über die Einrichtung von Stämmen, Kurien und Zen-

Bronzemünze mit der Darstellung eines Haruspex aus dem nördlichen inneren Etrurien, Recto und Verso (hellenistische Zeit). Florenz, Museo Archeologico.

Zeichnung einer Kleinbronze, einen Haruspex mit seiner charakteristischen konischen Kopfbedeckung darstellend. Vom rechten Tiberufer (3.–2. Jahrhundert v. Chr.). Vatikan, Museo Etrusco Gregoriano.

turien, über die Bildung und Gliederung der Heere und alle staatsbürgerlichen Aktivitäten in Krieg und Frieden.«

Eine besonders große Zahl von Quellen bestätigt den Bezug zum etruskischen Ritus bei der Gründung der Städte sowohl in Latium als auch in Rom selbst. Andere Quellen nennen besondere Vorschriften für den Krieg; Ammianus Marcellinus (23, 5, 10) erwähnt *libri exercituales*, wahrscheinlich Sammlungen von Vorschriften und *ostenta*, die sich auf die Heere beziehen, vielleicht eine Art Handbuch für die Haruspizes im Gefolge der Armeen.

Ein besonders wichtiger Aspekt der Lehre muß die *limitatio* gewesen sein; die Quellen schreiben sie, gestützt auf die Autorität Varros, einstimmig den Etruskern zu. Wie der Himmel in Sektoren unterteilt war, um eine leichte Lokalisierung der Wohnstätten der Götter zu ermöglichen, wird in der Tat der *orbis terrarum* nach einem System astronomischer Koordinaten gegliedert, die sich ebenfalls auf die Kardinalpunkte stützten und anhand derer sich ein rationales Unterteilungssystem ausrichtet. Während aber die Himmelskuppel für die spezifischen Zwecke der divinatorischen Praktiken eine weitere radiale Einteilung aufweist, sieht die *ratio* auf der Erde eine Vervielfachung der ausgerichteten Achsen vor, die die Bildung viereckiger Einteilungen bedingt. Ein Fragment der etruskischen Bücher, die sich mit diesem Gebiet beschäftigten, ist sicherlich jenes berühmte, das die sogenannte Prophezeiung der Vegoia an Arruns Velthymnus enthält; der Name dieser Nymphe wird in der Tat im *corpus* der Landmesser genannt, die in einem Kontext, der sich auf das Verfassen von Werken über die Landwirtschaft bezieht, als ihre Quelle einige *libri Magonis et Vegoiae auctorum* angeben. Möglicherweise handelt es sich um eine Darstellung des Tages zugeschriebenen *liber iuris terrae Etruriae*. Bei einer Lehre, in welcher der Kosmos streng und berechenbar geordnet ist, verwundert es nicht, daß auch das menschliche Leben innerhalb einer festen klassifizierten Struktur verläuft, die seine Darstellung und maximale Dauer vorsah. Censorinus führt unter Verweis auf etruskische Quellen *(libri fatales)* an, »daß das menschliche Leben in zwölf Hebdomaden [Zeiträume von sieben Jahren] verläuft; in seinem Lauf kann man mit Opfern und Gebeten das persönliche Schicksal bis zum Alter von siebzig Jahren hinausschieben; von da ab ist es nicht mehr möglich, einen weiteren Aufschub zu erhalten, noch ist es statthaft, von den Göttern einen solchen zu erbitten. Im übrigen gehen ihnen die Menschen mit dem Alter von vierundachtzig Jahren aus dem Sinn, und für sie geschehen keine Prodigien mehr«. Im Rahmen einer Vorstellung, in welcher der Kosmos beherrscht wird vom göttlichen Willen, der sich in den außergewöhnlichen Ereignissen manifestiert und den man günstig stimmen kann, sofern man die Warnzeichen zu erkennen vermag, kommt der Ausschluß von den Prodigien einem Ausschluß aus der Ordnung des Universums gleich.

Wie das der Menschen ist auch das Leben der Städte und Staaten eindeutig festgelegt und zwar aufgrund der Zeichen und Prodigien, die sich an ihrem *dies natalis* – bei ihrer Gründung – ereignet haben und die während der ganzen Zeit ihres Bestehens Gültigkeit behalten *(in totam vitam fatidica)*. In jedem Fall hat auch das Leben der Staaten eine festgelegte Dauer, die in veränderlichen Zeiträumen von Jahren veranschlagt ist, den *saecula*, die anhand der Lebensdauer der langlebigsten Menschen jedes einzelnen *saeculum* berechnet werden. Da es keine mechanische Methode gab, mit der man den Übergang von einem *saeculum* zum anderen hätte feststellen können, sandten die Götter zur Unterrichtung der Menschen ein Prodigium. Zu den Prodigien dieser Art *(ostenta saecularia)* zählen die Quellen den durchdringenden Trompetenstoß, den man im Jahre 88 v. Chr. vernahm und der das Ende des achten Jahrhunderts bezeichnet haben soll (Plu., *Sull.* 7), sowie den Kometen im Jahre 44 v. Chr. (Serv., *bucol.* 9, 45), der das Ende des neunten bezeichnet haben soll.

Ebenfalls bei Servius (*Aen.* 8, 398) ist zu lesen, daß man laut den von Tages verfaßten *libri aruspicini* und den *sacra acheruntia* das Schicksal Einzelner um zehn und das der Staaten um dreißig Jahre hinauszögern kann. Der Aufschub des allerdings unausweichlichen Schicksals scheint eine Besonderheit der etruskischen Lehre zu sein, denn die gleiche Idee taucht auch in den *libri fulgurales* mit der Klasse der *fulmina prorogativa* wieder auf. In den genannten acherontischen Büchern soll angegeben gewesen sein, wie die Geister der Verstorbenen mittels bestimmter Riten und besonderer Zeremonien Unsterblichkeit erlangen und damit *Dii Animales* werden konnten (Serv. *Aen.* 3, 168): Die Theorie soll von Cornelius Labeo ausgearbeitet worden sein, der eine Abhandlung *de diis animalibus* schrieb und dabei aus der etruskischen Disziplin schöpfte. Obwohl die Überlieferung diese Bücher mit Tages in Verbindung bringt, tritt hier wahrscheinlich der Einfluß der orphisch-pythagoreischen Lehre zutage, deren Verbreitung in Etrurien von den Quellen ausdrücklich erwähnt wird (Iambl. 27, 127).

Die Priester

Bei einer Zusammenschau der Informationen über die etruskische Disziplin bestätigt sich, wie schwer es sein kann, mit der lateinischen Dokumentationsrealität zu operieren, die nicht immer mit der Beschreibung einer fremden Wissenschaft umzugehen weiß – der Wissenschaft der etruskischen Haruspizes, die im übrigen fast immer im römischen Kontext Einsatz fanden. Über ihre Tätigkeit in Etrurien wissen wir nämlich recht wenig, obwohl bekannt ist, daß es lokale Traditionen gab, wie etwa die *fata quae Veientes scripta habent*, von denen Livius und Cicero sprechen, wahrscheinlich Sammlungen von Wundern, die einer ganz bestimmten Stadt angepaßt waren; ebenso wie wir wissen, daß

Nigidius eine etruskische Abhandlung über den Donner übersetzt und gleichzeitig den besonderen geographischen und politischen Verhältnissen Roms angepaßt hatte.

Die typische Kleidung des Haruspex, wie wir sie bei einer Reihe von etruskischen Zeugnissen sehen können, besteht aus einer spitz zulaufenden Kopfbedekkung, in spätetruskischer Zeit mit einem Kinnband versehen wie bei den römischen Flamen (und sicherlich von den gleichen Erfordernissen diktiert), einer kurzen Tunika und einem ebensolchen Mantel, wahrscheinlich aus der Haut eines geopferten Tieres gefertigt, die mit altertümlich anmutenden Bronzefibeln zusammengehalten wurden; die Gesamterscheinung ist bemerkenswert archaisch und läßt sich allgemein mit der Kleidung vergleichen, die Geistliche als solche kennzeichnen sollte; zu Recht vermutete man deshalb darin die Kristallisierung einer sehr alten, bis in vorgeschichtliche Zeit zurückreichenden Tradition. Diese Hypothese kann zur Interpretation der Angabe über die überlieferte Entstehung der Disziplin herangezogen werden: Die Enthüllung des Tages wirkt nämlich wie die Kodifizierung eines Wissens, dessen Ursprünge bis in früheste Zeit zurückreichen. Diese rationale Ordnung der Lehre erfolgte wahrscheinlich zur Zeit der Bildung des etruskischen Städtebundes, ein historischer Anlaß, der eine Rechtfertigung für das Entstehen eines Kodex bot, welcher sich auf ein gemeinsames Wissenschaftsgut stützt und zu einer Art Band zwischen den zwölf Völkern wird, die ja auch einer Quelle (Paul Fest. 359 L) zufolge die Adressaten der von Tages diktierten Vorschriften waren.

In der römischen literarischen Überlieferung zeigt sich der Haruspex in zwei Gestalten: Neben denen von hohem gesellschaftlichen Rang, aufgewachsen in den etruskischen Aristokratenfamilien und dort in den komplexen Vorschriften der Disziplin unterwiesen, gibt es auch eine große Zahl solcher, die von Cicero Dorf-Haruspizes *(vicani haruspices)* genannt wurden und die sicherlich aus bescheidenen Verhältnissen stammten.

Die Disziplin genoß gleichwohl uneingeschränktes Ansehen. Wie die Quellen einstimmig bezeugen, rief man bei den schwerwiegendsten *ostenta* seit der Blütezeit der Republik Haruspizes aus Etrurien herbei, in den dramatischsten Fällen *ex tota Etruria.* Die Umstände, unter denen der Haruspex tätig wurde, rief ihn der römische Senat, waren oftmals außerordentlich ernst: Hier fiel ihm eine ungeheure Verantwortung und eine beachtliche Macht zu (nur wenig abgeschwächt durch die Kontrolle, die das Kollegium der Decemviri, später der Quindecemviri über sein Wirken ausübte), die das Gleichgewicht zwischen politischen und gesellschaftlichen Gruppen verschieben konnte, was nicht der Fall gewesen wäre, hätte man sich nicht auf eine angesehene Wissenschaft berufen können, die imstande war, unanfechtbare Entscheidungen vorzulegen, welche sich auf Prämissen stützten, die vom allgemeinen Konsens des Volkskörpers getragen wurden. Die Quellen berichten denn auch von den schwerwiegenden Folgen mancher Bescheide der Haruspizes, die so weit gingen, daß sie beispielsweise im Jahre 152 v. Chr. den sofortigen Rücktritt ganzer Magistratskollegien verursachten (Obseq. 18). Dieser unangefochtene Konsens bleibt im ganzen historischen Verlauf der Disziplin bestehen (trotz der einen oder anderen negativen Stimme, die einer anderen Meinung das Wort redet). Der Anschein einer objektiven Wahrheit, den die *exta* in einigen Episoden annehmen, die sich auf die Belagerungen von Veji (Liv. 5, 21, 8) und Perugia (Svet., *Aug.* 96) beziehen, wird von anderen Anekdoten bestätigt, aus denen hervorgeht, daß trotz des Argwohns bezüglich des schlechten oder verderbten Gebrauchs, den der Haruspex von der Interpretation des Vorzeichens machen kann, keinerlei Zweifel an der absoluten technischen Kompetenz und an der Güte des angewandten divinatorischen Systems aufkommt. In diesem Zusammenhang aufschlußreich ist Ciceros (*div.* 2, 9, 21) im allgemeinen eindeutig kritische Haltung gegenüber der Divination, der er jedoch eine wichtige gesellschaftliche Funktion zuerkennt, wenn er in der archaisierenden und streng formalisierten Sprache der »Gesetze« sagt: *Prodigia portenta ad etruscos haruspices ... deferunto Etruriaque principes disciplinam doceto.*

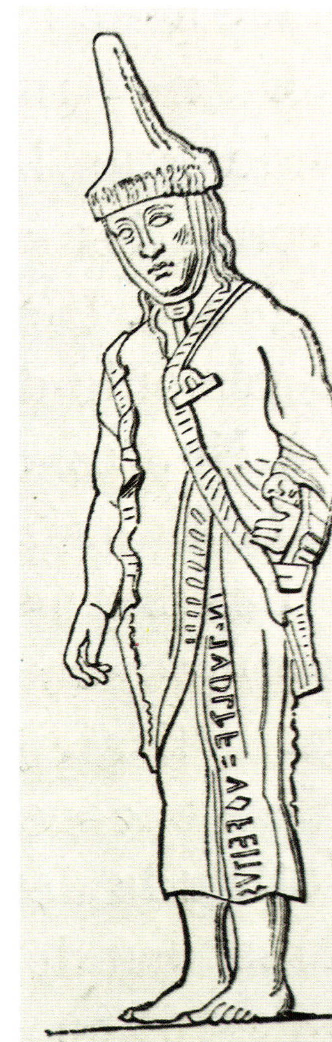

Adriano Maggiani
(Aus dem Italienischen von Christel Galliani)

Etruskische Kultgottheiten

Die etruskische Religion war eine durch prophetische Wesen vermittelte Offenbarungsreligion, die in Büchern niedergelegt war. Diese Tatsache hat schon manchen zu einem Vergleich mit der jüdischen und der christlichen Religion angeregt. Es bleibt jedoch ein fundamentaler Unterschied. Die etruskische Lehre war nicht monotheistisch, sondern ausgesprochen polytheistisch, und die Macht des obersten Gottes, *Tinia*, war gegenüber der Jahwes noch mehr beschränkt als die des griechischen Zeus. Dieser war alleiniger Herr des Blitzes, während neben Tinia mehrere andere Götter Blitze schleudern konnten, und wenn *Tinia* besonders gefährlich blitzen wollte, bedurfte es der Zustimmung des Götterrates (Sen. *nat.* 2, 11). Aus dieser großen Zahl etruskischer Götter sind hier solche ausgewählt, für die sich kultische Verehrung nachweisen läßt. Da die Kriterien für eine Gruppierung problematisch sind, werden die Gottheiten in alphabetischer Reihung aufgeführt. Dabei wird versucht, jeweils das spezifisch Etruskische an ihnen aufzuzeigen, und zwar oft mit Hilfe eines vergleichenden Blickes auf die uns besser bekannte griechische und römische Religion.

Steinerner Anker aus Gravisca mit Weihinschrift des Kaufmanns Sostratos an den äginetischen Apollo (um 500 v. Chr.). Tarquinia, Museo Archeologico.

Für die Frage nach der Herkunft bestimmter etruskischer Kultgötter hat sich die sprachwissenschaftliche Untersuchung ihrer Namen als hilfreich erwiesen. Manche davon, etwa *Turan* (Aphrodite), *Thesan* (Eos) und wahrscheinlich auch *Tinia* (Zeus) sind genuin etruskisch. Andere wiederum, wie *Hercle* oder *Artumes*, sind eindeutig griechischen Ursprungs. Und zwar sind viele griechische Götter- und Heroennamen schon in der Phase des dorischen Einflusses übernommen worden, die mit der korinthisierenden Phase der etruskischen Kunst zwischen 620 und 550 v. Chr. zusammenfällt. Das geht aus der Lautgebung klar hervor. In der zweiten Hälfte des 6. Jahrhunderts v. Chr., als der dorische Einfluß in Sprache und Kunst durch das Ionische abgelöst wurde, drangen dann ionische Worte in Etrurien ein. Während des 5. Jahrhunderts v. Chr., als eine Lautveränderung in der etruskischen Sprache stattfand, waren die übernommenen griechischen Namen schon so eingebürgert, daß sie jenen Wandel mitmachten.

Eine dritte Kategorie von Götternamen, zu denen *Uni*, *Nethuns* (Iuno, Neptun) und andere gehören, stammt aus dem Lateinischen oder aus italischen Dialekten, die dem Lateinischen verwandt sind. Und zwar handelt es sich bei dieser dritten Gruppe nicht um untergeordnete Gottheiten, sondern im Gegenteil, wie bei Uni, um einige der wichtigsten Kultgötter Etruriens. Der umgekehrte Weg, nämlich daß etruskisch *Uni* im Lateinischen zu Iuno geworden, also von Etrurien nach Latium übernommen sei, ist linguistisch nicht möglich. Diese Göttin muß also von den Latinern oder deren italischen Verwandten verehrt worden sein, ehe die Etrusker den Kult übernahmen. Man könnte einwenden, das sei zuviel gesagt; die aus den italischen Sprachen von den Etruskern übernommenen Götternamen seien vielleicht nur mythologischen Ursprungs. Dagegen ist jedoch eine Erkenntnis der vergleichenden Religionswissenschaft ins Feld zu führen, die besagt, daß die italischen Nachbarn der Etrusker – im Gegensatz zu diesen wie zu Griechen und Orientalen – weder Ehen noch Verwandtschaftsverhältnisse zwischen ihren Gottheiten kannten. Folglich hat es im alten außeretruskischen Italien wohl kaum Göttermythen gegeben, deren Inhalt sich ja um Göttersippen zu drehen pflegt. Was die Italiker ihren etruskischen Nachbarn an Götternamen gaben, waren Namen kultisch verehrter Götter.

Dazu kommt das folgende: Es stimmt zwar, daß die Haruspizes in Rom oder die Augures und andere Priester etruskische Kultpraktiken übten. Aber sie übten sie, wenn man die Herkunft der römischen Kulte analysiert, im Dienste nichtetruskischer Gottheiten. Daß man sich dabei etruskischer Riten bediente, lag an der zivilisatorischen Überlegenheit der Etrusker, die sich gegenüber den Italikern vor allem in der früheren Beherrschung der Schrift ausdrückte. Schrift und Religion waren in Etrurien eng verbunden, und diese Verbindung muß die italischen Nachbarn überaus fasziniert haben. Andererseits waren die Etrusker empfänglich für italische Kultgötter, denen sie einige ihrer wichtigsten Heiligtümer errichteten. Diesen bedeutenden Einfluß der Italiker auf die etruskische Religion macht man sich von der Bildkunst her, in der griechische Anregungen allgegenwärtig sind, meist zu wenig klar.

Woran läßt sich die kultische – und nicht nur mythologische – Präsenz einer Gottheit in Etrurien erkennen? Den wichtigsten Hinweis geben natürlich die ausgegrabenen Heiligtümer, falls ihre Inhaber durch antike Autoren, und/oder durch Inschriften und Votivgaben bestimmbar sind. Solche Votive, oft bescheidene Terrakotten oder Kleinbronzen, sind kulthistorisch häufig wichtiger als monumentale Werke. So hatte der Fund der großen Statue des schreitenden Apollo in Veji-Portonaccio zunächst zu einer Fehldeutung des dortigen Tempels geführt. Dieser hat sich dann als Minervatempel erwiesen, während der Apollo zu einer mythologischen Gruppe auf dem Firstbalken gehörte. Die Zahl der ausgegrabenen Heiligtümer ist allerdings gegenüber denen, die wirklich vorhanden gewesen sein müssen, noch klein. Dazu kommt, daß manche *stipi votivi* vor langer Zeit gefunden wurden, als man noch nicht genügend auf den Grabungs-Zusammenhang achtete. Außerdem sind noch nicht alle Götternamen in Weihinschriften befriedigend gelesen. Das gilt auch für die Namen auf der Bronzeleber von Piacenza (TLE 719) aus dem 2. Jahrhundert v. Chr. Die Aussage dieses der späteren Entwicklung der nordetruskischen Religion entstammenden ›didaktischen‹ Modells für Haruspizes darf nicht überschätzt werden, denn nicht alle großen Kultgottheiten sind auf ihm genannt. So fehlen

Bronzespiegel aus Vulci mit Apulu (Apollo) und Artumes (Artemis) (um 470 v. Chr.). Berlin-Charlottenburg, Antikenabteilung.

etwa *Aplu* (Apollo) und *Menrva*. Dennoch ist die Bronzeleber zusammen mit der Zagreber Mumienbinde, dem berühmten *liber linteus* (TLE 1), für die Bestimmung von Kultgottheiten unentbehrlich. Auf beiden Denkmälern gibt es Götternamen, die nur dort vorkommen, uns also anderenfalls unbekannt wären. Ein kürzerer Text mit Kultvorschriften findet sich auf der Bleitafel von Magliano im Gebiet von Vulci, der sogenannten *tabula Hebana* (TLE 359).

Aita (griech. *Hades*)

→ *Apulu* und *Calu*.

Ani

Dieser Name steht angeblich auf der Bronzeleber von Piacenza (TLE 719 a), doch liest man dafür jetzt den Genitiv von *Tinia* (Zeus). Damit entfallen die Hypothesen, in denen *Ani* und der römische Gott Ianus in Verbindung gebracht wurden.

Die Bronzestatuette eines doppelköpfigen Gottes in Cortona stellt nicht den nicht existierenden *Ani*, sondern den Gott *Culsans* dar, wie aus der Weihinschrift hervorgeht (→ Culsans).

Aita (Hades) mit Kopfbedeckung aus Wolfsfell, zur Seite der Phersipnei (Persephone) sitzend. Fresko aus der Tomba dell'Orco II in Tarquinia (3. Viertel 4. Jahrhundert v. Chr.).

Links: Marmorkopf des Apollo (?) aus Volterra (um 480 v. Chr.). Volterra, Museo Guarnacci.

Apulu/Aplu (griech. *Apollon*, lat. *Apollo*)

Der Name des Gottes kam über eine lateinisch sprechende Stadt (Praeneste?) zu den Etruskern, sonst müßte das N am Ende des griechischen Namens, wie Radke sah, erhalten sein. Der Name *Aplun* ist, entgegen früheren Behauptungen, nicht bezeugt. Ebenso sind die Gelehrten heute widerlegt, nach denen Apulu in Etrurien »kein Kultempfänger« war. Die Weihinschrift des Sostratos auf dem Ankerstein von Graviscae ist zwar rein griechisch, bezeugt aber ein Heiligtum des

Bronzestatuette des Apollo (Mitte 4. Jahrhundert v. Chr.). Paris, Bibliothèque Nationale.

Gottes im Hafen von Tarquinii. Auch im Hafengebiet von Caere, in Pyrgi, hatte er ein Heiligtum (Aelian, V. H. 1, 20). Votivstatuetten des leierhaltenden Gottes aus Terrakotta kamen sowohl in Caere als auch in Veji zutage. Beim Tempel von Veji-Portonaccio wurde das Fragment einer halblebensgroßen Statuette des Apulu mit Leier gefunden. Zwar ist der berühmte »Apoll von Veji« kein Kultbild, sondern er gehört zu den Dachterrakotten jenes der *Menerva* geweihten Tempels. Doch scheint dort neben anderen Parhedroi *(Artumes, Turan)* auch *Apulu* zusammen mit der Hauptgöttin verehrt worden zu sein.

Apollo war in Etrurien wie in Rom vor allem der Gott von Delphi. Deshalb waren delphische Mythen in der etruskischen Kunst seit archaischer Zeit beliebt. Auch die beiden apollinischen Gruppen vom First des Minervatempels in Veji-Portonaccio, die Flucht der Leto vor dem Drachen von Pytho und der Streit um die Hirschkuh, spielen in Delphi. Die Auffassung von Pfiffig von Apulu als einem »lichten, freundlichen Gott« trifft nur für die spätere Entwicklung zu. Seit dem 4. Jahrhundert kann Aplu dem Sonnengott angenähert werden (→ Cavtha). Todesdämonen bevölkern jedoch in der archaisch etruskischen Kunst sein Heiligtum. Auf dem Berg Soracte wurde der Gott Soranus verehrt, der in den antiken Quellen Hades und Apollo heißt. Zu ihm betet bei Vergil der Etrusker Arruns als zu seinem obersten Gott (*Aen.* 11, 785 ff.). Zum Gefolge des Soranus gehörten Wölfe, die auch die Unterweltgötter *Aita* und *Calu* begleiteten. *Aita* (Hades) mit der Wolfskappe scheint zusammen mit seiner Gemahlin *Phersipnei* in Etrurien nur im Mythos, nicht im Kult existiert zu haben. Im Gegensatz zu dem bärtigen *Aita* ist Apulu in der Bildkunst meist unbärtig. Sein Hauptattribut in mythologischen Darstellungen ist der Bogen, der auch beim Apoll von Veji zu ergänzen ist, während er in den Votivterrakotten die Leier trägt. Sie hängt mit seinen musischen und prophetischen Eigenschaften zusammen. Das wichtigste Attribut des Gottes im Mythos wie im Kult aber war der Lorbeer. Apulu hält ihn als Stab auf einem Spiegel in Berlin/DDR, der ihn als den Herrn des delphischen Festjahres zeigt. Lorbeerbäume sind als apollinische Haine seit archaischer Zeit an die Wände der Gräber von Tarquinii gemalt. Der Lorbeer kennzeichnet Apollo als reinigenden und damit zugleich als heilenden, von Seuchen befreienden Gott. Medicus war einer seiner Beinamen in Rom.

Artumes/Aritimi (griech. *Artemis* und *Artamis*)

Die Zwillingsschwester des griechischen Apollon wurde nicht gemeinsam mit diesem aus einer lateinisch sprechenden Gegend übernommen (→ *Apulu*), denn dort hieß die Göttin Diana. Sie wurde im archaischen Mittelitalien als Einzelgestalt (ohne Apollo) verehrt, man denke an den Dianakult von Aricia. In Rom wurde die enge Verbindung zwischen den beiden Geschwistern später, in der Zeit des Kaisers Augustus, stark betont. Die Etrusker sehen das Zwillingspaar ganz im griechischen Sinne schon seit archaischer Zeit eng verbunden. Das schönste Zeugnis im mythologischen Bereich ist ein Spiegel in Berlin, auf dem die leierspielende *Artumes* ihrem Bruder *Apulu* gegenübersitzt. Wie aus Votivgaben an sie hervorgeht, war *Artumes* in Etrurien auch Kultgöttin. Die älteste erhaltene Weihinschrift für sie stammt aus dem Heiligtum von Veji-Portonaccio. Ihr Name, in der Form *Aritimi*, ist dort zusammen mit dem der *Turan* genannt (TLE 45). Diese Verbindung begegnet bei Artemis und Aphrodite auch im griechischen Bereich. Am Ostfries des Parthenon sitzen die beiden Göttinnen mit verschlungenen Armen unter den Zwölfgöttern. In einer großen Reihe von Votivterrakotten, vor allem aus Caere, ist *Artumes* an den Attributen Palme und Reh sicher zu erkennen. Es sind Stükke aus dem 5.–3. Jahrhundert v. Chr., die eine lange Kontinuität des Kultes beweisen. In einigen Terrakotten ist *Artumes* auch mit ihrer Mutter *Letun* (griech. *Leto*, lat. *Latona*) oder ihrem Bruder Aplu gruppiert. Dieser ist wohl auch in der schönen Bronzestatuette aus dem späteren 4. Jahrhundert v. Chr. in Paris dargestellt, denn der junge nackte Gott trägt am linken Oberschenkel eine Weihinschrift für *Aritimi* (TLE 737).

Athrpa (griech. *Atropos*)

→ *Nortia*

Atunis (griech. *Adonis*)

Wie in Griechenland, so existierte der junge, schöne Vegetationsgott Atunis in Etrurien nur in der Verbindung mit Turan (Aphrodite). Daß er »ausschließlich auf Spiegeln« auftrete, wie Pfiffig annimmt, stimmt nicht. Man denke an die Terrakotta-Aschenurne mit dem sterbenden Adonis im Vatikan oder an einen faliskischen Krater in der Villa Giulia. Vielleicht zeigt ihn auch eine spätarchaische Bernsteinschnitzerei aus der Gegend von Ancona in New York. Da Turan in Etrurien Kultgöttin und ein jugendlicher Parhedros für sie typisch war (→ *Turan*), wurde auch Atunis mit ihr zusammen verehrt, so im Heiligtum von Graviscae, wo der Kult bis in die römische Zeit archäologisch bezeugt ist.

Calu/Calus

Auf der *tabula Hebana* (TLE 359 b) ist eine Opfervorschrift für diesen auch sonst inschriftlich überlieferten Gott erhalten. In Grabinschriften heißt es z. B. formelhaft, daß jemand »zu *Calu* gegangen ist« (TLE 99). *Calu* war also ein Gott des Todes und im Gegensatz zu *Aita* ein Kultgott. Wie *Aita* und *Apulu* hatte er den Wolf als Trabanten; auf der Bronzestatuette eines Caniden in Leiden aus Cortona steht eine Weihinschrift für *Calu* (TLE 642). Seine Gleichsetzung mit lateinisch Orcus ist nicht sicher, denn dieser hatte, wie Radke schreibt, »weder Tempel noch Kult«. Eine sichere Darstellung des *Calu* ist bisher nicht nachgewiesen, er scheint in der etruskischen Kunst weniger selbst aufzutreten als durch Todesdämonen vertreten zu sein. Auf etruskischen Aschenurnen hellenistischer Zeit in Perugia und Volterra ist jedoch mit dem teilweise oder ganz als Wolf dargestellten, aus einem Puteal aufragenden Todesgott vielleicht *Calu* selbst gemeint (Meuli nennt ihn Orcus, Pfiffig erwägt verschiedene, nicht überzeugende Möglichkeiten). Der Auftauchende ist durch die für

Kleine Bronzefigur eines Hundes mit Weihinschrift an Calu. Aus Cortona (hellenistische Periode). Leiden, Rijksmuseum van Oudheden.

ihn ausgegossene Opferschale als Kultempfänger gekennzeichnet, was auf *Calu* zutrifft. Da die späteretruskischen Urnen im allgemeinen griechische Mythen in etruskischer Dämonisierung zeigen, ist wohl der Mythos von König Sisyphos dargestellt, der Thanatos fesselte und Hades überlistete. Die Fesselung ist auf den genannten Urnen gezeigt, zugleich aber die Überlegenheit des Auftauchenden, der mit seinen Wolfspranken einen der Dargestellten ergreift. Wenn diese Deutung stimmt, so glich *Calu* weniger dem aus dem griechischen Mythos übernommenen *Aita* (Hades), dem Herrscher der Toten, als dem Bringer des Todes, Thanatos. Er hatte also mehr mit dem Zu-Tode-Kommen als mit dem Zustand des Todes zu tun. Ersteres hat bekanntlich die Phantasie der Etrusker besonders beschäftigt, wie ihre Kunst seit archaischer Zeit beweist.

Cavtha/Cautha/Cath

Der Name des etruskischen Sonnengottes lautet im Kult *Cavtha* oder *Cath*, während die Sonne als Appellativum und als mythologische Personifikation *Usil* heißt. Das zeigt sich z. B. auf der Bronzeleber von Piacenza, auf deren Oberseite *Cath* unter den Kultgöttern zweimal genannt ist, während auf der Unterseite *Usil*, wohl als Himmelsrichtung, steht. Doch erhält *Usil* zusammen mit der Göttin der Morgenröte (→ *Thesan*) auch Opfer. In den mythologischen Darstellungen der Bronzespiegel heißt er mit einer Ausnahme stets *Usil*. Den Inschriften zufolge, in denen er *Cavtha*, *Cautha* oder *Cath* heißt, hatte der Sonnengott in Etrurien vielerorts Kult, so in Cortona, Populonia, Heba (Gegend von Vulci). In Tarquinii und Tuscania dienten ihm spezielle Priesterkollegien. Charakteristisch scheint die Kultverbindung mit *Pacha* (Bacchus) gewesen zu sein, jedenfalls im hellenistischen Etrurien. Früher waren es *Apulu* und *Fufluns*, die einander nahestanden. Dieses Götterpaar dürfte sich mit *Cath* und *Pacha* so nahe berührt haben, daß sie zum Teil sogar gleichgesetzt wurden. Eines der frühesten Zeugnisse für die Identifizierung des *Apulu* mit dem Sonnengott ist ein Spiegel im Vatikan aus dem mittleren 4. Jahrhundert v. Chr., auf dem *Usil* den Bogen hält. In den mythologischen Bildern auf etruskischen Vasen und Spiegeln erscheint der Sonnengott als Gespannlenker oder als strahlende Scheibe mit Gesicht oder Büste. Die erste Darstellung ist der griechischen, die zweite, wie Schauenburg darlegte, der orientalischen Kunst entnommen. Beide eignen sich kaum für Kultbilder, für die eine dritte, speziell etruskische Darstellungsart jedoch in Frage käme: der Sonnengott mit feurigen Bällen in den Händen. So taucht er auf einem archaischen Spiegel, jetzt in Minneapolis, aus den Fluten. In ganzer Gestalt zeigt ihn so meines Erachtens ein goldener Siegelring in Aleria, der bisher als Herakles im Garten der Hesperiden gedeutet ist.

Platte eines goldenen Ringes mit Darstellung (vermutlich) des Sonnengottes Cavtha. Aus Aleria (letztes Viertel 4. Jahrhundert v. Chr.). Aleria, Museo Carcopino.

Bronzespiegel mit Darstellung des Kampfes zwischen Laran (Ares) und dem »Sohn der Cel«. Aus Populonia (Anfang 4. Jahrhundert v. Chr.). Florenz, Museo Archeologico.

Cel

Die auf der Bronzeleber von Piacenza genannte Gottheit *Cel* bedeutet nicht, wie Pfiffig annimmt, »Morgen, Aufgang, Osten«. Vielmehr handelt es sich, wie Colonna nachweist, um den Namen der Erdmutter (Ge, Tellus). Zu dieser Deutung paßt der Name *Celsclan*, Sohn der *Cel*, auf einem Spiegel aus Populonia in Florenz, denn der Dargestellte ist ein Gigant, also ein Sohn der Erdmutter. Wie diese nun namentlich ermittelte Muttergöttin im etruskischen Kult abgebildet wurde, wissen wir nicht. Es ist möglich, daß sie, wie vielerorts in Griechenland, anikonisch verehrt wurde. So streute man im attischen Kult das Voropfer für Ge auf die Altäre anderer Gottheiten, oder die Griechen gossen Spenden für die Erdmutter einfach auf den Boden.

Culsans (lat. *Ianus*)

Auf einer Bronzestatuette hellenistischer Zeit in Cortona steht auf dem linken Oberschenkel eine Weihung an *Culsans* (TLE 640). Es ist daher anzunehmen, daß der jugendliche Gott mit dem Doppelantlitz *Culsans* ist, eine ikonographische Entsprechung zum römischen Gott Ianus. Wahrscheinlich entsprachen die beiden Götter einander auch in ihrer Funktion, denn *Culsans* hängt etymologisch mit der Türhüterin *Culsu* zusammen (→ *Culsu*), und Ianus mit *ianua*, der Tür. Es handelt sich in beiden Fällen um Torgottheiten, die wegen der doppelten Richtung des Tores ein Antlitz nach zwei Seiten haben. Und zwar ist es nicht der Torbogen, der dem Ianus ursprünglich heilig war, sondern der hölzerne Riegel und das bronzene Torschloß. Die frühesten Doppelgesichter finden sich in der Kunst des Zweistromlandes (woher wohl auch die bronzenen Schlüssel ursprünglich kamen). Einen Schlüssel hielt das römische Kultbild des Ianus (Ovid, Fasti 1, 99); vielleicht war auch das stabförmige, heute verlorene Attribut in der Rechten der *Culsans*-Statuette in Cortona ein Schlüssel. Dagegen sind Torques und Stiefel der sonst nackten Figur keine speziellen Attribute. Sie werden auch von der mit diesem Stück zusammen gefundenen *Selvans*-Statuette getragen (→ *Selvans*).

Culsu

Im Gegensatz zu der ihr in Aussehen und Funktion nahestehenden Todesdämonin *Vanth* ist *Culsu* nur zweimal namentlich überliefert: In der Buchrolle, die

Laris Pulena auf seinem Sarkophag in Tarquinia hält (TLE 131) und auf dem spätetruskischen chiusiner Alabastersarkophag der Hasti Afunei in Palermo. Dennoch ist ein Kult nicht für *Vanth*, wohl aber für *Culsu* belegt, da Laris Pulena auf der Rolle in seiner Hand seine verschiedenen sakralen Funktionen aufzählt. Der andere Sarkophag zeigt *Culsu* selbst zusammen mit *Vanth*. Sie ist ähnlich wie jene über dem kurzen Gewand mit Kreuzbändern gegürtet und trägt Stiefel. Eine Fakkel schulternd tritt sie aus dem Hadestor. Der Gegenstand in ihrer Rechten wurde unzutreffend als Schere bezeichnet; es handelt sich vielleicht um einen Schlüssel oder Riegel. Da der etymologisch mit ihr verwandte Gott *Culsans* ein janusartiger Torgott ist, darf *Culsu* als Hüterin der Hadespforte verstanden werden. Verdoppelt scheint sie diese Funktion am Sarkophag des Arnth Velimna auszuüben (oder ebenfalls zusammen mit *Vanth?*), doch fehlen dort die Beischriften.

Ethausva/Ithavusva

Auf einem Spiegel des mittleren 4. Jahrhunderts v. Chr. aus Praeneste in London ist die Geburt der *Menerva* aus dem Haupt des *Tinia* dargestellt. Die beiden reich gekleideten und geschmückten Flügelgöttinnen, die ihm dabei helfen, heißen *Thanr* und *Ethausva*. In der griechischen Kunst würde man sie Eileithyien nennen. Die Etrusker scheinen ihren Geburtsgöttinnen, ähnlich wie etwa den Lasen, verschiedene spezielle Namen gegeben zu haben. *Thanr* ist als Kultgöttin besser faßbar als *Ethausva* (→ *Thanur/Thanr*), deren Name wahrscheinlich abgekürzt auf der Bronzeleber von Piacenza auftritt. Daß das griechische Pendant Eileithyia auch in Etrurien verehrt worden sei, beruht auf einer falschen Lesung der Weihinschrift auf einer weiblichen Bronzestatuette der ersten Hälfte des 4. Jahrhunderts v. Chr., die von Cristofani korrigiert worden ist.

Bronzestatuette des Gottes Culsans, auf den sich die Weihinschrift auf dem linken Bein bezieht. Aus Cortona (hellenistische Periode). Cortona, Museo dell'Accademia Etrusca.

Alabastersarkophag der Hasti Afunei mit Darstellung der Culsu. Aus Chiusi (2. Jahrhundert v. Chr.). Palermo, Museo Archeologico.

Fufluns

Über die Ableitung des Namens besteht in der Forschung keine Einigkeit, doch ist die Identifizierung des Gottes mit Dionysos sicher, dem er in der etruskischen Kunst weitgehend angeglichen ist. Dessen Beiname Bakchos, der im Lateinischen zum Hauptnamen des Gottes wurde, war als *Pacha* der Kultname des Dionysos im späteren Etrurien (→ *Pacha*).

Hercle (griech. *Herakles,* lat. *Hercules*)

Wie Herakles in Griechenland, so war Hercle-Hercules in Italien eine der beliebtesten Sagengestalten, und seine dortigen Kulte übertrafen die griechischen noch an Zahl und Vielfalt. Anstelle des für die Griechen typischen Heroenkultes war Hercle-Hercules Gott. Das zeigt sich auch in der glänzend rekonstruierten Akrotergruppe aus der *area sacra* am Forum Boarium, in der Hercules größer und kräftiger ist als die zierliche, neben ihm stehende Minerva. Es handelt sich um das Werk eines etruskischen Terrakotta-Künstlers von Rang, wohl nicht aus Veji, obwohl Plinius (35, 157) überliefert, daß Vulca in Rom einen Hercules aus Ter-

Bronzespiegel mit Darstellung der Geburt der Menerva (Athena) aus dem Kopf des Tinia (Zeus) im Beisein von Thalna, Sethlans (Hephaistos) und Thanr. Aus Arezzo (Mitte 4. Jahrhundert v. Chr.). Bologna, Museo Archeologico.

Bronzespiegel mit Fufluns (Dionysos) und Semla (Semele). Aus Vulci (Mitte 4. Jahrhundert v. Chr.). Berlin/DDR, Staatliche Museen.

Bronzestatuette des Herakles vom zypriotischen Typ (Anfang 5. Jahrhundert v. Chr.). Fiesole, Museo Archeologico.

rakotta gearbeitet habe. Der ionische Einschlag spricht eher für einen Künstler aus der Gegend von Caere, während die Ikonographie nach dem Beweis von Cristofani von spätarchaischen etruskischen Votivbronzen übernommen ist, die Herakles im zyprischen Typus zeigen.

Während Hercules in der Akrotergruppe vom Forum Boarium ruhig steht, ist seine beliebteste Darstellung, in Flächenkunst und Votivplastik, die mit erhobener Keule. Er gleicht darin den Darstellungen des *Laran* und der *Menerva,* die mit erhobener Lanze auftreten, und den Bildern des *Tinia* als Blitzschwinger. Durch diese Haltung sind alle vier als mächtige Schutzgötter gekennzeichnet – Custos, Tutor, Defensor waren lateinische Beinamen des Hercules. Aber auch gegen andere Götter, etwa gegen *Apulu* in der Akrotergruppe von Veji oder gegen *Uni,* droht *Hercle* mit der Keule. Konfrontationen dieser Art pflegen durch *Tinia,* den Vater des *Hercle,* beigelegt zu werden. In der Gruppe von Veji schickt er seinen Boten *Turms* (Hermes). Hinter *Aplu* wurde *Artumes* rekonstruiert; es könnte sich aber auch um *Tinia* gehandelt haben, der oft zusammen mit *Hercle* auftritt.

Alle genannten Denkmäler sind spätarchaisch; damals muß der Kult des *Hercle* besonders geblüht haben. Eine Statue des keulenschwingenden Gottes aus jener Zeit ist auf einem spätrepublikanischen Weihrelief in Ostia dargestellt. Sie wird samt einem Kasten mit Orakeltäfelchen aus dem Meer gefischt. Wie die Inschrift besagt, war es ein etruskischer Haruspex, der dem Orakelgott Hercules in Ostia diente.

Reliefierter Bronzespiegel mit Darstellung des Hercle (Herakles) im Ringkampf mit Mlacuch. Aus Atri (um 470 v. Chr.). London, British Museum.

Bronzener Wagenbeschlag aus Castel S. Mariano (Perugia) mit Zeus und Herakles (um 530 v. Chr.). Perugia, Museo Archeologico.

Bronzespiegel mit der Darstellung der den Hercle (Herakles) säugenden Uni (Hera). Aus Volterra (3. Viertel 4. Jahrhundert v. Chr.). Florenz, Museo Archeologico.

Die Nymphe oder Heroine *Mlacuch*, mit der *Hercle* auf einem Reliefspiegel ringt, ist bisher rätselhaft. Eine typisch etruskische Darstellung ist die Säugung des *Hercle* durch *Uni*, durch die er die Unsterblichkeit erlangt.

Laran

Nicht *Maris*, wie in der modernen Literatur häufig angenommen (→ *Maris*), sondern *Laran* hieß der dem italischen Mars entsprechende Gott. Er fehlt bisher in Inschriften mit Kultcharakter, wir kennen ihn nur von mythologischen Darstellungen auf Spiegeln. Doch Votivterrakotten, vor allem aus Veji und Caere, sowie Votivbronzen, die sich als *Laran* deuten lassen, sprechen für kultische Verehrung. Daß es sich bei den Lanzenschwingern nicht einfach um Krieger, sondern um *Laran*-Mars handelt, hat Colonna für das umbrisch-sabellische Gebiet erwiesen. Neben diesen kleinformatigen Statuetten steht die monumentale Bronzestatue des Mars von Todi. Dieses wahrscheinlich in Volsinii gegossene Werk war, wie aus den Fundumständen hervorgeht, trotz seiner Weihinschrift als Kultstatue aufgestellt. Die Spendeschale, die in der Rechten zu ergänzen ist, läßt sich auch bei Kleinbronzen des Mars nachweisen.

Lasa

Die meist geflügelten *Lasen* gehören zum Gefolge der *Turan* (Aphrodite). Sie haben häufig spezifizierende Namen wie *Achvizr, Zipna* und andere, von denen nur *Alpan* auch im Kultbereich aufzutreten scheint. Jedenfalls wird *Alp* auf der Bronzeleber von Piacenza auf diese *Lasa* bezogen (TLE 719 b), doch sind ihre Darstellungen auf den Spiegeln rein mythologisch (→ *Turan*).

Marmornes Weihrelief mit der Darstellung der Bergung einer Heraklesstatue aus dem Meer. Aus Ostia (spätrepublikanische Ära). Ostia, Antiquarium.

Letham/Lethams

Eine für uns rätselhafte Gottheit, von der wir nicht einmal das Geschlecht kennen. Da sie im *liber linteus*, auf der Bronzeleber und in anderen rituellen Inschriften genannt ist, muß sie eine nicht unwichtige Kultgottheit gewesen sein.

Lusa

Ein auf der Bronzeleber von Piacenza und im *liber linteus* genannter Kultgott, der für uns bisher wegen des Fehlens bildlicher Darstellungen nicht deutbar ist.

Mater Matuta

Da die Göttin von Pyrgi bei griechischen Autoren Leukothea heißt, und da römische Autoren seit Cicero Leukothea und Mater Matuta identifizierten, pflegt man jene Göttin so zu nennen. Früher glaubte man sogar eine Statue der Mater Matuta zu haben, nämlich in der figürlichen Urne einer Frau mit Kind aus Chianciano in Florenz, die Cristofani zu Recht als heroisierte Verstorbene bezeichnet.

Menerva/Menrva (lat. *Minerva*)

Obwohl nicht auf der Bronzeleber von Piacenza genannt, gehörte *Menerva* zu den wichtigsten Kultgottheiten Etruriens. So war sie die Hauptinhaberin des Tempels von Veji-Portonaccio. Ihr Name wird von Pfiffig als genuin etruskisch erklärt, während er nach Radke von den italischen Nachbarn übernommen ist. Da sie oft mit *Uni* zusammen verehrt wurde, deren Name sicher außeretruskischen Ursprungs ist, könnte der

Bronzestatue des Gottes Laran (Ares). Aus Montesanto, Todi (Anfang 4. Jahrhundert v. Chr.). Vatikan, Museo Etrusco Gregoriano.

Platte eines Siegelrings, Eisen vergoldet, mit Darstellung der Lasa Vecuvia. Aus Todi (letztes Viertel 4. Jahrhundert v. Chr.). Rom, Museo di Villa Giulia.

Maris

Der Name des Gottes wird bis in die neuere Literatur hinein wegen des Gleichklangs oft mit Mars identifiziert. Das ist, wie Pfiffig gezeigt hat, nicht möglich (→ *Laran*). Er bespricht die Nennungen des *Maris* auf der Bronzeleber von Piacenza und auf der *tabula Hebana,* die viele Kultbegehungen für *Maris* bezeugen. Wichtig für die Bestimmung seines Wesens sind die Bronzespiegel, die *Maris* als jungen Mann oder als Kind zeigen, wobei sich *Menerva* um ihn kümmern kann (→ *Menerva*). *Maris* trägt oft Beinamen, z. B. *Marishusrnana, Marishalna, Marisisminthians,* die schwer deutbar sind, doch gibt es auch Zusammensetzungen mit *Hercle* und *Turan.* Der Reichtum an Beinamen erinnert an *Lasa,* ebenso die Tendenz zur Vervielfältigung (→ *Lasa*). Tatsächlich können auf einem Spiegel zwei oder drei *Maris*-Bambini auftreten, als deren Elternpaar *Turan* (Aphrodite) und *Laran* (Ares) anzunehmen sind. Schon W. Deecke hat zu Recht gefragt, ob *Maris* dem griechischen Eros entspricht, zumal dieser ebenfalls als Kind und als Jüngling auftritt und zu Erotes vervielfältigt werden kann.

Name *Menerva* auf ähnlichem Weg zu den Etruskern gekommen sein. In den Darstellungen gleicht sie oft der Athena, die im ionischen Bereich auch geflügelt sein kann wie *Menerva* in einem Teil der Darstellungen. In den Votivstatuetten erinnert sie häufig an ein Palladion. In Spiegeldarstellungen kümmert sie sich um den männlichen Nachwuchs des *Laran* (→ *Maris*) und des *Hercle,* ohne die leibliche Mutter zu sein. Sie ist wie Athena im Erichthonios-Mythos die Erzieherin von Kindern, besonders von solchen aus königlichem Geschlecht.

Bronzespiegel mit Menerva (Athena) und anderen Göttern. Aus Bolsena (2. Hälfte 4. Jahrhundert v. Chr.). Verbleib unbekannt.

Bronzespiegel mit Darstellung des vor Usil und Thesan (Eos) sitzenden Nethuns (Poseidon). Aus Tuscania (etwa Mitte 4. Jahrhundert v. Chr.). Vatikan, Museo Etrusco Gregoriano.

Bronzespiegel mit Darstellung der einen Nagel einschlagenden Atropos. Aus Perugia (um 320 v. Chr.). Berlin-Charlottenburg.

Nethuns (lat. *Neptunus*)

Wie die Bronzeleber von Piacenza und der *liber linteus* zeigen, war *Nethuns,* dessen Name problemlos von lateinisch Neptunus herzuleiten ist, ein bedeutender Kultgott. In den Darstellungen (etwa auf Spiegeln) ist er dem griechischen Poseidon angeglichen: bärtig mit Dreizack. Zu seinem Machtbereich gehören neben dem Meer die Wasser in Quellen und Flüssen, die zum Teil fruchtbaren Boden, zum Teil aber auch Überschwemmungen verursachen können.

Nortia/Nurtia

Livius 7, 3, 7 berichtet nach dem Antiquar L. Cincius Alimentus, daß in Volsinii, im Tempel der etruskischen Göttin *Nortia,* Nägel als »indices numeri annorum« eingeschlagen waren. Diesen Brauch hatten die Römer übernommen, bei denen der *praetor maximus* jeweils an den Iden des September auf dem Kapitol in die Tempelwand zwischen Iuppiter und Minerva einen Nagel einschlug. Bisher gibt es kein etruskisches Dokument mit dem Namen der Göttin, den nur lateinische Autoren überliefern, wohl aber das Gentilicium Nurtine, das von dem Namen der Göttin hergeleitet ist. Die angeblichen bildlichen Darstellungen bei Pfiffig sind zurückzuweisen. Dennoch ist an der Existenz des Kultes nicht zu zweifeln. Das Einschlagen eines Nagels galt als Symbol der Unwiderruflichkeit, weshalb Necessitas bei Horaz (*carm.* 1, 35, 17 f.) diese Tätigkeit ausübt. In der etruskischen Kunst ist es *Athrpa,* das heißt die Moire Atropos, die einen Nagel einschlägt. Nortia wurde daher zu Recht von antiken und modernen Autoren als der lateinischen Fortuna ähnliche Schicksalsgöttin gedeutet.

Pacha (griech. *Bakchos*, lat. *Bacchus*)

»*Pacha* scheint in Etrurien der Kultname des *Fufluns* gewesen zu sein.« Diese Auffassung Pfiffigs gilt jedenfalls für die hellenistische Zeit, in der *Pacha* vor allem der Herr der bacchischen Mysterien war. Durch Livius 39, 9 ff und das *Senatus consultum de Bacchanalibus* aus dem Jahre 186 v. Chr. kennen wir deren Verfolgung. Die römische Oberschicht war seit archaischer Zeit dem Kult des Dionysos abgeneigt und »ersetzte« ihn durch den des Apollo. Die beiden Götter sind in der etruskischen Kunst in ihrem Aussehen fast auswechselbar. In hellenistischer Zeit ist Kult des Pacha mehrmals in Verbindung mit dem des *Cath* bezeugt (→ *Cavtha*). *Pacha* scheint in Beziehung zum Lauf der Sonne durch das Jahr gestanden zu haben, was zu einem Vegetationsgott paßt. Auch in Griechenland und in Rom bis hin zu späten dionysischen Sarkophagen galt Bacchus als Herr der Jahreszeiten.

Satre (lat. *Saturnus?*)

Zwar schreibt Latte in seiner Römischen Religionsgeschichte, Saturnus sei ein von den Etruskern übernommener Gott, aber diese aus dem 19. Jahrhundert stammende Hypothese läßt sich nicht halten. Der Kult des Saturnus gehörte in Rom zum ältesten Festkalender, und von jenen frühen römischen Gottheiten stammte sonst keine aus Etrurien. Eher ist der umgekehrte Weg denkbar, daß nämlich *Satre* aus dem latinischen Bereich nach Etrurien gekommen sei. Es kann sich aber bei diesem auf der Bronzeleber von Piacenza überlieferten Namen (TLE 719 d) ebenso um einen zufälligen Gleichklang handeln, wie es bei *Maris*/Mars festzustellen ist (→ *Maris*). Da es bisher keine gesicherte bildliche Darstellung gibt, läßt sich über *Satre* nichts Näheres sagen, so viel wir auch über das Wesen des Saturnus wissen.

Selvans (lat. *Silvanus*)

Eine ganze Reihe von Votivinschriften aus verschiedenen Teilen Etruriens sprechen für den verbreiteten Kult des *Selvans*, den die meisten Gelehrten mit lateinisch Silvanus identifizieren. Wenn dies stimmt, so dürfte *Selvans* zu den aus dem latinischen Gebiet nach Etrurien übernommenen Göttern gehören. Allerdings weicht er ikonographisch von den üblichen Silvanus-Darstellungen ab, da er als Jüngling und nicht als bärtiger, mit einem Fell bekleideter Mann auftritt. Es handelt sich um Votivstatuetten – eine wurde zusammen mit einer *Culsans*-Statuette geweiht (TLE 641). Auf Spiegeln begegnet Selvans nicht, ein Zeichen dafür, daß er in der etruskischen Mythologie, wie Silvanus in Rom, keine Rolle spielte.

Sethlans

Dem griechischen Hephaistos und dem lateinischen Volcanus entspricht in Etrurien *Sethlans*. Das geht aus Spiegeln hervor, auf denen *Sethlans* die Rolle des Hephaistos spielt. Er kann dabei bärtig und unbärtig auftreten. Auf Kult weisende Inschriften sind keine erhalten, doch dürfte das Zufall sein. Wie die Münzen von Populonia zeigen, war *Sethlans* dort Stadtgott, was durch die Eisenindustrie in jener Gegend zu erklären ist. Die Vorderseite zeigt seinen bärtigen Kopf mit der Handwerkermütze, die Rückseite seine Werkzeuge, Hammer und Zange.

Bronzeplatte mit Weihinschrift an Thesan (Eos). Aus Pyrgi (2. Viertel 5. Jahrhundert v. Chr.). Rom, Museo di Villa Giulia.

Thanur/Thanr

In Caere und Clusium wurden Gefäße mit Weihinschriften für *Thanur* gefunden; vielleicht stand ihr Name auch auf dem »Ziegel von Capua«. Auf Spiegeln tritt sie wie *Ethausva* in der Funktion der Eileithyia auf, weshalb sie wohl als Geburtsgöttin zu interpretieren ist (→ *Ethausva*).

Thesan

Im Gegensatz zu ihrem griechischen Gegenbild, der rosenfingrigen Eos Homers, war *Thesan* in Etrurien Kultgöttin. Am Ende des Abschnitts V des *liber linteus* ist von Opfern an sie und *Uslan* (Usil) die Rede. Im Tempel von Pyrgi war *Thesan* eine Parhedros der *Uni*, wie eine dort gefundene Weihinschrift zeigt. Pfiffig fragt sogar, ob *Uni* und *Thesan* wesensgleich seien. Aber weniger mit *Uni* als mit *Turan* zeigt *Thesan* überraschende Entsprechungen. Beide vereinen in sich aphrodisische und mütterliche Züge, beide haben jugendliche Geliebte. Das bedeutendste Beispiel der knabenraubenden *Thesan* ist die Akrotergruppe aus Caere in Berlin/DDR. Ein Spiegel im Landesmuseum Karlsruhe zeigt *Thesan* zum erstenmal inschriftlich gesichert beim Tragen ihres vor Troja gefallenen Sohnes *Menrun* (griech. Memnon). Unter den singulären Antefixen des Tempels B von Pyrgi könnte die mit zwei rosettenförmigen Sternen dahineilende geflügelte weibliche Figur *Thesan* sein und nicht die Göttin mit den beiden Pferden, die von Vacano vorschlägt.

Tinia/Tina/Tin (griech. *Zeus,* lat. *Iuppiter*)

Der dem Zeus und dem Iuppiter entsprechende höchste etruskische Gott hat als Hauptattribut den Blitz; seiner Würde wird oft durch einen Thron Ausdruck gegeben. Für den Kult des *Tinia* charakteristisch sind Libationsaltäre mit Durchbohrung, ein Altartypus, der in Griechenland auf chthonische Kulte beschränkt ist. Pfiffig zieht daraus den Schluß: »Während die Ikonographie den Himmelsgott der Indoeuropäer herausstellt, betont der Kult den alten, mediterranen Vegetationsgott«. Libationsaltäre dieser Art, auch für andere Gottheiten, sind vor allem im Gebiet von Volsinii häufig, dem Kerngebiet der etruskischen Religion.

Auch in der Bildkunst finden sich deutliche Zeichen von dem ursprünglichen Vegetationsgott, so in dem merkwürdigen Oszillieren der Gestalt des *Tinia* zwischen dem Typus des bärtigen, oft thronenden Mannes und des nackten, bartlosen Jünglings. Als solcher ist *Tinia* auf mehreren Spiegeln inschriftlich gesichert, zum Beispiel auf einem Spiegel im Vatikan. Etruskischer Eigenart entspricht die Stilisierung des Blitzes in der Hand des *Tinia,* die sehr vielfältig ist und von griechischen und römischen Blitzdarstellungen oft stark abweicht. So kann der Blitz ein sehr langes, pfeilförmiges Gebilde sein oder auch wie eine Frucht aussehen. Einen Blitz der letzteren Form hatte wohl die Bronzestatue des *Vertumnus* in der Hand, den Pfiffig in der Nachfolge von Pettazoni überzeugend als jugendlichen *Tinia* interpretiert. Er stand als einer der wenigen genuin etruskischen Götter in Rom am Vicus Tuscus. Die in der Gegend ansässigen Obsthändler sahen in der populären, noch in der Spätantike restaurierten Bronzestatue (CIL VI 804) ihren Schutzpatron, wahrscheinlich, weil sie den Blitz in seiner Hand nicht verstanden und ihn als Frucht interpretierten. Ovid entwickelte daraus in den *Metamorphosen* die Liebesgeschichte von *Vertumnus* und der Obstgöttin *Pomona* (14, 623 ff.): Nach allerlei Verwandlungen kehrt der Gott zu seiner eigentlichen Gestalt, der eines schönen Jünglings, zurück (14, 765 ff.) und gewinnt so die Liebe der Nymphe. Da *Vertumnus* als »deus Etruriae princeps« seit den Tarquiniern am Vicus Tuscus stand, dürfte er die Gestalt eines archaischen Kouros gehabt haben. So zeigen archaische etruskische Bronzestatuetten den jugendlichen *Tinia* mit rübenförmigem Blitz (z. B. in Cortona).

Trotz der Fehlinterpretation des Blitzes von Seiten der Römer war *Tinia* als ursprünglicher Vegetationsgott natürlich auch mit den Früchten verbunden. Plinius überliefert (14,1), daß in Populonia ein altes Kultbild des Iuppiter aus einem einzigen Rebstock geschnitzt war – es dürfte sich in dieser nordetruskischen Stadt um einen *Tinia* gehandelt haben. Die Nachricht ist deshalb wichtig, weil sie zeigt, daß *Tinia* in Beziehung zum Weinbau stand wie Iuppiter in Rom. Dort schnitt der *flamen Dialis* die erste reife Traube und leitete die Weinernte ein. *Tinia* und Iuppiter konnten also Funktionen des *Fufluns* und Bacchus übernehmen, und zwar aus den folgenden Gründen: *Fufluns* und *Tinia* waren mit der mediterranen Vegetation verbunden, zu der die Rebe gehörte. Sie war dem Iuppiter wie dem Zeus, die aus anderen Regionen kamen, ur-

Bronzespiegel mit Thesan (Eos), den Körper des Memrun (Memnon) tragend (Anfang 4. Jahrhundert v. Chr.). Karlsruhe, Badisches Landesmuseum.

sprünglich fremd; doch war der Weinbau zu wichtig, um vom obersten Gott ignoriert zu werden. Er arrangierte sich mit ihm in Griechenland wie in Italien: hier durch den oben erwähnten Ritus des *flamen Dialis,* dort durch den Mythos von Dionysos als Sohn des Zeus, der ihn aus dem eigenen Schenkel gebiert.

Tinascliniiar (griech. *Dioskuroi*)

Auf dem Fuß der Oltosschale in Tarquinia ist eine Votivinschrift an die »Söhne des Tin« erhalten, durch die Kult der Dioskuren bereits um 520 v. Chr. in Etrurien bezeugt ist (tinascliniiaras: CIE 10021). Sie sind auf der Schale nicht dargestellt, so mag der unter den olympischen Göttern thronende Zeus, der Vater des Brüderpaares, Anlaß zu dieser Weihung gewesen sein. Die Betonung des Sohnverhältnisses ist für die etruskische wie für die griechische Religion bezeichnend, während das Brüderpaar in Rom einfach »Castores« heißt und in der archaischen lateinischen Inschrift aus Lavinium »quroi«. Im Gegensatz zu diesen Weihinschriften sind die Dioskuren in der etruskischen Glyptik einzeln dargestellt, wobei *Castur* (griech. *Kastor*) wie in Rom gegenüber *Pultuke* (griech. *Polydeukes*) beliebter ist. Auf Vasen und Spiegeln dagegen treten sie gemeinsam auf.

Bronzespiegel mit Darstellung des bartlosen Tinia (Zeus) zwischen Turms (Hermes) und Thalna (1. Hälfte 4. Jahrhundert v. Chr.). Vatikan, Museo Etrusco Gregoriano.

Bronzener Wagenbeschlag mit Darstellung des Kampfes zwischen Zeus und einem Giganten. Aus Castel S. Mariano (Perugia, um 530 v. Chr.). Perugia, Museo Archeologico.

Rotfigurige attische Kylix des Vasenmalers Oltos mit etruskischer Weihinschrift an die »Söhne des Tinia« (die Dioskuren). Aus Tarquinia (um 520 v. Chr.). Tarquinia, Museo Archeologico.

Detail der Außenwand der Kylix mit Darstellung des Ganymedes, der dem in der Götterversammlung thronenden Zeus Wein kredenzt.

Turan

Neben *Uni* und *Menerva* war *Turan* (Aphrodite) die wichtigste unter den weiblichen Gottheiten Etruriens. Ob ihr Name »Herrin« bedeutet oder, wie Pfiffig annimmt, die »Gebende« möchte ich hier offenlassen. Die Etrusker benannten einen Monat, unseren Juli, nach ihr (TLE 854), in dem wohl ihre wichtigsten Feste lagen. Die archaisch-etruskischen Künstler liebten es, sie geflügelt darzustellen. Auf einem Spiegel in London, um 500 v. Chr. hat sie sogar ein doppeltes Flügelpaar und kleine Schwingen an den Schuhen. Sie ist ein verlebendigtes Kultbild. Zwei Knaben flehen zu ihr mit erhobenen Händen, der hinten stehende mit dem Zweig

Bronzespiegel mit Darstellung der Turan (Aphrodite) als geflügelter Göttin. Aus Palestrina (um 500 v. Chr.). London, British Museum.

Bronzeplatte, vielleicht Beschlag eines Möbelstückes, mit Darstellung des Turms (Hermes). Aus Castel S. Mariano, Perugia (um 530 v. Chr.). Perugia, Museo Archeologico.

eines Schutzflehenden. Daß sie auch auf dessen Gebet hört, zeigt die merkwürdige Gebärde ihrer Linken: sie ist mit offener Handfläche ihm über die Schulter nach rückwärts zugewandt. Direkte Kultzeugnisse für *Turan* gibt es nur in Graviscae, wo seit der Mitte des 6. Jahrhunderts Weihinschriften für *Turan* (mi *turuns*) neben solchen für Aphrodite nachgewiesen sind. Nach Torelli enthielt das Heiligtum auch eine Stelle, an der *Atunis* (Adonis) bestattet wurde. Der Neufund bezeugt die enge Verbindung der Göttin mit Adonis, wie auf den Spiegeln (→ *Atunis*).

Turms

Der dem griechischen Hermes entsprechende Gott *Turms* ist bisher nur aus mythologischen Darstellungen bekannt, vor allem auf Spiegeln, Bronzeblechen und in der Akrotergruppe von Veji. Daß Kultzeugnisse fehlen, dürfte Zufall sein. Vielleicht hatte der Gott im Kult auch, wie etwa *Usil*, einen anderen Namen, der bisher noch nicht identifiziert ist.

Uni (griech. *Hera*, lat. *Iuno*)

Die Göttin, deren Name von lateinisch Iuno stammt, wie Rix vor kurzem aufgezeigt hat, empfing fast in jeder Stadt Mittelitaliens Kult (vgl. Ovid, *Fasti* 6, 57 ff.). Die beiden Hauptfunktionen der Göttin waren die der Geburtshelferin und der Stadtbeschirmerin. Als letztere hatte sie vielerorts den Beinamen Regina oder Sospita (Sispes), die in Lanuvium kombiniert waren. Die Göttin hieß dort Iuno Sispes Mater Regina. Ihr Kultbild, dessen Aussehen Cicero überliefert (*nat. deor.* 1,82), trug die typisch etruskischen Schnabelschuhe, die *calcei repandi.* Die Statue glich in der Haltung der gewappneten, lanzenschwingenden Minerva, hatte aber anstelle des Helmes ein Ziegenfell über dem Kopf. So zeigen die Göttin schon mittelitalische Dachterrakotten archaisch-etruskischen Stils und so rekonstruierte Kaschnitz ihr spätrepublikanisches Kultbild in Lanuvium. Auf einer ›pontischen‹ Amphora in London steht sie so in ihrem Heiligtum zwischen zwei Kesseln mit Schlangenprotomen, als verlebendigtes Kultbild. Die Protomenkessel sind Weihgeschenke, wie sie auch für Hera, das griechische Gegenbild der *Uni,* in Argos, Olympia und Samos typisch waren. Weshalb die Hauptgöttin von Pyrgi, die in den dort gefundenen Weihinschriften Uni genannt wird, bei griechischen Autoren nicht Hera, sondern Leukothea oder Eileithyia heißt, ist ein vieldiskutiertes Problem. Hier nur ein bisher unbeachteter Aspekt. Im Gegensatz zur griechischen Hera scheint *Uni* gewisse Kultbeziehungen zu *Apulu* gehabt zu haben, nicht nur in Pyrgi, wo Aelian von einem Apollonheiligtum spricht (→ *Apulu*), sondern auch in Graviscae, dem Hafen von Tarquinii, wo die Weihinschrift des Sostratos an den Apollon von Aegina in einem Heraheiligtum zutage kam. Eine vergleichbare Situation bietet sich in Veji, denn Camillus betet vor der Eroberung der Stadt zu Apollo Pythicus und Iuno Regina (Livius 5, 21, 1 ff.), und nach der Überführung des *Uni*-Kultbildes von Veji nach Rom erhielt die Göttin dort auf Geheiß des Apollon, das heißt durch die sibyllinischen Orakel, fortan hohe Verehrung (vgl. Livius 21, 62, 8. 22, 1, 17 und öfter). Diese Beziehungen der *Uni* zu *Apulu* waren den Griechen wohl so fremd, daß sie die *Uni* von Pyrgi Eileithyia nannten, mit einem Namen, der ihnen für Artemis, die Schwester des Apollon, mehr vertraut war als für Hera.

Fragment des Spurinas-Tellers aus Pyrgi mit Weihinschrift an Uni (Hera) (Ende 6./Anfang 5. Jahrhundert v. Chr.). Rom, Museo di Villa Giulia.

Pontische Amphore mit Darstellung der Göttin Uni (Hera) zwischen zwei Kesseln mit Schlangenaufsätzen (um 530 v. Chr.). London, British Museum.

Usil

→ *Cavtha*

Veive/Vetis

Dieser Gott, der im *liber linteus* und auf der Bronzeleber von Piacenza genannt ist – einmal *Veive* und einmal *Vetis* –, bleibt bisher rätselhaft, denn bildliche Darstellungen in der etruskischen Kunst fehlen. Wäre er mit dem römischen Gott Veiovis identisch, was Pfiffig annimmt, so ließe sich manches über ihn aussagen. Doch diese Gleichsetzung soll hier offen bleiben.

Velchans

Der auf der Bronzeleber von Piacenza genannte *Velchans* ist in der Forschung bald in Volcanus, bald mit dem kretischen Zeus Velchanos gleichgesetzt worden. Doch Volcanus entspricht dem griechischen Hephaistos und dieser heißt in Etrurien *Sethlans* (→ *Sethlans*), es sei denn, daß er wie der Sonnengott *Cath-Usil* zwei verschiedene Namen haben konnte. Leider taucht *Velchans* aber in der Bildkunst nicht mit Inschrift auf, so daß diese Vermutung vorläufig unbeweisbar bleibt. Andererseits scheint der kretische Zeus mit dem ähnlich klingenden Beinamen lokal so begrenzt zu sein, daß eine Verbindung schwierig ist. Wie der *Turan* der Juli, so scheint dem *Velchans* der März heilig gewesen zu sein, wie aus dem lateinisch überlieferten etruskischen Monatsnamen Velcitanus hervorzugehen scheint. Das spricht für eine gewisse Bedeutung des Gottes.

Vertumnus/Voltumna

Es handelt sich um den einzigen genuin etruskischen Gott im archaischen Rom. Er war nach Varro (ling. lat. 5, 46) »deus Etruriae princeps«, der Hauptgott Etruriens, und wurde daher durch Pettazoni als *Tinia* erwiesen. Ihm folgen zu Recht Pallottino, Pfiffig und andere (→ *Tinia*).

Erika Simon

Bronzeplatte, vielleicht Beschlag eines Möbelstückes, mit der Darstellung der Uni (?) (Hera). Aus Castel S. Mariano, Perugia (um 530 v. Chr.). Perugia, Museo Archeologico.

Kunst und Kultur

Die Problemstellung

Unter den Kunst- und Kulturkreisen des vorrömischen Italien nehmen Etrurien und Latium einen eigenen Platz ein. Versuche auch jüngeren Datums, die bildnerischen Arbeiten der verschiedenen Kulturkreise Italiens vor der römischen Einigung einer einheitlichen Betrachtung zu unterziehen, führten zu einem

Spätgeometrischer Krater aus der Werkstatt des Meisters von Cenola. Aus Pescia Romana (um 730–720 v. Chr.). Grosseto, Museo Archeologico.

Ergebnis, das die Annahme, von der die Geschichtsschreibung ursprünglich ausgegangen war, vollständig umgekehrt hat. Zutage trat nämlich der tiefgreifende Unterschied, der gerade auf der Ebene von Kunst und Kultur besteht: zwischen Regionen wie Etrurien und Latium, in denen die bildnerischen Arbeiten, eng verbunden mit der frühzeitigen und raschen Durchsetzung des urbanen Vorbilds, sich konsequent behaupten konnten, und den anderen nicht hellenisierten Gebieten Italiens, die von diesem grundlegenden Wandlungsprozeß ausgeschlossen blieben und in denen die künstlerischen Erfahrungen im Vergleich zur dominierenden politisch-gesellschaftlichen Organisation marginale Funktionen innehatten und häufig zu vergänglichen Randerscheinungen degradiert wurden. Es hat sich hingegen herausgestellt, daß als einheitliche Phasen allein die ersten Jahrhunderte des ersten Jahrtausends – als das frühgeschichtliche Italien gemeinsame Erfahrungen mit der europäischen und mediterranen Eisenzeit teilte – betrachtet werden können, sowie weiter dessen letzte Jahrhunderte, in denen Rom sich nunmehr auf die politische Einigung Italiens hin orientiert und den Bezugs- und Vermittlungspunkt der hellenistischen Kultur darstellt.

Innerhalb dieses chronologischen Rahmens, also zwischen dem 9. und 1. Jahrhundert v. Chr., entwickelt sich die künstlerische Produktion in Etrurien und in Latium in nicht ganz homogenen Formen: Die räumliche Entfernung zu den südetruskischen Zentren, in denen der Kontakt zu den Vorbild setzenden griechischen Kunsthandwerkern intensiver war, und das unterschiedliche Niveau der Auftraggeberschaft führten zu einer Reihe von künstlerischen Arbeiten mit regionalem Charakter, die oft um Schlüsselzeugnisse von hohem bildnerischen Engagement polarisiert waren; oder aber zu Klassen von dekorierten Gegenständen von kurzer Dauerhaftigkeit, die – nicht ganz ohne Schwierigkeiten – herangezogen werden können, um sinnbildlich die verschiedenen Phasen der etruskischen Kunst zu repräsentieren. In diesem Sinne ist der Titel des jüngst erschienenen Buchs von Mauro Cristofani, *L'arte degli Etruschi. Produzione e consumo* (1978; Die Kunst der Etrusker. Produktion und Konsum) zu verstehen, der sich darauf richtet, die Kunstphänomene in überwiegend soziologischem Sinne zu charakterisieren, darüber hinaus aber Erfahrungen und Schulen nach ihren jeweiligen geographischen Gebieten zu differenzieren.

Im Lauf der genannten Jahrhunderte liefert die griechische Kunst in ihren verschiedenen gebietsabhängigen Ausprägungen und Varianten Etrurien dessen eigene Stilvorbilder; diese werden von bildnerischen Sprachmitteln abgewandelt, die im Vergleich zu denen ihres Ursprungs zwar wohl die erhabenen Töne wiederholen, sie aber in dialektale Färbungen verwandeln und häufig unterschiedliche stilistische Erfahrungen miteinander kombinieren: Solche Aspekte sind es, in denen man die Originalität der etruskischen Kunst erkennen muß.

Man kann daher in dieser Darlegung nicht vom Bezugsrahmen der griechischen Kunst und Kultur absehen, die sicherlich kein abstraktes Vorbild darstellt, sondern vielmehr eine Quelle von Errungenschaften: Konkret zugänglich gemacht werden sie den etruskischen Kunsthandwerkern durch die technischen und stilistischen Erfahrungen von Handwerkern, die aus den verschiedenen Regionen Griechenlands auf der Suche nach neuen Auftraggeberschaften in Territorien fern ihrer Heimat gekommen sind, oder auch durch die importierten Gegenstände selbst, bei denen bildnerische Botschaften und Ausdrucksformen dazu beitragen mußten, einem hellenisierenden Stil zum Durchbruch zu verhelfen.

Geht man von diesen Prämissen aus, wird deutlich, daß gerade die Kontinuität von Kunst und Kultur der Art und Intensität der Kontakte zur griechischen Welt untergeordnet ist, mit der es um 470–460 v. Chr. – fast zeitgleich mit der Anfangsphase der klassischen Kunst – aus Gründen, die außerhalb des schöpferischen Prozesses liegen, zu einem Bruch kommt. Von dieser Zeit ab folgen die bildnerischen Arbeiten den expressiven Errungenschaften der griechischen Künstler des 5. Jahrhunderts v. Chr. nur mit gewisser Mühe und zeigen einerseits Phänomene eines »Hinterherhinkens« hinter der zeitgenössischen Entwicklung der griechischen Kunst, zum anderen aktualisierte Traditionen, die nur in bestimmten Gegenden festzustellen sind und die Erfahrung der Klassik zwar aufnehmen, aber mißverstehen. Erst sehr viel später, im fortgeschrittenen 4. Jahrhundert, wird das Bild geschlossener, als die jüngsten Ergebnisse der klassischen Kunst und anschließend der erste Widerhall des Hellenismus den künstlerischen Sprachmitteln eine neue Konsequenz gegenüber ihrem Vorbild verleihen. Diese Erscheinung fügt sich ein in den größeren Kontext des mittel-republikanischen Zeitalters in Rom, hält sich dann aber nur kurz: Die Eroberung Etruriens durch Rom bringt nämlich in der ersten Hälfte des 3. Jahrhunderts v. Chr. einen neuen Bruch in der künstlerischen Erfahrungswelt mit sich, der sich erst später, Anfang des 2. Jahrhunderts v. Chr., wieder schließen lassen wird, als, wie schon gesagt, gerade Rom das Terrain der Vermittlung der hellenistischen Kunst ist.

Diese Entwicklungslinie, in der die Phänome von Kontinuität und Bruch, Erneuerung und Stockung hervortreten, entspricht den herrschenden Beziehungsverhältnissen zwischen künstlerischer Produktion und historischem Gesamtbild, wie es in vorangegangenen Abschnitten dieses Buchs gezeichnet wird, und ferner den Beziehungen zu den »historischen Stilen« der griechischen Kunst, in welche die bildnerischen Arbeiten der etruskischen Welt – nicht ohne gewisse Verzerrungen – eingeordnet werden.

Spätgeometrischer doppelkonischer Krater aus der Nekropolis dell'Osteria in Vulci (letztes Viertel des 8. Jahrhunderts v. Chr.). Vulci, Museo Archeologico.

Spätgeometrischer Holmos aus Etrurien (Caere?) (letztes Viertel des 8. Jahrhunderts v. Chr.). Rom, Museo di Villa Giulia.

An dieser Stelle kann man sich nun fragen, ob die bildnerischen Arbeiten in Etrurien und Latium, wie sie sich heute, nach Jahrzehnten der Forschung, darstellen, im Lauf der Jahrhunderte eine einheitliche Entwicklung durchgemacht haben und ob es, über die unterschiedlichen Erfahrungen von Schulen und Werkstätten hinaus, jemals eine »nationale« Kunst gegeben hat, die durch eine gemeinsame Formensprache in den verschiedenen Bezirken verwandte Charaktere aufweist. Die Antwort muß naheliegenderweise nein lauten, wenn nach der Auswertung des Bilds, das die regionalen Ausprägungen bieten, die Unterschiede deutlicher hervortreten; feststellbar sind jedoch auch

Phänomene eines nahen Zusammenstrebens in der künstlerischen Formensprache, und zwar aus gutem Grund parallel zum Gipfelpunkt der etruskischen Kultur im Zeitraum der letzten Jahrzehnte des 6. bis zu den ersten des 5. Jahrhunderts v. Chr., wenn das städtische Vorbild sich auf dem gesamten Territorium verbreitet haben wird. Eine Formensprache, die nicht zufällig schon die römischen Theoretiker als »etruskische« bezeichneten und die Luigi Lanzi, der erste moderne Kenner etruskischer Kunst, im Geschichtspanorama der antiken Kunst für unverkennbar hielt.

Vorausgeschickt werden sollte noch die eine oder andere Betrachtung über die Funktion, welche die Produkte der Kleinkunst bei der historischen Rekonstruktion der etruskischen Kunst, wie allgemein bei Zeugnissen des Altertums, innehaben. Im Rahmen einer Dokumentation, die notgedrungen der Kausalität untergeordnet ist, die üblicherweise die archäologischen Entdeckungen lenkt, nehmen verschiedene Arten von Keramik oder plastisch verzierte Bronzegegenstände, die über mehrere Generationen hinweg und über die Zeit verfolgt werden können, sichtlich eine zentrale Stellung ein, der man die Funktion einer Art roten Fadens zuschreibt: Sie sind Abbild einer »höheren« Kunst, die uns unwiderbringlich verloren ist oder durch glückliche Fügung in Gestalt spezifischer Kategorien – wie etwa die Grabmalereien von Tarquinii – oder auch in vereinzelten Werken erhalten blieb, und stellen ein System aus Bindegliedern dar, das wir nicht unberücksichtigt lassen können. Dem kann man entgegenhalten, sie gehörten mehr zum »privaten« Bereich denn zum »öffentlichen« und könnten deshalb nicht vollständig dasjenige Engagement zum Ausdruck bringen, das in der Kreativität des Künstlers erreicht werde: ein Einwand, der gewissen, der modernen Kunstgeschichte eigenen und in Wirklichkeit immer weniger üblichen Hierarchien eine Sonderstellung einräumt und wenig auf bildnerische Arbeiten zutrifft, bei denen die Sphäre der privaten Nutzung sicherlich größere Dimensionen erreichte als die der öffentlichen.

Bronzene Gebeinurne, verziert mit plastischen Gußfiguren. Aus der Nekropolis dell'Olmo Bello in Bisenzio (letztes Viertel des 8. Jahrhunderts v. Chr.). Rom, Museo di Villa Giulia.

Olla auf Standfuß mit zweifarbiger geometrischer Verzierung, aus der Nekropolis delle Bucacce in Bisenzio (um 700 v. Chr.). Florenz, Museo Archeologico.

In der Tat interessant ist die Gegenüberstellung der Dekorationsphasen eines Heiligtums und seiner Votivgaben, wie sie in spezifischen Momenten der Geschichte der Städte verdichtet sind, und den Produkten der »Klein«-Kunst, die dagegen ein Kontinuum darstellen: Hier kann man erkennen, welche Art von Führungsfunktion die »private« Kunst in Etrurien spielte. In einer stark polarisierten produktiven Welt, beinahe zu jeder Zeit und im Kreis der Aristokratenstände, für die Prunk und Reichtum Lebensform waren, dürfte die Grenze zwischen Öffentlichem und Privatem keine hindernde Schranke in bezug auf künstlerische Qualität dargestellt haben; und der beispielsweise mit einer edlen, zum Vorzeigen bestimmten Goldschmiedearbeit verbundene Wert dürfte wohl nicht viel geringer gewesen sein, als der einer für die Welt der Toten bestimmten Grabmalerei. Und auf der anderen Seite rufen vor allem die Menschen der Antike selbst diese »kleineren« Äußerungen der Schaffenskraft der Kunsthandwerker und Künstler der etruskischen Welt ins Gedächtnis zurück: Die attischen Dichter der zweiten Hälfte des 5. Jahrhunderts, Vertreter der antiken Komödie, Kritias und Pherekrates sprechen nämlich von den bronzenen »tyrrhenischen« Vasen und Kandelabern (apud. Ath., *deipnosoph.* 1, 28 B und 15, 700 C), wie auch Horaz (*epist.* 2, 3, 180), noch in augusteischer Zeit, die *tyrrhena sigilla,* die etruskischen Bronzestatuetten zu den Schätzen des römischen Adels zählt.

Geometrische und orientalische Prägung

In der zweiten Hälfte des 8. Jahrhunderts v. Chr. sehen sich als Folge der griechischen Kolonisation in Kampanien in einigen Gebieten Etruriens zwei völlig unterschiedliche, wenn auch von der gemeinsamen Bezeichnung »Stilisierung« vereinte Kunstauffassungen miteinander konfrontiert.

Auf der einen Seite steht eine lokale Tradition, die auf das vorangegangene Jahrhundert zurückgeht und tief in der Impasto-Keramik und Metallbearbeitung der Villanova-Kultur wurzelt. Hier gestaltet sich die geometrische Dekoration aus Bündeln von Linien, eingefügt in horizontale Ordnungen oder in Metopenfelder mit Wolfszahnmotiven, Hakenkreuzen, Mäandern etc., in gesonderten Sequenzen auf den Gegenständen und beschränkt sich darauf, deren Tektonik hervorzuheben. Auf der anderen Seite setzt sich die griechische Tradition durch, die sich schon im 9. Jahrhundert v. Chr. herausgebildet hat und serienweise durchgehende dekorative geometrische Horizontalen verwendet, die durch die unterschiedliche Höhe der Bänder die Maßbeziehungen des Gegenstandes und seine jeweils wichtigeren Bereiche hervorheben; und diese griechische Tradition führt frühzeitig Erzählszenen ein. Weiterhin besteht auf der Seite der etruskischen und der Villanova-Kultur ein gewisser Hang zu den plastischen Applikationen, die den Urnen mit sattelförmigen oder Ossariendeckeln hinzugegeben wurden; dem entspricht auf griechischer Seite eine Produktion von Kleinbronzen, im wesentlichen Tierfigurinen, die den Stil der in der Keramik gemalten Silhouetten ins Plastische übersetzt.

Als Ort der Konfrontation dieser beiden Erfahrungen ist primär Volci auszumachen, wo sowohl auf dem Gebiet der dekorierten Keramik als auch auf dem der Metallbearbeitung ein Bruch mit der vorangegangenen Tradition stattfindet. Bei der Keramik, die an der Töpferscheibe mit gereinigtem und durch Bemalung verziertem Ton ausgeführt wurde, bedecken die Ornamentsysteme die gesamte Vasenfläche und nehmen Motive aus der euböisch-kykladischen Tradition des spätgeometrischen Stils auf, der über die griechischen Kolonien am Golf von Neapel und konkret durch die eingewanderten Handwerker, die vielleicht direkt in Volci tätig sind, vermittelt wird. Von den ersten Beispielen, die von starken hellenisierenden Zügen gekennzeichnet sind, kommt man zu großformatigen Vasen – Ossarien oder Kratere, die bei Gelagen Verwendung finden –, deren Stil dazu tendiert, den Dekorationsaufbau auszudehnen und mit Vorliebe Vogelfiguren oder manchmal auch Erzählszenen mit Hirten- oder Jagdmotiven aufzunehmen. So bildet sich in der Keramik ein »etruskisch-geometrischer« Stil heraus, der zu eigener Kontinuität findet: Einerseits standardisiert er sich in der sogenannten Metopengattung, die im südlichen Italien bis in die Anfangsjahrzehnte des 7. Jahrhunderts verbreitet war; zum anderen verdich-

»Doppelkonischer Krater« in orientalisch geprägtem Stil. Aus der Nekropolis von Monte Abatone in Cerveteri (1. Hälfte des 7. Jahrhunderts v. Chr.). Cerveteri, Museo Archeologico.

tet er sich in mehreren kurzlebigen Schulen, wie etwa in der, die man in Bisenzio festgestellt hat; hier zeigen Technik und Dekorationsarten bereits unterschiedliche Quellen der Inspiration.

Die Gesamtheit der im Gebiet Volci und Bisenzio gefundenen Bronzen mit reichem Schmuck an Rundfigurinen, unter denen Krieger und Familiengruppen vorherrschen, verleiht seinerseits wieder einem anderen Aspekt der geometrischen Kunst Züge. Es handelt sich um plastische Hinzufügungen, nicht ganz ohne Bezüge zu den Kleinbronzen des griechischen geometrischen Stils, zu Gegenständen, die nach der lokalen Tradition der Metallverarbeitung gefertigt sind: In diesem Falle schließen getriebene und eingeritzte Motive, die im Stil der Keramik der Villanova-Kultur nur teilweise integriert sind, auch symbolische bildnerische Typen mit ein, wie etwa das Sonnenschiff und die Vogelkopfplastiken mitteleuropäischer Herkunft.

In einer anderen Gegend der etrurischen Küstenlandschaft, in Vetulonia, stellt die Bronzekunst in der Zusammenschau des 8. Jahrhunderts v. Chr. aufgrund der in der Nähe möglichen Beschaffung der Rohstoffe eine bevorzugte Betätigung dar. Auch hier nimmt die auf die Villanova-Kultur zurückgehende Tradition der Metallbearbeitung in der plastischen Dekoration ein Tierrepertoire auf, das viel mit den geometrischen Kleinbronzen des Peloponnes gemein hat; von hier geht auch ein kunsthandwerklicher Stil aus, der durch Aktualisierung seiner bildnerischen Sprachmittel frühgeschichtlicher Prägung ein Vorbild für die Darstellung der menschlichen Figur liefern und dieses in die anderen Bezirke des nördlichen Etrurien bis nach Bologna tragen wird.

Die Qualität des Phänomens »geometrischer Stil« auf etruskischem Boden bemißt sich an der Anfangsphase der Küstengemeinden, die über die Überschüsse aus ihrer Bergbautätigkeit verfügen können. Die Lebendigkeit der hervortretenden Gesellschaftsklassen begünstigt so den Import von Gegenständen und die Integration von ausländischen Kunsthandwerkern, die imstande sind, die Bedürfnisse eines Geschmacks zu befriedigen, der immer direkter die Einzelperson mit einbezieht und nicht selten fast »barbarische« Züge annimmt.

Oinochoe vom cumänisch-tarquinischen Typus. Aus Tarquinia (letzte Jahrzehnte des 8. Jahrhunderts v. Chr.). Tarquinia, Museo Archeologico.

Bemaltes Straußenei. Aus dem Gebiet von Vulci (1. Hälfte des 7. Jahrhunderts v. Chr.). Rom, Museo di Villa Giulia.

Gegenüberliegende Seite:
1 / Bronzekessel aus der Tomba Regolini-Galassi in Cerveteri (um 650 v. Chr.). Vatikan, Museo Etrusco Gregoriano.

2 / Opferschale, vergoldetes Silber, aus der Tomba Bernardini in Palestrina (2. Viertel des 7. Jahrhunderts v. Chr.). Rom, Museo di Villa Giulia.

3 / Goldplatte aus Narce (um 650 v. Chr.). Rom, Museo di Villa Giulia.

4 / Opferschale, vergoldetes Silber, aus der Tomba Bernardini in Palestrina (2. Viertel des 7. Jahrhunderts v. Chr.). Rom, Museo di Villa Giulia.

In der bedeutenden griechischen Handelssiedlung Pithecusa lebten in den letzten Jahrzehnten des 8. Jahrhunderts v. Chr. mit großer Wahrscheinlichkeit – so bezeugen es nordwestsemitische epigraphische Dokumente – Kunsthandwerker aus dem Nahen Osten: Dieses neue Erfahrungen vermittelnde Umfeld dürfte für die beträchtliche Wandlung der bildnerischen Formensprache verantwortlich gewesen sein.

Die unklare Unterscheidung zwischen »geometrischer Kunst« und »orientalisierender Kunst« erscheint im Falle der etruskischen Welt zweischneidig und nicht ganz passend. Die neuen bildnerischen Traditionen münden nämlich organisch in die vorangegangenen ein, wie das einige Gattungen von künstlerischen Zeugnissen erkennen lassen, etwa die Bronzen und die mit der Model verzierten Goldschmiedearbeiten. Die Wandlung der Kunst betrifft nicht nur die Art und Weise, wie die Dekorationsschemata gestaltet werden,

sondern vor allem die verwendeten, nicht selten kostbaren Materialien sowie das bildnerische Repertoire: Neben einem »geometrischen Stil«, der im Lauf der ersten Hälfte des 7. Jahrhunderts v. Chr. fortdauert, bildet sich einer der Tiermotive heraus, der vorherrschend, wenn auch nicht ausschließlich orientalisch beeinflußt ist; zu den bereits in Gebrauch befindlichen Techniken kommen bei der Bearbeitung von Edelmetallen die Techniken Niello, Filigran und Granulation hinzu, wobei die Einführung letzterer ebenfalls auf levantinische Kunsthandwerker zurückzuführen ist.

Die »Fürstengräber« Latiums und des Küstengebiets von Etrurien zeigen uns neben Luxusgegenständen aus dem Nahen Osten, vor allem aus Syrien und dem Phöniziergebiet, eine Reihe von kostbaren Materialien wie Goldschmiedearbeiten, reliefverzierte Elfenbeinarbeiten und getriebene Bronzen, die lokaler Produktion zuzuschreiben sind. Caere und Vetulonia, die sich inzwischen an der Küste von Etrurien hervorgetan haben, scheinen bei der Produktion von Kunstgegenständen eine Führungsrolle einzunehmen. Durch ihre Zirkulation in Aristokratenkreisen verbreiten sie sich von ihrem Herstellungsort aus weitläufig. So führt die Gruppe von Goldschmieden, die getriebene, mit Granulation und plastischer Dekoration ge-

Goldschnalle aus der Tomba Bernardini in Palestrina (2. Viertel des 7. Jahrhunderts v. Chr.). Rom, Museo di Villa Giulia.

Ausschnitt aus einer Goldplatte aus der Tomba Barberini in Palestrina (2. Viertel des 7. Jahrhunderts v. Chr.). Rom, Museo di Villa Giulia.

schmückte Halsketten für die Besitzer des Grabmals Regolini-Galassi in Caere fertigt, ebenso den Schmuck für die Fürsten von Preneste, Volci und Marsiliana d'Albenga aus; die Toreuten, die Friese auf die Oberfläche von Vasen aus Edelmetall ziselieren, sehen ihre Schöpfungen in Preneste, Clusium und Vetulonia herumkommen. Die Werke der Metallbearbeiter von Vetulonia, Spezialisten für Bronzen mit plastischen Applikationen, erreichen hingegen die im Landesinnern liegenden Gebiete des Val Tiberina (Fabbrecce), Marsiliana und Latium: In abgeänderter Form und nicht frei von den harten Zügen geometrischer Prägung kehren sie auch in den Bernsteinarbeiten und in den Elfen-

Kessel, vergoldetes Silber, aus der Tomba Bernardini in Palestrina (2. Viertel des 7. Jahrhunderts v. Chr.). Rom, Museo di Villa Giulia.

Ausschnitt aus der Innenseite einer Opferschale, vergoldetes Silber, aus der Tomba Bernardini in Palestrina (2. Viertel des 7. Jahrhunderts v. Chr.). Rom, Museo di Villa Giulia.

Situla, vergoldetes Silber, aus Chiusi (um 650 v. Chr.). Florenz, Museo Archeologico.

Bucchero-Situla aus der Tomba dei Leoni Dipinti in Cerveteri (3. Viertel des 7. Jahrhunderts v. Chr.). Rom, Museo di Villa Giulia.

beinschnitzereien wieder, die in anderen Gebieten gefunden wurden, in Marsiliana d'Albegna und in Satricum in Latium. Die Bedeutung des orientalischen Beitrags zeigt sich zu dieser Zeit auch an der Entstehung der Monumentalskulptur, die in Etrurien ihre Quelle

schaften Etruriens, die nicht gänzlich in Gemeinden städtischer Prägung strukturiert sind, eher eine private Funktion der Dekoration und der Religionsausübung. In den Gräbern von Caere aus der zweiten Hälfte des 7. Jahrhunderts v. Chr. zeigen die Figuren von Vorfahren, auf Sesseln sitzend und nach altem Brauch gekleidet, gefertigt aus Terrakotta oder, wie in der Tomba delle Statue di Ceri, in Tuffstein gehauen, eine syrisch-hethitische Aura, die auch bei den Kopfplastiken der Bronzekessel festzustellen ist. In der Tomba della Pietrera in Vetulonia sollte eine Gruppe aus vier weiblichen und vier männlichen Figuren in Lebensgröße, die vielleicht an den Wänden der Totenkammer standen, die Szene einer Totenklage realistisch darstellen; auch in diesem Falle sucht man sich das Vorbild in der renommierten lokalen Produktion von Goldschmiedearbeiten, doch sobald die Arbeit in voller Größe ausgeführt ist, zeigt sie alle möglichen Mißverständnisse.

Vierfüßiger Kelch mit Karyatiden, Elfenbein. Aus der Tomba Barberini in Palestrina (2. Viertel des 7. Jahrhunderts v. Chr.). Rom, Museo di Villa Giulia.

Kopf einer Frauenstatue, Kalkstein. Aus der Tomba della Pietrera in Vetulonia (630–600 v. Chr.). Florenz, Museo Archeologico.

der Inspiration in den angewandten Künsten und in der Kleinplastik ihre Vorbilder findet. Erfüllt die Bildhauerkunst in der griechischen Polis im wesentlichen eine Votivfunktion, die mit den großen Heiligtümern verknüpft ist, erfüllt sie in den aristokratischen Gesell-

Etruskische Tradition und griechische Kunst in der frühen archaischen Periode

Im letzten Viertel des 7. Jahrhunderts v. Chr. nehmen die Kunstphänomene den Charakter größerer Stabilität an und können nun in monumentalen Serien betrachtet werden, die von längerer Dauer sind als die Lebenszeit einer Generation. Die Luxusgüter werden zahlenmäßig weniger, im Gegensatz dazu nehmen die Gebrauchsgegenstände zu, als dehnte sich die Nutzung des dekorierten Gegenstandes auf immer größere Bevölkerungsschichten aus.

Gleichzeitig mit dem Entstehen des Phänomens Stadt spielt sich das künstlerische Wirken innerhalb kleiner Produktionseinheiten ab, Werkstätten, die sich Techniken und Stile überliefern und einem ständig wachsenden Bedarf beugen, und das häufig nicht ohne Verlust an Ausdrucksqualität, der großenteils auf die ständige Wiederholung bestimmter Schemata zurückzuführen ist.

Auf dem Gebiet der Keramikmalerei, das heute wohl am besten erforscht ist, treten zwei Persönlichkeiten hervor, die in Volci tätig sind: der Schwalben-Maler, ein orientalischer Grieche, der auf diesem Gebiet zwar keine Schule machen wird, der aber in etwa einem Dutzend bisher zuerkannter Werke, ausgehend von seinem »Bogen-Stil« den folgenden bildnerischen Arbeiten eine Reihe von Botschaften übermittelt; und der vielleicht aus Korinth stammende Maler der Bärtigen Sphinx, der sich an die Regeln der Schule seiner Herkunft hält und die schwarzfigurige Technik mit Gravuren und Überarbeitungen aus der korinthischen Keramik nach Etrurien bringt sowie neue expressive Lösungen und eine der ersten der auf die griechische Epik bezogenen Erzählszenen vorlegt. Im Gebiet Caere-Veji

– wo in den ersten Jahrzehnten des 7. Jahrhunderts v. Chr. eine Produktion bemalter Vasen monumentalen Kanons blüht, bei denen der geometrische Nährboden von belebenden hellenischen, frühattischen und kykladischen Beiträgen verfeinert wird, die im Falle eines »doppelkonischen Kraters« aus Monte Abatone auch die vom Epos angeregte Thematik betreffen – setzt sich jetzt dagegen ein anderer Typus der Ornamenttechnik durch, nämlich die polychrome, die gegenüber einer Schuldisziplin weniger orthodox ist: Fabelwesen, häufig unnatürlich überlängt, aus der lokalen Tradition und mit undeutlich orientalischen Anklängen, sind die Protagonisten in Szenen zoomorphen metten, Lotosblüten orientalischer Herkunft, die verschieden miteinander kombiniert sind – und entlehnt gleichzeitig aus der Keramik griechischen Vorbilds Motive, die das ursprüngliche Repertoire aktualisieren. In diesem Phänomen einer Synthese von unterschiedlichen Traditionen, die im Rahmen einer überladenen Formensprache überholt sind, müssen wir eine Phase eines »Nationalstils« erkennen, die mit der vorhergegangenen orientalischer Prägung zusammenfällt.

Gewöhnlich unterdrückt von den Hochphasen einerseits des orientalisch geprägten Stils, andererseits des archaischen Stils stellt diese Phase im Gegensatz dazu wegen der Verbreitung, die manche Dekorations-

Inhalts. Die zwischen diesen beiden Schulen bestehende Kluft wird in ihrer vollen Ausdehnung bei den Großmalereien auf den Wänden der Gräber von Caere und Veji im ersten Viertel des 7. Jahrhunderts v. Chr. deutlich. Aufeinander folgen, zu Friesen geordnet, Figuren realer und phantastischer Tiere, die aus dem »Tierstil« orientalischer Prägung herstammen, und in der Tomba Campana in Veji wird der polychrome Stil für Szenen vom Aufbruch zu einer Jagd verwendet, sowie eben für zoomorphe Friese, die in eine üppige Natur voll des Rankenwerks und der dekorativen Elemente gestellt sind. Dieselbe, die man zur gleichen Zeit sowohl bei den Buccherovasen mit eingepreßter Dekoration, als auch bei den Elfenbeinarbeiten und bei den Straußeneiern feststellen kann, als seien sie eine lokale Antwort auf jene formale Disziplin, welche die korinthische Keramik derzeit vorgab.

Die Durchsetzung dieses Stils spiegelt sich auch in der preiswerteren Produktion, bei der Impasto- und bei der Bucchero-Keramik, wider, die Formen von Metallgegenständen nachahmt und eine rundplastische und eingeritzte Dekoration einschließt: Dominant ist der Tierstil; auch das Nebenrepertoire läßt die geometrischen Motive beiseite und nimmt neue auf – Flechtwerk, sich kreuzende kleine Bögen, phönizische Pal-

Pokal/Krater des Schwalben-Malers. Aus Vulci (um 630–620 v. Chr.). Rom, Museo di Villa Giulia.

Alabastron des Schwalben-Malers. Aus Tarquinia (um 620 v. Chr.). Tarquinia, Museo Archeologico.

Etruskisch-korinthische Amphore des Malers der Bärtigen Sphinx. Aus Vulci (um 600 v. Chr.). Rom, Museo di Villa Giulia.

ordnungen finden, eine bewußte Überwindung von außen kommender Traditionen dar. Der Stil manifestiert sich in der lokalen Keramikproduktion von Caere und des Faliskergebiets, die ihre phantastischen Ausdrucksformeln in die Dekoration der ersten Gebäude einfließen läßt, wie die ältesten Terrakotten von Acquarossa beweisen, aber auch in die getriebene Bronzekunst, die sich schrittweise im Hinterland von Orvieto und Clusium durchzusetzen beginnt, sowie in die Elfenbeinarbeiten aus der Stadt Clusium und der Gegend um Florenz.

Aus dieser Sicht ein Schlüsselzeugnis ist die Oinochoe aus Tragliatella, ein im Rahmen der polychromen Vasen aus Caere gänzlich »etruskisches« Produkt, das den ersten Versuch darstellt, einen erzählerischen Fries »nationalen« Gehalts zu schaffen (die Namen der Personen werden deshalb auch in etruskischer Sprache geschrieben). Es handelt sich um einen Versuch, der gegen Ende des Jahrhunderts bei der Pyxis der Tomba della Pania in Clusium breite Verwendung finden wird, die in fortlaufender Darstellung zwei Szenen aus der Odyssee und möglicherweise einen Ausschnitt aus der Argivensage von Anphiaraos zusammenfaßt, sowie bei den Darstellungen von »aristokratischem« Gehalt aber realistischem Anstrich der getriebenen Bronzen aus Bologna und Este, die von nordetruskisch geschulten Chalkeuten ausgeführt waren. Es mag wohl gerade das im Landesinneren gelegene Gebiet Etruriens gewesen sein, das weniger den kulturellen Anregungen von außen ausgesetzt war als das Küstengebiet, das auf längere Zeit, über mehrere Generationen hinweg, die Früchte dieser lokalen Ausprägung erhalten konnte.

Berücksichtigen wir nämlich die Großplastik, erscheint die Kluft äußerst lehrreich. Die Grabskulpturen aus einer Art Tuffstein in Volci (man hat sie nicht nur in den Totenstädten der großen Metropole, sondern auch in dem von ihr abhängigen Gebiet, in Castro, Doganelle und Marsiliana d'Albegna gefunden), die im wesentlichen auf das Tierrepertoire beschränkt sind, das in apotropäischer Funktion gebraucht wird, setzen sich in der ersten Hälfte des 6. Jahrhunderts v. Chr. entlang eines ziemlich holprigen Wegs fort.

Löwen, Sphinxen, Panther, Seepferdchen, Widder und Pferde, die dieses Repertoire bereichern, zierten wohl den Eingang zu den Grabstätten herausragender Persönlichkeiten, konnten aber auch, wie das Beispiel Castro lehrt, in geordneten Reihen die Straßen säumen, die in das Gräbergebiet führten, und erinnerten so in kleinerem Maßstab an die Ausschmückung der großen öffentlichen und religiösen Flächen der griechischen Städte Kleinasiens. Es wurde vermerkt, daß die zweite »Welle« korinthisch-etruskischer Keramik, die man im Zeitraum 580 bis 560 v. Chr. ansetzen kann, mit ihrem einheitlichen und organischen Charakter die bildnerische Kultur in Volci im archaischen Zeitalter in »dorischem« Sinne charakterisiert haben muß. Aber neben einer Erfahrung unter »peloponnesischem« Vorzeichen, wie die Statue des Kentauren, finden wir auch Löwen und Sphinxen, die wegen eines geringeren Gefühls für die Körperstruktur und wegen mancher besonderer dekorativer Zusätze Reste des spät-orientalisch geprägten Stils bewahren oder die ersten griechisch-orientalischen Anklänge vorwegnehmen.

Chigi-Olpe: Meisterwerk der spätfrühkorinthischen Keramikmalerei. Aus Formello, Veji (um 640 v. Chr.). Rom, Museo di Villa Giulia.

Zu Interpreten dieser Akzente werden beispielsweise die in Volci herangebildeten Steinmetze, welche die Steinskulptur nach Urbs vetus und Clusium verpflanzen. Vor allem in der letztgenannten Stadt bleibt das Repertoire der Sphinxen und der Weinenden die ganze erste Hälfte des 6. Jahrhunderts v. Chr. über unverändert und stellt einen geschlossenen Komplex mit stark »dädalischen« Zügen dar, dessen Einfluß auf die bildnerische Formensprache der lokalen Modellierer nicht ausbleibt. In der Gattung der für Clusium typischen, Kanopen genannten Vasen bzw. Aschenurnen reift nämlich im ersten Viertel des 6. Jahrhunderts v. Chr. eine grundlegende Wende heran. Die um die Mitte des 7. Jahrhunderts v. Chr. entstandene Tradition mit ihren Kanons einer stark symbolisch und geometrisch geprägten stereometrischen Sicht von »primitiven« Zügen wandelt sich endgültig und nimmt zur Darstellung der Gesichter die expressiven Vorbilder der großen Grabmalsskulptur an. Und gerade im Gebiet Clusium und vor der Hälfte des 6. Jahrhunderts v. Chr. stellt der Dekorationszyklus des zweiten »Palastes« in Murlo eine Synthese zwischen einer dominierenden bildnerischen Kultur, die sich inzwischen in korinthischem Sinne aktualisiert hat, und einer lokalen Tradition von Clusium dar, einer Tradition von Modellierern, die sich den ersten Darstellungen der menschlichen Gestalt, auch hier wieder Figuren von Vorfahren, widmen.

Der Komplex Poggio Civitate erscheint deshalb wichtig, weil er sich zeitlich unmittelbar anschließt, sowie wegen der Gesamtheit der Terrakotta-Skulpturen, die er geliefert hat, weniger allerdings wegen der Qualität der Werke; darüber hinaus läßt er aufgrund der Vielfalt seiner Materialien auch in den großen etruskischen Städten die Existenz einer auf die private Architektur gerichteten dekorativen Tradition vermuten, einer Tradition, die man nur anhand des Studiums von Fragmenten einschätzen kann.

Mehrfarbige etruskisch-korinthische Oinochoe des Malers von Pescia Romana. Aus Pescia Romana (Anfang des 6. Jahrhunderts v. Chr.). Florenz, Museo Archeologico.

Etruskisch-korinthische Oinochoe des Malers von Boehlau. Aus der Nekropolis dell'Osteria in Vulci (um 600 v. Chr.). Rom, Museo di Villa Giulia.

Etruskisch-korinthische Kylix des Malers der Amerikanischen Akademie. Aus Vulci (erste Jahrzehnte des 6. Jahrhunderts v. Chr.). Rom, Museo di Villa Giulia.

Die antiken Quellen sprechen ausdrücklich von nur einem einzigen großen »öffentlichen« Bauwerk, dem Kapitolinischen Jupitertempel in Rom, der vom ersten der beiden Tarquinii geweiht worden war, welcher vom Ende des 7. bis zum ersten Viertel des 6. Jahrhunderts v. Chr. regierte und unter dem die Gründungsarbeiten an dem Heiligtum ihren Anfang nahmen (D. H. 3, 69, 4–6 und 70, 1). Es ist daher nicht unwahrscheinlich, daß sich zu dieser Zeit die Notwendigkeit herausbildete, einen kennzeichnenden architektonischen Typus für diesen Tempel festzulegen, denjenigen, den die römischen Theoretiker später als *tuscanicus* betiteln: Er zeichnete sich durch die Höhe des Podests und durch seinen fast quadratischen, in zwei Bereiche gegliederten Grundriß aus, die Vorhalle mit Säulen und die Mittelzelle, die mit zwei *alae* versehen ist (Vitr. 4, 6, 6). Dieser Bautypus, dem wir in Rom erstmals im heiligen Bezirk des Foro Boario im zweiten Viertel des 6. Jahrhunderts v. Chr. und anschließend in Veji (Portonaccio) und in Marzabotto (Tempel C) begegnen, scheint aus dem Vorbild der Wohnung einer Adelsfamilie hervorzugehen, wie es sich in Caeres Grabstätten aus dem Zeitraum 630 bis 580 v. Chr. findet: ein Modell, das aus dem städtischen Rahmen stammt und sich wiederum vom Typus der »Fürstenwohnungen« unterscheidet. Diese waren mit einem Laubeninnenhof versehen, den man in der herrschaftlichen »Residenz« in Murlo oder in jenen wiederfindet, die in den Städten standen und führenden Politikern zugeschrieben wurden, wie etwa die Regia in Rom, das Gebäude F in Acquarossa und der Komplex von Montetosto bei Caere.

Der tuskanische Tempel ist daher der Schlußpunkt einer örtlichen architektonischen Tradition, die sich schon seit dem Jahre 630 v. Chr. im Rahmen der städtischen Zentren entwickelt hatte. Die sakralen Gebäude waren nach Aussage von Varro meist klein, hatten ein testudoartiges Dach und keine Kultstatuen: Die Bautypen unterschieden sich nicht von denen der Privathäuser, wie man aus zahlreichen Grabstätten und irdenen Urnen aus dem Bereich Caere aus der zweiten Hälfte des 7. Jahrhunderts v. Chr. schließen kann. Aber schon ab dieser Zeit wurden Dekorationen nötig, die in den *antepagmenta* Ornament- und Tierfriese, gemalt im spät-orientalischen Stil, entwickelten. Mit Beginn des 6. Jahrhunderts vervollkommnet und aktualisiert sich diese Tradition und stellt das ganze archaische Zeitalter über eine spezifische Betätigung der etruskischen Kunsthandwerker dar, die Ende des Jahrhunderts in dem »öffentlichen« Auftrag an Künstler aus Veji für die Giebelverzierung des Kapitolinischen Jupitertempels in Rom gipfelt (Plu., *Publ.* 103).

Im Laufe der ersten Hälfte des 6. Jahrhunderts v. Chr. zeigen die architektonischen Terrakotten, die unter Zuhilfenahme von Modeln in Relief ausgeführt sind, alle Stilschattierungen, die zur Blütezeit des archaischen Stils gehören. In Rom wies der älteste Tempel des Foro Boario eine Giebelverzierung mit zwei

Etruskisch-korinthischer Kolonettenkrater aus Cerveteri (570–560 v. Chr.). Cerveteri, Museo Archeologico.

Elfenbeinpyxis aus der Tomba della Pania in Chiusi (600–580 v. Chr.). Florenz, Museo Archeologico.

Ausschnitte aus einer großen Platte in Tuffstein mit abgestuften Reliefs. Aus Tarquinia (Anfang 6. Jahrhundert v. Chr.). Tarquinia, Museo Archeologico.

Panthern in heraldischem Schema auf, sowie Tafeln mit Tieren aus einer Serie, die der, die man der Regia zugeschrieben hat, verwandt ist, wo neben Wildkatzen auch das Bild des Minotaurus zu sehen ist. In Etrurien setzen sich die Friese dagegen aus komplexeren Bildmotiven zusammen: Szenen vom Aufbruch von Kriegern (wie in Veji, im kleinen Tempel der Akropolis, oder in Tuscania), Aufmärsche von Reitern und vor allem, wie in Murlo, Paraden, Pferderennen und Gelage, die sich wahrscheinlich auf die *tryphé* der dominierenden Familie beziehen; alle diese Motive verraten eine starke korinthische Stilprägung. Von höherer Qualität, auch in ihrer Ausführung, sind die irdenen Platten, die wohl das Hauptbauwerk einer kleinen Stadt im Hinterland von Volci, Poggio Buco, geziert haben: Die Thematik ist wie gehabt, denn neben Szenen aus Paraden sieht man Reiter und unberittene Bogenschützen, ein Pferderennen und eine Reihe von Tieren, aber die Grundmuster sind sehr frisch, und die klaren und fließenden Konturen knüpfen weniger an korinthische Vorbilder an und liefern schon ein Vorspiel zur ironisch geprägten Formensprache. Diese setzt sich später durch und wird wahrscheinlich zusammen mit den Grundmustern übertragen, die denen, die im Palast von Larisa in Nordionien bezeugt werden, verwandt sind.

Das Eintreten dieser neuen Stiltendenzen spiegelt sich auch in der Grabbildhauerei wider, die neben den Rundplastiken auch Friese in Flachrelief beinhaltet: Den wenigen Beispielen für Reliefs in Volci mit ihren Abfolgen von Tierdarstellungen, die teils an die Platten von Poggio Buco erinnern, entspricht eine ganze Monumentalgattung aus ausschließlich tarquinischer Herstellung, die der sogenannten abgestuften Großplatten aus Tuffstein. Sie setzt die Erfahrungen aus der Holzschnitzerei (nicht zufällig kam man zu der Meinung, sie hätten als Deckenverzierungen oder Türen fungiert) und aus der Metalltreibearbeit in Stein um. Ihre Ornamente in Feldern oder Bändern angeordnet, halten sie auf bildnerischer und auf inhaltlicher Ebene die Veränderungen fest, die in der ersten Hälfte des 6. Jahrhunderts v. Chr. eintreten: Der späte Tierstil wird nach und nach von griechischen, vor allem korinthischen Beiträgen ersetzt, und zwar unter besonderer Berücksichtigung von mythologischen und erzählerischen Szenen hellenischer Prägung.

Gerade im zweiten Viertel des 6. Jahrhunderts v. Chr. werden die Darstellungen der griechischen Mythen zu etwas, das über die schlichten zufälligen Erscheinungen hinaus geht: Sie beginnen, ein fast strukturelles Element der etruskischen Kunst zu sein, das sich sogar auf das kunsthandwerkliche Repertoire der etruskisch-korinthischen Keramik auswirkt, in der sie, wie gesagt, mit dem Maler der Bärtigen Sphinx erstmals auftreten. Der Maler der Verknoteten Schweife malt um 580 v. Chr. den landläufig als Krater der Buckligen bezeichneten Mischkrug, bei dessen Fries nacheinander drei Episoden aus der griechischen Mythologie dargestellt sind, wovon sich zwei sicherlich auf Herakles beziehen. Im gleichen Zeitabschnitt zeigt ein anderer Maler, der vielleicht in Volci tätig ist und zu jenen Einzelpersönlichkeiten zählt, die in der Keramikmalerei Etruriens so häufig auftreten, die Episode von Theseus und Ariadne: in einer polychromen Deckfarbenmalerei, die seine griechisch-orientalische Prägung verrät, und zwar auf einer Hydria, die man in der sogenannten Tomba d'Iside in Volci gefunden hat. Wir

Tonbecken, am Rand Figuren von Wehklagenden. Aus Pitigliano (1. Hälfte des 6. Jahrhunderts v. Chr.). Florenz, Museo Archeologico.

Kopfplastik eines Greifs, zu einem Akroterion gehörig (?). Aus Murlo (1. Hälfte des 6. Jahrhunderts v. Chr.). Florenz, Soprintendenza archeologica per la Toscana.

Kentaur aus Tuffstein, aus Vulci (um 590 v. Chr.). Rom, Museo di Villa Giulia.

Löwenpaar aus Tuffstein, aus Vulci (um die Mitte des 6. Jahrhunderts v. Chr.). Vatikan, Museo Etrusco Gregoriano.

befinden uns nun in den Jahrzehnten, in denen Etrurien sich immer stärker der attischen schwarzfigurigen Vasen annimmt; häufig sind sie mit mythologischen Darstellungen verziert, die regelrechte Miniaturillustrationen des griechischen Repertoires sind: einerseits die am weitesten verbreiteten »tyrrhenischen« Amphoren; zum anderen außergewöhnliche Stücke wie der in Clusium gefundene Krater François, ein wahres Sammelsurium von Mythen.

Das Verbreitungsniveau dieser Sagen ist anfangs auf die elitäre künstlerische Produktion beschränkt, jene, die die hochwertigsten attischen Vasen aufnimmt: Dies beweisen uns z. B. die getriebenen Bronzeflächen, die den im »Fürstengrab« von Castel San Mariano bei Perusia gefundenen Wagen zierten, oder die elfenbeinerne Pyxis mit Lochverzierungen, die man in einem Grabmal der Pania bei Clusium entdeckt hat. Die reichste Auftraggeberschaft findet man zu der Zeit im Landesinneren, wo die politisch-gesellschaftliche Ordnung das städtische Vorbild noch nicht ganz aufgenommen hat und wo die Kunsthandwerker eine erlesene Produktion von Luxusgütern ins Leben rufen.

Toreutik und Elfenbein- und Knochenbearbeitung spiegeln eine Vorliebe für Erzählszenen wider, die sich auch in den lokalen Keramikarbeiten, in den besten reliefverzierten Buccheros, niederschlägt. Einige Episoden aus den Sagen von Herakles oder Odysseus, die Gorgo und der Minotaurus werden mit einer Formensprache erzählt, die nunmehr den bilderreichen und überschwenglichen orientalisch geprägten Stil beiseite läßt, die von korinthischen Anklängen durchzogen ist, die aber mit ihren ausgefeilten Konturen – wie bei den Terrakotten von Poggio Buco – bereits auf den sich in kürze durchsetzenden ionischen Stil vorgreifen.

Die etruskisch-ionische Erfahrung

Vielgestaltig sind die Erfahrungen, die zum Heranreifen der etruskisch-ionischen Kunstäußerungen führen, welche sich in der zweiten Hälfte des 6. Jahrhunderts v. Chr. konkretisieren. Als ihre Grundlage ist vor allen Dingen die bemerkenswerte Mobilität zu sehen, die im Lauf des 6. Jahrhunderts v. Chr. ganz Ostgriechenland kennzeichnet: einmal Phokäa im Norden, zum anderen Samos, Ephesus und Milet.

Das Eintreffen hochwertiger Waren und besonders die Ausbreitung eines Lebensstandards, der von kostbaren Gegenständen gekennzeichnet ist, bedingen weithin die bildnerischen Äußerungen sowohl im öffentlichen, als auch im privaten Bereich. Die griechischen Handelspartner finden außerdem zu dieser Zeit die etruskischen Städte in voller Expansion vor, wie an anderer Stelle dieses Buchs zu lesen ist: Die Anziehungskraft, welche die Häfen – wahre Umschlagplätze – auf *émporoi* und Kunsthandwerker ausübte, war enorm.

Die Komponente aus Phokäa muß dabei eine vorrangige Rolle gespielt haben: Nachdem sie infolge der persischen Invasion das Mutterland verlassen hat, wird sie um die Mitte des 6. Jahrhunderts (545 v. Chr.) von einem schlichten Handelspartner zum integrierenden Bestandteil der bunt zusammengewürfelten Welt des Handels – auch als Sklaven, wie die bekannte Episode der phokäischen Gefangenen vermuten läßt, die von den Einwohnern von Caere nach der Seeschlacht im Sardischen Meer eingefangen und gesteinigt wurden. Die Kaufleute der ionischen Dekapolis aus Samos, Ephesus und Milet müssen wiederum eine ähnliche Funktion gehabt haben.

Dreifüße Loeb aus S. Valentino di Marsciano, Perugia (3. Viertel des 6. Jahrhunderts v. Chr.). München, Antikensammlung.

Schwarzfiguriger griechisch-orientalischer Askos.
Aus Tarquinia (540–520 v. Chr.).
Tarquinia, Museo Archeologico.

Schwarzfigurige Hydria: Einführung des Herakles in den Olymp und Kampfszene zwischen zwei Helden (um 530 v. Chr.).
Rom, Museo di Villa Giulia.

Das Bild, das die ionische Kunst in archaischer Zeit bietet, ist weit davon entfernt, einheitlich zu sein. Die Archäologie von Phokäa ist praktisch unbekannt, ausgenommen die Funde in Larisa, deren herausragendster der Aristokratenpalast mit seiner reichen architektonischen Dekoration ist. Durch die Ausgrabungen von Smyrna und Klazomenä kennen wir besonders eine im Stil recht differenzierte Schwarzfigurenkeramik, die auch in den Kolonien am Schwarzen Meer und in Naukratis, dem griechischen Handelsplatz im Nildelta, verbreitet wird: Sie wechselt ab zwischen einer Formensprache, die große Flächen und weiche Kontu-

Schwarzfiguriger Dinos aus der »Campana«-Gruppe (530–520 v. Chr.). Florenz, Museo Archeologico.

1 / Schwarzfigurige caeretanische Hydria mit Herakles und Eurystheus. Aus Cerveteri (530–520 v. Chr.). Rom, Museo di Villa Giulia.

2 / Schwarzfigurige caeretanische Hydria mit der Blendung des Polyphem. Aus Cerveteri (530–520 v. Chr.). Rom, Museo di Villa Giulia.

3 / Schwarzfigurige caeretanische Hydria, Herakles kämpft mit den Kentauren (um 520 v. Chr.). Schweiz, Sammlung Hirschmann.

4 / Schwarzfigurige caeretanische Hydria mit Perseus und dem Seeungeheuer (um 520 v. Chr.). Schweiz, Sammlung Hirschmann.

ren bevorzugt, und Ausdrucksformen miniaturistischer und kalligraphischer Art, die auf der Linie der zeitgenössischen attischen Keramik zu liegen scheinen.

In Zentralionien dreht sich dagegen – auch unter dem Impuls starker Persönlichkeiten, die sich der Bronzeskulptur und der Plastik widmen und über die in den literarischen Quellen der eine oder andere Hinweis bleibt – die künstlerische Aktivität zum Teil um die großen Heiligtümer, die neben den bekannten Marmorskulpturen viele Beispiele für Kleinplastiken in Bronze oder Terrakotta geliefert haben, wobei letztere als Behälter für Salben in weit entfernte Regionen, auch nach Etrurien, exportiert wurden. Das so entstehende Bild ist nicht weniger erlesen als das von Nordionien: Auch in der Keramikmalerei, besonders bei den Kelchen der Kleinen Samos-Meister wirken die von der Neuheit der Landschaft gekennzeichneten Szenen sehr lebendig.

Im Rahmen der künstlerischen Äußerungen Etruriens ist vor allem in der Schwarzfigurenkeramik um 540 v. Chr. eine Kursänderung festzustellen. Auf einem weitgehend der Vermassung unterliegenden Gebiet der bildnerischen Aktivität wie diesem, das durch die Ergebnisse des suborientalisch geprägten Stils der letzten etruskisch-korinthischen Produktion gekennzeichnet ist, ist eine radikale Veränderung ein offensichtliches Zeichen für eine tiefgreifende Wandlung der gesamten Kultur. Eine Kultur, welche die Verbreitung der Episoden der griechischen Mythologie und die Gestaltung einer neuen Formensprache zum Ziel hat und deren Widerhall sowohl in der Monumentalmalerei als auch in der Keramikmalerei, in der Töpferkunst wie in der Toreutik zu vernehmen ist.

Tarquinia, Tomba degli Auguri: Kampfszene (um 530 v. Chr.).

Tomba degli Auguri, Detailaufnahmen.

Bezeichnend ist der Fall des Paris-Malers, der ersten und begabtesten Persönlichkeit der »pontischen« Gruppe, die von 540 bis 520 v. Chr. im südlichen Etrurien tätig war. Die Wurzeln seines Stils wirken recht heterogen: Man kann eine Art Synthese von Dekorationsmotiven feststellen, die aus der attischen und korinthischen Keramikmalerei des zweiten Viertels des Jahrhunderts herstammen und durch ein Gefühl für die lebendige Erzählung überwunden werden, wie es in den großen Tafeln deutlich wird, wo die spitzen Profile und die fließende Umrißlinie an Ostgriechenland erinnern. Die Unmöglichkeit, seine Formensprache auf eine einzige stilistische Prägung zurückzuführen, legt Rechenschaft ab von seiner Originalität, die in der Tat auf qualitativer Ebene eine größere Bescheidenheit enthüllt als bei der großen Malerei, Töpferkunst oder Toreutik.

Wenden wir uns der Serie von bemalten Platten zu, wie die Boccanera des British Museum oder die Campana des Louvre, die alle aus Caere stammen, erkennen wir eine verwandte, allerdings von größerer Gemessenheit geprägte Haltung, die auch bei den in Veji und in Latium gefundenen Tonverkleidungen festzustellen ist. In dieser Serie, bei der sich die gewohnten Motive des Gelages, des Pferderennens und der Prozessionen auf Wagen überschneiden, kommt eine mythologische Szene hinzu, die sich vielleicht auf Herakles' Eintritt in den Olymp bezieht: ein Motiv, welches das Bildprogramm einer »tyrranischen« Gedankenwelt widerspiegelt, für die der griechische Held als positiver Bezugspunkt fungiert. Herakles tritt nämlich, zusammen mit seiner Schutzgöttin Athene, auch in der Gruppe des Heiligtums des Foro Boario in Rom auf,

Tarquinia, Tomba dei Giocolieri: Detailaufnahmen (530–520 v. Chr.).

stilistisch verwandt mit einem Kopf aus Veji, der an die griechisch-orientalische Kleinplastik anklingt. In einen ebensolchen Rahmen stellen sich auch die beiden berühmten Sarkophage – in Wirklichkeit Aschenurnen – in Terrakotta aus Caere mit den beim Bankett lagernden Eheleuten, deren Gesichter mit den spitzen, durch Modeln erzielten Gesichtern viel mit den Erfahrungen der Bronzekunst gemein haben.

Qualitativ hochwertige Beispiele dieser Tendenz werden andererseits von einer Bronzegruppe geboten, die man im Landesinnern von Etrurien, bei Perusia, in Castel San Mariano und in San Valentino di Marsciano, gefunden hat; ausgeführt wurde sie vielleicht in einer Werkstatt in Urbs vetus oder in Clusium. Dargestellt werden die Episoden des griechischen Mythos zu Herakles, Achilles und Perseus; kultiviert und mit Raffinement, sorgfältig bei der Ausarbeitung der Details, mit dem Stichel eingeritzt auf Reliefs, die Paradewagen und Kesselständer zierten (Dreifüße Loeb).

Pontische Amphore des Paris-Malers (540–520 v. Chr.). Rom, Museo di Villa Giulia.

Pontischer Teller des Tityos-Malers. Aus Vulci (540–520 v. Chr.). Rom, Museo di Villa Giulia.

Eine andersgeartete Tendenz schätzt man an den Werken, die von Kunsthandwerkern, die infolge der Diaspora aus Nordionien kamen, direkt in Caere hergestellt wurden: Werke, die nur eine Generation, ebenfalls im Zeitraum 540 bis 520 v. Chr., überdauern und die ihren tiefgehenden Einfluß auf die lokale bildnerische Formensprache nicht verfehlen. Die nordionischen Keramikmaler, welche die *dinoi* Campana und die *hydriai* aus Caere produzieren, entwickeln nämlich einen eigenen Stil, der sich von dem der »pontischen« Meister unterscheidet und sich vielmehr eng an den ihrer Heimat anlehnt: auf der einen Seite die Keramik der »phokäischen« und »klazomenischen« Schulen, die den Erfahrungshintergrund für die Maler der Gruppe Campana bieten; auf der anderen Seite die große ionische Malerei, die nur durch den bemalten Verputz der Häuser in Gordion und der Grabmäler in Elmali und Karaburun in Lykien bekannt ist und sich in den caeretanischen Hydrien widerspiegelt. Der elitäre Charakter dieser Produktion macht deutlich, daß sie auf die Kreation wertvoller Vasen ausgerichtet war, die als *dinoi* und *hydriai* für das Symposion bestimmt waren.

Während es beim Repertoire ersterer fast ausschließlich um das Symposion geht, verbinden sich bei letzterer thematische Vielfalt, Farbgestaltung und Lebendigkeit in der Erzählung mit der klaren Absicht, auch besondere und seltene mythologische Sujets, die aus der ionischen Fabelwelt stammen, zu übermitteln. Und als Heimat des Meisters der Hydrien kann, wie schon Furtwängler vermutet hat, fast mit Sicherheit Phokäa angesetzt werden, worauf die Darstellung des sprechenden Symbols der Stadt auf einem herrlichen Exemplar in der Sammlung Hirschmann, das in jüngerer Zeit veröffentlicht wurde, hinweist: Das Seeungeheuer wird von Perseus niedergeworfen und schwimmt mitten unter Meerestieren, unter ihnen eben auch der Seehund.

Dieses Schwanken im griechisch-orientalischen Stilklima in Etrurien zwischen schlanken und raffinierten Charateristiken und körperhafteren und lebendigen Charakteristiken zeigt sich natürlich auch in der Wandmalerei. Einige Gräber in Tarquinii, wie etwa die Tomba delle Iscrizioni und die Tomba del Barone sind in diesem Zusammenhang zu nennen, während eine andere Gruppe, gebildet von den Gräbern degli Auguri, dei Giocolieri und delle Olimpiadi, mehr mit der Stilatmosphäre der Hydrien aus Caere gemein zu haben scheint: Jene expressive Lebendigkeit, die man oft für eine Besonderheit der etruskischen Kunst jener Epoche gehalten hat, offenbart sich zu dieser Zeit im Gegensatz dazu als spezifisches Kennzeichen der ursprünglichen Quelle, der ionischen Malerei. In Caere Carlsberg Glyptotek in Kopenhagen aufbewahrt und sind dem gemalten Fries der Tomba delle Olimpiadi in Tarquinii erstaunlich ähnlich. Der Vergleich mit den Architekturplatten von Larisa kann praktisch den Kreis der Gleichklänge mit dem Ambiente von Nordionien schließen. Es ist daher offensichtlich, wie auch die jüngsten Ausgrabungen unter Leitung von M. Cristofani im Stadtgebiet von Caere (1983–84) beweisen, daß die Flüchtlinge aus Phokäa um 540 v. Chr. zu den Urhebern einer fruchtbaren Kunstaktivität wurden, die sich mit der Verzierung von Gebäuden und ebenso mit der Herstellung von bemalten oder reliefgeschmückten Platten befaßte und auch Tarquinii beeinflußte.

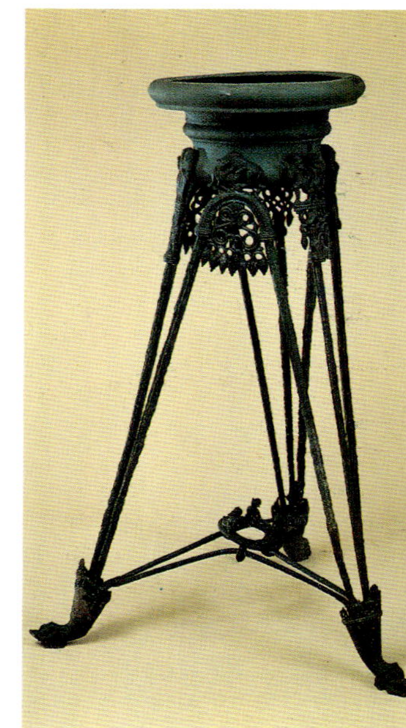

Bronzedreifuß aus Vulci (Ende des 6. Jahrhunderts v. Chr.). Vatikan, Museo Etrusco Gregoriano.

Schwarzfigurige Amphore der Schule des Micali-Malers. Aus Narce (510–500 v. Chr.). Rom, Museo di Villa Giulia.

bekunden die Malereien auf Platten, die auch aus dem städtischen Bereich stammen, wo sie zur Zierde der Wände von Wohnhäusern dienten, häufig Gemeinsamkeiten mit dem Stil des Meisters der Hydrien. Gemeinsamkeiten, die sich auch bei der Gruppe von tönernen Reliefplatten feststellen lassen, die zu einem Wohnhaus gehört und Wagenrennen und Reiteraufmärsche darstellt; diese Platten, werden in der Ny

Die Präsenz ausländischer Maler auch in der anderen großen Stadt Südetruriens wurde durch die im Handelsheiligtum von Graviscae dargebotenen Offerten bestätigt, unter denen auch Naturfarben sind, die offensichtlich von den Kunsthandwerkern gestiftet wurden. Nachdem man die Stilbezüge zur ionischen Keramikmalerei von Caere ausfindig gemacht hat, muß hervorgehoben werden, daß die Tradition der

Ausschnitt des »Ehegatten-Sarkophags«, mehrfarbige Terrakotta. Aus Cerveteri (520 v. Chr.). Rom, Museo di Villa Giulia.

Ausschnitt eines Wagenstirnbretts, Bronzeplatte, aus Castel S. Mariano, Perugia (um 530 v. Chr.). Perugia, Museo Archeologico.

Kopf, zu einer Männerfigur gehörig. Aus dem Heiligtum von Portonaccio, Veji (Ende des 6. Jahrhunderts v. Chr.). Rom, Museo di Villa Giulia.

Grabmalerei von Tarquinii angesichts ihres antiken Alters im Rahmen der Geschichte der Malerei eine einzigartige Erfahrung darstellt. Gerade die dreißig Jahre von 540 bis 510 v. Chr. bilden die Phase größter Verdichtung von Erfahrungen, in der sich die dekorative Tradition durchsetzt, die viele weitere Jahrhunderte überdauern soll. Es ist eine Tradition, die das Dekorationssystem eines Innenraums völlig erneuert, indem sie einerseits große gemalte Vorhänge vortäuscht und zum anderen Friese auf den Wänden anordnet: eine kompositorische Neuheit, allerdings aus der zeitgenössischen Keramik entlehnt.

Bei diesem Rundblick noch im Schatten geblieben ist die dritte bedeutende Stadt Südetruriens, Volci. In einer Gattung von Kulturdenkmälern, die sich einer schon früher durchgesetzten Tradition rühmen, der für Grabmäler bestimmten Steinskulptur, läßt sich deutlich die gleiche Wende feststellen. Ein berühmtes Beispiel, wie es der Jüngling auf dem Seepferdchen ist, der auch einen schlichteren Bruder hat, kann das Sinnbild für diese Wandlung um 540 v. Chr. genommen werden: Die Volumengliederung der Skulpturen aus der ersten Hälfte des Jahrhunderts, die noch unter dem subdädalischen, »peloponnesischen« Einfluß steht, weicht jetzt den polierten Oberflächen, den fließenden Umrissen, und bei einer Sphinxengruppe in Hollywood, Kopenhagen und Hamburg vervollkommnet sich die Gesichtsplastik, ist die Haartracht sorgfältiger ausgearbeitet und verrät eine direkte Anregung durch kleinasiatische Vorbilder. Volci scheint aber noch dazu das Zentrum der größten Produktion von Luxusgegenständen der Zeit in Bronze, Edelmetall und Elfenbein gewesen zu sein – Gebiete, die auch in der Technologie eine erhebliche Qualitätssteigerung aufweisen.

In der Toreutik setzt sich das Löten mit Zinn durch, das die Applikation von geschmolzenen Figurinen und Plaketten auf Dreifüße, Thymiaterien, Kandelaber und große Metallvasen ermöglichte, die für das aristokratische Symposion bestimmt waren. Das Repertoire bevorzugt Episoden, die mit der Heraklessage verknüpft sind, oder Figuren von Dienstpersonen, Tänzer und Mundschenke, die man auch in den Grabmalereien an den Gelageszenen teilhaben sieht.

Bei den Goldschmiedearbeiten, vor allem bei den Fingerringen, sind Ritz- und Treibtechniken zu verzeichnen, die aus der griechisch-orientalischen Glyptik herkommen, man erlebt die Vervollkommnung von schon bekannten Techniken wie Filigran und Granulation und die Verwendung von Glaspasten und Halbedelsteinen zur Farbgestaltung, die das lokale Repertoire vollständig erneuern und Gegenstände einführen, die in Lydien und Kleinasien Mode sind, wie etwa die Ohrringe aus Metallplättchen.

Bei den hochwertigen Gegenständen verbreitet sich der Gebrauch von Holzschreinen, die mit Elfenbein- oder Knochenblättchen eingelegt und mit Reliefs von Gelageszenen, Jagdszenen, mit einzelnen Tieren oder Tiergruppen verziert sind.

den letzten beiden Jahrzehnten des 6. Jahrhunderts v. Chr. tätig sind und Impulse von eingewanderten ionischen Künstlern erhalten, sind sehr erfolgreich bei ihrer Darstellung von Helden der mythischen Sagen aus dem Hellas, welche für die aristokratische etruskische Auftraggeberschaft, die diese Gemmen auch als Siegel verwendet, eine genealogische Bezugswelt darstellt. Bei diesem Typus, der sich über das ganze 5. Jahrhundert v. Chr. hinweg weiterentwickelt, kann man zunehmend den Widerhall der formalen Errungenschaften der griechischen Kunst verfolgen, besonders in den Darstellungen des Männerakts in Ruhe oder in Bewegung.

Der »etruskische« Stil

Die etruskischen Keramikmaler vom Ende des 6. Jahrhunderts und Beginn des 5. Jahrhunderts v. Chr. sind noch gefesselt von der Schwarzfigurentechnik und ignorieren die neuen Ausdrucksmöglichkeiten, die von der attischen Rotfigurenkeramik angeboten werden. Dennoch findet sie breite und qualifizierte Rezeption in Etrurien. Die Bronzebearbeitung von Volci degeneriert nach den signifikanten Schöpfungen im Zeitraum 540–520 v. Chr. und wird immer mehr zu einer »industriellen« Produktion von Gebrauchsgegenständen.

Ausnahmen sind hier Spezialisierungen auf kunsthandwerklichem Gebiet, die persönliche Luxusbedürfnisse befriedigen: Goldschmiedekunst und Glyptik. Alte Techniken, die sich im orientalisch geprägten Stil entwickelt haben, wie Filigran und Granulation, finden so neue Anwendung bei den Schmuckgegenständen für Frauen – wahre Meisterwerke, welche Farbeffekte durch Einfügung von Glaspasten zu unterstreichen suchen. Auch die Graveure von Halbedelsteinen, die in

Man kann daher behaupten, daß man hier einem Stellenwechsel von »hoher Kunst« und »Kleinkunst« beiwohnt, da nun die erstere eine Stellung von hohem Ansehen einnimmt. Jetzt sind es die städtischen Heiligtümer mit ihrem monumentalen Bild und den dort ausgeübten Andachtspraktiken, die zu den bevorzugten Stätten des Kunstgenusses werden und die damit anzeigen, daß im Rahmen von »tyrannischen« Regi-

Der Apoll von Veji: Giebelfigur aus dem Dekorationszyklus des Menerva-Tempels in Veji (Ende des 6. Jahrhunderts v. Chr.). Rom, Museo di Villa Giulia.

Links:
Hermeskopf aus dem Heiligtum von Portonaccio, Veji (Ende des 6. Jahrhunderts v. Chr.). Rom, Museo di Villa Giulia.

men die öffentlichen Werke einen Großteil der Produktivkräfte und der künstlerischen Kreativität aufsaugen: Die folgenden Aufträge des römischen Staats an etruskische und später griechische Künstler zur Ausschmückung der Tempel des Kapitolinischen Jupiter und der Ceres, des Liberus und der Libera Ende des 6. und Anfang des 5. Jahrhunderts v. Chr. sind in diesem Sinne bezeichnend.

Die Bauhütten des Tempels der Uni in Pyrgi und des Vorstadtheiligtums der Menerva in Veji lassen das Ausmaß dieses Phänomens erkennen. Der Tempel B in Pyrgi, der dem »Tyrannen« von Caere, *Thefarie Velianas,* gestiftet worden war, zeigt eine völlige Umkehrung des Dekorationssystems, das die kleinasiatischen Vorbilder der vorangegangenen Generation verleugnet und statt dessen komplexe Typen von Platten mit Pflanzenornamenten, bebilderte Antefixe, Hochreliefs, die in den Giebeltympana an den Stirnseiten der Mutuli angebracht sind, sowie Statuen zum Giebelschmuck wählt, deren Vorgänger man heute in den hellenisierten Kolonialgebieten des Tyrrhenischen Meers, besonders in dem von Chalkis ausgehenden Teil der Magna Graecia, sucht. Der Stilunterschied zwischen den Terrakotten aus Caere und denen aus Veji, die alle um 500 v. Chr. zu datieren sind, legt offen, daß sich innerhalb der einzelnen Städte regelrechte Schu-

Mittelteil eines Akroterions mit kämpfenden Kriegern. Aus dem Tempel »Sassi Caduti« in Falerii (um 480 v. Chr.). Rom, Museo di Villa Giulia.

len mit eigener Formensprache bildeten und daß ihre Mobilität auch gegenüber der römischen Gemeinde einen Bezugspunkt darstellte.

In der Töpferkunst zeichnet sich die Schule von Caere beispielsweise durch die Betonung der Körpermassen aus, ein Vermächtnis des ionischen Einflusses, während die sich wiederholenden Gesichter, für die häufig dieselben Modeln verwendet wurden, darauf hindeuten, daß es sich überwiegend um Routinearbeiten einer kunsthandwerklichen Werkstatt handelte, deren Typen figürlicher Darstellungen auch in der Kleinplastik aus Bronze und in den Goldschmiedearbeiten zu einer Art allgemeiner Formensprache werden. Die Kunsthandwerker aus Veji wiederum führen im Heiligtum von Portonaccio den dem Pythischen Apollo geweihten Dekorationszyklus aus, der durch seine Prägnanz, seine Ausgewogenheit zwischen Oberflächenspiel und Körperstruktur und durch seine Dynamik außerhalb des Heimatlands eine Synthese verschiedener Komponenten, die den griechischen spätarchaischen Stil wesentlich gestalten, darstellt, der es auch nicht an gewissen, der attischen Skulptur eigenen Kalligraphismen fehlt. Wegen seiner Vollendung wurde dieser Zyklus als höchster Ausdruck des ionischen Stils außerhalb Griechenlands betrachtet, und gerade deswegen scheint er in Etrurien zumindest vorläufig dazu bestimmt, nur wenige epigonische Ergebnisse zu finden. Die Aufgabe, die Töpferkunst weiterzuentwikkeln, fällt dagegen später der Schule von Caere, die bereits in Rom tätig ist, zu, wie die Gruppen von Rundplastiken, ausgeführt um 490–480 v. Chr. für den Tempel von Satricum in Latium, beweisen.

Den größeren Erfolg, den diese letztgenannte Schule hat, erklärt auch das großartige tönerne Bild, ausgeführt 480 bis 470 v. Chr., das die Spitze des rückwärtigen Giebelfelds des Tempels A in Pyrgi schmückte. Die mit den thebanischen Kriegern kämpfenden argivischen Helden und Protagonisten sind zusammen mit den an dem Geschehen teilhabenden Gottheiten in eine komplexe, von vielen Figuren bevölkerte Komposition gestellt, die ihre kompositorischen Rhythmen den gesetzteren Metopen des *thesaurós* der Athener in Delphi entnimmt, welcher um eine Generation früher entstanden ist. Die Betonung des Mienenspiels und die Kraft der Bewegungen lassen die Absicht erkennen, den Betrachter auch emotional zu beteiligen: Kam er von der Verbindungsstraße zwischen Caere und seinem Hafen herbei, sah er sich einer Szene gegenüber, die mit den mythischen Ursprüngen des Ortes verbunden und nicht frei von ethischer Wertigkeit war.

Hinter dieser fruchtbaren Zeit der Töpferkunst muß man allerdings auch eine Produktion von großen Bronzen sehen, für deren Ausführung ja auch Tonmodelle gebraucht wurden. Einen Einblick in diesen anderen Bereich der Monumentalskulptur erhält man von der enigmatischen Kapitolinischen Wölfin, bei der man auch eine Ausführung durch sizilianische Griechen in Betracht gezogen hat, sowie durch den Jünglingskopf

Fragmentarisches Antefix mit Mänadenfigur. Aus dem Tempel »Sassi Caduti« in Falerii (um 480 v. Chr.). Rom, Museo di Villa Giulia.

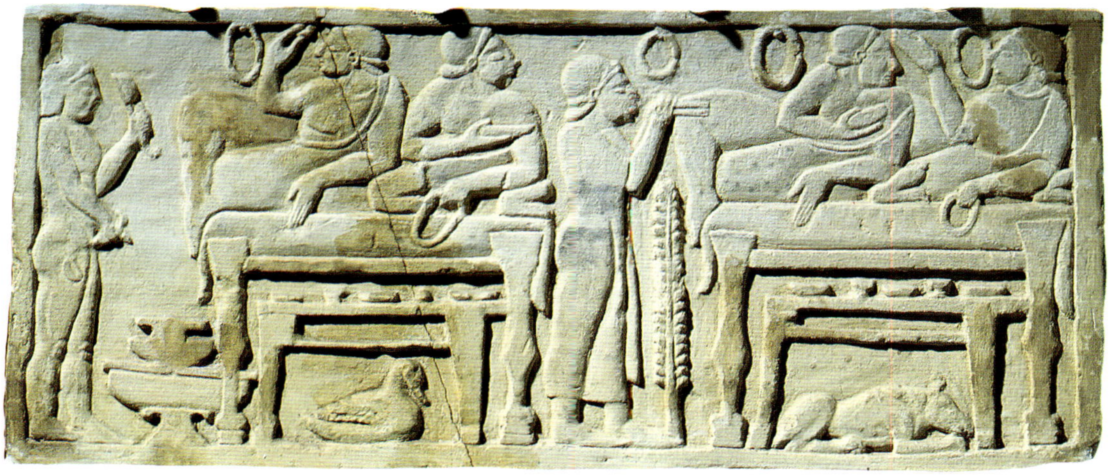

von Nemi und durch die zahlreichen mittel- bis kleinformatigen Darstellungen von Gottheiten und Opfergaben darbringenden Gläubigen, die überwiegend in Nordetrurien zwischen Populonia und dem toskanisch-emilianischen Apennin gefunden wurden. Das Kulturdenkmal, um das sie kreisen, ist der sogenannte Lorenzini-Kopf aus Volaterrae, Ausdruck einer anderen Art des Plastikverständnisses: nicht die Dynamik der aus Veji oder Pyrgi bekannten Charakteristiken, sondern vielmehr der – an dem darbringenden Jüngling aus Monteguragazza noch besser zu erkennende – Versuch, die Probleme der stehenden Figur durch eine bewegte und gliederungsreiche Modellierung zu lösen

Urne mit Gelageszene. Aus Chiusi (Anfang 5. Jahrhundert v. Chr.). Florenz, Museo Archeologico.

Deckel einer Tonurne mit ruhendem Verstorbenen. Aus Cerveteri (erste Jahrzehnte des 5. Jahrhunderts v. Chr.). Cerveteri, Museo Archeologico.

Goldener Beschlag aus Vignanello (um 480 v. Chr.). Rom, Museo di Villa Giulia.

und dabei im vollen Gesicht die letzten Ergebnisse eines ionischen Stils anklingen zu lassen, in den die attische Erlesenheit nicht mit eingeflossen ist.

Deutlich erkennbar ist der attische Einfluß – und in Anbetracht des massiven Imports von Keramiken konnte es gar nicht anders sein – in der Großmalerei und im Relief, das an zeichnerische Modelle gebunden ist. Die intensive Phase der archaischen tarquinischen Malerei tendiert jetzt dazu, sich in wenigen aber vortrefflichen monumentalen Beispielen aufzulösen, in denen sich die mit dem Gelage, den Tänzen und den Bestattungsfeiern verbundenen Themen in einem Crescendo von Formerrungenschaften gegenüber den Verkürzungen und der kompositorischen Parataxe kodifizieren, die man zwischen 490 und 470 v. Chr. in der Sequenz Tomba delle Bighe – Tomba del Triclinio – Tomba del Letto Funebre beobachtet. Die Darstellungen werden jetzt einer Linie anvertraut, die das Volumen suggeriert und sich nicht mehr darauf beschränkt, farbige Flächen zu grundieren, und die Transparenzen entstehen läßt, raffinierte Spiele, die wir in der besten Tradition der attischen Keramikmaler des spätarchaischen Stils kennen.

Eine parallele, allerdings mehr der Vermassung unterliegende Entwicklung nehmen die Sarkophage und reliefverzierten Grabsäulen, die in Clusium hergestellt werden, eine Stadt, in der auch und nicht zufällig aus Tarquinii stammende Maler tätig sind. Anfang des 5. Jahrhunderts tritt in dieser Produktion, die einige Jahrzehnte vorher begonnen hatte, eine recht deutliche Wende ein. Vor allem bei den Werken einiger Kunsthandwerker, die sich von der zur Holzeinlegearbeit gehörenden Formensprache und von der Vorliebe für übervölkerte Szenen gelöst und Kompositionen mit Übergängen von außerordentlicher Eleganz ins Leben gerufen haben – etwa bei Szenen wie eine Einkleidung

Aschenurne mit ruhendem Verstorbenen und weiblichem Dämon. Aus Chianciano (spätes 5. Jahrhundert v. Chr.). Florenz, Museo Archeologico.

zu einer Hochzeit oder ein Krieger, der die Rüstung anlegt, die über das konventionelle Bestattungsrepertoire hinausgehen – trifft dies zu. Kurz gesagt, läßt sich um 480 v. Chr. ein roter Faden der Formensprache feststellen, der in abschließender Analyse das »klassischste« Ergebnis der etruskischen Kunst darstellt.

Ausschnitt mit Teilnehmern an einem Gelage aus der Tomba dei Leopardi in Tarquinia (480–470 v. Chr.).

Ausschnitt mit Figur eines Dieners aus der Tomba dei Leopardi in Tarquinia.

Bronzespiegel mit Reliefverzierung: Eos trägt den Körper des Kephalos. Aus Vulci (480–470 v. Chr.). Vatikan, Museo Etrusco Gregoriano.

Kontinuität und Bruch in klassischer Zeit

Die Dynamik, welche die künstlerische Kultur der etruskischen Polis in den ersten drei Jahrzehnten des 5. Jahrhunderts v. Chr. gekennzeichnet hatte, kommt 474 v. Chr. mit derjenigen Episode zum Stillstand, die der etruskischen Seeherrschaft ein Ende setzte: die durch die Syrakuser Flotte vor Cumae erlittene Niederlage. Von diesem Moment an scheint die Kreativität zu ermatten, die vorher in ganz Etrurien selbst und im Widerschein auch in den Kolonialgebieten festzustellen war, die Produktivität ins Gegenteil umzuschlagen, wenn dieses Phänomen auch speziell für die südetruskischen Städte gilt. Der Stil, der sich in der ersten

Generation des 5. Jahrhunderts v. Chr. herausgebildet hatte, überlebt lange. In die Hände von Kunsthandwerkergruppen gelegt, die ohne Kontinuität arbeiten, scheinen die künstlerischen Arbeiten jener Grundlagen zu entbehren, auf denen unsere Betrachtung hier bisher aufbaute. Es mangelt an klaren Linien und chronologischen Fixpunkten; die Bindungen zur griechischen Kunst des 5. Jahrhunderts v. Chr., die gerade in dieser Zeit ihre Fähigkeiten maximal entwickelt, erscheinen schwach und differenziert. Als Beispiel kann man Volci nehmen, wo nach wie vor griechische, in die Stadt integrierte Provinzkeramikmaler wie *Arnthe Praxias* tätig sind, die mit einer ephemeren Technik, die der übermalten Figuren, die Formerrungenschaft der attischen Malerei wiederaufnehmen und in der rotfigurigen Keramik – besonders in der zweiten Hälfte des Jahrhunderts – unterschiedliche Stilerfahrungen miteinander mischen.

Bronzespiegel mit Gottheiten: Maris (Ares), Tinia (Zeus) und eine Lasa (2. Hälfte des 4. Jahrhunderts v. Chr.). Rom, Museo di Villa Giulia.

Tonkopf von Zeus, aus dem Tempel dello Scasato in Falerii (Ende 5. Jahrhundert v. Chr.). Rom, Museo di Villa Giulia.

Um vieles lebendiger und aufgeschlossener wirkt das Ambiente des etrurischen Binnenlands, das in der 2. Hälfte des 5. Jahrhunderts v. Chr. in der politischen Geschichte Mittelitaliens eine führende Rolle spielt.

Die im Tibergebiet liegenden Städte des Binnenlands – Veji, Falerii, Volsinii und Clusium – übernahmen von der Mitte des 5. bis Anfang des 6. Jahrhunderts v. Chr. die Führungsrolle in der künstlerischen Produktion. Während sich aber in Clusium die Auftraggeber auf Kulturdenkmäler privater Natur wie etwa Statuen, die zugleich Aschenbehältnisse waren, hin orientieren, werden die Künstler in den anderen Städten eher mit der Gestaltung von Heiligtümern beschäftigt, wo zum einen die Tempel mit Tonverzierungen und Malereien zu schmücken und zum anderen die Votivgaben zu entwerfen sind.

Auf Modelle des strengen Stils, wie sie in der Votivplastik in Veji und Falerii sowie in der Grabskulptur von Clusium zu finden sind, die in den Aschenbehältnis-Statuen sitzender Frauen oder Männern beim Gelage die Ikonographie des griechischen Grabreliefs herausschält, folgen Erfahrungen, die eindeutig von der Polykletischen Skulptur abhängen, von denen aber eher marginale als strukturale Elemente betont werden (die bewegten Haartrachten und nicht so sehr die Neuheiten des »Kanons«), oder auch von Phidiasschen Meisterwerken wie der Zeus von Olympia oder die sitzende Aphrodite: Die Votivskulpturen von Veji-Portonaccio, einige Elemente der Tondekoration des Tempels des Scasato in Falerii, eine recht umfangreiche Gruppe von Aschenbehältnis-Statuen in Clusium und insbesondere der Deckel aus Chianciano mit der Darstellung des Verstorbenen, der von der Höllengöttin Vanth umarmt wird, sowie die Frauenstatue in Kopenhagen dokumentieren diesen Übergang. Auch die große Bronzeskulptur mit ebenfalls votivem Charakter verzeichnet diese Wende, als deren bezeichnende Ergebnisse man u.a. die in Kopenhagen aufbewahrte Statue des Weihegaben darbringenden Jünglings Barberini-Sciarra und den sogenannten Mars von Todi betrachten kann: Erstere, die möglicherweise in Rom aufgefunden wurde, spiegelt die Errungenschaft aus der Zeit vor Polyklet wider, während die letztere und um mehr als fünfzig Jahre ältere das signifikanteste Ergebnis Mittelitaliens in der Skulptur aus klassischer Zeit darstellt, der Endpunkt eines Weges über die Ton- und Steinplastik des Tibergebiets oder die Bronzevasen mit Männerkopf aus der zweiten Hälfte des 5. Jhs.

Die Chimäre von Arezzo: Bronzeskulptur, laut Inschrift auf einer der Pfoten Tinia geweiht (Ende 5./Anfang 4. Jahrhundert v. Chr.). Florenz, Museo Archeologico.

Deckel einer Bronzeurne mit ruhendem Verstorbenen. Aus Perugia (1. Hälfte des 4. Jahrhunderts v. Chr.). Leningrad, Ermitage.

Nach dem Fall Vejis im Jahre 396 v. Chr. bleiben Falerii, Volsinii und Clusium die vitalsten Zentren. In Falerii bestimmt Anfang des 4. Jahrhunderts v. Chr. die Übersiedlung attischer Keramikmaler, die sich dem zierlichen Stil des Meidias-Malers verpflichtet fühlen, weitgehend die künstlerische Formensprache. In Volsinii, dem Sitz des höchsten Heiligtums des etrurischen Städtebunds, knüpft dagegen eine intensive Betätigung auf dem Gebiet des Tonschmucks für die städtischen Tempel zu etwa gleicher Zeit an die gleichen Erfahrungen an. Gottheiten und Krieger werden mit fließenden Haartrachten und Bärten sowie mit transparentem und fülligem Faltenwurf in ihren Gewändern dargestellt: Es entstehen neue Typen der Darstellungen aus der Welt der Götter und Helden, die schon wenig später in den figürlichen Keramiken der Clusium-Gruppe oder in den Spiegeln des »verzierten« Stils in Erscheinung tritt.

Die Antwort der Zentren im Küstengebiet Südetruriens läßt nicht lange auf sich warten. Sobald die städtischen Aristokratenkreise die Produktionstätigkeiten sowohl in den Städten als auch in den abhängigen Gebieten auf neuen Grundlagen organisiert haben, was im späten 4. Jahrhundert v. Chr. einsetzt, werden Heiligtümer und Adelsgräber zum bevorzugten Betätigungsfeld der Künstler: Die Wiederbelebung der kunsthandwerklichen Tätigkeiten wie Keramikmalerei oder Bronzekunst wird von einer Art Wiedergeburt der »hohen Künste« Malerei und Skulptur begleitet.

Es besteht sicherlich eine Verbindung zwischen der zentralen Stellung, die Anfang des 4. Jahrhunderts v. Chr. das Gebiet um Volsinii einnimmt, und einigen bildnerischen Äußerungen, die wir beispielsweise in Tarquinii kennen: Das berühmte Profil der Velia von der Tomba dell 'Orco I finden wir in dem Bronzekopf aus Cagli wieder, der höchstwahrscheinlich aus einer

Werkstatt in Volsinii hervorgegangen ist, die im stilistischen Kielwasser des »Mars« von Todi arbeitet. Ebenso wie die ein wenig plump wirkenden Malereien der Tomba degli Scudi, denen es aber nicht an der einen oder anderen herrlichen Stelle, vor allem in den Gesichtern, fehlt, zwar an ikonographische Vorbilder der Aschenbehältnis-Statuen aus Clusium erinnern, aus stilistischer Sicht aber die Erfahrungen der Grabmaler anklingen lassen, die um die Mitte des 4. Jahrhunderts v. Chr. in Volsinii tätig sind.

Zu diesem Zeitpunkt kommt es auch zur Definition verschiedener Monumentalgattungen, die für die etruskische Kunst typisch sind und bis zur römischen

Sarkophag der Amazonen, bemalter Marmor: auf dem Sarg Amazonen-Kampfszenen, wahrscheinlich einer Großmalerei entnommen. Aus Tarquinia (3. Viertel des 4. Jahrhunderts v. Chr.). Florenz, Museo Archeologico.

Eroberung Bestand haben werden; kostbare Vorwegnahmen sind vielleicht schon einige Jahrzehnte vorher zu verzeichnen.

Dies ist der Fall bei den Sarkophagen, die anfangs die Typologie analoger Marmordenkmäler wiederholen, wie sie mit großer Wahrscheinlichkeit den Werkstätten von Paros in Auftrag gegeben wurden, auch von den Aristokratenkreisen Phöniziens, Karthagos und Siziliens. Zum architektonischen Typus gesellt sich schon bald der mit der Abbildung des Verstorbenen: Er wird, auf dem Deckel liegend, als noch Lebender dargestellt, der Sarg trägt gemalte oder Reliefverzierungen. Die Vorbilder scheinen aus dem orientalischen Raum zu stammen, wie der berühmte Sarkophag von Sidon, genannt der Alexandersarkophag, beweist, der dem 332 v. Chr. gestorbenen König Abdalonymos zugeschrieben wird. Zwei berühmte Sarkophage aus Volci im Museum of Fine Arts in Boston sowie ein anderer von geringerer Qualität, der in der Tomba dei Sarcofagi von Caere gefunden wurde, zeigen die Beliebtheit einiger Darstellungstypen phidiassischer Prägung. Diese kann man besonders bei den bärtigen Männerköpfen der Deckel feststellen kann, während die in

Bemalte Terrakottaplatte mit Gesicht im Profil. Aus dem Tempel von Celle in Falerii (2. Viertel des 4. Jahrhunderts v. Chr.). Rom, Museo di Villa Giulia.

Relief gearbeiteten mythologischen Kompositionen auf dem Sarg selbst mit ihrer parataktischen Anordnung nicht nur das zeitliche Vorhergehen, sondern auch die stilistische Distanz gegenüber den komplexen Abbildungen des Sarkophags von Sidon offenlegen.

Der reiche und vielfältige Bilderbogen, den uns die figürlichen Darstellungen der zweiten Hälfte des 4. Jahrhunderts v. Chr. darbieten, erlaubt die Herauslösung einer Reihe von ikonographischen Modellen, die aus der griechischen Mythologie stammen: Neben dem Dionysosthema, das bei den in Gräbern gefundenen Vasen vorherrscht, lassen sich Sagenthemen feststellen, die auf die Ilias und Odyssee, auf die Argiversage der Sieben gegen Theben und auf andere hellenische Mythen zurückgehen. Hinzu gesellen sich, wenn auch in sehr viel geringerem Ausmaß, Episoden der lokalen Mythologie, deren Protagonisten etruskische Weise und Seher sind. Der Komplex der mythischen Geschehnisse spielt bei der Auftraggeberschaft eine jeweils unterschiedliche Rolle; einerseits werden bei den Sarkophagen von den großen, für Grabmäler bestimmten Vasen der gewaltsame Charakter oder die ethische Wertigkeit der dargestellten Szenen betont, zum anderen streicht man jedoch, wie bei manchen Grabmalereien, etwa die der Tomba François in Volci oder der Tomba dell'Orco II in Tarquinii, die »historische« Funktion heraus, welche die griechischen Sagen in den Augen der großen etruskischen Familien hatten.

Tomba degli Scudi in Tarquinia: Ausschnitte aus den Wanddarstellungen der Verstorbenen (Mitte des 4. Jahrhunderts v. Chr.).

Links: Sarkophag des Velthur Partunu oder »del Magnate«. Aus der Tomba dei Partunu in Tarquinia (letztes Viertel des 4. Jahrhunderts v. Chr.). Tarquinia, Museo Archeologico.

Sarkophag »dell'Obeso«. Aus der Tomba dei Partunu in Tarquinia (Ende des 4. Jahrhunderts v. Chr.). Tarquinia, Museo Archeologico.

Die Einfügung von Episoden lokaler Geschichte wie bei der Tomba François oder die Darstellung von Adelswappen wie bei der Tomba Giglioli in Tarquinii zeigen die Existenz genauer Bildprogramme, die stilistisch an die malerischen Vorbilder großgriechischer Herkunft, wie sie in der Keramikmalerei Süditaliens zu finden sind, anknüpfen. Den Bekanntheitsgrad der griechischen Mythologie dokumentieren Gebrauchsgegenstände für die Frau wie etwa Spiegel, an welche die Zisten in Gravurtechnik und Stil anknüpfen. Innerhalb dieser Produktion, die erst jetzt langsam aus einem aktualisierten Blickwinkel betrachtet wird, kann man zunächst einmal verschiedene Werkstätten in Südetrurien (in Volci oder Caere) und im Latium (in Palestrina oder Rom) unterscheiden, wobei aber auch die Existenz von im etrurischen Binnenland tätigen Ateliers (in Volsinii, Clusium oder Volaterrae) nicht auszuschließen ist. Zwei unterschiedliche Stilrichtungen – die eine »verziert«, die andere »schlicht« –, die beide, insbesondere die länger dauernde zweite, von einer zunehmenden Lockerung des Formzusammenhalts gekennzeichnet sind, rufen die zeitgenössischen Erfahrungen in der Keramikmalerei ins Gedächtnis.

Angesichts der Vielfältigkeit dieser Erfahrungen auf dem Gebiet der für die Privatsphäre bestimmten Kunst zeigt auch der Komplex der mit den Heiligtü-

Tomba François in Vulci: Ausschnitte aus dem Fries mit Tiermotiven und der Szene mit der Tötung der trojanischen Gefangenen (3. Viertel des 4. Jahrhunderts v. Chr.). Rom, Villa Albani.

Rotfiguriger faliskischer Stamnos, aus Roselle (1. Hälfte des 4. Jahrhunderts v. Chr.). Grosseto, Museo Archeologico.

Oinochoe der Clusium-Gruppe. Aus Volterra (2. Hälfte des 4. Jahrhunderts v. Chr.). Volterra, Museo Guarnacci.

Janusförmiger Kantharos der Clusium-Gruppe. Aus Todi (Mitte des 4. Jahrhunderts v. Chr.). Rom, Museo di Villa Giulia.

Kelch der Clusium-Gruppe. Aus Sovana (3. Viertel des 4. Jahrhunderts v. Chr.). Florenz, Museo Archeologico.

mern verbundenen künstlerischen Aktivitäten, sei es bei der architektonischen Dekoration oder der Votivplastik, die Notwendigkeit einer Erneuerung.

Das offensichtlichste Stilkennzeichen ist jetzt wohl das des beginnenden Hellenismus Griechenlands und Süditaliens: Die Heiligtümer von Caere, Pyrgi, Tarquinii und Falerii haben die Zeugnisse einer Plastik geliefert, die sich von einer gewissen klassischen Gemessenheit – die man beispielsweise in der Schule von Urbs vetus antreffen kann – befreit, um neue Formlösungen anzubieten, die in den Drehungen der Körper, den Haartrachten und bewegten Faltenwürfen und in den pathetischen Gesichtern zur Geltung kommen.

So stehen wir nun vor einer Veränderung in der bildnerischen Formensprache, die ihren Widerhall, jedoch nur in Ausnahmen, in der Grabskulptur findet, wie etwa im Sarkophag von Tarquinii, genannt del Magnate, und die keine Möglichkeit hat, sich entsprechend auszubreiten.

Kelebe aus Volterra, aus der Werkstatt des Hesione-Meisters (2. Hälfte des 4. Jahrhunderts v. Chr.). Florenz, Museo Archeologico.

Kelebe aus Volterra, schwarz gefärbt, weiß übermalt, vom Asciano-Maler. Aus Monteriggioni (Ende des 4. Jahrhunderts v. Chr.). Colle Val d'Elsa, Antiquarium.

Goldener Ohrring aus Todi (letztes Viertel des 4. Jahrhunderts v. Chr.). Rom, Museo di Villa Giulia.

Beschläge aus Goldplättchen, aus Todi (letztes Viertel des 4. Jahrhunderts v. Chr.). Rom, Museo di Villa Giulia.

Der Hellenismus

Die rasche Eroberung Südetruriens, die sich im Laufe der ersten Hälfte des 3. Jahrhunderts v. Chr. vollzogen hatte, mußte für die meisten Zentren ein beschleunigtes Hintreiben auf die Dekadenz bedeuten. Dies ist in Caere oder Volci noch besser zu verfolgen, wo sich die Grundbesitzeraristokratie eines Großteils ihrer Ländereien beraubt sieht (die zwischen den an der Küste errichteten Kolonien und der *praefectura Statoniae* aufgeteilt werden), ganz zu schweigen von Volsinii, das 264 v. Chr. vollständig zerstört wird. Man wohnt auf diese Weise einem ebenso raschen Kurswechsel bei: Südetrurien, das vorher Rom mit seinen Kunsthandwerkern versorgt hatte, wird jetzt in einem Klima fortschreitenden Verfalls der künstlerischen Aktivität zu einem Steuerschuldner der Ewigen Stadt.

Die Schwierigkeit, die bildnerische Formensprache über das 3. Jahrhundert v. Chr. hinweg zu verfolgen, rührt vom Fehlen chronologischer Bezugspunkte her und wird an verschiedenen Stellen deutlich. In Süd-

etrurien kann man nur in bezug auf Tarquinii die Entwicklung der Steinmetzwerkstätten verfolgen, die für die Produktion von Sarkophagen zuständig sind, während andererseits die Schulen der Grabmalsdekorateure den Geschmack einer Aristokratie widerspiegeln, die sich in ihren Bildprogrammen auf dämonologische und psychagogische Darstellungen beschränkt.

Aufeinandergestapelt in den Grabstätten, dem Bestattungsort mehrerer Generationen von Verstorbenen, die alle derselben Familie angehören, tragen die Sarkophage jetzt nur mehr an der Stirnseite des Sargs die gemeißelte oder in Flachrelief gearbeitete Dekoration, die manchmal, wie ein Exemplar der Tomba dei

Jünglingskopf, Bronze. Aus Mitteletrurien (letztes Viertel des 4. Jahrhunderts v. Chr.). Florenz, Museo Archeologico.

Curunas in Tuscania bezeugt, nur begonnen und nicht zu Ende geführt wird: Die Motive werden steril, es herrschen heraldische Dekorationsschemata vor, die festgefahren sind in einer auf das Jenseits anspielenden Thematik, verdeutlicht durch Ansammlungen von Symboltieren; seltener sind die erzählerischen Szenen, die sich nicht mehr um die frühere Heldenthematik drehen, sondern vorzugsweise das Motiv der Reise ins Jenseits aufnehmen, die – ob zu Pferde oder auf einem Wagen – in der Regel von denen angetreten wird, die eine führende Rolle in der Stadtverwaltung innehatten.

Die Darstellung des jetzt ganz aufgerichteten Verstorbenen auf dem Deckel, die gewöhnlich als produktionsbedingtes Ergebnis angesehen wird, findet allerdings einen Bezug im Mausoleum von Belevi bei Ephesus aus der ersten Hälfte des 3. Jahrhunderts v. Chr.: Der Inhaber der Grabstätte, ein makedonischer General oder Antiochos II. selbst, wird halb aufgerichtet dargestellt, den Kopf auf den Arm gestützt, auf einem als *kline* gestalteten Sarg. Dieses Schema kehrt bei Sarkophagen aus Tarquinii und Urbs vetus wieder sowie bei Graburnen aus Volaterrae, die schon deshalb älter als der Deckeltypus mit dem aufgerichteten, zum Betrachter gewandten Verstorbenen sein müßten, da dieser ab der zweiten Hälfte des Jahrhunderts vorherrscht. Die sehr stereotypen »Porträts« wurden vermutlich in letzter Minute ausgeführt, wie uns ein unveröffentlichter unvollendeter Deckel aus der Tomba degli Anina in Tarquinii verrät, bei dem der Kopf nur aus dem groben gehauen ist. Sie bringen nur die wesentlichen Züge des Verstorbenen zum Ausdruck, nicht seine Physiognomie, und folgen der Struktur der Porträts »mittelitalischer« Tradition, die sich Ende des 4. Jahrhunderts durchgesetzt hatte und deren Stereometrie sie wiederholen. Es gibt nur wenige Ausnahmen, eine davon ist das Porträt von Laris Pulena.

Die Beispiele tarquinischer Wandmalereien, die man im 3. und im 2. Jahrhundert v. Chr. ansetzen kann, können ebenfalls einer nicht ganz leichten chronologischen Einordnung dienen. Es gibt anscheinend zwei Fixpunkte, beide im zweiten Viertel des 3. Jahrhunderts v. Chr.: in Rom das Grabmal des Esquilin mit auf die Wände übertragenen Episoden aus den Samnitenkriegen, das einzige Beispiel einer »triumphalen« Malerei, das uns erhalten ist; in Caere das erst vor kurzer Zeit (1983) im Stadtgebiet ans Licht gebrachte unterirdische Gebäude mit gemalten Palmen. Der malerische Stil entwickelt in beiden Fällen jenen Gebrauch der *lumina,* der schon am Ende des 4. Jahrhunderts bei den Wänden der Tomba Giglioli vorlag; die gemalten Szenen an der Stirnseite der Sarkophage des letzteren Monuments, die sichtlich in späterer Zeit hinzugefügt wurden, wie auch die gemalten kleinen Charonfiguren im gleichnamigen Grab in Tarquinii erinnern an die Friese des Esquilin, während die großen Figuren *Charun* und *Vanth,* die seitlich der Tür der Tomba degli Anina gemalt sind, eine klar entgegengesetzte Tendenz erkennen lassen, nämlich überlebensgroße Figuren die ganze Wand einnehmen zu lassen. Der erzählerische Anspruch, der die Kunsthandwerker jetzt in ihrer Arbeit auf breiter Ebene bestimmt, entwickelt in der Folge diese beiden Tendenzen in dem kleinen Fries der Tomba del Cardinale und in den feierlichen und auf ihre

Sarkophage der Tomba degli Anina in Tarquinia: Das Vorhandensein unvollendeter Exemplare läßt vermuten, daß die Sarkophage in Serie aus dem groben gearbeitet und erst später vollendet wurden (3.–2. Jahrhundert v. Chr.).

Teilansicht des Verstorbenen. Aus einer Urne der Tomba dei Cutu in Perugia (Ende 3. Jahrhundert v. Chr.).

Weise grandiosen Darstellungen der Gräber del Tifone und del Convegno. Die Sujets, die in einer Art vor dem Betrachter ausgebreiteten Rolle illustriert werden, eine wahre graphische Summa einer Thematik, die die etruskischen »acherontischen Bücher« wesentlich gestaltete, und die großen Bilder mit Umzügen von Würdenträgern zwischen Höllendämonen polarisieren die ihrem Wesen nach nun vorwiegend psychagogischen Inhalte.

Das gleiche tritt in einem anderen Zentrum Nordetruriens, Volaterrae, ein, das gegenüber dem nicht weniger bedeutenden, aber im Grunde vernachlässigten Clusium einen Vorposten der Studien dieser letzten Jahre darstellt. Hier spiegelt die sehr ansehnliche Produktion von Aschenurnen die Entwicklung der Situation in Tarquinii wider: gleiche Typologie der Deckel, gleiche heraldische oder dämonologische Thematik in den Reliefs der Sarkophage von der Mitte des 3. bis zum Anfang des 2. Jahrhunderts v. Chr. Doch diese Kunstindustrie zeigt, anstatt sich auf eine reine Standardisierung oder, wie in Tarquinii, auf einen definitiven Verfall der Äußerungen zu reduzieren, eine bemerkenswerte Vitalität, und zwar ab einem auffallenden Bruch, der die Formensprache im Lauf der mittleren Phase des Hellenismus vollständig erneuert. Die städtische Aristokratie ist nach den römisch-karthagischen und römisch-ligurischen Kriegen wieder auferstanden und inzwischen zu einem stabilen Stützpfeiler der Ewigen Stadt geworden; sie läßt alte Traditionen wieder aufblühen und verläßt sich dabei auf neue Kunsthandwerkerschaften, die sich in dem gleichen eklektischen Geschmack herangebildet haben, der Rom im Lauf des 2. Jahrhunderts v. Chr. charakterisiert. Die Helden- und Mythenthematik der tarquinischen Sarkophage aus der zweiten Hälfte des 4. Jahrhunderts v. Chr. lebt wieder auf und ist Gegenstand von etwa der Hälfte der Produktion.

Anhand zeichnerischer Vorlagen, die in ganzen Mappen mit verschiedenen Episoden eines jeweiligen Mythenzyklus in Umlauf gewesen sein müssen, zeigen uns die Steinmetze aus Volaterrae das breiteste bekannte Bildrepertoire der mittleren Phase des Hellenismus; sie drücken sich in einer Formensprache aus, die anfangs stark barock-pathetisch geprägt ist, schon bald aber vom auch in Rom dominierenden Einfluß des neoattischen Stils verwässert wird. Vielleicht stellt sich gerade in dieser Produktion die Distanz zwischen der nach Italien versetzten hellenisierenden Tradition und der sich herausbildenden lokalen, »italischen« ein; die Themen des Jenseits und die auf die Prunkentfaltung der Würdenträger bezogenen werden vom kultivierten hellenistischen Vorbild getragen und mit einem grundsätzlich parataktischen Rhythmus behandelt, dem es an jenem Konstruktionswissen fehlt, das dagegen in den mythologischen Reliefs durchscheint.

Auch die Darstellungen auf den Deckeln enthüllen einen zeitgenössischen Bruch mit der Porträtkunst »mittelitalischer« Tradition: Das hellenistische Individualporträt, vor allem aber – beginnend mit dem späten 2. Jahrhundert – das »realistische« römische Porträt, ein Kulturgut der neu hervortretenden Klasse, gewinnen die Oberhand. Auch die Aristokratie von Volaterrae, die in die dominierenden Schichten Roms integriert wird, neigt zur Selbstdarstellung mit »veristischen« Zügen.

Die Neugestaltung einiger großer, im 4. Jahrhundert v. Chr. gegründeter Tempel in Nordetrurien oder die Erbauung kleinerer Heiligtümer von geringerer

Sarkophag mit Relief vom unvollendeten Sargkorpus. Aus der Tomba dei Curunas in Tuscania (280–270 v. Chr.). Viterbo, Museo Archeologico.

Ausschnitt eines Freskos mit der Darstellung einer Palme. Aus einem unterirdischen Bauwerk des Stadtgebiets von Cerveteri (273 v. Chr.).

Schlangenfüßige Figur, das Gebälk stützend: Fresko des Mittelpfeilers der Tomba del Tifone in Tarquinia (1. Hälfte des 2. Jahrhunderts v. Chr.).

Bedeutung in Südetrurien zeigen beispielhaft die Einbringung von Dekorationselementen griechischen Ursprungs in die etruskisch-italische Tradition: Die Giebelskulpturen nehmen jetzt den gesamten Raum des Tympanons ein, umlaufende Friese mußten die Tempel außen zieren. Die Bildprogramme scheinen grundsätzlich auf eine ätiologische Thematik ausgerichtet, die, wie bei den Aschenurnen, hellenisierende Traditionen wieder aufleben läßt, oder sie stellen mit größerer Transparenz die Verbindung zu der im Tempel verehrten Gottheit her. Die Sprache der Ausdrucksmittel andererseits folgt den in Rom im Lauf des 2. Jahrhunderts v. Chr. dominierenden Tendenzen: Man geht so von der »asiatischen« Neigung zu malerischen Effekten, wie sie bei dem Giebel in Talamone, bei den Statuen des Tempels der Catona in Arretium und bei der Giebelplatte des Dionysostempelchens in Volci festzustellen ist und auch in den Friesen mit mythologischen Themen in Volaterrae ihren Widerhall findet, zum klassizistischen Manierismus der Friese von Vetulonia und Bolsena, der Erbin des antiken Volsinii, über.

Die Heiligtümer wiederum unterstreichen ihre Funktion als Vollzugsort sakraler Handlungen, die sie schon im Lauf des 4. Jahrhunderts v. Chr. angenommen hatten: Das Religionsverständnis des Volkes greift immer massiver auf jene Devotionalplastik zurück, die Ende des 5. Jahrhunderts v. Chr. eine eigene Art Kontinuum im Raum Etrurien-Latium darstellt. Rundplastiken und Einzelköpfe bringen jetzt eine andere Orientierung bei der Darstellung der menschlichen Gestalt zum Ausdruck, sie halten sich an Regeln, die in den großen Zügen, aber mit stereotyper Verflachung denen des privaten »Porträts« folgen.

Als die Votivskulptur jedoch zur Bronzekunst erhoben wird, entstehen Werke von bemerkenswerter Ausdruckskraft, etwa der *Arringatore*. Der Stifter dieser Votivgabe, die man in Pila, im mittleren Tibertal fand, *Aule Metelis,* Mitglied einer Familie aus Perusia, ist in einer Haltung und mit einer Bekleidung abgebildet, die ihn als Römer ausweisen; doch noch sehr viel prägnanter kennzeichnet dieses Porträt mit den typischen Zügen des »Verismus« des beginnenden 1. Jahrhunderts v. Chr., das die aufsteigenden Klassen Roms und seiner Landstädte in Italien konditioniert, den definitiven Eintritt der etruskischen Führungsschicht in den römischen Staat. Trotz seiner Ausdrucksstärke ist es ein emblematisches Zeugnis für das Ende Etruriens, das nun unter dem Zeichen Roms in jenes Italien integriert ist, das offiziell mit der Lex Iulia geboren wird.

Marina Martelli
(Aus dem Italienischen von Christel Galliani)

Charun und Vanth zu beiden Seiten der Tür der Tomba degli Anina in Tarquinia (1. Hälfte des 3. Jahrhunderts v. Chr.).

Der Dämon Charun auf einem Pfeiler der Tomba 5636 in Tarquinia.

Verstorbene werden von Vanth zum Eingang des Hades geleitet: Fresko in der Tomba 5636 in Tarquinia (2. Jahrhundert v. Chr.).

Schrift und Sprache

Die Texte

1. Das Etruskische ist in etwa 7500 meist kurzen oder sehr kurzen Texten überliefert, die zwischen dem Ende des 8. vorchristlichen und dem Anfang des 1. nachchristlichen Jahrhunderts geschrieben sind. Das Phänomen der Synkope, der Verlust inlautender Vokale in nicht-ersten Silben (§ 10), der zwischen 490 und 460 v. Chr. in den Texten greifbar wird, ermöglicht eine Unterscheidung in archaische und rezente Texte; die rezenten sind mindestens zehnmal so zahlreich wie die archaischen.

Tintenfaß aus Bucchero. Auf dem Bauch sind Silbengruppen, auf dem Fuß eine vollständige Alphabetreihe eingeritzt. Aus der Tomba Regolini-Galassi in Cerveteri (um die Mitte des 7. Jahrhunderts v. Chr.). Vatikan, Museo Etrusco Gregoriano.

Zum weit überwiegenden Teil stammen die Texte aus dem eigentlichen Etrurien zwischen Tiber, Arno und Tyrrhenischem Meer, aus Caere, Veji, Falerii, Tarquinii, aus dem ager Hortanus, aus Volci, Volsinii, Rusellae, Vetulonia, Populonia, Clusium, Perusia, Cortona, Arretium, aus dem ager Saenensis, aus Volaterrae und Faesulae. Daneben haben die Padana mit Felsina-Bologna, Atria, Spina, Mantua, etc. und Kampanien mit Capua, Suessula, Nola etc. eine größere Anzahl von Texten geliefert (160 bzw. 80); Streufunde sind aus Latium (Rom, Satricum, Praeneste), Umbrien, Ligurien, Corsica und Tunesien bekannt. Der längste und zugleich der einzige nicht-inschriftliche Text, ein auf Leinen geschriebener Ritualkalender *(liber linteus)*, ist, zu Mumienbinden zerrissen und nur fragmentarisch erhalten, in Ägypten aufgetaucht (heute in Zagreb). Bei allen Gemeinsamkeiten haben die Texte aus den einzelnen Gebieten innerhalb und außerhalb Etruriens ein jeweils individuelles Gepräge, was Zahl, Alter, Inhalt, Umfang und auch was ihre Grammatik anbelangt.

Textklassen

2. Etwa neun Zehntel der etruskischen Texte sind (1) Grabschriften, angebracht auf Sarkophagen (S. 218), Aschenurnen (S. 61, 231), Ziegeln (zum Grabnischenverschluß), Cippen, Stelen (S. 109), auch an Grabwänden oder -türen (S. 117, 212). Die meisten dieser Texte bestehen (a) allein aus dem Namen des Bestatteten, der freilich fast stets aus mehreren Namengliedern zusammengesetzt ist (§ 55); der weitaus größte Teil der ca. 4800 Grabschriften aus dem Nordosten Etruriens (Clusium, Perusia, Arretium) und aus Caere gehört zu diesem Typ. Andere Grabschriften enthalten zusätzliche Angaben, z. B. (b) über die Bestattung, über (c) das Alter des Verstorbenen (z. B. in Volaterrae, Tarquinii), oder über (d) seine Ämterlaufbahn (z. B. in Volci, Tarquinii); nicht selten sind mehrere solcher Zusätze kombiniert (e). Archaische Grabschriften sind selten und vereinzelt; die einzige größere Gruppe (über 100 Texte) stammt aus Volsinii.

vel cumni vl helial (Clusium, rezent) (1a)
›Vel Cumni, des V(e)l (und) der Heli (Sohn)‹

veluś kaiknaś arnϑruśla (Felsina, rez.) (1a′)
›des Vel Kaikna, des (Sohnes) des Arnϑur (Grab)‹

mi larices telaϑuras σuϑi (Volsinii, archaisch) (1b)
›ich (bin) des Larice Telaϑura Grab‹

ϑana velui σ́ eϑviś avilś LXIII (Volaterrae, rez.) (1c)
›Θana Velui, des S(eϑre) (Tochter), des Eϑvi (Gattin), (gestorben im Alter) von 63 Jahren‹

velϑur velχas zilaχnϑas veluσa aninaic (1d)
›Velϑur Velχa, Prätor gewesen, der (Sohn) des Vel, und (seine Frau) Aninai‹ (Tarquinii, rez.)

velϑur partunus larisaliσa clan ramϑas cuclnial zilχ ceχaneri tenϑas avil svalϑas LXXXII (Tarquinii, rez.) (1e)
›Velϑur Partunus, der (Sohn) des Laris, (und) Sohn der Ramϑa Cuclnei, den Vorsitz über (?) den *ceχana* geführt (?) habend, 82 Jahre gelebt habend‹

Nach ihrem Inhalt lassen sich noch weitere Klassen von Texten unterscheiden: (2) Die Besitzinschriften enthalten den Namen des Besitzers und oft auch den des in Besitz befindlichen Gegenstandes und/oder ein diesen vertretendes Pronomen; manche Grabschriften sind gleichzeitig Besitzinschriften (Beispiel 1b). Besitzinschriften sind in archaischer Zeit vergleichsweise häufig, ebenso wie (3) die Geschenk- und Weihinschriften, die den Namen des Schenkenden und/oder des Beschenkten und dazu wieder oft die Bezeichnung des geschenkten Gegenstandes enthalten. (4) Hersteller- oder Künstlersignaturen sind auf Gegenständen des täglichen Lebens (Gefäßen, Geräten) oder neben bildlichen Darstellungen, nicht häufig, aber in früher wie später (4′) Zeit anzutreffen. Inhaltlich nahe stehen die ebenfalls nicht häufigen (5) Bauinschriften, deren meiste sich auf die Errichtung von Gräbern beziehen und gleichzeitig Grabschriften des Grabstifters sind; diese Texte sind oft umfangreicher und für ihren Umfang vergleichsweise gut verständlich. (6) Bildinschriften zu Darstellungen von mythologischen, historischen oder alltäglichen Szenen finden sich auf Spiegeln (S. 142, 153), Gemmen, Vasen, Grabwänden (S. 153) oder Sarkophagen (S. 157), meist (a) nur einzelne Personen oder Rollen benennend, manchmal auch (b) in einem Satz die Szene kommentierend.

mi qutum karkanas (Caere, arch.) (2)
›ich (bin) der Trinkbecher des Karkana‹

mi aranϑus aparies (Caere, arch.) (2′)
›ich (bin die Amphora) der Aranϑu Aparies‹

mini spuriaza [. . .]rnas mulvanice alσaianasi (arch.) (3)
›mich schenkte Spuriaza (. . .)rna dem Alσaiana‹

vel matlnas turce lurmitla cvera (Caere, rez.) (3′)
›Vel Matlna weihte (dies) als Gabe dem Lurmita‹

mine zineke kavie (Caere, arch.) (4)
›mich hat Gavius gemacht‹

ruvfies acil (z. B. aus Vulci, rez.) (4′)
›des Rufie Werk‹

araϑ spuriana σ[uϑ]il hecece fariceka (5)
›Aranϑ Spuriana hat die Grabausstattung erstellt und *(-ka)* gebracht (?)‹ (Tarquinii, arch.)

uϑste cerca velparun (Populonia, rez.) (6a)
›Odysseus Circe Elpenor‹
eca sren tva iχnac
›dieses Bild (?) zeigt (?), wie
hercle unial clan ϑrasce (6b)
Hercules der Juno Sohn wurde (')‹ (Volaterrae, rez.)

Aryballos aus Bucchero mit eingeritzter Inschrift, aus Montalto di Castro (Vulci) (Mitte des 7. Jahrhunderts v. Chr.). Rom, Museo di Villa Giulia.

Kleinere Gruppen sind (7) die (unverständlichen) Schleuderbleiaufschriften und (8) einige Münzlegenden mit dem Namen der Stadt (z. B. *velaϑri* ›Volaterrae‹) oder des Münzmeisters (z. B. *peiϑeσ́a*). Manche Texte, vor allem sehr kurze oder fragmentarische, lassen sich keiner bestimmten Gruppe zuweisen; andere enthalten Bestandteile aus mehreren dieser Klassen.

Die längeren Texte

3. Die umfangreicheren Texte, alle religiösen oder juristischen Inhalts, verdienen eine eigene Erwähnung:

(a) Der Ritualkalender auf einem zu Mumienbinden zerrissenen *liber linteus* (S. 236). Der Text wurde im 1. Jh. v. Chr. im etruskischen Norden (vielleicht in Volaterrae) von einer südetruskischen Vorlage abgeschrieben, ist aber wegen seiner Archaismen sicher älter (§ 14). Er enthält teils längere Abschnitte, in denen Ritualvorschriften für ein Kultfest mit den zugehörigen Gebetstexten wechseln, teils Kurzabschnitte, in denen nur das Kultfest als solches definiert und datiert

Orvieto, Nekropole Crocifisso del Tufo: Inschrift mit dem Namen des Besitzers (mi aveles sipanas) auf dem Architrav des Grabes von Avele Sipana (2. Hälfte des 6. Jahrhunderts v. Chr.).

ist. Vom ursprünglichen Text ist mit ca. 300 Zeilen höchstens die Hälfte erhalten, und auch diese mit großen Lücken; nur am Ende finden sich einige Partien mit jeweils mehr als 20 fortlaufenden Zeilen.

(b) Ein kürzerer Ritualkalender von ca. 60 Zeilen, wovon die Hälfte stark zerstört ist, auf einer Tontafel aus Capua (S. 47.216); er ist gegen Ende des 5. Jh.s v. Chr. archaisierend ohne Worttrennung geschrieben; bis jetzt lassen sich nur einzelne Sätze und Formeln verstehen.

(c) Der Grundstücksvertrag zwischen einer Clusiner und einer Perusiner Familie auf einem Steinquader, dem *Cippus Perusinus* (S. 71.225), mit 45, zur Hälfte ganz kurzen Zeilen, wohl aus dem 2. Jh. v. Chr.;

(d) Die vier kurzen Ritualvorschriften auf einer Bleischeibe aus Magliano, ca. 70 Wörter, um 400 v. Chr. beidseitig spiralförmig aufgeschrieben (S. 217);

(e) Zwei Fluchtafeln (aus Volaterrae bzw. Populonia), von denen die eine über die Namen der verfluchten Personen hinaus noch einige Verfluchungsformeln enthält;

(f) Die bei Piacenza gefundene bronzene Nachbildung einer Opferleber, auf der eine große Zahl (z. T. abgekürzter) Götternamen eingraviert ist, offenbar das Hilfsgerät eines Haruspex (S. 140).

Bilinguen

Etwa 30 etruskische Texte haben einen Paralleltext in einer anderen Sprache neben sich; man spricht hier von Bilinguen. Die interessanteste ist dabei die von Pyrgi: zwei Goldplättchen, auf denen ein Herrscher von Caere, einmal auf phönizisch, einmal auf etruskisch in 4–5 Sätzen eine Kultstiftung berichtet und begründet (S. 127.217); die beiden Texte entsprechen sich allerdings nur im Gesamtsinn, nicht immer in der Formulierung. Die übrigen Bilinguen sind lateinisch-etruskische Grabinschriften, die nur den Namen des Bestatteten enthalten; nur in einem Fall, in der berühmten Bilingue von Pesaro, ist auch dessen Tätigkeit angegeben (*netσvis trutnvt frontac = haruspex fulguriator* ›Leberschauer und Blitze-Deuter‹; S. 238).

Alphabetarien

Schriftgeschichtlich aufschlußreich sind die Alphabetarien, vollständige oder fragmentarische Reihen der Alphabetzeichen. Die ca. 40 Exemplare stammen aus den verschiedensten Orten und aus allen Perioden etruskischer Schrifttradition. Zwei von ihnen sind durch Syllabare ergänzt (*ci ca cu ce, vi va vu ve* etc.; S. 210)

Glossen

Eine zusätzliche Quelle für unsere Kenntnis des Etruskischen sind die etwa 80 Glossen; das sind Stellen in lateinischen oder griechischen Texten, an denen ein Wort als etruskisch bezeichnet und seine Bedeutung angegeben wird. Fast die Hälfte dieser Glossen ist freilich nicht etruskisch, und auch die übrigen sind nicht ungeprüft für die Sprachbeschreibung verwertbar. In einigen Fällen haben sich aber die Angaben der Glossen an den Texten bestätigt: *aisar = deōs* ›Götter‹, *celi/Celius* ›September‹ und andere Monatsnamen.

Übernahme der Schrift

4. Die Etrusker haben um 700 v. Chr., wohl gleichzeitig an mehreren Stellen, von den griechischen Kolonisten des Golfs von Neapel ein westgriechisches Alphabet übernommen und den Bedürfnissen ihrer Sprache angepaßt; im westgriechischen Alphabet stehen, anders als im klassisch-griechischen, die Zeichen *X* und *Ψ* für die Laute [*χs*] und [*k^h*]. Wie die Alphabetarien (§ 3) zeigen, wurden die Buchstaben des Modells zwar alle gelehrt; doch sind einige, nämlich Beta (Β, β), Delta (Δ, δ), Omikron (Ο, ο) und (phönizisch) Samekh (⊞ = ostgriech. ξ) in den Texten nirgends gebraucht (Ausnahme: je einmal B und ⊞ archaisch, O rezent).

Schriftgebiete

Nach der Darstellung bestimmter Laute unterscheidet man in archaischer Zeit zwei große Schriftgebiete. (a) Im nördlichen – nördlich der Territorien von Volsinii und Volci – verwendete man für /*k*/ das Kappa (K), für postdentales /*s*/ das San (M), für palatales /*š*/ (§ 21) das Sigma (𐌔) und für ein /*f*/ ein Zeichen (8), das aus B oder 𐌇 (h) umgestaltet oder auch aus einer fremden Schrift übernommen sein kann (aus der südpikenischen etwa oder aus der lydischen). Das südliche Schriftgebiet verwendet für /*k*/ drei verschiedene Buchstaben, je nachdem, welcher Vokal folgt: Gamma (C) vor /*e*/ und /*i*/, Kappa (K) vor /*a*/ und Qoppa (Q) vor /*u*/ (Merkwort *kacriqu*); hier sind also die drei phonetischen Varianten [*k'*, *k*, *q*] des /*k*/ auch graphisch unterschieden. /*s*/ wird im Süden mit dem dreistrichigen Sigma und /*f*/ mit der Buchstabengruppe FH oder HF (*vh*/*hv*) geschrieben. /*š*/ wird verschieden ausgedrückt; in Volsinii, Volci und Tarquinii sowie in Campanien durch San (M), in Caere und Veji (nach anfänglichem Schwanken) durch das vierstrichige Sigma (Σ); im Gebiet von Caere und Veji begegnet für /*s*/ neben dem dreistrichigen Sigma auch das westgriechische ξ-Zeichen X (*š*).

Die komplizierten Schriftsysteme des südlichen Bereichs werden gegen Mitte des 6. Jh.s vereinfacht: K, Q und X (*š*) werden aufgegeben; für /*k*/ bleibt nur C, für /*s*/ nur Sigma (𐌔). Für /*f*/ wird anstelle von FH/HF das nördliche Zeichen 8 eingeführt. Andererseits wird K im Norden allmählich durch das südliche C verdrängt; in Volaterrae, Clusium und Perusia ist K um 400 v. Chr. verschwunden, in der Padana, im ager Saenensis sowie in Arretium und Cortona um 250 v. Chr.

Die Buchstaben

5. Der Zeichenbestand der wichtigsten Alphabete ist folgender:

	Zeichen	Umschrift
westgr. Muster	A B C D E F I 𐌇 ⊕ I K 𐌋 𐌌 𐌍 ⊞ O P M ϙ P Σ T Y X Φ Ψ	*α β γ δ ε F ζ h ϑ ι κ λ μ ν ο π q ρ σ τ υ ξ φ χ*
arch. etr. Süden	𐌀 𐌂 𐌄 𐌅 𐌆 𐌇 ⊗ 𐌉 𐌊 𐌋 𐌌 𐌍 𐌐 M ϙ 𐌓 𐌔 T Y X Φ Ψ F𐌇	*a c e v z h ϑ i k l m n p σ q r s t u š φ χ (vh)*
arch. etr. Norden	𐌀 𐌄 𐌅 𐌆 𐌇 ⊗ 𐌉 𐌊 𐌋 𐌌 𐌍 𐌐 M 𐌓 𐌔 𐌕 V Φ Ψ 8	*a e v z h ϑ i k l m n p ś r só t u φ χ f*
rezent etrusk.	𐌀 𐌂 𐌄 𐌅 ‡ 𐌇 O 𐌉 𐌋 𐌌 𐌍 𐌐 M 𐌓 𐌔 T V Φ ↓ 8	*a c e v z h ϑ i l m n p śσ r só t u φ χ f*

Die meisten etruskischen Buchstaben treten in mehreren Formvarianten auf, die lokal, regional oder chronologisch begrenzt sind. So hat z. B. *σ* in Campanien oft die Form ⋈, *h* z. B. in Clusium auch die Form ⊘, *v* im ager Saenensis und in Arretium im 4./3. Jh. v. Chr. die Form etc.; die Verwendung der Ziffer Λ ›5‹ (§ 6) für *m* im letztgenannten Bereich ist wohl vom Anlaut *m* des Zahlwortes *maχ* ›5‹ ausgegangen. Es wäre dringend nötig, alle diese Varianten einmal zusammenzustellen.

Umschrift der *s*-Laute

Die übliche Umschrift, die Sigma (𐌔) durchgehend mit *s*, und San (M) durchgehend mit *ś* transliteriert, zerreißt Zusammengehöriges – z. B. südliches *śuϑi* und nördliches *suϑi*, beides für /*šut'i*/ ›Grab‹ – und vereinigt Verschiedenartiges: südliches *cesu* meint /*kesu*/ ›ist gelegt‹, nördliches *cesu* dagegen einen Personennamen /*kešu*/. Darum ist hier eine phonematisch-historische Transkription verwendet: für das postdentale /*s*/ ist wie üblich *s* für südliches Sigma und *ś* für nördliches San geschrieben, für das palatale /*š*/ dagegen gegen die Tradition *σ* für südliches San und *ó* für nördliches Sigma, letzteres allerdings nur dann, wenn Sigma für ursprüngliches /*š*/ steht; wo nördliches Sigma ein solches /*š*/ bezeichnet, das lautlich aus ursprünglichem /*s*/ hervorgegangen ist (§ 21), wird historisch mit *s* transkribiert, z. B.:

südlich:	*sacni*	*σuϑi*	*spurina*
	𐌉𐌍𐌂𐌀𐌔	𐌉𐌏𐌖𐌑	𐌀𐌍𐌉𐌓𐌖𐌐𐌔
nördlich:	*śacni*	*óuϑi*	*spurina*
	𐌉𐌍𐌂𐌀𐌑	𐌉𐌏𐌖𐌔	𐌀𐌍𐌉𐌓𐌖𐌐𐌔
	›Heiligtum‹ (?)	›Grab‹	Gentilname

Entsprechend ist das vierstrichige Sigma von Caere–Veji mit *š* transkribiert, wo es /*s*/ wiedergibt, und mit ϑ, wo es /š/ wiedergibt. Diese hier verwendete Transkription berücksichtigt die sprachlichen Zusammenhänge und läßt doch in jedem Fall erkennen, welcher Buchstabe im etruskischen Text geschrieben ist.

Weitergabe der Schrift an die Römer

6. In Südetrurien haben die Römer noch im 7. Jh. v. Chr. schreiben gelernt. Das wird durch zweierlei erwiesen: (a) C drückt im Lateinischen wie in Südetrurien den Laut [*k*] aus (§ 4), und nicht [*g*] wie das griechische Gamma, auf das es letztlich zurückgeht. (b) Lateinisch F bezeichnet nicht [*w*] wie das griechische Digamma,

Orvieto, Nekropole Crocifisso del Tufo: Inschrift mit dem Namen des Besitzers (mi mamarces triasnas) auf dem Architrav des Grabes von Mamarce Triasna (2. Hälfte des 6. Jahrhunderts v. Chr.).

dem es in der Form entspricht, sondern [*f*], was nur verständlich wird, wenn lat. F eine Vereinfachung der südetruskischen Orthographie FH *(vh)* für [*f*] (§ 4) war. Andererseits bezeugt die Tatsache, daß lat. B D O X und (west-)griechisch *β δ ο ξ* die gleichen Lautwerte [*b d o ks*] wiedergeben, einen unmittelbaren Einfluß des Griechischen, etwa über griechische Schreiblehrer. Die lateinische Schrift folgte der südetruskischen Entwicklung auch noch später, und zwar in der Verallgemeinerung von C für die *k*-Laute: Kappa (K) wurde auf einige Siglen wie *K(aeso)*, *Kal(endae)* und Qoppa (Q) auf die Gruppe *qu* für /k^w/ *(aqua)* beschränkt. Seit der 2. Hälfte des 6. Jh.s v. Chr. entwickelt sich die lateinische Schrift selbständig; schon die Einführung von 8 für /*f*/ in Südetrurien zu Ende des 6. Jh.s v. Chr. hat sie nicht mehr mitgemacht.

Schriftrichtung, Worttrennung

In ältester Zeit wurde im Etruskischen (wie im Griechischen) teils links- teils rechtsläufig geschrieben. Um die Mitte des 6. Jh.s v. Chr. setzt sich in der etruskischen Schrift als Regel die Richtung von rechts nach links durch (in der griechischen und lateinischen umgekehrt die von links nach rechts); diese Regel ist nur gelegentlich in der Spätzeit unter lateinischem Einfluß durchbrochen. Die Wörter werden durch Punkte oder – selten – durch Abstände voneinander getrennt; viele Texte, darunter fast alle archaischen, sind aber in *scriptio continua,* also fortlaufend ohne Worttrennung geschrieben.

Ziffern

Die etruskische Schrift kennt auch Ziffern, d. h. Begriffszeichen (Ideogramme) für Zahlen:

I	Λ	X	↑	✳, ⦘⦗, ⊙	⏀, ⏀
'1'	'5'	'10'	'50'	'100'	'1000'

Die übrigen Zahlen wurden durch Kombination dieser Ziffern in Addition und Subtraktion ausgedrückt. So bedeuten etwa (von rechts nach links zu lesen):

IIIΛX	XIXX	ΛI↑X
'18'	'29'	'44'

Die Grundformen der Ziffernzeichen sind I und X; X ›10‹ mit Zusatz einer Senkrechten oder eines Kreises ergibt ✳ (stilisiert ⦘⦗) und (stilisiert) ⊙ ›100‹; X und ✳ halbiert sind Λ ›5‹ und ↑ ›50‹. Es ist möglich, daß die Grundform ›10‹ nach dem akrophonischen Prinzip gewählt ist, d. h. den Anfangsbuchstaben von etr. *sar* ›10‹ in caeretanisch-vejentischer Orthographie mit archaischem X *ś* (§ 4) darstellt; das Prinzip (nicht die Form) wäre dann von Griechenland übernommen, wo etwa Π ›5‹ der Anfangsbuchstabe von *πέντε* ›5‹ ist. Die den etruskischen sehr ähnlichen römischen Ziffern stammen wahrscheinlich aus Etrurien; die Römer haben für V ›5‹ und ↓ (> ⊥ > L) ›50‹ jeweils die obere Hälfte von X und ✳ gewählt und ⦘⦗ nach *centum* ›100‹ zu C vereinfacht.

Lautbestand und Lautgeschichte

Vom Buchstaben zum Laut

7. Den Zugang zu den Lauten des Etruskischen vermittelt das Alphabet. Man muß zunächst einmal annehmen, daß ein Buchstabe im Etruskischen den gleichen oder einen ähnlichen Laut repräsentiert wie im griechischen Muster und im lateinischen Ableger. In vielen Fällen bewährt sich diese Annahme; *a* und *t* z. B. bezeichneten im Etruskischen wie im Griechischen oder Lateinischen die Laute [*a*] und [*t*]. Das Ergebnis dieser Annahme muß aber stets überprüft und gegebenenfalls korrigiert werden. Dafür muß man beobachten:

(a) die regionale Verteilung bestimmter Buchstaben: in der Genetiv-Endung *-s* z. B. (§ 30) wird statt des normalen südlichen *s* (Sigma) in Caere und Veji öfters $\overset{\chi}{s}$ (X), im Norden fast immer *ś* (San) geschrieben; diese Buchstaben müssen ebenfalls [*s*] wiedergeben, nicht etwa [*χs*] wie im Griechischen oder [*š*] wie im Süden;

(b) orthographische Varianten: so wird z. B. die gleiche Wortform in Perusia *arnϑial*, in Clusium *arnϑal* geschrieben; das legt den Schluß nahe, daß *ϑ* (Theta) nicht wie im Griechischen aspiriertes [t^h], sondern palatalisiertes [t^j] wiedergibt;

(c) Transkriptionen von griechischen und lateinischen Wörtern im Etruskischen und umgekehrt: griech. Αἴϝας ›Aiax‹ wird etr. *aivas* geschrieben (später *eivas, evas,* § 14), bestätigt also die Lautwerte [*a, i, u̯, s*] von etr. *a, i, v, s*; der etruskische Gentilname *fulni* wird in einer Bilingue (§ 3) zu *Folnius* latinisiert, was die jungetruskische Realisierung [*o*] von *u* beweist (§ 8).

Vokale: Bestand und Wandel

8. Die vier aus dem Griechischen und Lateinischen bekannten Vokalbuchstaben *a, e, i, u,* die in etruskischen Texten vorkommen, bezeichnen die vier silbischen Vokale /*a, e, i, u*/. Der einzige Velarvokal /*u*/ wurde ursprünglich als [*u*], später als [*o*] ausgesprochen; ursprüngliches [*u*] wird bewiesen durch die Auswahl aus dem Musteralphabet, die sich für Ypsilon – damals noch [*u*] gesprochen – und gegen Omikron entschied, späteres [*o*] durch lateinische Transkriptionen wie *Noborsinia, Tosno* für die etruskischen Namen, die *nufurznei, tuśnu* geschrieben, aber sicher [*noforznei tosno*] gesprochen wurden. Parallel dazu wird im 5. Jh. v. Chr. /*i*/ zu /*e*/ gesenkt, freilich nur, wenn /*a*/ oder /*e*/ folgt und kein /*z*/ vorausgeht (/*i*/ bleibt z. B. in *cicu, χim, zilaϑ*). Anders als die Senkung von [*u*] zu [*o*], die durch die beibehaltene Orthographie verdeckt wird, ist die Sen-

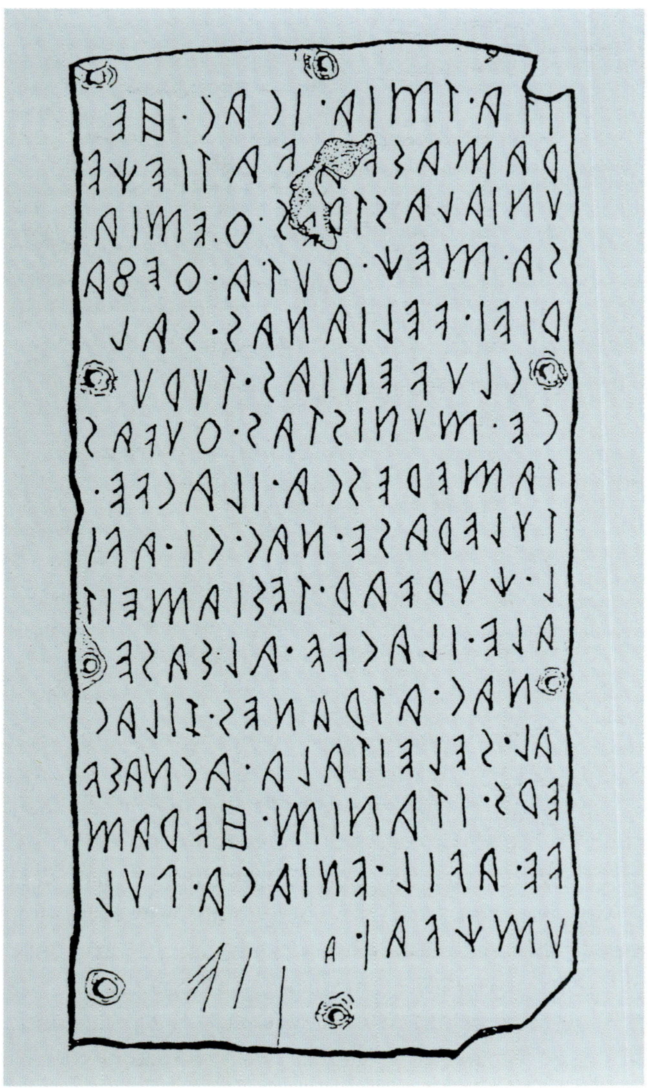

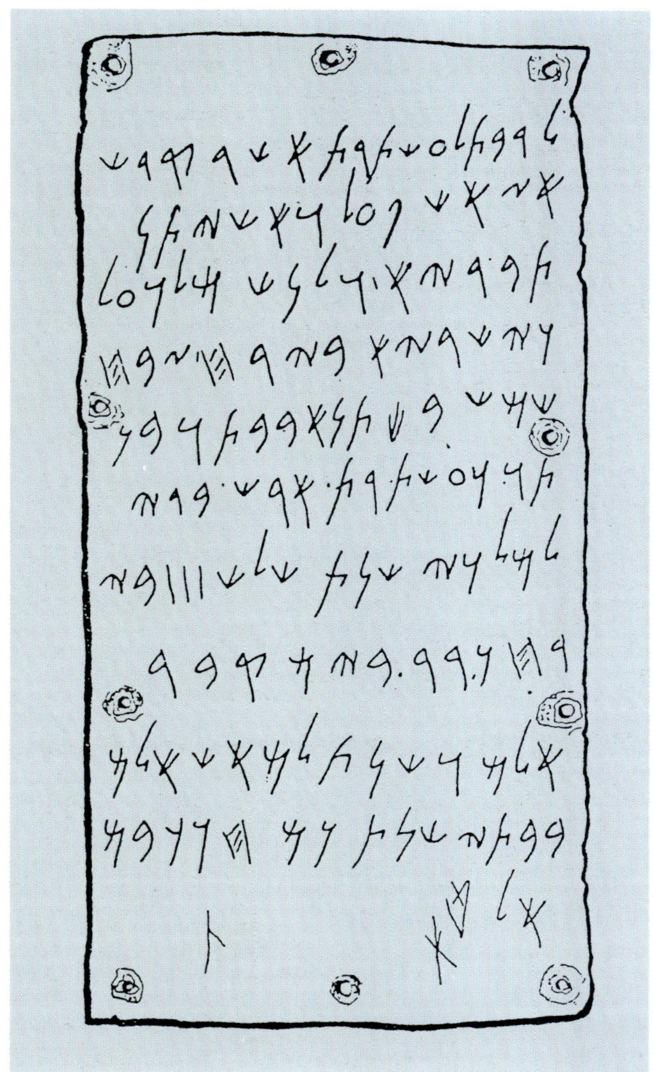

Abzeichnung von zweien der im Heiligtum von Pyrgi gefundenen Goldplättchen, eines mit einem etruskischen, das andere mit einem phönizischen Text über die Weihung des Tempels an die Göttin Uni/Astarte durch Thefarie Velianas (um 500 v. Chr.).

kung von /i/ zu /e/ an den Texten abzulesen und darum auch datierbar:

archaisch	*iϑavuσva*	*cisasin*	*cliniiar-*	*licine-*	*piϑe-*
rezent	*eϑauσva*	*cesasin*	*clenar*	*lecne*	*peϑe*

Quantität

9. Einen Quantitätsunterschied zwischen kurzen und langen Vokalen hat es in archaischer Zeit sicher gegeben; er war aber in echt etruskischen Wörtern phonologisch irrelevant, da er offenbar von der Stellung des Vokals im Wort abhängig, also ›komplementär verteilt‹ war. In der ersten Silbe, die den Wortakzent trug (§ 11),

Ausschnitt aus dem Text der Tontafel von Capua, aufgenommen von dem im Istituto di Etruscologia der Universität Rom aufbewahrten Abguß (vgl. S. 47): Ritualkalender aus einem Heiligtum in S. Maria di Capua Vetere, der eines der längsten auf uns gekommenen Beispiele etruskischer Schrift darstellt.

und im Auslaut sowie vor auslautendem *-n* (§ 10) war ein Vokal immer lang, sonst immer kurz. Letzteres folgt daraus, daß alle Binnenvokale synkopiert wurden, nicht anders als die Kurzvokale in Lehnwörtern (§ 10). Andrerseits setzt die Erhaltung und Nicht-Synkopierung langer Binnenvokale in Lehnwörtern die Existenz echt etruskischer Langvokale voraus, die nur an den von der Synkope ausgesparten Positionen gesucht werden können.

Die Synkope, die alle kurzen Binnenvokale getilgt hat, dürfte für eine gewisse Zeit den Quantitätsunterschied phonologisch wie phonetisch beseitigt haben (das impliziert eine Längung von Kürzen in der ersten Silbe von Lehnwörtern, die wahrscheinlich, aber nicht nachweisbar ist). So ist verständlich, daß die aus konsonantischen /i̯/ und /u̯/ durch Samprasarana (§ 10) entstandenen silbischen /i/ und /u/ für Römer und Griechen als Längen gelten (lat. *Spurinna* = etr. *spurina* aus *spuriena*). Ob ein Quantitätsunterschied in jüngeren Lehnwörtern aus dem Griechischen und Lateinischen (§ 10) im Etruskischen festgehalten wurde, läßt sich nicht sagen. Möglicherweise unterschieden sich die qualitativ unstabilen anaptyktischen Vokale (§ 12) auch durch eine kürzere Quantität von den übrigen.

Synkope

10. Inlautende Kurzvokale in nicht-erster Silbe sind in der ersten Hälfte des 5. Jh.s v. Chr. geschwunden, ›synkopiert‹; diese Synkope der Binnenvokale hat die etruskischen Wortstrukturen einschneidend verändert; sie hat die charakteristischen Konsonantenhäufungen des rezenten Etruskisch wie *lχsntr* oder *mrcn* (in *elχsntre, lemrcna*) hervorgebracht. Die Synkope ist nicht etwa nur orthographisch, sondern sprachwirklich. Nur so ist verständlich, daß sie in allen Schriftgebieten etwa gleichzeitig auftritt und daß öfters in die durch die Synkope entstandenen Konsonantengruppen ein Vokal eingeschoben wurde, und zwar durchaus nicht immer an der Stelle des synkopierten Vokals; ein Beispiel ist die Entlehnungsreihe griech. Ἡρακλῆς → etr. *Hercle* → lat. *Hercules* (weitere in § 12).

Die Synkope wirkt in Binnensilben (a, b) und in Endsilben (c, d), in offenen (a) oder einkonsonantig auslautenden (c) wie in geschlossenen (b) oder mehrkonsonantig auslautenden Silben (d).

arch. (a)	*aχile*	*turuce larecena*	(a′)	*vestricina*
rez.	*aχle*	*turce larcna*		*vestrcna*
arch. (b)	*ϑanaχvil*	*elaχsantre akasce*	(b′)	*menerva*
rez.	*ϑanχvil*	*elχsntre akśke*		*menrva*
arch. (c)	*tinas ikan*	*venel*	(d)	*aranϑ leϑams*
rez.	*tins ecn*	*vel < *venl*		*arnϑ leϑms*

Ein konsonantisches /u̯/ (geschrieben *v*) oder /i̯/ vor dem synkopierten Vokal wird zu silbischem /u/ bzw. /i/ (›Samprasarana‹; (e)); ähnlich werden *r, l, n* und *m* silbisch (umschrieben r̥ etc.), wenn sie durch die Synkope zwischen zwei Konsonanten geraten (f; oben a′, b′).

arch.	(e) *mulvene*	*spuriena*	(f)	*śupelna*	**raϑmesna*
rez.	*mulune*	*spurina*		*śuplna*	*raϑmsna*
				/supl̥na/	*/rat′m̥sna/*

Langvokale werden nur vor */st/* synkopiert, wo sie vorher gekürzt worden waren; die rezenten Entsprechungen von griech. *Ἄδρᾱστος* und *Ἄλκηστις* sind *atrste* und *alcsti.* In allen anderen Stellungen bleiben Langvokale erhalten, z. B. in *prumaϑe,* das griech. *Προμᾱθεύς*, und in *latini,* das lat. *Latīnius* wiedergibt. Nicht von der Synkope betroffen sind Vokale vor auslautendem *-n,* die wohl nasaliert waren; *turan, cepen, firin* endeten also auf -[ã] -[ẽ], -[ĩ]; vielleicht war *-il, -al* in rez. *avil, arnϑal* phonetisch -[i^{j}], -[a^{w}] und so der Synkope entzogen. Einige Wörter sind erst gebildet oder entlehnt worden, nachdem die Wirkung der Synkope vorüber war, und behalten darum ihre kurzen Binnenvokale; der Gentilname *pulena* ist wohl erst im 4. Jh. v. Chr. von dem aus griech. Πῶλος entlehnten Namen *pule* abgeleitet, der Sklavenname *antipater* wohl erst im 2. Jh. v. Chr. aus lat. *Antĭpăter* (griech. ᾿Αντίπατρος) entlehnt. Für manche Fälle von erhaltenem Binnenvokal, z. B. für *u* in *velus* oder für *i* in *laris,* ist bisher eine Erklärung nicht gefunden, ja nicht einmal gesucht.

Akzent

11. Ursache für die Synkope der Binnenvokale war zweifellos ein starker Druckakzent auf der ersten Wort-

silbe, nicht anders als bei der – sicher gleichzeitigen – Synkope im Lateinischen und Oskisch-Umbrischen, die freilich nur in offenen Silben wirkte (im Lateinischen auch da nicht immer).

Eine Auswirkung dieses Akzents ist auch das Schwanken der Qualität kurzer Binnenvokale in archaischer Zeit, das der Synkope vorausgeht:
avile, avele, avale, avule rezent (synkopiert) *aule*
mamarce, mamurce, mamerce
muluvanice, muluvunuke, muleven[, *mulvenece*
vacal, vacil; aranϑ, arunϑ rezent (synkopiert) *vacl, arnϑ*

Kreisförmiges Bleiplättchen, bekannt als Blei von Magliano, mit einer Inschrift religiösen Inhalts. Aus Magliano (5. Jahrhundert v. Chr.). Florenz, Museo Archeologico.

Im 7. Jh. v. Chr. ist ein solches Schwanken zwischen einem der vorderen Vokale /*e, i*/ und einem der hinteren Vokale /*a, u*/ noch selten. Mit dieser Einschränkung kann man sagen, daß der Unterschied zwischen den vier Vokalen im Etruskischen nur in Anfangssilben und im Auslaut distinktiv war, d. h. nur dort zur Unterscheidung verschiedener Wörter oder Formen der Sprache dienen konnte.

Ob der Anfangsakzent nach der Synkope durch andere Akzentregeln abgelöst wurde, wie dies im Lateinischen der Fall war, ist derzeit nicht zu sagen.

Anaptyxe

12. In die durch die Synkope entstandenen Gruppen von drei oder mehr Konsonanten kann ein Vokal eingeschoben werden; diese ›Anaptyxe‹ ist besonders in Clusium und im ager Saenensis häufig. Im Süden ist der eingeschobene Vokal gewöhnlich [*a*], so in *aleϑanei* für *aleϑnei* aus Tarquinii oder in *hescanas* für *hescnas* aus Volsinii. Für den Norden lassen sich (noch) keine Regeln geben; so stehen z. B. in Clusium *ϑactara* und *ϑacutura* für *ϑactra*, im ager Saenensis *hepeni* und *hepani* für *hepni*. Der anaptyktische Vokal kann auch zwischen ursprünglich, d. h. nicht erst infolge der Synkope benachbarten Vokalen auftreten, so in *hercele* für *hercle* aus Ἡρακλῆς oder in *alufnei* für *alfnei* aus **alfe-na-i*, dessen Basis aus umbr. *alfo-* entlehnt ist.

Von der rezenten Erscheinung der Anaptyxe zu unterscheiden ist der nur in einigen archaischen Formen feststellbare Einschub eines [*i*] zwischen Dental und /*r*/ oder /*r*/ und Dental, wenn /*i*/ folgt: *vestiricina* kommt aus *vestricina*, *kuritiana* aus *kurti(a)na*.

Vorhistorischer Vokalschwund

13. Von der historischen Synkope des 5. Jh.s (§ 10) zu unterscheiden ist der Schwund eines /*e*/ in dritter Wortsilbe zwischen postvokalischer Liquida und /*n*/, der offenbar schon vorhistorisch und vielleicht rhythmisch bedingt war. Beispiele sind Gentilnamen, die mit Suffix *-na* gebildet sind, etwa arch. *uσelna, rutelna, hapirna* aus °*le-na*, °*re-na*, abgeleitet von den Personennamen arch. *uσele, rutile*, rez. *hapre*.

Apokope

Gegebenheiten der Morphologie erfordern weiter die Annahme, daß vorhistorisch in großem, aber noch nicht in Regeln zu fassendem Umfang auslautende Vokale geschwunden – ›apokopiert‹ – sind. So setzen die Genetive *seχis* (§ 30) und *larϑial* und der Plural *papalser* (§ 27) voraus, daß die belegten Nominativ-Singular-Formen *seχ* ›Tochter‹, *larϑ* Pränomen, *papals* ›Enkel‹ auf die nicht mehr belegten Formen **seχi*, **larϑia*, **papalse* zurückgehen. Eine Möglichkeit der Erklärung wäre die Annahme, daß der Auslautvokal apokopiert wurde, wenn die vorausgehende Silbe den Wortakzent trug; das setzt voraus, daß dem historischen Anfangsakzent (§ 11) Akzentregeln vorausgingen, die eine Betonung der vorletzten Wortsilbe zuließen. Vielleicht waren Apokope und Pänultimaakzent sogar generell; dann würden die Auslautvokale der historischen Zeit ihre Existenz der Analogie nach Formen verdanken, in denen der Vokal durch angefügte Suffixe oder Endungen gedeckt war; das Gentilnamensuffix *-na* stünde für **-n* im Anschluß an die Genetivform *-nas.* Ein Gesamtbild ist nicht leicht zu gewinnen; Details kommen bei der Morphologie zur Sprache.

Diphthonge

14. In archaischer Zeit gibt es nur drei Diphthonge, */ai̯/, /ei̯/* und */au̯/,* letzteres *av* (rezent dafür auch *au*) geschrieben, etwa in *vinaiϑ, cuveis, savcnes* aus der Tontafel von Capua. Später kommen durch Synkope und Entlehnungen sowohl neue Beispiele für die alten Diphthonge hinzu, wie *avle, aule* aus archaisch *avile,* als auch neue Diphthonge, nämlich */eu̯/, /ui̯/* und */uu̯/,* phonetisch [*eu̯, oi̯, ou̯*] (§ 8), geschrieben *eu, ui, uv;* Beispiele sind *euru,* entlehnt aus griech. *Εὐρώπη,* die Gentilnamen *neurn-ie* für archaisch *nevern-a* und *vuisi,* entlehnt aus umbr. *Vois(i),* sowie das Pränomen *luvcie,* entlehnt aus altlat. *Loucio(s).*

Im 4. Jh. v. Chr. wird */ai̯/* zu */ei̯/;* der Gentilname *kaikna,* so in Felsina im 5. Jh. v. Chr. belegt, lautet in den rezenten Grabschriften Volaterraes *ceicna. ai* in jüngeren Texten ist entweder Archaismus wie *ais* neben *eis* ›Gott‹ im *liber linteus,* oder fremder Herkunft wie *cai* mit fem. *cainei* aus lat. *Gaius.*

/ei̯/ ist, ob ursprünglich oder aus */ai̯/* entstanden, noch im 4. Jh. v. Chr. vor *v (/u̯/)* zu */e/* monophthongiert; die archaischen Pränomina *laive* und *cnaive* erscheinen seit Ende des 4. Jh.s als *leve* (REE 50, 61) und *cneve,* griech. dor. *ΑἴϜας* ›Aiax‹ zunächst als *aivas,* dann als *eivas,* schließlich als *evas.* Auch im Auslaut steht öfters *-e* für *-ei,* so im *liber linteus* beim Lokativ *faśe* neben *faśei* oder bei femininen Gentilnamen wie *caine* (4 Beispiele) neben *cainei* (80 Beispiele). Vielleicht ist hier *-/e/* lautgesetzlich und *-/ei̯/* archaisierend – so im *liber linteus* – oder analogisch – so bei den femininen Gentilnamen, wo *-ei* nach *-ui* (§ 36) restituiert sein könnte.

/au̯/ hat im Nordosten Etruriens eine monophthongische Variante */a/* entwickelt, die besonders gut in Perusia bezeugt ist, woher z. B. die Belege *rafi, aclinei, latni* für die Gentilnamen *raufi, auclina* und das Wort *lautni* ›Freigelassener‹ stammen. Diese Entwicklung imitiert offenbar die generelle Monophthongierung von */au̯/* und */ou̯/* zu */ō/* im Umbrischen; daß in Perusia Umbrisch gesprochen wurde, zeigen die etruskischen Schreibungen *rufi, uclina, lutni* mit *u* für umbr. */ō/* (vgl. § 8), das aus */ou̯/* oder – bei *lutni* aus *lautni* – aus etr. */au/* entstanden ist.

›Halbvokale‹

15. */i/* und */u/* begegnen archaisch auch als Konsonanten vor silbischem Vokal, d. h. als die ›Halbvokale‹ [*i̯*] und [*u̯*] (geschrieben *v,* rez. manchmal *u*), etwa in *ia, saiuzie, vacil, zusleva, macvilu-* der Tontafel von Capua. Rezent sind [*i̯, u̯*] zu silbischen [*i, u*] geworden, wenn der Vokal dahinter synkopiert war (§ 10). Sonst ist [*u̯*] *v* rezent erhalten, außer daß es in Clusium und Cortona an vorausgehendes */l/* assimiliert und damit für die Schrift verschwunden ist (Doppelkonsonanz ist im Etruskischen nur ganz ausnahmsweise geschrieben); dem Götternamen *selvans* = lat. *Silvanus* und dem Gentilnamen *śalvi* = lat. *Salvius* entsprechen *śelanś* in Cortona und *śali* in Clusium.

[*i̯*] dagegen ist rezent nur im Nordwesten Etruriens erhalten, sonst sowohl zwischen Vokalen als auch im Anlaut vor Vokal geschwunden; nur in Volaterrae und Russellae haben die Namenformen, die sonst *sveitual* (§ 31), *unas, anta* lauten, noch die Form *sveituial, iunaś, *ianta* (so im Deminutivum *ianzu* aus **ianta-zu*). Es ist möglich, daß zwischen gleichen Vokalen [*i̯*] auch im Nordwesten geschwunden ist, wenn nämlich der Genetivausgang bei femininem Gentilnamen, der auch im Nordwesten *-nal* lautet, auf *-na-i-al* zurückzuführen ist; dies ist aber nicht sicher (§ 36).

Im übrigen Etrurien bezeichnete rezentes *i* zwischen Vokalen entweder einen Gleitlaut zwischen dunklem und hellem Vokal, wie im Namen *velχaie,* der schon spätarchaisch *velχae* geschrieben ist, oder eine Geminata [*i̯i̯*] wie z. B. in den Frauennamen *velχaia,* strukturell **velχai̯(e)-i̯a* (§ 36), und *caia,* dessen Quelle letztlich lat. *Gaius* – phonetisch [*gāi̯i̯us*] – ist, oder in *puia* ›Gattin‹, das wie auch immer mit griech. *ὀπυίω* [*opui̯i̯ō*] ›heirate‹ zusammenhängt. *iucurte* mit [*i̯*] im Anlaut vor Vokal ist wohl gleich lat. *Iugurtha.* Zwischen Konsonant und Vokal bezeichnet rezentes *i* oft nur die Palatalität des vorausgehenden Konsonanten (§ 19).

Nasale und Liquiden

16. Die beiden Nasale /*m, n*/ und die beiden Liquiden /*l, r*/ des Etruskischen sind ziemlich stabil. Bei der Synkope entstanden die silbischen Varianten [*m̥, n̥, l̥, r̥*].

Nasale konnten zwischen Vokal und Obstruent (§ 17) reduziert werden, vielleicht mit Nasalierung des Vokals oder Geminierung des Obstruenten, und in der Schrift dann unbezeichnet bleiben. So sind geschrieben: arch. *araϑia, cles,* rez. *σ́eiate, acari, ϑaχvil, laφe, ϑaśiσ́a* für *aranϑia, clens, σ́eiante, ancari, ϑanχvil, lamφe, ϑanσ́i.* Geschwunden, und zwar schon vorhistorisch, ist auslautendes *-n* hinter *u*: *ϑu* ›1‹ hatte einmal die Form **ϑun,* die vor Suffix oder Enklitikon erhalten blieb, etwa in *ϑun-em (zaϑrum)* ›un-de-(viginti)‹. Noch in den ältesten griechischen Lehnwörtern wird *-un* durch *-um* ersetzt, in *qutum* neben *qutun* für *κώϑων* oder in *leχϑumuza* (mit Diminutivsuffix *-za*) für *λήκυϑον*. Später ist *-un* zugelassen, wie *slapiχun* (§ 44) und schon archaisches *vertun* zeigen.

/*l*/ ist normalerweise velares [*ł*]. Im Auslaut hinter /*a*/, d. h. faktisch im Genetiv II (§ 31), wird *-l* erst seit der Mitte des 6. Jh.s v. Chr. geschrieben; ob es vorher ein Laut ohne Entsprechung im Alphabet war, etwa [*w*], oder vorhistorisch geschwunden und später nach dem Pertinentiv II und dem Ablativ II auf °*ale,* °*alas* restituiert (§ 31), ist kaum zu entscheiden.

Offenbar hat es bei Nasalen und Liquiden – wie bei den übrigen Geräuschlauten (§ 17 ff.) – neben den ›normalen‹ Phonemen /*n, m, l, r*/ auch palatalisierte /*n', l', r'*/ gegeben (für /*m'*/ fehlen Indizien). Man kann das daraus schließen, daß in griechischen Lehnwörtern antevokalisches *i* hinter *n, l, r* öfters nicht geschrieben, also offenbar als Bestandteil der mit *n, l, r* ausgedrückten Laute angesehen wurde, und daß auch sonst ein orthographischer Wechsel von *i* und Null zwischen *n, l, r* und Vokal zu beobachten ist. Es lassen sich anführen:

(a) für /*r'*/: *araϑa* und *ariaϑa,* d. h. /*ar'at'a*/ für griech. 'Αǫιάδνᾱ.

(b) für /*l'*/: *melacre, vilata-s,* d. h. /*mel'akre, u̯il'ata*/ für griech. Μελέαγǫος, *Οἰλιάδᾱς; rez. *veilia* (Perusia) und *vela* für *velia* /*u̯el'a*/ aus arch. *velelia;*

(c) für /*n'*/: rez. *ϑania* neben *ϑana,* d. h. /*t'an'a*/, Kurzform des Frauenpränomens arch. *ϑanaχvil,* rez. *ϑanχvil;* rez. *tina,* Gen. arch. *tinas* neben *tinia tinias,* d. h. /*tin'a*/, ›Juppiter‹, Gen. Plural arch. *cliniiaras* neben Nom. rez. *clenar* /*klen'ar*/ ›Söhne‹.

Für die auffälligen Schreibungen Entlehnung, Kurznamenbildung oder (bei *velelia* > **vellia*) Gemination verantwortlich zu machen, wäre das Ausweichen in unplausible Ad-hoc-Erklärungen. Dieser Weg versagt bei /*klen'ar*/, wo die nur in archaisch *cliniiaras* geschriebene Palatalität des *n* auch den Palatalumlaut *a* zu *e* in Singular *clan* – Plural *clenar* erklärt (vgl. § 33). Vermutlich gibt es noch mehr Fälle von /*r', l', n'*/ als die hier zitierten; doch darf man diese Phoneme nur da annehmen, wo die Orthographie Hinweise liefert, auch auf die Gefahr hin, nur einen Teil des Bestandes zu erfassen.

System der Geräuschlaute

17. Der Bereich der Geräuschlaute (›Obstruenten‹), der Okklusiva, Spiranten und Affrikaten umfaßt, war im Etruskischen offenbar anders organisiert als im Griechischen. Hier besonders gilt, daß die griechischen Lautwerte der Buchstaben mit Kriterien der Orthographie, der Distribution (§ 9) und auch nach der Typologie korrigiert werden müssen. Es läßt sich auch nicht ausschließen, daß einzelne etruskische Buchstaben mehrere verschiedene Laute wiedergeben (§ 19).

Mit den nötigen Vorbehalten läßt sich folgendes System der etruskischen Obstruenten erstellen (siehe unten):

Hier stehen jeweils in der ersten Kolumne die Dentale, in der zweiten die Gutturale, in der dritten die Labiale bzw. die entsprechenden Buchstaben; in Zeile (1) die unmarkierten Okklusive, in Zeile (2) die palatalisierten bzw. affrizierten Okklusive, in Zeile (3) die Spiranten, in Zeile (4) der Hauchlaut. Problematisch und darum ausführlicher zu begründen sind (a) die Palatalität als distinktives Merkmal sowohl der Phoneme von Zeile (2) (§ 19) als auch bei dem im Süden mit San, im Norden normalerweise mit Sigma geschriebenen Phonem /*š*/ (§ 21), (b) die doppelte Geltung des *ϑ* als Okklusiva und als Spirans (§ 19), (c) der Ansatz einer labiovelaren Spirans /*χ*^v/ (§ 24) und (d) die Einordnung des /*h*/ (§ 25).

Die einfachen Okklusive: *t, k, p*

18. Etruskisch /*t*/, /*k*/ und /*p*/ waren zur Zeit der Alphabetübernahme Okklusive ohne zusätzliches Merkmal wie Stimmton, Aspiration oder Palatalität, nicht anders als die griechischen Laute, die mit den Buchstaben T, K/Q und Π bezeichnet wurden; daß auch das dem griechischen Gamma entsprechende C, das allmählich zum einzigen ›Guttural‹zeichen wurde, im Etruski-

Sarkophag des Velthur Partunu aus dem Partunu-Grab in Tarquinia (letztes Viertel des 4. Jahrhunderts v. Chr.). Tarquinia, Museo Archeologico.

	Phoneme			entsprechende Buchstaben		
1	*t*	*k*	*p*	*t*	*c, k, g*	*p*
2	*t'*	*k'* [*t*^s]	*p'*	*ϑ*	*z*	*φ*
3	(*þ*) *s*	*š* *χ*	*χ*^v *f*	(*ϑ*) *s, ś*	*σ, σ́* *χ*	*χ*^v *f*
4		*h*			*h*	

Sarkophag des Laris Pulena (3.–2. Jahrhundert v. Chr.). Tarquinia, Museo Archeologico.

schen anders als im Griechischen einen stimmlosen Laut wiedergab, lehrt sein aus dem Etruskischen stammender Lautwert [*k*] im Lateinischen (§ 5).

Soweit lateinische Transkriptionen etruskischer Namen im 3.–1. Jh. v. Chr. nicht einfach translitterieren oder sich an lateinischen Namen orientieren, geben sie etr. *t, c, p* im Anlaut mit *t, c, p*, im Inlaut aber mit *d, g, b* wieder, etwa *titi* durch *Tidi, percumsna* durch *Pergomsna, papaϑa* durch *Pabassa*. Daraus ist nicht notwendig zu schließen, daß die inlautenden /*t, k, p*/ zwischen dem 7. und dem 3. Jh. v. Chr. stimmhaft geworden wären. Wahrscheinlicher ist, daß die etruskischen Phoneme /*t, k, p*/ im Anlaut als stimmlose Fortes [*t, k, p*], im Inlaut aber als stimmlose Lenes [*d̥, g̥, b̥*] ausgesprochen wurden. Stimmlose Lenes sind aber von den stimmlosen Fortes [*t, k, p*] und von den stimmhaften Lenes [*d, g, b*] des Lateinischen phonetisch gleich weit entfernt; die lateinische Transkription mit *d, g, b* ist also durchaus angemessen. Die etruskische Inlautschreibung mit *t, p, k, q* spricht dafür, daß die inlautenden Lenes erst nach der Alphabetübernahme geschaffen wurden; eine Lenisierung von inlautenden Fortes als Folge der auch die Synkope veranlassenden Intensivierung des Initialakzents wäre phonetisch plausibel.

Vor /*n*/ wird /*k*/ öfters nicht geschrieben, so im Gentilnamen *frauni* = *fraucni;* wahrscheinlicher als ein Schwund des /*k*/ ist hier eine Assimilation zu [ŋ], so daß *n* hier die Nasalgruppe [*ŋ*] wiedergäbe.

ϑ und φ: Palatalisierte Okklusive?

19. ϑ und φ stehen im griechischen Musteralphabet für die aspirierten Okklusive /t^h/ und /p^h/; von den Römern wurden sie mit *th* und *ph* transkribiert. Auch im Etruskischen müssen sie stimmlose Okklusive mit einem zusätzlichen Lautmerkmal wiedergeben; nur braucht dieses Merkmal nicht die Aspiration gewesen zu sein (das ϑ bezeichnet im Griechischen auch nicht die Glottalität wie das phönizische Thet, von dem es kommt). Für etr. ϑ war jenes zusätzliche Lautmerkmal wohl die Palatalität; das zeigen orthographische Varianten wie arch. *larϑia – larϑa*, rezent *larϑial arnϑial – larϑal arnϑal* (§ 9); ϑ bezeichnete also /*t'*/. Von /*t'*/ aus erklärt sich auch der Übergang zur Affrikata [t^s] *z* im Etruskischen von Rom, wo arch. *araz* (REE 47, 29) und *araziia* für *ara(n)ϑ* und *ara(n)ϑiia* stehen; aus einer Aspirata [t^h] hätte das lokale Latein wohl nur ein [*t*] gemacht wie bei *tus* aus gr. *ϑύος* [t^h*uu̯os*].

Möglicherweise hat ϑ in bestimmten Fällen nicht /*t'*/, sondern eine interdentale Spirans [*þ*] der Art von engl. *th* bezeichnet. Am wahrscheinlichsten ist dies im Inlaut neben Liquida, wo auch die anderen Spiranten [*f*] und [*χ*] häufig sind: spirantisches þ würde erklären, warum die sonst nur hinter der Spirans /*s*/ belegbare Dissimilation von /χ^v/ zu /k^v/ auch in *cilϑcva* [*kilþ*k^v*a*] eintrat (§ 24). Neben Liquida im Inlaut wäre ϑ also mehrdeutig (wo nicht die Orthographie /*t'*/ beweist, § 9). Vielleicht beruhen [*þ, f, χ*] in dieser Position auf vorhistorischer Spirantisierung von /*t, p, k*/ (§ 22. 23). Nicht ausgeschlossen ist die Lautung [*þ*] auch für einige ϑ im Anlaut. Dafür spricht (a), daß die Spiranten /*f*/ und /*χ*/ als selbständige Phoneme nur im Anlaut auftreten (/*χ*/ als [*h*], § 25), und (b) daß ϑ im Anlaut signifikant häufiger ist als die anderen Palatal-Okklusive (*φ, z*) oder Spiranten (*f, h*). Im Anlaut müßte /*þ*/ phonematisch sein. Für den Einzelfall ist derzeit eine Entscheidung zwischen /*t'*/ und /*þ*/ nicht möglich.

φ ist selten, sein Lautwert darum schwer zu bestimmen. Ein palatalisiertes /*p'*/, parallel zu /*t'*/ würde die Schreibvarianten *amφare – amφiare* für griech. *'Αμφιάϱηος* besser erklären, eine Affrikata /p^f/, parallel zu /t^s/ (§ 20) die Wiedergabe von lat. /*f*/ in *φlave* = lat. *Flavus*. Eine Spirans kommt nicht in Frage, da deren Platz bei den Labialen durch /*f*/ besetzt ist (§ 22).

/*t'*/ und /*p'*/ sind selbständige, von /*t*/ und /*p*/ verschiedene Phoneme. In der Schrift werden φ und *p* nie, ϑ und *t* nur rezent gelegentlich vertauscht, vornehmlich im Norden Etruriens, wo öfters z. B. *lart, tana* statt *larϑ, ϑana* geschrieben ist. Für diesen Bereich kann man von einer Tendenz zur Entpalatalisierung von [*t'*] sprechen, die vielleicht nicht an allen Orten und für alle Lautumgebungen gleich stark wirkte; Details sind hier noch zu untersuchen. Die Annahme lateinischen Einflusses liegt nahe.

Die Affrikata: *z*

20. Für *z* ist der Lautwert einer Affrikata [t^s] gesichert, (a) durch die Schreibvariante *citz* für *ciz* ›dreimal‹, (b) durch die Verwendung von *z* statt *s* besonders in Volsinii, etwa bei *fuflunz* oder *tetinaz* für den Götternamen *fufluns* und den Gentilnamengenetiv *tetinaś*, ganz gleich, ob dies rein orthographisch oder auch lautlich ([t^s] als lokale Variante von [*s*]) zu verstehen ist, und (c) durch *z* als Wiedergabe von griechisch-dorisch ζ [d^z] in *zetun* aus **Ζήτων* (für *Ζῆτος*) oder in *ziumite* aus *Ζομήδης (aus *di̯o*° für Διο-).

Eine Affrikata /t^s/ steht im phonologischen System des Etruskischen allein. Darum liegt es nahe, /t^s/ auf /*k'*/ zurückzuführen; dann hätte es vorhistorisch nicht nur bei Dentalen und Labialen (§ 19), sondern auch bei den Gutturalen eine palatalisierte Okklusiva gegeben. Ein Übergang von /*k'*/ zu /t^s/ kommt oft vor, etwa zwischen lat. *centum* und venezian. [t^s*ento*].

Die Spiranten

21. Abgesehen von dem problematischen /*þ*/ (§ 19) besaß das Etruskische mindestens vier, wahrscheinlich sogar fünf Spiranten: das postdentale /*s*/, das palatale /*š*/, das velare /*χ*/, das labiodentale /*f*/ und wohl auch ein labiovelares /χ^v/.

Die Spiranten *s* und *š*

Ungeachtet der verwirrenden Orthographie sind die beiden mit Sigma (Ƶ) und mit San (M) geschriebenen Laute zwei verschiedene Phoneme (zur Transkription § 6). Das weitaus häufigere, das im Süden mit Sigma (Ƶ) und im Norden mit San (M) geschriebene, ist sicher ›normales‹ postdentales /*s*/. Im anderen, im Süden mit San (M), im Norden mit dreistrichigem Sigma (Ƶ) *ό* und in Caere – Veji mit vierstrichigem Sigma (ξ) *σ̀* geschriebenen Phonem hat man einen verschärften Sibilanten [*ss*] vermutet und dies mit Schreibungen ›artikulierter‹ Genetive wie *cauślinissa* oder lat. *Hannossa* (= etr. *hanusa*) begründet. Doch ist die Geminata in diesen Formen morphologisch bedingt (§ 41), also nicht für die Lautbestimmung auswertbar; überdies ist der Unterschied zwischen Fortis und Lenis im Etruskischen sonst nicht phonematisch, sondern von der Stellung im Wort abhängig (§ 18). Richtiger ist es darum, das Phonem als palatale Spirans /*š*/ aufzufassen. Dies wird wieder durch orthographische Varianten bewiesen: gelegentlich steht hinter dem Zeichen für /*š*/ ein *i*, so in nördl. *huόiur* neben südl. *huσur* /*hušur*/ ›Kinder‹, oder in nördl. *όianśl* neben *όanśl* /*šansl*/, dem Genetiv eines Götternamens. Eine zusätzliche Stütze ist die Existenz von palatalisierten Phonemen bei Liquiden, Nasalen und Okklusiven (§ 16. 19).

Vorhistorisch ist /*s*/ vor Okklusiva und vor /*u̯*/ *v* im nördlichen Schriftgebiet zu *š* geworden und entsprechend mit Sigma geschrieben: der Gentilname *spurinei* /*spurinei̯*/ ist im Süden [*spurinei*], im Norden [*špurinei*] zu sprechen; südliches *sval* ›lebend‹ ist [*su̯al*], nördliches *sveleri* ›für das Lebende‹ (§ 35) [*šu̯eleri*]. Nördliches San vor Okklusiva oder /*u̯*/ *v* kann auf Entlehnung deuten: nördliches *śpur-* ›Gemeinde‹ könnte wie andere politisch-religiöse Termini aus dem Süden stammen. Denkbar ist freilich auch Imitation der Aussprache oder der Orthographie des Südens. Wie /*s*/ vor Liquida oder Nasal im Norden vertreten ist, ist nicht klar, es gibt Beispiele sowohl für Erhaltung als auch für Übergang zu [*š*]: einerseits nördlich *śnuiuφ* im *liber linteus* (Neulesung) südlich *snuiaφ* ›?‹ für [*snuiəp'*], andrerseits im Norden und Süden gleich geschriebenes *pesna* – ein Personenname –, das nördlich [*pešna*] und südlich [*pesna*] zu sprechen ist. Die unterschiedliche Verteilung von /*s*/ und /*š*/ im Norden und Süden Etruriens hat sicherlich die unterschiedliche Wahl der griechischen Sibilantenzeichen bei der Alphabetübernahme bestimmt; Sigma wurde für den häufigeren Laut gewählt, der im Süden /*s*/, im Norden /*š*/ war.

Die Spirans *f*

22. *f* (arch. *vh*, *hv*, § 4) bezeichnet die labiale, genauer: die labiodentale Spirans /*f*/: *fulni* = lat. *Folnius* auf einer Bilingue. Auffällig ist die distributionelle Beschränkung des /*f*/ auf den Anlaut und auf die Position neben konsonantischen Dauerlauten (*r*, *l*, *n*, *s*, *š*) im Inlaut (Beispiele *fulni* und *ϑafna* ›Becher‹). Das erweckt den Eindruck der Phonematisierung positioneller Varianten; im Inlaut z. B. könnte /*p*/ in Kontaktstellung vorhistorisch zu [*f*] spirantisiert worden sein. Rezentes /*f*/ zwischen Vokalen dürfte auf die archaische Gruppe /*fu̯*/ zurückgehen; für die Gentilnamen *afuna* und *cafate* wären dann die archaischen Formen **afu̯ena* und **kafu̯ate* anzusetzen (letzteres könnte Ethnikon zu *Capua*, also aus **kapu̯ate* entstanden sein).

In einem zentral-nördlichen Gebiet mit dem Zentrum Clusium ist anlautendes /*f*/ rezent zu [*h*] verhaucht: der Gentilname *huluni* aus Clusium gehört zu *fuluna* aus Volaterrae und zu arch. *vhulvena-s* aus Volsi-

nii; das Pränomen *hasti* aus Clusium ist identisch mit *fasti* aus Perusia. Die Fälle von *f* für *h*, etwa *ferclite* aus Clusium für *herclite* aus griech. Ἡρακλείδης, sind selten und dürfen als hyperkorrekte Lautungen oder Schreibungen gelten. Ungefähr im gleichen Gebiet ist rezent /*f*/ im Inlaut neben konsonantischen Dauerlauten zur Okklusiva [*p*] geworden: *ϑapna* (*liber linteus*, Cortona, Populonia), *ϑuplϑaś* (Cortona, ager Saenensis), *ϑepri* (Clusium, Perusia) neben *ϑafna* (archaisch), *ϑuflϑa* (z. B. aus Tarquinii), *ϑefri* (Tarquinii, Perusia) arch. *ϑefarie*.

Die Spirans *χ*

23. Die Analogie von *ϑ* und *φ* (§ 19) legt es nahe, hinter *χ* eine palatalisierte Okklusiva [*k'*] oder eine Affrikata [k^{χ}] zu vermuten. Da ursprüngliches /*k'*/ wohl durch *z* [t^{s}] vertreten ist (§ 20), müßte man eine schon vorhistorische Neuentstehung von [*k'*] aus /*k*/ annehmen; das ist

Sarkophag des Larth Sentinate aus der Tomba della Pellegrina in Chiusi (Mitte des 3. Jahrhunderts v. Chr.). Chiusi, Museo Archeologico.

aber allenfalls für einige Sonderfälle plausibel, etwa für die häufige Position des *χ* vor /*u*/, wo man an eine dissimilatorische Palatalisierung [*ku*] > [*k'u*] unter noch unbekannten Bedingungen denken könnte. Viel wahrscheinlicher ist es darum, daß *χ* mindestens normalerweise eine Spirans /*χ*/ bezeichnet hat. Dafür läßt sich anführen: (a) daß *χ* gelegentlich im Lateinischen mit *h* statt wie üblich mit *ch* transkribiert ist, so in *Ahonea* neben *Achonia* für *aχunia*; (b) daß *χ* häufig im Wortinneren neben konsonantischem Dauerlaut vorkommt, genau wie das sicher spirantische /*f*/ (§ 22), etwa in *aχmemrun* aus griech. Ἀγαμέμνων, (c) daß *χ* im Anlaut durch [*h*] ersetzt ist (§ 25), (d) daß *χ* bei der Darstellung der labiovelaren Spirans /χ^v/ verwendet ist (§ 24). Gelegentlich ist *c* für *χ* oder *χ* für *c* geschrieben; die Fälle sind aber so wenige, daß man sie aus spezifischen Konstellationen oder einfach als Schreibversehen erklären kann. Im Gentilnamenbeleg *χurcles* für sonstiges *χurχle* kann *χ* – *χ* zu *χ* – *c* dissimiliert sein; wenn der Name *ziχu* nur auf einer Bilingue *zicu* geschrieben ist, kann man darin den Einfluß des Lateinischen sehen, das keinen dem /*χ*/ entsprechenden Laut kennt; einmaliges *χaia* neben ca. 350 mit *c*- geschriebenen Belegen des Namens *cae* kann nicht korrekt sein. Normalerweise ist die Schreibung mit *χ* oder mit *c* (bzw. mit *k, q*, § 4) konstant; /*χ*/ ist synchron ein von /*k*/ unabhängiges Phonem, Minimalpaare sind z. B. *ci-ś*, der Genetiv von *ci* ›3‹, und eine Form *χiś* unbekannter, aber sicher anderer Bedeutung, oder *-ce* und *-χe* als Präteritalendungen von Aktiv und Passiv (§ 45).

Eine Spirans χ^v?

24. Eine labiovelare Spirans /χ^v/ als eigenes Phonem erklärt eine Reihe von Erscheinungen besser als die übliche Annahme einer Lautgruppe /*χu*/. (a) Die Kombination der Buchstaben *χ* und *v* ist auffallend häufig. (b) Hinter den palatalen Lauten /*e, i, š*/ erscheint das Pluralsuffix *-χva* (§ 27) als *-va*, z. B. in *saniσ-va, cluti-va;* offenbar wurde velares /χ^v/ zu palatalem [$ç^v$] assimiliert, das *v* geschrieben wurde. (c) Der Stammauslaut von Dekadenzahlen ist im *liber linteus -u-*, in Tarquinii und Volci *-l-*, z. B. in *ce-alχu-ś* – *ce-alχl-s*, dem Genetiv von ›30‹; da weder /*u*/ zu /*l*/ noch /*l*/ zu /*u*/ wird, ist der Wechsel nur aus unterschiedlicher Entwicklung einer Ausgangsform *-al*χ^v- verständlich (§ 30), die zudem durch lemnisch *σi-alχvi-s* ›60‹ gestützt wird. (d) *muvalχ* ›50‹ ist von *maχ* ›5‹, älter **ma*χ^v (s. unten), abgeleitet, setzt also eine Ausgangsform *ma*χ^v*al*χ^v- voraus, in der /*a* – *a*/ zu /*u* – *a*/ und /χ^v – χ^v/ zu [*v* – χ^v] dissimiliert wurden. Hier und in (b) wird der spirantische Charakter des Phonems deutlich.

Hinter *s* und *ϑ*, und das heißt wohl: hinter dentalen Spiranten (/*s, þ*/; § 19), und im Anlaut wird /χ^v/ zur Okklusiva [k^v], geschrieben *cv* oder *cu*. Das bezeugen einerseits die Plurale *culś-cva* ›Tore‹, *cilϑ-cva* ›?‹ gegenüber *fler-χva* ›Opfer‹, *maru-χva* ›Quästoren‹ (§ 27) und das Paar *tins-cvil* ›Weihgeschenk‹ (ursprünglich: ›an Juppiter‹ = *tins*) und *ϑana-χvil*, rez. *ϑanχvil* (Frauenpränomen), und andrerseits die Tatsache, daß im Anlaut zwar *cv-*, etwa in *cver* ›Gabe‹, aber nicht *χv-* belegt ist (einzige Ausnahme: Gentilname *χvestna* neben *cuesna* in Perusia).

Im Auslaut ist /χ^v/ zu [*χ*] entlabialisiert: in *maχ* ›5‹ aus **ma*χ^v und in der Dekadenzahl *cezp-alχ* ›80‹ (oder ›70‹) aus **-al*χ^v- (s. oben).

Der Hauchlaut *h*

25. *h* bezeichnet wie im westgriechischen Modell den Hauchlaut [*h*]; auch im Lateinischen wird mit *h* transkribiert, etwa im Cognomen *Hannossa* = etr. *hanuσa*. Im Etruskischen kommt *h* fast nur im Wortanlaut vor, wo wiederum *χ* selten ist; so ist zu vermuten, daß [*h*] eine schon vorhistorisch entstandene Anlautvariante der Spirans /*χ*/ ist. Anlautendes *χ*- der Texte müßte dann palatales [*k'*] wiedergeben, das sekundär aus /*k*/ entstanden (§ 23) oder auch in Fremdwörtern wie *χarun* aus griech. Χάρων übernommen sein kann.

Inlautendes *h* ist in *cahatial* = lat. *Cafatia* auf einer späten Bilingue hyperkorrekt für irrtümlich als lateinisch angesehenes /*f*/, und in *ahsi* aus dem zweisprachigen Perusia (§ 14) Wiedergabe eines umbrischen Lautes (die etruskischen Formen des Gentilnamens *acsi, aχsi, ahsi, asi* spiegeln die umbrische Lautentwicklung von /*k*/ vor /*s*/ wider: [*k*] zu [*χ*] zu [*h*] zu Ø).

Die Regel, daß etr. *h* praktisch nur im Anlaut vorkommt, ist auch bei der Worttrennung in Texten mit scriptio continua (§ 6) zu beachten; so ist etwa auf der Tontafel von Capua *inte hamaiϑi*, nicht wie üblich *in tehamaiϑi* zu trennen.

Flexion des Nomens

›Agglutinierender‹ Formenbau

26. Das Etruskische bezeichnet wie viele andere Sprachen die Akzidentien, d. h. Kategorien wie Plural oder Präteritum, durch regelmäßige Veränderung des Wortkörpers, also durch Flexion. Mittel des Ausdrucks der Akzidentien sind hauptsächlich Suffixe (worunter hier auch die Endungen gerechnet werden). Ein Suffix drückt im Etruskischen fast ausnahmslos nur eine einzige Kategorie aus, nicht eine Kombination verschiedener Kategorien wie etwa im Lateinischen die Endung *-ēs*, die sowohl Nominativ als auch Plural bezeichnet: die Ausnahme ist die Kennzeichnung des Genus, die aber vergleichsweise jung und auf Eigennamen beschränkt ist (§ 36). Wo sonst Kategorien aus verschiedenen Dimensionen zu bezeichnen sind, etwa aus Kasus und Numerus, werden entsprechend viele Suffixe aneinandergefügt. Typologisch gehört das Etruskische also zu den ›agglutinierenden‹ Sprachen wie das Ungarische oder das Türkische, nicht zu den ›flektierenden‹

wie das Lateinische. Öfters sind freilich die Grenzen zwischen den Bauelementen einer etruskischen Wortform durch lautliche Veränderungen verwischt; wo diese in vorhistorischer Zeit eintraten, ist die ursprüngliche Struktur, wenn überhaupt, nur durch innere Rekonstruktion zu ermitteln.

Struktur des Nominalparadigmas

Beim Nomen unterscheidet das Etruskische Kategorien der Dimensionen Kasus und Numerus; bei Eigennamen kommt als Neuerung des 7. Jh.s v. Chr. die Unterscheidung von Genuskategorien dazu. Eine Komparation ist bisher nicht festgestellt; Adjektiv- und Substantivparadigma haben demnach die gleiche Struktur. Von den etruskischen Nominalkategorien dürften, wenn nicht alle, so doch die meisten identifiziert sein. Weniger vollständig ist unsere Kenntnis von den Bedeutungen der einzelnen Kategorien.

Grundform und Stamm

Bei der Analyse einer etruskischen Nominalform geht man allgemein von der Form des Nominativ-Akkusativ Singular aus, die als Grundform gilt; an sie ist gegebenenfalls das Numerussuffix, an dieses das Kasussuffix gefügt; auch im Plural ist die Nominativ-Akkusativ-Form Grundform. Regelhafter erscheint die etruskische Nominalflexion jedoch bei einer historisch orientierten Analyse, die von einem abstrakten Stamm ausgeht; dieser Stamm ist gleich der Grundform, wo diese auf Vokal endet, und er enthält am Ende einen Vokal mehr, wenn die Grundform auf Konsonant endet, also ihren Stammauslaut verloren hat (§ 13). Entsprechendes gilt für die Form der Suffixe. So ist z. B. die Genetiv-Plural-Form *eiseraś* ›der Götter‹ nach dem ersten, synchron orientierten Verfahren *eis-er-aś*, nach dem zweiten aber in *eise-ra-ś* zu analysieren.

Plural

27. Die Numeri des Nomens sind Singular und Plural; mit einem Dual ist nicht zu rechnen, da mit *zal* ›2‹ die Pluralformen *clenar* und *zuϑeva* verbunden sind. Der Plural bezeichnet die Mehrzahl. Seine Grundform kann auf zweierlei Weise gebildet werden. Bei der offenbar älteren tritt *-r* an den Stamm bzw. *-ar, -er, -ur* oder *-r* an die Grundform; wie der Genetivausgang *-ras* zeigt (§ 30), war die ursprüngliche Suffixform *-ra-*. Beispiele sind: *clenar* samt Genetiv arch. *cliniiara-s* zu *clan* ›Sohn‹ mit *i̯*-Umlaut (doch cf. § 33), *aiser* zu *ais* ›Gott‹, *ϑanσ́ur* zu *ϑanσ́* ›?‹, *tuśur(-ϑi)* ›(auf den) beiden Kissen = Eheleute‹ zu *tuś(-ϑi);* ohne Vokal vor *r: tivr-s* zu *tiu* ›Mond, Monat‹ und *haϑr(-ϑi)* zu *haϑa** mit Lok. Sing. *haϑe* ›?‹.

Bei der jüngeren Bildungsweise tritt ein Suffix *-χva* /$\chi^{v}a$/ § 24 mit seinen Varianten *-va (-ua)* hinter /*e, i, š*/ und *-cva* hinter /*s, þ*/ stets an die Grundform, etwa in *flerχva* zu *fler* ›Opfer‹, *avilχva(-l)* zu *avil* ›Jahr‹, *maruχva* ›Kollegium der *maru* (Quästoren?), weiter *cilϑcva* zu *cilϑ* ›Burg‹ (?), *culścva* zu *culś(-l)* ›Tor‹, *zusleva* zu *zusle* (eine Opfergabe), *hupniva* zu *hupni* ›Lager‹, *murzua* zu *murσ́* ›Urne‹. Beide Bildungen nebeneinander sind nur zu *hil* ›?‹ belegt: *hilar* und *hilχve(-tra)* (Lokativ mit Enklitikon, § 35); ein Bedeutungsunterschied ist weder hier noch sonst festzustellen, ebensowenig ein lautliches Kriterium für die Verteilung. Die unterschiedliche Basis – einmal Stamm, einmal Grundform – deutet auf unterschiedliches Alter. Bemerkenswert ist morphologisch die Bildung *tusurϑir* ›die auf den (beiden) Kissen‹ vom oben genannten Lokativ Plural *tuśurϑi*, semantisch

die distributive Funktion des Plurals von Zahlwörtern in *tunur* ›singuli‹ und *zelur* ›bini‹ zu *ϑu (Stamm ϑun-;* § 16) ›1‹ und *zal* ›2‹, syntaktisch die Tatsache, daß die Mehrzahl bei Adjektiv-Attributen und neben Zahlen unbezeichnet bleiben kann: *tular hil* ›fines?‹ neben *tular hilar, svalce avil XXVI* ›lebte 26 Jahre‹ neben *ci clenar* ›3 Söhne‹.

Die Kasuskategorien

28. Kasuskategorien des Nomens sind: (1) der Nominativ-Akkusativ (beim Pronomen formal auseinandergehalten, § 37) zur Angabe von Subjekt, direktem Objekt und Prädikativum, auch als Vokativ und als *casus pendens* verwendet; (2) der Lokativ zur Angabe von Ort, Zeit, Instrument, Art und Weise; (3) der Genetiv als Kasus der nominalen Dependenz, attributiv oder prädikativ gebraucht, im letzteren Fall mit Ellipse des Regens; (4) der Ablativ zur Bezeichnung der Herkunft und des Agens beim Passiv; (5) der ›Pertinentiv‹ (sonst emphatischer Genetiv oder *-si/ale*-Kasus genannt) in noch umstrittener Funktion, anscheinend teils den Produzenten, teils den Interessenten bezeichnend. Die Verwendung lateinischer Kasusnamen impliziert nicht Identität, sondern nur Ähnlichkeit des Gebrauchs; wo

eine solche nicht erkennbar ist, wie beim Pertinentiv, empfiehlt sich die Neuprägung eines Terminus. Nur Lokativ, Genetiv und einige Formen des Ablativs sind unmittelbar von der Grundform aus gebildet; der Pertinentiv und meist auch der Ablativ haben die Genetivform als morphologische Basis, womit eine dritte Grundform und ein dritter Stamm neben denen von Lexem und Plural gegeben sind. Entsprechend den zwei Möglichkeiten der Genetivbildung gibt es zwei Bildungen des Pertinentivs und, zusammen mit der Bildung von der Grundform aus, drei des Ablativs. Lokativ, Genetiv und Ablativ können mit enklitischen, in der Schrift nicht abgetrennten Postpositionen verbunden sein; die Grenze zwischen Postposition und Suffix ist freilich nicht scharf zu ziehen.

Anfang des Textes eines Grundstücksvertrags zwischen zwei Familien der etruskischen Aristokratie, auf einem bei Perugia gefundenen Cippus (2. Jahrhundert v. Chr.). Perugia, Museo Archeologico.

Nominativ-Akkusativ

Beispiele für die Formen von Nominativ-Akkusativ Singular und Plural sind oben gegeben (§ 27); hier sind einige Textbeispiele wiederholt oder vorweggenommen, die die Funktionen der Kategorie belegen sollen. Subjektsfunktion zeigt *sren* in:

eca sren tva iχnac hercle . . . (6 b)
›dieses Bild (?) zeigt (‘), wie Hercules . . .‹

Direktes Objekt ist *zilχ* in:
. . . zilχ ceχaneri tenϑas . . . (1 e)
›. . . den Vorsitz über (?) den *ceχana* geführt habend . . .‹

Prädikativum ist *σuϑi* in:
mi larices telaϑuras σuϑi (1 b)
›ich (bin) des Larice Telaϑura Grab‹

Als Vokativ fungiert *flere* in:
trin flere neϑunśl (21)
›sprich: Gottheit Neptun!

casus pendens ist *acil* in:
ruvfies acil (4′)
›des Rufie Werk‹

Lokativ

29. Der Lokativ hat die zugrundeliegende Endung *-i;* viele Formen, meist solche mit eigentlich lokaler Bedeutung, sind zusätzlich durch eine der univerbierten Postpositionen *-ϑi/ϑ* und *-te* (< arch. *-tei,* § 39) charakterisiert. *-i* ist nur selten unverändert erhalten, etwa in *zilci* von *zilc* ›Vorsitz, Prätur‹, *uśli* von *uśil* ›Sonne, Tag‹, archaisch auch hinter *-a* und *-e* im Auslaut der Grundform: *fulinuσna-i* ›?‹, *zuslei* von *zusle* (eine Opfergabe); rezent sind *-ai* und *ei* zu *-e* geworden (§ 14), so in *zusleve* aus Lokativ Plural *zusleva-i* oder in *fanuśe* aus *fanusei* ›?‹; weiter etwa *raśne* von *rasna* ›populus‹, *halχze* von *halχza* (ein Gefäß), *maϑcve* (*ll.* X 15, Neulesung) vom Plural *maϑcva* ›?‹ (die Lokative *faśei, estrei, alφazei* im *liber linteus* sind historische Schreibungen, § 14). Zusammen mit dem Auslaut *-u̯* der Grundform, der auf vorhistorisch **-u̯a* zurückgehen muß (§ 13), ergibt *-i* den Ausgang *-ve/-ue* aus **-u̯ai̯*. Beispiele sind arch. *ilucve* zu *ilucu* (ein Festtag) und rez. *ramue* (*ll.* III 20, Neulesung) ›?‹ neben Lokativ Plural *ramu-r-ϑi* (*ll.* VIII 7, Neulesung).

Vor den Postpositionen *-ϑi* und *-te* und ihren teils phonetischen, teils analogischen Varianten *-ϑ, -ϑe, -ti, -t* ist rezent ein einfacher Vokal synkopiert: *zilcϑi* aus **zilaci-ϑi* neben *zilci, acilϑ* von *acil* ›Werk, Gefäß‹, *raχϑ raχti* von *raχ* ›?‹; archaische Belege fehlen. Daß *-ϑi* und *-te* an die Lokativform auf *-i* traten, zeigen die Ausgänge arch. *-aiϑi* mit rez. *-eϑi,* ferner *-eϑi* aus **-eiϑi, -ueϑ* aus **-u̯eϑi* und *-ete* bzw. *-eti* aus bzw. für **ai̯tei̯/*-ei̯tei̯* bei Wörtern mit Grundform auf *-a, -e, -u,* so arch. *hamaiϑi, vinaiϑ* (beide auf der Tontafel von Capua; Neulesung), rez. *hupnineϑi* von *hupnina* ›zum Lager gehörig‹, *cilϑcveti* vom Plural *cilϑcva* (§ 27), *hamφeϑi laeti* von *hamφe-ś lae-ś* (Richtungsangaben?), schließlich *ramueϑ* neben Lokativ *ramue* (s. oben). Nach dem Muster von synkopierten Formen wie *zilc-ϑi* wurden *-ϑi* und *-te* auch unmittelbar an die Grundform gefügt, so bei den *r*-Pluralen: *tuśurϑi, haϑrϑi, ramurϑi,* ferner etwa in *meϑlumϑ* (auch °*mt*) von *meϑlum* ›Stadt‹, für das der Genetiv *meϑlume-s* einen Stamm *meϑlume-* erweist, oder in *tuśϑi, tuśti* zu *tus* ›Kissen‹, das nach dem Plural *tuśu-r(-ϑi)* (§ 27) einen Stamm *tusu-* hatte.

Lokale Bedeutung des Lokativs ist etwa in *σuϑiϑ* ›im Grab‹ oder in *halχze* ›im *halχza*-Gefäß‹, temporale in *zilci zilcϑi* ›in der Prätur‹ sicher, instrumentale bei Opfergaben wie *zusle,* modale bei rituellen Aussagen über Götter, etwa in *haϑe, haϑrϑi,* wahrscheinlich.

Die scheinbar merkwürdigen Lokative von Genetiven wie *unialϑi* ›im . . . der Juno‹ von *unial,* dem Genetiv II zu *uni* ›Juno‹, oder *velsenalϑi* ›im (Gebiet) von Volsinii‹, von *velznal,* dem Genetiv II zu *velzna** ›Volsinii‹ werden verständlich, wenn die Genetivformen nichts anderes als Possessivadjektive waren (§ 32).

Genetiv I

30. Der Genetiv kann auf zweifache Weise von der Grundform gebildet werden, mit Suffix *-s* bzw. Vokal + *-s* als Genetiv I, und mit Suffix *-l* bzw. Vokal + *-l* als Genetiv II.

Das *-s* des Genetivs I tritt bei vokalisch auslautender Grundform unmittelbar an diese: *apa-s* ›Vater‹, *σuϑi-ś* ›Grab‹, arch. *avile-s* > rez. *aule-s* Pränomen; gelegentlich ist der Auslautvokal der Grundform vor dem *-s* synkopiert, so in arch. *tina-s* (/*tin'a-s*/, § 16) zu rez. *tin-s* (/*tin's*/) von *tinia* ›Juppiter‹. Bei konsonantisch endender Grundform findet sich als Suffix teils bloßes *-s,* etwa in *avil-s* ›Jahr‹, *ϑanr-ś* (Göttername), *maχ-s* ›5‹, *cilϑ-ś* ≃ ›Burg‹ (?), teils Vokal + *-s,* wobei jeder Vokal auftreten kann: *-a-* steht beim *r*-Plural (§ 29), z. B. in *eiser-aś,* und in *mlak-as* von *mlaχ* ›gut‹, *-e-* bei *meϑlum-es* ›Stadt‹ und bei *aniaχ-eś* ›?‹, *-i-* bei *śeχ-iś* ›Tochter‹, *-u-* bei den Personennamen, etwa beim Frauenpränomen arch.

ϑanaχvil-us, rez. *ϑanχvil-us* oder bei *telmun-us* aus griech. *Τελαμών*. Die Möglichkeit, daß der Vokal vor dem *-s* anaptyktisch und seine Farbe durch die Lautumgebung geregelt ist, wird durch Reihen wie *avil-s – ϑan(a)χvil-us, meϑlum-es – telmun-us, maχ-s – śeχ-iś – aniaχ-eś* ausgeschlossen, die hinter jeweils gleichem Auslaut der Grundform verschiedene Suffixformen zeigen. Ein weiteres Gegenargument ist der Unterschied bei den Dekadenzahlen zwischen *cealχuś* des *liber linteus* und *cealχ-ls* aus Tarquinii (§ 24). Endlich ist die Anaptyxe eines *l* in *cealχ-ls* und gar die eines *al* in *cezpalχ-als* von *cezpalχ* ›80‹ phonetisch unplausibel.

Als regulär erscheint dagegen die Bildung des Genetiv I, wenn man durchwegs einen Stamm auf Vokal und ein Suffix *-s* ansetzt und zudem annimmt, daß der vokalische Stammauslaut vorhistorisch bei vielen Wörtern im Nominativ-Akkusativ geschwunden ist (§ 13. 26); historisch ist also *eisera-ś, meϑlume-s, śeχi-ś, ϑanaχvilu-s* zu segmentieren. Bei größeren Bedeutungsgruppen wie bei den Individualnamen oder den Zahlwörtern ist damit zu rechnen, daß der Stammauslauts- bzw. Genetivsuffix-Vokal von gewissen Prototypen aus verallgemeinert wurde, so daß etwa *tlamunus* sein *-u-* vom Typ *ϑanaχvilu-s* oder *zaϑrumis* sein *-i-* von *huϑi-s* hätte; Details sind hier freilich nicht mehr feststellbar. Das Dekadensuffix *-alχ-* hatte, wie oben gezeigt (§ 24; man denke an lemnisch *σialχvis* = etr. *σealχls* ›60‹), eine Ausgangsform *-al*χ^{v}*i-*; hier ist *-i* vorhistorisch geschwunden (§ 13) und dann /χ^{v}/ vor *-s* zu [χ^{γ}] geworden, das dialektisch als [*χu*] oder als [*χl*] gesprochen oder geschrieben wurde.

Der Ausgang *-si* des Pertinentivs I läßt vermuten, daß die vorhistorische Suffixform des Genetivs I *-si* war (§ 34).

Genetiv II

31. Das Suffix des Genetivs II ist rezent *-l* oder *-al,* archaisch Vokal + *-l,* wobei für archaisch *-al* meist *-a* geschrieben ist. Rezent steht hinter vokalischem Auslaut der Grundform immer *-l,* etwa in *rasnal, σuϑil* von *rasna* ›populus‹, *σuϑi* ›Grab‹, dazu in den häufigen Genetiv-Feminin-Formen zu Gentilnamen auf *-na* wie *tutnal* von *tutna;* in *puil* neben *puial* von *puia* ›Gattin‹ ist *-a* vor *-l* synkopiert. Auch hinter konsonantischem Auslaut der Grundform steht rezent oft *-l;* von *meχ* ›res‹, *cilϑ* ›Burg‹ (?), *murσ* ›Urne‹, *selvans* ›Silvanus‹, *fufluns* ›Bacchus‹ lauten die Genetive II *meχl, cilϑl, murσl, selvansl, fuflunsl.* Hier ist möglicherweise überall vor *-l* ein Vokal synkopiert, auch wenn dies nur an spätarchaisch *zilacal* von rez. *zilχ* ›Prätur‹ zu zeigen ist. Die Suffixform *-al* ist auf bestimmte Fälle beschränkt; sie begegnet (a) bei Grundformen auf *-l* wie in *σul-al* ›?‹, (b) bei Männer-Pränomina (α) und -Cognomina (β) auf *-ϑ* und *-s,* etwa bei (α) *arnϑal, larϑ-al, laris-al* oder bei (β) *peris-al, patacsal(-iσa),* (c) bei Frauen-Gentilnamen auf Konsonant + *-i* und auf *-ui* wie bei *latini-al* oder bei *sveitui-al,* wofür fast überall *sveitual* eintritt (§ 15).

Der Ausgang *-al* ist beim Genetiv II erst seit Ende des 7. Jh.s v. Chr. vereinzelt und regelmäßig dann seit Mitte des 6. Jh.s geschrieben. Meistens enden die archaischen Genetive II auf *-a,* so von Männer-Pränomina *aranϑia, larϑia/larϑa, larisa,* von Frauen-Pränomina *larϑaia, larϑuia, ϑesanϑeia* und von Frauen-Gentilnamen *nuzinaia, hirminaia,* dazu, ohne *-ia, rutelna.* Daraus ist jedoch nicht zu schließen, daß die Endung des Genetivs II ursprünglich *-a* war und im 6. Jh. v. Chr. um *-l* erweitert wurde. Vielmehr ist das *-l* ursprünglich; das beweisen hocharchaische Belege von (a) Pertinentiv II (§ 34) und (b) Ablativ II (§ 33), deren Formen auf der des Genetivs II basieren: (a) *ara(n)ϑia-l-e, larϑia-l-e, laϑuza-l-e, vestiricina-l-a,* (b) *veleϑna-la-s* (alle vor oder um 600 v. Chr.); eine Erklärung für die Nicht-Schreibung des *-l* wurde schon oben versucht (§ 16).

Der archaische Ausgang *-la-s* des Ablativs II (§ 33) und der auf **-la-i* zurückgehende Ausgang *-le* des Pertinentivs II (§ 34) zeigen, daß der ursprüngliche Ausgang der Genetivs II *-la* war, dessen *-a* der vorhistorischen Apokope (§ 13) zum Opfer fiel.

Der vor *-l* erscheinende Vokal ist sicher in einigen Fällen sekundär, so in *selvansel* und im femininen Genetiv auf *°a-i-al* der Gentilnamen, da *selvans* aus ital. **silu̯ān(o)s* (lat. *Silvānus)* und das Feminin-Suffix *-i* wohl aus ital. *-ī* entlehnt sind. In einigen Prototypen muß dieser Vokal jedoch (wie der vor *-s* im Gen. I, § 30) alt, in der Grundform geschwunden und im Genetiv II auf die anderen Mitglieder der semantischen Klasse übertragen sein, so *-a-* auf Personennamen, vielleicht von *larϑial aranϑial* aus, *-u-* auf Götternamen auf *-s,* wie arch. *fuflunsul* von *fufluns* ›Bacchus‹, vielleicht vom Götternamen *leϑamsu-l* aus. In diesen Prototypen gehört der Vokal vor dem *-l* zum Stamm.

Verteilung der beiden Genetive

32. Genetiv I und Genetiv II bezeichnen beide die Abhängigkeit von einem Nomen, etwa den Besitzer oder den Bereich des im regierenden Nomen Genannten; *karkanas qutum* (Textbeispiel (2)) nennt *karkana* als Besitzer des Gefäßes. Auch der ›genetivus dedicatorius‹ bei *turce* ist ein Bereichsgenetiv (§ 34). Bei Numeralia hat der Genetiv (stets im Gen. I) auch die Funktion, das Ordinale zu bezeichnen: *χarun huϑs* ist ›der 4. Charon‹, *eslem zaϑrumis acale* ›der 18. Juni‹.

Für die Verteilung der beiden Genetive und der jeweils von ihnen abgeleiteten Ablative und Pertinentive sind nur im Bereich der Eigennamen Regeln erkennbar. Bei den Gentilnamen wird für das Maskulinum der Genetiv I, für das Femininum meist der Genetiv II verwendet (Beispiele und Ausnahmen § 36); diese Regel kann erst bei der Einführung des Gentilnamensystems im 8./7. Jh. v. Chr. (§ 57) aufgekommen sein. Bei (a) Pränomina und (b) Männercognomina ist die Verteilung phonotaktisch geregelt: lautet die Grundform auf *-ϑ* /t'/ oder *-s* aus, steht Genetiv II, sonst Genetiv I; Beispiele sind (a) arch. *larϑ-ia, laris-a,* rez. *larϑ-al, laris-al* gegenüber arch. *avile-s, venel-us,* rez. *aule-s velus,* und (b) rez. *peris-al* gegenüber *fulu-ś.* Diese zweite Regel ist älter als die erste, aber doch sekundär, da sie bei den Appellativa nicht gilt; ihr widersprechen einerseits *huϑ-s* von *huϑ* ›4‹ mit Genetiv I hinter *-ϑ,* andrerseits *zilac-al* und *pui-l* von *zilc* ›Vorsitz‹ und *puia* ›Gattin‹ mit Genetiv II ohne vorhergehendes *-ϑ* oder *-s.* Bei den Appellativa ist weder eine Verteilungsregel noch ein Funktionsunterschied erkennbar. Das gilt auch für die Wörter, von denen die beiden Genetive belegt sind: *rasn(e)a-s* und *rasna-l* von *rasna* ›populus‹, *cilϑ-ś* und *cilϑ-l* von *cilϑ* ›Burg‹ (?), *neσ-s* und *neσ-l* ›?‹. Der Genetiv II *σuϑi-l* ist in drei von vier Belegen substantiviert ›Grabbeigabe‹, der einzige Beleg des Genetivs I *σ́uϑi-ś,* aber auch der vierte Beleg von *σuϑi-l* (TLE 389, Neulesung) hängen von einer Nominalgruppe ab – allenfalls die Tendenz zu syntaktischer Unterscheidung.

Genetiv ursprünglich Adjektiv

Ihre Rolle als morphologische Basis für Ablativ und Pertinentiv legt den Schluß nahe, daß die beiden Genetive eigentlich Zugehörigkeitsadjektive sind. Einen ursprünglichen Bedeutungsunterschied zu suchen, ist derzeit wenig erfolgversprechend; er war schon vorhistorisch verwischt und ist bei den Eigennamen durch Neuregelungen ersetzt; zu beurteilen, ob die beiden Bildungen bei den Appellativa freie Varianten oder teilweise auf bestimmte Wörter festgelegt waren, reicht unser Material nicht aus.

Ablativ

33. Der nicht häufige Ablativ ist in den meisten bisher bekannten Fällen von einer Genetivform aus gebildet.

Beim Ablativ II ist rezent an die Grundform, archaisch an den Stamm des Genetivs II das Suffix *-s* gefügt; rezente Beispiele sind die Männerpränomina *arnϑial-s larϑal-ś,* die Frauengentilnamen *turial-s pacial-s* sowie *ereal-s* unbekannter Bedeutung, archaische Beispiele das Frauengentile *veleϑnala-s,* der Göttername *uniala-s(-tres)* ›Juno‹ sowie *snenaziula-s* unbekannter Bedeutung. Rezent *-ls* ist aus archaisch *-las* synkopiert (§ 10).

Zur Bildung des Ablativs I wird der Vokal vor dem Suffix *-s* des Genetivs I palatalisiert, und zwar /*a*/ zu [*e*], /*e*/ zu [*eⁱ*] (*ei, e* oder *i* geschrieben), /*u*/ zu [*uⁱ*] (*ui* oder *u* geschrieben); ein archaisches Beispiel ist *fulinuσnes* ›?‹ zu *fulinuσna(-i)* (Lokativ), rezente sind

Abl. I	*raśnes*	*laiveiś*	*tetnis*	*marces*	*veluis*	*apatruis*
zu Gen. I	*rasnas*	*laeś*	*tetnies*	*marces*	*velus*	*apatrus*

Geht dem Genetivsuffix *-s* ein /*i*/ oder – nur rezent möglich – ein Konsonant voraus, sind Genetiv und Ablativ in der Schrift gleich, so in *tesn-ś* neben den Ablativen *teiś raśneś,* wozu der Lokativ *tesne* von **tesna* gehört.

Es ist zu vermuten, daß ursprünglich der Ablativ I das gleiche Suffix *-s* hatte wie der Ablativ II. Dieses muß vom *-s* des Genetivs I durch einen Vokal getrennt gewesen sein, der später palatalisierte und darum nur ein *i* sein konnte. Beim Ausfall dieses *i* in vorhistorischer Zeit müßte einerseits das *-s* des Ablativs mit dem *-s-* des Genetivs vereinigt, andrerseits der dem Genetiv-*s* vorausgehende Vokal palatalisiert worden sein; der gleiche Umlaut könnte im Genetiv I *clens* zu *clan* ›Sohn‹ vorliegen, wenn dieser auf **klani-s(i)* zurückgeht (und nicht einen Stamm **klania-* hat, worauf Plur. *cliniiaras* führt, § 27). Diese Analyse impliziert, daß die vorhistorische Gestalt des Genetiv-I-Suffixes *-si* war; die des Ablativ-I-Suffixes braucht damit nicht identisch gewesen zu sein *(-s, -sa, -se, -su?).*

Daß der Ablativ eine eigene Kategorie ist, wird dadurch bewiesen, daß mehrfach die charakteristischen Formen der beiden Bildungen in längeren Reihen miteinander kongruieren, z. B. in TLE 323 *veluis tuteis ϑanχviluis-c turials-c* oder in TLE 138 (Neulesung) *apatruis pepnes-c [hu]ẓcneṣ-ç velznalṣ-ç (c* = ›und‹). Seine Funktion, ähnlich dem lateinischen Ablativ den Urheber auszudrücken, geht daraus hervor, daß die Formen (a) neben Subjekt und Passivform vorkommen, (b) anstelle des Genetivs im Metronymikon stehen und (c) den natürlichen Vater eines Adoptivsohnes *(clanti)* angeben, so z. B. (a) in TLE 323 *anc farϑnaχe veluis* ... ›der gezeugt wurde von Vel ...‹, (b) in TLE 760 *larϑ apunaś veleϑnalaś* ›L. A., Veleϑniā (natus)‹, (c) in CIE 1460 *lϑ tlesna lϑ clanti trepuiś* ›L. T., des L. Adoptivsohn, von Trepu (gezeugt)‹.

Neben den beiden auf den Genetivformen basierenden Bildungen des Ablativs gibt es noch eine dritte, den Ablativ III. Seine Existenz geht aus den beiden Reihen *larϑalś afuneś* [Spatium] *clen* auf dem Cippus Perusinus und *(anc farϑnaχe) tute arnϑals haϑlials ravnϑu* TLE 324 hervor, wo die Formen *clen,* von *clan* ›Sohn‹, *tute* Gentilname, und *ravnϑu,* Frauenpränomen, mit eindeutigen Formen des Ablativs I oder II kongruieren. Dazu kommen Wortformen, die in gleichen Kontexten belegt sind wie gesicherte Ablativformen, so *cilϑ* in *cilϑ ceχa* ›um der Burg (?) willen‹, parallel zu *clen ceχa* auf Weihinschriften ›um des Sohnes willen‹, oder *zuśle* in *zarfneϑ zuśle nunϑen,* im *liber linteus* parallel zu *zarfneϑ zuśleves nunϑen* mit Ablativ I Plural *zuśleveś.*

Formal ist der Ablativ III fast überall mit der Grundform gleich und deswegen auch nicht leicht zu identifizieren. Nur bei umlautfähigen Nomina hat er, anders als die Grundform, den Umlaut: zu *clan* lautet er *clen* mit dem gleichen Wurzelvokal wie im Plural *clenar* (§ 27) und im Genetiv I *clens.* Der Fall zeigt, daß der Ablativ III ursprünglich ein Suffix hatte, wohl einen Vokal, der den Umlaut ermöglichte, aber noch vorhistorisch schwand. Der Ablativ III ist offenbar der älteste der drei Ablative; nachdem er aber bei den meisten Wörtern lautlich mit der Grundform zusammengefallen war, wurde er nach und nach durch Neubildungen ersetzt.

›Pertinentiv‹

34. Der Pertinentiv wird stets vom Genetiv aus gebildet. Beim Pertinentiv I tritt an die Grundform des Genetivs I das Suffix *-i,* beim Pertinentiv II an die Grundform des Genetivs II die Endung *-e* des Pertinentivs II. Der Ausgang *-si* des Pertinentivs I geht auf **-si-i* zurück, was erklärt, warum das *-i* die Apokope (§ 13) überstanden hat; der Ausgang *-le* des Pertinentivs II ist auf **-la-i* zurückzuführen, das den vorhistorischen Stammauslaut des Genetivs **-la* und das gleiche Suffix *-i* wie der Pertinentiv I enthält. Beispiele sind *apas-i, hulχnies-i,* arch. *venelus-i* rez. *velusi, clens-i, clenaraś-i, larϑial-e* von *apa* ›Vater‹, **hulχnie* Gentilname, arch. *venel* rez. *vel* Männer-Pränomen, *clan* ›Sohn‹, Plural *clenar,* sowie arch. *larϑuzal-e,* rez. *larϑial-e* von den Pränomina **larϑuza* und *larϑ.*

Morphologisch ist der Pertinentiv ein Lokativ zum Genetiv, der ja die Grundform eines Zugehörigkeitsadjektivs ist (§ 32). Auch von seinen Funktionen sind einige noch direkt in diesem Sinn zu verstehen, die anderen, soweit annähernd bestimmbar, daraus herzuleiten. So sind in den Syntagmen *zilci ceisiniesi v.* in dem oben S. 129 erstmalig veröffentlichten Text, *zilaχn[ce]* (›bekleidete die Prätur‹) *spureϑi apasi* TLE 171 und *lupuce* (›starb‹) *munisvleϑ calusurasi* TLE 172 die Pertinentive *ceisinie-s-i* ›in dem/der des Ceisinie‹, *apa-s-i* ›in dem/der des Vaters‹ und *calus-ur-as-i* ›in dem/der der Calus(-Gottheiten)‹ nichts anderes als kongruente Attribute zu den Lokativen *zilci* ›in der Prätur‹, *spureϑi* ›in der Gemeinde‹ und *munisvleϑ* ›im Priesteramt (?)‹. Die Herstellerstempel *serturiesi, pultuceśi, atraneśi* bedeuten ›(hergestellt) in der (Werkstatt) des Serturie/Pultuke/Atrane‹, haben aber sicher den Sinn von ›(hergestellt) von S./P./A.‹, so daß der Pertinentiv hier in der Funktion dem Ablativ nahekommt. Andrerseits kann ein Pertinentiv in einem Satz mit transitivem Verbum, belebtem Subjekt und unbelebtem Objekt, z. B. in *mini spuriaza [. ? .]rnas muluvanice alσaianasi* (TLE 941), nichts anderes als den Interessenten bezeichnen, so daß der Pertinentiv hier dativische Funktion hat: ›mich schenkte Spuriaza [. . .]rna dem Alσaiana‹. Wenn mit gleichem Sinn bei *tur(u)ce* ›weihte‹ ein Genetiv steht, etwa in *ϑufulϑaś turce, mantranśl turce,* wo *ϑufulϑaś, mantranśl* Genetive der Götternamen *ϑuflϑa, mantranś* sind, so dürfte dies an der Grundbedeutung des Verbums liegen, die etwa ›zum Eigentum von . . . erklären‹ gewesen sein könnte. Mehrdeutig ist ein Pertinentiv von Personenbezeichnungen in Sätzen mit unbelebtem Subjekt und passivischem Prädikat; ›im Bereich der Person X‹ kann nämlich sowohl ›von X‹ als auch ›für X‹ meinen, so *mi araϑiale ziχuχe* (Textbeispiel (18)) ›ich wurde von‹ oder ›für Aranϑ gezeichnet‹, *mi mulu kaviiesi* TLE 153 ›ich (, das Gefäß, bin) Geschenk von‹ oder ›für Kavie‹, *mi titasi cver menaχe* TLE 282 ›ich wurde von‹ oder ›für Tita als Geschenk (?) hergestellt‹. Die Etrusker hatten wohl selbst die Mehrdeutigkeit solcher Sätze empfunden und sie nach dem 7. Jh. v. Chr. kaum mehr verwendet.

Postpositionen

35. Univerbierte Postpositionen sind, außer den lokativischen *-ϑi* und *-te* (§ 29), noch *-ri, -pi* und vielleicht *-tra.* Die Postposition *-ri* tritt an den Lokativ, etwa in *śpure-ri* neben Lok. *spure(-m)* (TLE 131; Neulesung) von **spura* ›Gemeinde‹, das nach Ausweis der Ableitung *spura-na* ein *a*-Stamm ist, ferner *herme-ri* zu *herma* ›?‹, *flere-ri* zu *flere* ›numen‹; sie bedeutet wohl ›für‹, denn der im *liber linteus* häufigere Gebetsschluß *śacnicleri cilϑl śpureri meϑlumeric enaś,* etwa ›für das Heiligtum (?) der Burg (?), für die Gemeinde und die Stadt von ?‹, dürfte umbrisch *ocreper fisiu totaper iouina* ›für die Fisische (?) Stadt, für die Gemeinde von Iguvium‹ entsprechen.

Die Postposition *-pi* wird mit dem Akkusativ verbunden; sie findet sich zweimal hinter der Grundform eines Götternamens, etwa in *turan-pi* ›? Venus‹, dreimal hinter dem Akkusativ *min(i)* ›mich‹ und zweimal merkwürdigerweise hinter dem Nominativ *mi* ›ich‹. Der wohl in allen Belegen gleiche Kontext ermöglicht zur Zeit keine Bedeutungsbestimmung.

Ein ungelöstes Rätsel ist das enklitische *-tra.* Es kann nicht nur an verschiedene Kasusformen treten, sondern auch selbst in verschiedenen Kasusformen erscheinen; die beiden kombinierten Kasus sind teils gleich, teils verschieden. Mit verschiedenen Kasus sind belegt *huzrna-tre* mit Grundform des Nomens + Lokativ von *-tra, hilχve-tra* mit Lokativ + Grundform (§ 27), *celes-tra* (unpubliziert) und *vipinal-tra* mit Genetiv + Grundform, und mit gleichen Kasus: zwei Ablative in arch. *unielas-tres* von *uni* ›Juno‹, in rez. *śpureś-treś* zu *spura-* ›Gemeinde‹ und in *luσ-treś* aus **luσ(e)s-* zu *luśa* (Göttername), dazu vom Demonstrativpronomen *ca* (§ 39) zwei Genetive in *cl-tral* sowie Akkusativ + Grundform in *cn-tra(-m)*. Für eine Bedeutungsbestimmung reicht das Material nicht aus; außer einer sekundär flektierten Postposition könnte *-tra* auch ein enklitisches Pronomen sein.

Genus bei Personennamen

36. Gentilnamen und Cognomina haben grundsätzlich verschiedene Formen zur Bezeichnung von Männern und von Frauen. Die Erscheinung ist kaum älter als die Einführung des Gentilnamensystems um 700 v. Chr. und dürfte auf italischem Einfluß beruhen; in den italischen Sprachen, die beim Adjektiv drei Genera unterscheiden, haben die adjektivischen Gentilnamen ganz selbstverständlich verschiedene Genusformen. Im Etruskischen liegt nichts anderes als eine Sexuskennzeichnung vor, die zudem redundant ist; denn der Sexus wird lexikalisch durch das Pränomen, bei Frauen manchmal auch syntaktisch durch das Fehlen des Pränomens ausgedrückt (§ 56). Gleichwohl kann man die Erscheinung auch als eine auf eine semantische Klasse beschränkte Genusdifferenzierung beschreiben.

Grundform des Genusparadigmas ist der Nominativ des Maskulinums. Von ihm wird der Nominativ des Femininums mit Suffix abgeleitet. Das älteste Feminin-Suffix ist *-i*, das wohl aus ital. **-ī* entlehnt ist, wie es z. B., um *-k-* erweitert, in lat. *nūtr-ī-x* ›Ernährerin = Amme‹ vorliegt. Das einzige archaische Beispiel ist *nuzarna-i*, woraus mit Synkope und Wandel /ai/ zu /ei/ (§ 14) rez. *nuzrnei* geworden ist; weitere rezente Beispiele sind *viσnei* aus *viσna-i* von arch. *viσena(-s)*, *tutnei* aus **°na-i*, *pumpu-i, arntle-i, latini* aus **°ni-i* von *tutna, pumpu, arntle, latini*. *-e* im Auslaut der Grundform ist vor *-i* fast immer vor *-a* gelegentlich ausgedrängt, so in *titi* (neben seltenem *titei*), *latiϑi, ϑurmni* von *tite, latiϑe, ϑurmna*. Nur rezent und weniger verbreitet sind zwei andere Feminin-Suffixe, das wohl ebenfalls aus dem Italischen übernommene *-ia* in *vipia* aus *°i-ia, marcia, crespia* von *vipi marce, crespe* (Cognomen), und *-nei*, das durch falsche Ablösung entstanden ist, indem z. B. *ecnatnei*, obwohl zu *ecnatna* gehörig, auf *ecnate* bezogen wurde; Beispiele sind *apicnei, melutnei, vipinei, caceinei* von *apice* (Cognomen), *meluta* (desgl.), *vipi, cacei*. Ursprünglich auf Cognomina beschränkt ist *-nia*, etwa in *trepu-nia, nucte-nia, papa-nia*. Die gerade hier zahlreichen Idiosynkrasien können nicht alle zur Sprache kommen.

Im Genetiv, der auch hier die Basis für Pertinentiv und Ablativ ist, gilt als Grundregel, daß der Genetiv I auf *-s* für das Maskulinum, der Genetiv II auf *-(a)l* für das Femininum gebraucht wird. Maskuline Genetive sind arch. *hermena-s* und rez. *tutna-ś, latini-ś, sveitu-s, atinate-ś*, feminine Genetive arch. *hirmina-i-a(l)* und rez. *tutna-l, latini-al, sveitu-i-al sveitu-al, atinati-al;* der rezente Ausgang *-nal* in *tutnal* etc. ist über *-i̯*-Schwund (§ 15) auf *-na-i-al* zurückführbar. Allerdings zeigen die archaischen Femininformen Genetiv *rutelna*, Ablativ *veleϑnal-as* und Pertinentiv *vestiricinal-a*, daß auch der von der maskulinen Grundform gebildete Genetiv II direkt als femininer Genetiv verwendet werden konnte. Entgegen der allgemeinen Verteilungsregel endet der Genetiv zu den rezenten femininen Nominativen auf *-ia* meist auf *-ia-s*, so in *marcia-s* oder im Cognomen *venunia-ś*.

Nichts mit einer Genusdifferenzierung hat zu tun, wenn in Einzelfällen von Männerpränomina Frauen-Pränomina abgeleitet werden wie arch. *velel-ia* von *venel* oder *larϑ-i*, rez. auch *larϑ-ia*, von *larϑ*.

Flexion der Pronomina

37. An Pronomina sind das Personalpronomen der 1. Singular, mehrere Demonstrativpronomina, ein Interrogativpronomen und zwei Relativpronomina bekannt. Anders als die Nomina haben Pronomina verschiedene Formen für Nominativ und Akkusativ. Formen des Plurals sowie von Ablativ II und Pertinentiv I sind bisher nicht sicher nachzuweisen; der Pertinentiv II hat meist Lokativfunktion. Morphologische Grundform ist die Form des Nominativs.

Personalpronomen

Vom Personalpronomen der 1. Singular sind der Nominativ *mi* und der Akkusativ *mini* belegt, beide fast nur in archaischen Texten. *mi* ›ich‹ steht in Nominalsätzen des Typs *mi ϑanχvilus* ›ich (bin Besitz) der Θanχvil‹, *mini* ›mich‹ in Geschenk- und Weihinschriften wie

mini mulveneke velϑur pupliana (7)
›mich (das Gefäß) schenkte Velϑur Pupliana.

Varianten der Normalform *mini* sind *mine, min* (vor *-pi*, § 35), *mine, mene*, haplographisch *mi* und der einzige rezente Beleg *men*.

Demonstrativpronomen

38. Die beiden geläufigen Demonstrativpronomina haben die Grundformen arch. *ika (ica)* und *ita*, rez. *eca* und *eta* oder *ca* und *ta;* der Übergang von *i-* zu *e-* ist lautgesetzlich (§ 8), der Vokalverlust in *ca* und *ta* ist in Proklise oder Enklise eingetreten und setzt voraus, daß die Demonstrativa entgegen den allgemeinen Akzentregeln (§ 11) endbetont waren oder sein konnten. *ika* und *ita* kommen vor:

(a) adjektivisch als Attribut, etwa in

ita tmia ica-c heramaσva ... (8 a)
›dieser Raum und diese Statuen ...‹

(b) substantivisch als selbständiger Nucleus, etwa in *eca σuϑic velus ezpus* (8 b) ›dies (sc. die Stele) und das Grab (sind Besitz) des Vel Ezpu‹

(c) als enklitischer ›Artikel‹, der zum Anschluß selegierender Attribute, zur Substantivierung von Adjektiven oder zur Hypostasierung von Genetiven gebraucht werden kann; der erste Gebrauch etwa in *selvans sanχuneta* (aus *sanχu-na* + *ita*) ›Silvanus, der zu Sancus Gehörige‹, der zweite in *eσvita* ›das eσve‹, wohl eine Örtlichkeit, und der dritte im Genetiv *ϑapneśtś* ›von dem (Wein) des Bechers‹, aus *ϑapnaś* + *it(a)ś*.

39. Die Flexionsformen ergeben folgendes Paradigma (wobei ein Strich vor der Form bedeutet, daß diese nur als ›Artikel‹ (c) belegt ist, und ein Strich hinter der Form, daß sie vor Enklitikon steht):

	arch.	rez.	rez.	arch.	rez.	rez.
Nom.	*ika-*	*eca*	*ca*	*ita*	*eta*	*ta*
Akk.	*ikan*	*ecn*	*cn, cen*	*itan, itun*	*etn-*	*tn*
Gen. I	*-i-caś*	*ecs*	*cś*	*itaś ?*		*-tś*
Abl. I			*-cś, ceś*			*teiś*
Gen. II			*cla*	*-itala, -itula*		*-tla*
Abl. II			*clz?*			
Pert. II			*-cle*	*-itale, -itule*		*-tle*
Lok.			*cei?*			*tei*
Lok. + Postpos.		*eclϑi*	*clϑi, celϑi, clϑ*			
Lok. + Postpos.			*calti*	*-italte, -itultei*		

Der Akkusativ hat das Suffix *-n,* das durch die vorhistorische Apokope (§ 13) aus *-ni* entstanden ist. *-ni* ist vor enklitischem *-m* ›aber‹ im adverbiell gebrauchten Akkusativ arch. *itani-m,* rez. *etnam* ›so‹ erhalten, vielleicht auch vor dem noch unverständlichen *-a* in arch. *ikania, itunia* und rez. *ecnia* (warum beim Personalpronomen meist *mi-ni* geschrieben ist, bleibt vorerst unklar).

In den übrigen Kasus sind die Suffixe ihrer vorhistorischen Struktur und meist auch ihrer historischen Gestalt nach die gleichen wie beim Nomen, im Genetiv I *-s* aus *-si,* im Ablativ I *-s* mit Palatalumlaut von *a* (geschrieben *ei*), im Genetiv II *-la,* im Pertinentiv II *-le* aus **-la-i,* im Lokativ **-i* in rez. *°ei* aus **°a-i;* ob einmaliges *clz* als Ablativ II auf *-ls* aufzufassen ist, ist unsicher. Im Genetiv II ist das beim Nominalausgang *-l* vorhistorisch apokopierte *-a* im Auslaut erhalten, wohl deswegen, weil die Pronomina auch endbetont sein konnten, wie der fakultative Schwund des Anlautvokals zeigt (§ 38).

Vor konsonantisch anlautender Endung ist das stammauslautende *-a* zunächst im Zuge der spätarchaischen Vokalqualitätsschwankungen (§ 11) gelegentlich durch *u* ersetzt, etwa in *itun* oder *-itula;* in den rezenten Formen ist es durchwegs synkopiert, so in *ecn, ecś* oder *eclϑi.* Der Vokalverlust tritt dabei auch in den Formen ein, die den Anfangsvokal verloren haben (§ 38), so daß die Synkope in Formen wie *cla* aus **icala* oder *clϑi* aus **icalaϑi* in erster Silbe, in Formen wie *tn* aus *itan* oder *cś* aus *ikaś* sogar in der einzigen verbliebenen Wortsilbe gewirkt hat; die ersten bzw. einzigen Vokale von rez. *celϑi, calti, ceś* sind wohl anaptyktisch.

Die archaischen Formen *riϑnaitultei* (TLE 2, 9; Neulesung) und *śacnitalte* erweisen *-tei* als älteste Form der Lokativ-Postposition *-te* (§ 29), deren Variante *-ti* wohl analogisch durch Einwirkung des bedeutungsgleichen *-ϑi* entstanden ist; der vorhistorische Schwund von *e* in *ital(e)-tei* erklärt sich wie bei *uσel(e)-na* (§ 13).

Für die wohl sicher zugehörigen Formen *etanal, cnl, clal(-um), clel,* die wie Genetive zum Akkusativ, Genetiv und Lokativ von *eta* bzw. *ca* aussehen, ist eine plausible Funktionsbestimmung noch nicht möglich. Plurale liegen hier kaum vor, auch nicht in *cei, tei, teiś,* die mit den Lokativen *raśne, faśei* und mit dem Ablativ *raśneś* kongruieren.

Artikulation

40. Bei der ›Artikulation‹ (§ 38 Fall (c)) liegen die Stammformen *ica-, ita-* zugrunde. Direkt greifbar ist deren anlautendes *i-* nur archaisch hinter auslautendem *-a* und *-e,* so in *riϑna-ita* (TLE 2, 12.14), *smucinϑiuna-itula, aϑeme-ican, iσve-itule* (TLE 2, 8.18); *-a-i-* ist rezent zu *e, -e-i-* zu *i* geworden: *σanχuneta* (§ 38) *aϑumica, eσvitle.* Indirekt nachweisbar ist das *i-* auch am vorhistorischen Palatalumlaut von *a* zu *e* und von *e* über *ei* zu *i* vor auslautendem *-s* des artikulierten Wortes: arch. *tameresca* aus **tameras-ica,* zu *tamera* ›Raum (?)‹, *aϑemeiŝcaŝ,* dessen erstes *ŝ* unsicher ist, aus **aϑemes-icas,* weiter rez. *ϑapneśtś* aus **ϑapnas-itas,* zu *ϑapna* ›Becher‹, *hamφisca* aus **hamφes-ica* neben Genetiv *hamφe-s.* Hinter stammauslautendem *-i* ist *i-* im Anlaut des ›Artikels‹ nicht erkennbar, wie *śacnicn* aus **scani-ican* zu *sacni* ›heilig (?)‹ zeigt; schon archaisch geschwunden ist es hinter Liquida und Nasal (nach der *uσelna*-Regel, § 13) sowie hinter *-u,* wohl mit Assimilation von /*ui*/ zu [*u*] oder zu [*ü*]; Beispiele: arch. *apertule* (TLE 2, 14.21), *tiniantule* (TLE 2, 19), *arvusta* (TLE 2, 19/20), *celutule* (TLE 2, 13), rez. *celucn* ›?‹, *hanipaluscle* ›bei den (Leuten) Hannibals‹.

Es ist möglich, daß außer dem Genetiv auch andere Kasusformen ›artikuliert‹ werden konnten; so ist zu erwägen, ob nicht *ϑuflϑicla* in *aiseras ϑuflϑicla* ›der Gottheiten, die bei *Θuflϑa* sind‹, als Lokativ **ϑuflϑe* aus **ϑuflϑa-i* (zu Genetiv *ϑuflϑa-s*) mit *cla* aus **icala* aufzufassen ist.

›Artikel‹ *-σla, -σa;* ›Doppelter Genetiv‹

41. Außer *ita* und *ica* muß man noch ein Demonstrativpronomen *σa* annehmen. Es ist nur zur ›Artikulation‹ verwendet, und zwar meist beim Genetiv von Personennamen und auch sonst nur, wenn die artikulierte Form auf eine Person bezogen ist, etwa in *sacni-σa*

›der/die Reine (?)‹ gegenüber *śacni-cn* ›Heiligtum (?)‹. An die Genetive *larus, velθurus, arnθal, larθial* (Männer-Pränomina), *murinaś, capznaś* (Männer-Gentilnamen) und *helial* (Frauen-Gentilname) gefügt, ergeben die Formen des ›Artikels‹ *σa* folgendes Paradigma:

Nominativ	Genetiv II	Pertinentiv II
	arch. *laruσula*	
velθuruσa arnθaliσa	*velθuruσla arnθaliσla*	*larθialiσ́vle*
murinaσa helialiσa	*capznaσ́la varnaliσ́la*	

Wie man sieht, sind die Formen von *σa* ebenso gebildet wie die von *(i)ka (i)ta* (§ 39). */s/* im Auslaut der Genetiv-I-Form wird an das */š/* im Anlaut des ›Artikels‹ assimiliert; die Geminata */šš/* wird aber nur ausnahmsweise in der Schrift bezeichnet, etwa in *cauślinisσ́σ́a*. Das *i* in *°aliσa* und *°aliσla* bezeichnet wohl den Übergangslaut zwischen velarem [*l*] und palatalem [*š*], ähnlich wie *v, a, va* in *larθialiσ́vle, arnθaliσala,*]*σvala* (sämtlich nur einmal belegt) den zwischen [*š*] und [*l*]; *eine Ausgangsform *-la-σa* hätte wohl ***-leσa* ergeben. Auch von einem Palatalumlaut findet sich keine Spur: in *murinaσ́a* bleibt das *a*, in *auleσ́a* vom Pronomen *aule* das *e* vor *σa* unverändert. Die allein bezeugte Stammform des Pronomens ist also *σa;* ob parallel zu *ika* und *ita* eine Form **iσa* anzusetzen ist, die früh analogisch beseitigt worden wäre bleibt offen.

Chiusinische Aschenurne der Thana Satnei (Ende 2./Anfang 1. Jahrhundert v. Chr.). Florenz, Museo Archeologico.

Die mit *σa* artikulierten Genetive beziehen sich auf die gleichen Objektklassen wie die nicht-artikulierten, nämlich auf den Vater, dessen Pränomen genannt wird, auf die Mutter oder auf den Gatten, die mit Gentilnamen oder Cognomen genannt sind. Dem Unterschied in der Ausdrucksform entspricht also kein referentiell-semantischer, wohl aber ein syntaktischer Unterschied. Der ›artikulierte‹ Genetiv wird nämlich in der Regel nicht verwendet, wenn das regierende Nomen im Text genannt ist; neben *σuθi* ›Grab‹ oder *θafna* ›Becher‹ ist immer, neben *seχ* ›Tochter‹, *clan* ›Sohn‹ und *puia* ›Gattin‹ fast immer der einfache Genetiv verwendet. Der ›Artikel‹ *-σa* hat als Pronomen die Funktion, das regierende Nomen zu vertreten; neben ihm ist er überflüssig, ja sinnlos. Wenn der ›artikulierte‹ Genetiv gerade bei Personenbezeichnungen vorkommt, so deswegen, weil hier das durch *-σa* vertretene Nomen, die Verwandtschaftsbezeichnung, stets aus dem Kontext erschließbar ist; ob z. B. *velθuruσa* ›die des Velθur‹ heißt und für *velθurus seχ* steht oder ›der des V.‹ für *v. clan,* geht aus dem Pränomen und aus der Form des Gentilnamens (§ 36. 56) eindeutig hervor. Die wenigen ›artikulierten‹ Genetive neben Verwandtschaftsbezeichnungen imitieren den einfachen Genetiv, der ebensogut neben einer Verwandtschaftsbezeichnung gebraucht werden kann wie in dem häufigen Fall, daß diese unausgedrückt bleibt (§ 55).

Die ›Artikulation‹ mit *-σa* ermöglicht es, die Abhängigkeit genetivischer Namenglieder wie Filiationsangabe oder Metronymikon (§ 55) auch dann zu kennzeichnen, wenn der Gesamtname im Genetiv steht, etwa in

eca mutna velθurus stalanes larisaliσla (9)
›dies (ist) der Sarg des Velθur Stalane, des (Sohnes) des Laris‹

Der so fremdartig erscheinende ›doppelte Genetiv‹, wie die Form auf *-(i)σla* meist genannt ist, findet also im Rahmen der ›Artikulation‹ eine einfache Erklärung.

Relativ- und Interrogativpronomen

42. Die beiden indeklinablen Pronomina *an* und *in,* zwischen denen kein Bedeutungsunterschied erkennbar ist, sind sicher dort Relativa, wo sie in Ritualvorschriften präteritale Sätze einleiten, etwa im *liber linteus: an cś mele θun mutince* oder *in zec fler θezince,* wo *mutince* und *θezince* Präterialformen sind (§ 50), ebenso in verkürzten Attributsätzen des Typs *flere in crapśti* ›Gottheit, die im *crap* (ist)‹. In anderen Texten könnten sie auch anaphorisch aufgefaßt werden, etwa in

vel..... an cn σuθi ceriχunce (10 = 11)
›Vel....; er hat dieses Grab errichtet‹
oder:›..., der dieses Grab errichtet hat‹

Gleichzeitig Interrogativ- und Relativpropronomen ist *ipa,* wozu außer der Grundform ein Lokativ *ipei* (im *liber linteus: -ei* ein Lokativ mit Postposition *ipe-ri,* ein Genetiv I arch. *ipaś* und ein Genetiv II arch. *ipal* belegt sind, dazu mit einer Art Binnenflexion ein Akkusativ *inpa.* Dieses *inpa* ist analysierbar als Kombination des oben genannten Relativpronomens *in* und einer Partikel *-pa* mit generalisierender, dem lat. *-cumque* in *quicumque* vergleichbarer Funktion; wie in griech. *ὅστις* wäre die (generell-)relative Funktion primär, die interrogative sekundär. *inpa* muß dann die Ausgangsform des Paradigmas gewesen sein; der Nominativ *ipa* wäre durch Abzug des *-n-* entstanden, das als Akkusativzeichen interpretiert wurde, etwa nach der Proportion *ikan : ika* (§ 39) = *inpa : X; X = ipa.* Auch die Erhaltung von *i* vor *a* der Folgesilbe (trotz § 8) würde sich durch Einwirkung von *in* gut erklären.

Interrogative Funktion ist in arch. *ipaś ika-m* ›wessen (Eigentum ist) das denn?‹ sicher, relative in rez. *ipe ipa maθcva ama* ›was auch immer die *maθ* sein mögen‹.

Flexionsformen des Verbums

43. Ein Paradigma des Verbums ist weniger gut zu erstellen als das des Nomens oder des Pronomens. Das hat mehrere Gründe: (a) In den Texten sind viel weniger Verbal- als Nominalformen belegt; von den kürzeren Texten sind die meisten rein nominal. (b) Nur wenige Verbalformen sind morphologisch so deutlich charakterisiert, daß sie allein aufgrund der Form identifiziert werden können. (c) Die überwiegend pragma-

tischen Inhalte von Verbalkategorien sind mit der kombinatorischen Methode nur schwer zu bestimmen. (d) Die wissenschaftliche Diskussion hat sich in neuerer Zeit nur selten mit dem Verbum beschäftigt.

Grundform

Im Verbalparadigma gilt als Grundform (§ 26) der – nicht oft belegte – Imperativ: *tur* ›gib‹, *trin* ›sprich‹, *σuϑ* ›?‹. Sie endet meist auf einen Konsonanten; hinter diesem ist vorhistorisch ein Vokal geschwunden (§ 13), der in archaischen Belegen vor einer Endung erhalten ist, so in den Präterita *hece-ce* ›errichtete‹, *ali-ce* ›gab (?)‹ (Ipt. *al*), *turu-ce* (§ 50). Auf Vokal enden Grundformen mit *-i* aus **-i̯e* wie *ϑezi* ›schlachte‹, das auf **ϑezie* zurückgehen muß, wozu *vatie-χe* zu vergleichen ist (§ 45).

Denominative Verben

Neben primären Verben, deren Grundform mit der Wurzel identisch ist, gibt es auch sekundäre, von Nomina abgeleitete Denominativa, etwa **zilaχ-en(i)-* ›den Vorsitz führen, die Prätur bekleiden‹, das im Verbalsubstantiv *zilaχn-u* und im Prät. *zilaχn-u-ce* belegt (§ 53. 50), und von arch. *zilac,* rez. *zilχ* ›Vorsitz, Prätur‹ abgeleitet ist. Das Basisnomen eines Denominativums kann seinerseits deverbal, d. h. von einer verbalen Basis abgeleitet sein, so in der Reihe: Wurzel *mul-* ›schenken‹, Verbalnomen *mul-u* ›geschenkt, Geschenk‹ – denominatives Verbum *mulu-en(i)-* ›zum Geschenk machen‹, belegt im Injunktiv *muluven-e* (§ 48) und im Präteritum arch. *muluveni-ce.* Die verbale Basis des Basisnomens kann dabei ihrerseits ein Verbalsuffix enthalten, so in der Reihe: Präteritum **cerie-χe* ›wurde errichtet‹ (gebaut wie *vatie-χe* ›wurde angenommen‹, § 45) – Verbalsubstantiv rez. *ceriχ-u* ›errichtet‹ – Denominativum arch. **ceri̯eχu-en(i)-* ›macht errichtet‹ → ›läßt errichten‹, belegt im Präteritum rez. *ceriχun-ce;* das Denominativum ist hier faktisch zum Kausativum geworden.

Das häufigste Denominativsuffix ist *-en-* aus **eni-* oder **-ene-;* daneben sind *-s-* und *-i-* (aus *-i̯e-*) zu nennen, wofür die Imperative *heχ-ś* zum Präteritum arch. *hece-ce,* und *ϑezi* ›schlachte‹ (s. oben), zum Nezessitativ *ϑeze-ri* (§ 46) gehörig, als Beispiel dienen können. Da genaue Wortbedeutungen schwierig zu ermitteln sind, läßt sich die Funktion dieser Suffixe nur in günstig gelegenen Einzelfällen wie oben bei *ceriχunce* bestimmen.

Verbalparadigma, Numerus und Person

44. Das Verbalparadigma unterscheidet die Kategorien von Tempus und Modus, wozu auch Partizipien und Infinitive zu rechnen sind, und die Kategorien der Diathese. Soweit die eindeutigen Beispiele bisher erkennen lassen, werden Person und Numerus an der Verbalform nicht unterschieden (so wenig wie z. B. im heutigen Dänischen).

Die Nicht-Bezeichnung des Verbalnumerus zeigt sich gut am aktiven Präteritum (§ 50), wo die gleiche Endung *-ce* bei einem einzelnen Subjekt wie bei einer Mehrzahl von Subjekten verwendet ist; je ein Beispiel für *-ce* mit singularischem und mit pluralischem Subjekt ist

vel matunas larisaliσa *an cn σuϑi ceriχunce* (11 = 10)
›Vel Matuna, der (Sohn) des Laris, der dieses Grab errichtet hat‹

laris avle larisal clenar *sval cn σuϑi ceriχunce* (12)
›Laris (und) Aule, des Laris Söhne, haben als Lebende dieses Grab errichtet‹

Auch das Verbalsubstantiv auf *-u* bleibt als Prädikat ohne Kennzeichnung des Plurals:

... apa-c *ati-c* *saniσvaϑui cesu ...* (13)
›... sowohl Vater als auch Mutter . ? . hier liegen‹

Entsprechend steht der Imperativ *śin* sowohl bei dem pluralischen Vokativ *aiser* ›Götter‹ als auch bei dem singularischen *ais* in:

śin aiser faśe	śin aiś cemnac faśeiś (14)
›nehmt, Götter, vom *fase!*	nimm, *cemnac* Gott, vom *fase!*‹

Die Nicht-Unterscheidung der Verbalpersonen wird am Präteritum des Passivs auf *-χe* (§ 45) deutlich. Die gleiche Form *ziχuχe* z. B. ist neben *ca* ›dies‹ als 3. Person und neben *mi* ›ich‹ als 1. Person gebraucht (unten Beispiele (17) und (18)). Entgegen einer verbreiteten Auffassung können darum *slapiχun* und *ϑapicun* nicht ohne weiteres als Formen der 1. Singular des Präteritums bestimmt werden (mit den Suffixen *-χun* neben 3. Sing. *-χe* im Passiv und *-cum* neben 3. Sing. *-ce* im Aktiv). Andere als 1. Person interpretierbare Formen sind bisher nicht bekannt. Der Ansatz einer 2. Person Singular mit einem Suffix *-i* ist durch den Vergleich von *eśi-c* ›oder‹ mit umbr. *heris* ›oder‹, eigentlich ›du willst (wohl)‹, nicht ausreichend gestützt.

Passiv

45. Die Opposition der bisher für die Dimension Diathese nachgewiesenen Kategorien Aktiv und Passiv ist am deutlichsten im Präteritum zu erkennen, wo das Aktiv die Endung *-ce*, das Passiv die Endung *-χe* hat. Von den viel häufigeren Formen auf *-ce* (§ 50) haben viele zwei Nominalgruppen in der Grundform (§ 26) neben sich, von denen eine durch eine Pronominalform wie *mini, cn* (§ 37. 39) als Akkusativ gekennzeichnet ist und die andere dann Subjekt im Nominativ sein muß. In dieser Konstellation kann das Verb nur die Aktivform haben. Beispiele sind:

Urne der Larthi Cracnei, aus dem Cneuna-Grab (Ende 2./Anfang 1. Jahrhundert v. Chr.). Volterra, Museo Guarnacci.

mini *mulvanice* *mamarce* *velχanaś* (15)
›mich schenkte Mamercus Velχana‹
an *cn* *ziχ* *neϑσrac* *acasce* (16)
›welcher diese Schrift über Leber angefertigt hat‹

Neben den Formen auf *-χe* steht dagegen nur eine einzige Nominalgruppe in der Grundform. Sie entspricht inhaltlich der Akkusativ-Gruppe bei den *-ce*-Formen; öfters deutet ein pronominaler Nominativ wie *mi* oder *ca* an, daß die Gruppe Subjekt ist. In dieser Konstellation muß die Verbform ein Passiv sein. Dafür zitiert seien:

iχ *ca* *ceχa* *ziχuχe* (17)
›wie dies oben geschrieben ist‹
mi *aranϑiale* *ziχuχe* (18)
›ich bin von/für Aranϑ gezeichnet‹ (§ 34)
anc farϑnaχe veluis tuteis *ϑanχviluisc turialsc* (19)
›der erzeugt von Vel Tute und Θanχvil Turi wurde‹

Bei den Formen auf *-χe* ist der Stammvokal in den rezenten Belegen aus unbekannten Gründen nicht synkopiert: rez. *menaχe, farϑnaχe, slicaχe-m, tevilaχe, ziχuχe* wie arch. *zinaχe, ziχuχe;* eine rezente Entsprechung des Typs arch. *vatie-χe* ›ist angenommen‹ ist nicht belegt.

Nezessitativ (Gerundiv)

46. Eine Kategorie mit eindeutig passivischer Funktion, aber ohne genaue Entsprechung im Aktiv, ist der Nezessitativ, auch Gerundiv genannt, gebildet mit dem Suffix *-ri*, z. B. *nunϑe-ri* ›ist darzubringen‹. Die *-ri*-Form hat wie das *-χe*-Präteritum (§ 45) jeweils nur eine Nominalgruppe in der Grundform neben sich, die semantisch nicht als Agens in Frage kommt, dabei aber öfters durch eine Pronominalform wie enklitisches *-ta* oder *-ca* (§ 39. 40) als Nominativ und Subjekt gekennzeichnet ist, etwa in

zaϑrumsne *luσaś* *fler* *hamφis-ca* *ϑezeri* (20)
›am 20 ist für Lusa das Opfer des *hamφe* zu schlachten‹;

ähnlich, ebenfalls im *liber linteus, eσvi-ta ... spetri* (VIII 1–2; Neulesung) oder auf der Tontafel von Capua *arvusta ... nunϑeri* und *riϑna-ita eϑ aϑenei-ca perpri* (19/20 und 12/13, Neulesungen).

Archaisch wie rezent geht dem *-ri* meist ein Konsonant voraus wie in arch. *sacri, acasri* (zum Prät. *acasce*), *picasri, zizri, perpri,* und in rez. *śucri, spetri, eϑri, χaśri, ziχri* (zum Prät. Pass. *ziχuχe,* § 45), seltener ein Vokal, meist *e*, wie in rez. *ϑezeri* (zum Ipt. *ϑezi*), *ϑaχséri, ampṇeri* und in arch. *nunϑeri, faniri.* Mit der Synkope hat dieser Wechsel nichts zu tun; er erinnert an den Befund beim Lokativ mit Postpositionen (§ 29). Tatsächlich ist nicht auszuschließen, daß der Nezessitativ aus dem Lokativ eines Verbalnomens mit Postposition *-ri* (§ 29) hervorgegangen ist; *nunϑe-ri* wäre dann ursprünglich ›*ist für das Darbringen‹. Vielleicht kann deswegen eine Reihe von Wortformen auf *-(e)ri* nicht mit Sicherheit einer der beiden Kategorien zugewiesen werden.

Kategorien von Tempus-Modus

47. Aus der Dimension von Tempus und Modus lassen sich bis jetzt, mit den nötigen Vorbehalten, folgende Kategorien identifizieren: ein Imperativ, ein Injunktiv, ein Konjunktiv, dem beim Passiv semantisch der Nezessitativ (§ 46) entspricht, ferner ein Präteritum, ein Partizip des Präteritums, ein Partizip des Präsens, ein Verbalsubstantiv und ein Infinitiv; diese Liste bedarf aber sicher noch einer Ergänzung und Präzisierung.

Imperativ

Der Imperativ, Ausdruck des Befehls, und bisher nur in Ritualtexten nachgewiesen, ist synchron auch Grundform des Verbums (§ 43); *tur* ›gib‹ ist auch Grundform für die Formen *ture, tura* und *turuce, turce, ar* ›mache‹ (?) für *ara, arce, araś, trin* ›sprich‹ für *trinϑ, trinϑaśa, σuϑ* ›?‹ für *σutanaś,* schließlich *ϑezi* ›schlachte‹, wohl aus arch. **ϑezie* entstanden, *ϑezeri, ϑezin, ϑezine* und *ϑezince.*

vacl *ar* *flereri ...* *trin flere neϑunsl* (21)
›dann mache für die Gottheit ... sprich: »Gottheit Neptun!«‹

Injunktiv

48. Injunktiv ist hier eine durch ein Suffix *-e* gekennzeichnete Kategorie genannt, die durch ihr Suffix vom Konjunktiv auf *-a* (§ 49) und vom Präteritum auf *-ce* (§ 50), und durch ihre Funktion vom Infinitiv auf *-e* unterschieden ist. Die Funktion des Injunktivs war wohl die außerzeitliche Konstatierung; das macht verständlich, daß die Formen in Kurztexten öfters vergangene und in längeren Texten auch gegenwärtige Sachverhalte wiedergeben:

mini *muluvene* *avile* *acvilnaś* (22 a)
›mich schenkt(e) Avile Aquilna‹
ame *vaχr* *lautn velϑinaś eśtla afunaś* (23)

›es besteht ein Vertrag (?) der Familien V. und A.‹

Injunktive sind wohl auch arch. *scuvun-e* rez. *scune* ›stellt(e) zur Verfügung (?)‹, rez. *turun-e* ›übereignet‹, *zilaχnv-e* ›führt(e) den Vorsitz‹ und *lein-e* ›?‹, wozu ein als Dämonenname verwendetes Partizip *leinϑ* gehört (§ 52). Da die archaischen Belege *scuvun-e* und *muluven-e* schon auf *-e* auslauten, müssen archaische Verbformen auf *-ai* wie *akarai* zu einer anderen, bisher noch nicht genauer faßbaren Kategorie gehören.

Konjunktiv

49. Konjunktiv kann man eine Kategorie von Verbformen nennen, die eine Endung *-a* haben und meist als Jussiv, manchmal auch als Prospektiv verwendet sind, d. h. meist eine Aufforderung, manchmal auch eine Erwartung ausdrücken. Im *liber linteus* sind die Formen in bestimmten Kontexten mit Imperativen austauschbar, etwa in

raχϑ tura *heχśϑ* *vinum* (24 a)

raχϑ *tur* *heχśϑ* *vinum* (24 b)

›. ? . gebe er/gib, spendend (?) Wein‹

Sie sind verständlicherweise im Vertragstext des Cippus Perusinus häufig:

aϑumicś *afunaś* *penϑna* *a*

›des *aϑumica* des Afuna Begrenzung (?) soll sein‹

In kürzeren Texten ist die Kategorie selten; ein Beispiel ist

scuna calti σuϑiti munϑ zivas murσl XX (26)

›er wird bereitstellen in diesem Grab als Ausstattung zu Lebzeiten an Urnen 20‹

Weitere zugehörige Formen sind *ara* ›soll machen‹, *nunϑena* ›soll darbringen (?)‹, *mena* ›soll herstellen‹, *uta* ›?‹, wozu die Imperative *ar, nunϑen* bzw. die Präterita *menece, utince* gehören; sichere archaische Belege fehlen bisher.

Präteritum des Aktivs

50. Die klarste und am besten bezeugte Kategorie des etruskischen Verbums ist das aktive Präteritum mit dem Suffix *-ce* /*ke*/ und dem Inhalt ›Vergangenheitsbericht‹. Wie die zahlreichen archaischen Belege zeigen, ist der ursprüngliche Stammauslautsvokal vor *-ce* erst im Zuge der Synkope des 5. Jh.s v. Chr. geschwunden: arch. *zina-ce* oder *zine-ke* wird zu rez. *zince* etwa ›stellte her‹, arch. *ali-ce* zu rez. *alce,* etwa ›gab‹, arch. *turu-ce* oder *turi-ce* zu rez. *turce* ›weihte‹. In rez. *lupu-ce* ›starb‹ und *zilaχnu-ce* neben lautgesetzlichem *zilaχnce* ›führte die Prätur‹ ist das *u* vor *-ce* in Anlehnung an die Verbalsubstantiva (§ 53) *lupu* ›gestorben‹ und *zilaχnu* ›Prätor gewesen‹ restituiert. Der Auslautvokal des Suffixes ist aus noch unbekanntem Grund der vorhistorischen Apokope (§ 13) entgangen; das gleiche gilt für das *-e* im Auslaut des passiven Präteritums (§ 45), des Injunktivs (§ 48) und des Infinitivs (§ 54) sowie für das *-a* des Konjunktivs (§ 49).

Die Funktion der Kategorie Präteritum ist nur in einem Teil der Belege der reine Vergangenheitsbericht, etwa in

arnϑ apunas *velus maχ cezpalχ avil* *svalce* (27)

›A. Apuna, (Sohn) des Vel; 85 Jahre lebte er‹

an *zilaϑ* *amce meχl* *rasnal* (28)

›qui princeps fuit rei publicae‹

oder in dem lexikalisch noch wenig klaren kürzeren Pyrgi-Text:

nac ϑefarie veliiunas ϑamuce cleva etanal (29)

masan tiur unias σ̀elace

vacal tmial avilχval amuce pulumχva snuiaφ

›als Θ. Veliuna die *cleva* (Plural) des *etan* gebaut hatte, *σ̀ela*-te er ein *masan* jeden Monat (?) der Juno (??); dann waren des Jahres-Heiligtums Sterne *snuiaφ*‹

In anderen Fällen, deutlich vor allem bei den Formen, die rezent auf *-unce, -ince,* archaisch auf *-venice,* -**i̯enike* ausgehen, scheint zusätzlich ausgedrückt, daß die Wirkung des berichteten Sachverhalts bis zur Gegenwart des Schreibers andauerte; die *-ce*-Präterita der Faktitiv-Kausativ-Stämme auf *-eni-* (§ 43) hatten offenbar Perfektfunktion, etwa in den Beispielen (11), (12) und (15), ferner im Nachsatz (›Kolophon‹) der Tontafel von Capua, der einzigen rezenten Partie dieses Textes:

]*uris ziχunce* ›. . .]uri hat (dies) geschrieben‹ (30)

Weitere Formen sind: archaisch und rezent belegt *zinace* und *zineke,* rez. *zince; hecece,* rez. *hecce* und *hece; akasce,* rez. *akśke* und *acasce; farice,* rez. *farce;* nur archaisch belegt *esχaϑce, menece;* nur rezent belegt: *erce, ersce, murce, σ̀uϑce, mlace, mlaϑce, φurϑce, canϑce, ceseϑce, ziiace, lucairce, flerϑrce, atrσrce;* auf arch. *-nice,* rez. *-nce* gehen aus: *urϑanice, mavunice; manince, ścanince* (*liber linteus* III 15. 16, Neulesung), *ϑezince, hemσ̀ince, utince, mutince.* – Die Passiv-Präterita mit der Endung *-χe* sind schon oben (§ 45) behandelt.

Partizipien

51. Infinite Verbformen, d. h. Partizipien, Verbalsubstantiva und Infinitive sind zunächst einmal durch das Fehlen von Personalendungen definiert; dieses Kriterium ist für das Etruskische aber so lange unbrauchbar, als dort auch sonst keine Personalendungen nachgewiesen sind (§ 44). Für einige Bildungen (§ 52. 53) greift das zweite morphologische Kriterium, die Existenz nominaler Flexionsformen. Wo solche fehlen, kann eine infinite Verbkategorie nur syntaktisch bestimmt werden, nämlich durch den – nicht immer leicht zu führenden – Nachweis, daß mindestens einzelne Belege von einem Nomen oder einer anderen Verbform des gleichen Satzes abhängig sind.

Partizip Präteritum

Die Formen mit den Suffixen oder Suffixkombinationen *-ϑas*, *-ϑasa* und *-anas*, *-anasa* können als aktive Partizipien des Präteritums gelten. Sie bezeichnen einen Sachverhalt, der einem anderen, mit einer anderen Verbform bezeichneten Sachverhalt vorausgeht, wobei das Subjekt gleich bleibt. Die Beispiele sind sämtlich rezent. Einige finden sich in Grabschriften aus Tarquinii, die die ›Erzeugung‹ *(acn-)* einer bestimmten Zahl von Kindern *(clenar, huσur)* oder Enkeln *(papalser)* als einen Sachverhalt darstellen, der (30 a) der Errichtung (Prät. *arce*) eines Grabmonuments *(manim)* (30 a–c) oder dem Tod (*lupu* ›gestorben‹) im Alter von 62 Jahren *(avils LXII)* vorausgegangen ist (30 d):

papalser acnanasa VI manim arce (30 a)
›6 Enkel ›erzeugt‹ habend errichtete er den Grabstein‹
clenar zal arce (manim) acnanasa (30 b)
huσur maχ acnanas arce maniim (30 c)
lupu avils LXII huσur ci acnanas (30 d)

Eine weitere Beispielgruppe sind Passagen im *liber linteus*, wo ein Imperativ, eine mit *-ϑas(a)* oder *-nas(a)* gebildete Form des gleichen Verbums und der Imperativ eines anderen Verbums aufeinanderfolgen; hier bezeichnet die zweite Verbform offensichtlich die Ausführung des in der ersten genannten Befehls, was wiederum die Voraussetzung für die Ausführung des zweiten Befehls war; *trin – trin-ϑaśa – firin* (VII 2.6.7), *trut(-um) – trut-anaśa – tur* (XI 2-3-4); ähnlich, mit Wechsel der Ergänzung beim gleichen Verb: *raχϑ ϭut-anaś celi ϭuϑ* IV 21/22 = V 15/16).

Wo in Grabschriften solche Formen die einzigen Prädikate sind, wie in

zilχ ceχaneri tenϑas avil svalϑas LXXXII (31 = 1 c)
›den Vorsitz über den *ceχana* geführt habend, 82 Jahre gelebt habend‹

ist *lupu* ›gestorben‹ als selbstverständlich weggelassen; das zeigt etwa

eslz zilaχnϑas avils ϑunem muvalχls lupu (32)
›zweimal die Prätur bekleidet habend, (ist er) mit 49 Jahren gestorben‹.

Unklar ist, wie sich die Ausgänge °*as* und °*asa* zueinander verhalten. *acnanas* und *acnanasa* stehen im gleichen Kontext (Beispiele 30 a–d), ähnlich wie in der Filiationsangabe *aules* und *auleσa* (§ 41). Trotzdem darf man in °*(a)sa* nicht den enklitischen ›Artikel‹ *σa* (§ 41) suchen, nicht nur, weil eine Assimilation von /sš/ zu /ss/ im Widerspruch zu der beim ›Artikel‹ gesicherten von /sš/ zu /šš/ stünde, sondern auch, weil beim Partizip keine Spur der selegierenden Funktion des ›Artikels‹ (§ 37) festzustellen ist.

-ϑas sieht aus wie eine Kombination der beiden Partizipialsuffixe *-ϑ* und *-as*, von denen *-as* sicher, *-ϑ* wahrscheinlich präsentisch ist (§ 52); sollte das verdeutlichte *-ϑas* das ältere *-ϑ* ins Präsens verdrängt haben?

Weitere Beispiele der Kategorie sind *tin-ϑaśa, zilaχn-ϑas, ϑapin-taś, slapi-naś* (?), vielleicht auch *menaś* (wenn aus **men-nas*), *σarve-nas, zelarve-nas.*

Partizip Präsens

52. Ein Partizip des Präsens zum Ausdruck gleichzeitiger und subjektsgleicher Sachverhalte wird mit dem Suffix *-as* gebildet, das, etwa in *araśa* und *acasa* neben *araś* ›machend‹ und *acas* ›?‹, auch um *-a* erweitert auftritt. Semantisch klar, aber morphologisch isoliert ist das häufige *zivas* ›vivus, zu Lebzeiten‹, etwa in

sa-m σuϑi ceriχun[ce ϑui z]ivas (33)
›6 (?) Grabstellen aber errichtete er hier zu Lebzeiten‹

Paradigmatischen Anschluß an das Präteritum *svalce* ›lebte‹ und an das präteritale Partizip *svalϑas* hat *svalas*, wozu auch ein Lokativ *svalasi* belegt ist:

zilaχn[ce] spureϑi apasi svalas (34)
›war Prätor, in der Stadt des Vaters lebend‹
...] clensi muleϑ svalasi zilaχnuce (35)
›als (?) der Sohn in *mula* lebte, war er Prätor‹

Da der Genetiv I ebenfalls auf *-as* ausgehen kann, ist die Zugehörigkeit von morphologisch isolierten und syntaktisch nicht eindeutigen Formen wie *peraś* oder *zvtaś* unsicher.

Partizipien des Präsens dürften auch die wenigen, bisher fast nur im *liber linteus* nachgewiesenen Formen mit Suffix *-ϑ* sein. *nunϑen-ϑ* und *heχś-ϑ*, zu den Imperativen *nunϑen* und *heχz* ›?‹ gehörig, folgen in allen 14 Belegen unmittelbar oder mit geringem Abstand auf eines der beiden miteinander wechselnden Syntagmen *raχϑ tur(a)* und *celi ϭuϑ*, und dürften eine mit der durch *tur(a)-* bzw. *ϭuϑ* bezeichneten Handlung gleichzeitig auszuführende Ritualhandlung bezeichnen. Weniger wahrscheinlich ist die Annahme eines präteritalen Partizips, die dem linearen Stil von Ritualvorschriften nicht Rechnung trüge, oder die eines zweiten Imperativs, die eine schwer motivierbare Formendublette implizierte; gegen beides spräche auch der Name des Dämons *leinϑ*, wenn er als Partizip zum Injunktiv *leine* gehört (§ 48).

Verbalsubstantiv

53. Zum Verbalparadigma ist wegen seiner verbalen Rektion auch das mit Suffix *-u* gebildete Verbalsubstantivum zu rechnen; *-u* ist wohl durch die vorhistorische Apokope (§ 13) aus **-u̯a* hervorgegangen. Der Vokal im Auslaut der morphologischen Basis ist vor *-u* ausgedrängt. Bemerkenswert ist, daß auch die mit den Suffixen *-ce* und *-χe* gebildeten Präteritalformen (§ 50. 45) als Grundlage auftreten: *aliqu* ›geschenkt, Geschenk‹ von *alice* ›schenkte‹ *zinaku* von *zinace* ›stellte her‹, *ceriχu* ›Errichtung‹ von **ceriχe* ›wurde errichtet‹.

Das Verbalsubstantiv hat bei intransitiven Verben aktive Bedeutung (a), bei transitiven Verben gewöhnlich passive (b), manchmal aber auch aktive (c). Beispiele sind für (a) *zilaχnu* ›der die Prätur bekleidet (hat)‹, *lupu* ›gestorben‹, für (b) *mulu* ›geschenkt, Geschenk‹, *cesu* ›gelegt‹, *zinaku* ›hergestellt‹, für (c) *tenu* ›geleitet habend‹, *ziχu* von *ziχ-* ›schreiben‹, als Cognomen mit lat. *Scribonius* gleichgesetzt, also ›Schreiber‹ bedeutend. Verbale Rektion des Verbalsubstantivs zeigt sich etwa am Pertinentiv (§ 34) in dem archaischen Formular

mi *mulu* *licineši* *velχainaši* (36)
›ich (bin) geschenkt von/für Licine Velχaina‹

oder im Akkusativ *marunuχva* der nicht voll verständlichen Formen *marunuχva cepen tenu* (z. B. TLE 133), wo von einer Amtsführung im Kollegium der *marones* die Rede ist (ähnlich *zilχ marunuχva tenϑas* TLE 170 mit präteritalem Partizip). Nominale Flexionsformen dürften die Lokative *zilaχnve tenve* zu *zilaχnu tenu* und *ilucve, ilacve* zu *ilucu* sein; bei den beiden ersten ist freilich der Kasus schwer verständlich, bei *ilucu* die verbale Basis unbelegt.

Infinitiv (?)

54. Im gleichen Kontext wie der Nezessitativ auf *-ri* (§ 46) findet sich im *liber linteus* öfters ein Syntagma, das aus einer Form auf *-e* und aus *acil (ame)* ›opus (est), es ist nötig‹ besteht, etwa in

eslem zaϑrumiś acale tinś … raχ ture acil (37)
›am 18. Juni ist es nötig, dem Juppiter *(tinia)* … ein *raχ* zu weihen‹

Es liegt nahe, die Formen auf *-e* als Infinitive zu deuten, die von *acil* ›opus (est)‹ abhängen; sie könnten ursprünglich Lokative zu Verbalnomina auf *-a* gewesen sein, die freilich zu keinem der Beispiele belegt sind. Nicht ausgeschlossen ist es jedoch, sie als Injunktive aufzufassen, die ebenfalls auf *-e* enden (§ 48); das setzt voraus, daß diese auch mit generell-elliptischem Subjekt stehen können, so daß z. B. *ture acil* ›es ist nötig, (daß) man weiht‹ bedeutet.

Aufbau der Personennamen

Männernamen

55. Der vollständige Name eines freien Etruskers enthält in hellenistischer Zeit vier oder fünf Namenglieder: (1) Pränomen, (2) Gentile, (3) oft ein Cognomen, (4) Filiationsangabe, (5) Metronymikon.

avle^1 *marcni*^{2} *avles*^{4} *herme*^{3} *tlesnal*^{5} (38)
larϑ^1 *χurχles*^{2} *arnϑȧl*^{4} *χurχles*^{5} *ϑanχvilus-c*^{5} *cracial*^{5} (39)
clan^5

Das (1) Pränomen, für das nur wenige Namen zur Auswahl stehen (je nach Stadtgebiet 5–8), ist der alte Individualname. Syntaktisch ist es Nukleus des Gesamtnamens. Als Bürgerrechtskennzeichen ist es obligatorisch. Oft ist es durch eine Sigle abgekürzt. Der (2) Gentilname (Gentile), vom Vater ererbt, bezeichnet die Familienzugehörigkeit. In offiziellen Texten ist er obligatorisch, kann aber durch das Familiencognomen vertreten werden. Er ist entweder Adjektiv und mit dem Pränomen kongruent oder als Substantiv von diesem abhängig und steht dann im Genetiv I. Ihrer Herkunft nach sind die meisten Gentilnamen patronymische Bildungen, die mit Suffixen wie *-na, -ni, -i(e), -ra* von Individualnamen abgeleitet sind, etwa *marc-ni* von *marce* = lat. *Mārcus;* andere sind Ableitungen von Ortsnamen (Ethnika), wie *velϑrite* von *velaϑri* = *Volaterrae,* wieder andere, wie *tite* = lat. *Titus* umgedeutete Individualnamen (›Vornamengentilizia‹) oder ursprüngliche Cognomina. Das (3) Cognomen ergänzt als Individualcognomen die Funktion des Pränomens, als Familiencognomen die des Gentiles. Familiencognomina sind ihrem Ursprung nach gewöhnlich vererbte Individualcognomina, manchmal auch, besonders in Perusia, die beim Bürgerrechtserwerb übernommenen Gentilnamen der Patroni. Zu Individualcognomina sind Appellativa ganz verschiedener Art und Herkunft verwendet, soweit sich ihre Bedeutung zur Personenbezeichnung eignete, etwa *ziχu* ›Schreiber‹ (§ 53) oder *crespe* = lat. *crispus* ›kraushaarig‹. Einige Personen führen ein Familien- und ein Individualcognomen, viele keines von beiden. Wie das Gentile, doch im Einzelfall unabhängig von diesem, kann das Cognomen im gleichen Kasus wie das Pränomen stehen, wie etwa in *laris*^{1} *tite-ś*^{2} *visce*^{3} (CIE 416) oder in einem vom Pränomen abhängigen Genetiv, wie in *arnϑ*^{1} *vipi*^{2} *vercna-ś*^{3} (CIE 3947); anders als beim Gentile kann der Genetiv beim Cognomen ›artikuliert‹ (§ 38) sein, etwa in *vel*^{1} *velsi*^{2} *visceσa*^{3} (CIE 2129).

Die (4) Filiationsangabe besteht normalerweise aus dem Pränomen des Vaters im Genetiv, der gerne ›artikuliert‹ ist; manchmal, besonders in Tarquinii und Volci, ist das Gentile des Vaters angeschlossen, natürlich ebenfalls im Genetiv (Textbeispiel 39). Der Zusatz von *clan* ›Sohn‹ oder der Sigle *c* für *c(lan)* ist nur in Caere häufiger und wohl überall durch Rom beeinflußt. Ganz selten wird die Abstammungsreihe über den Vater hinausgeführt, etwa indem das Pränomen des Großvaters durch *papals* oder *nefts,* beides ›Enkel‹, angeschlossen wird; ein Beispiel ist *larθ*^{1} *arinas*^{2} *larθal*^{4} *papals*^{4} *larθal*^{4} *clan*^{4} (REE 45, 24). Söhne von Nichtbürgern können keine Filiation angeben; sie ist aber auch bei Bürgersöhnen oft nicht im Text aufgeführt. Ebenso fakultativ und in Caere und Volsinii selten, aber insgesamt häufiger genannt als die Filiationsangabe ist das (5) Metronymikon. Dieses wird gewöhnlich durch den Genetiv des Muttergentiles dargestellt, also durch den das Femininum angebenden Genetiv II (§ 36); er kommt auch ›artikuliert‹ vor (§ 37). Öfters, wieder besonders in Tarquinii und Volci, tritt das Pränomen der Mutter dazu (Textbeispiel 39); bei nicht-bürgerlicher Geburt

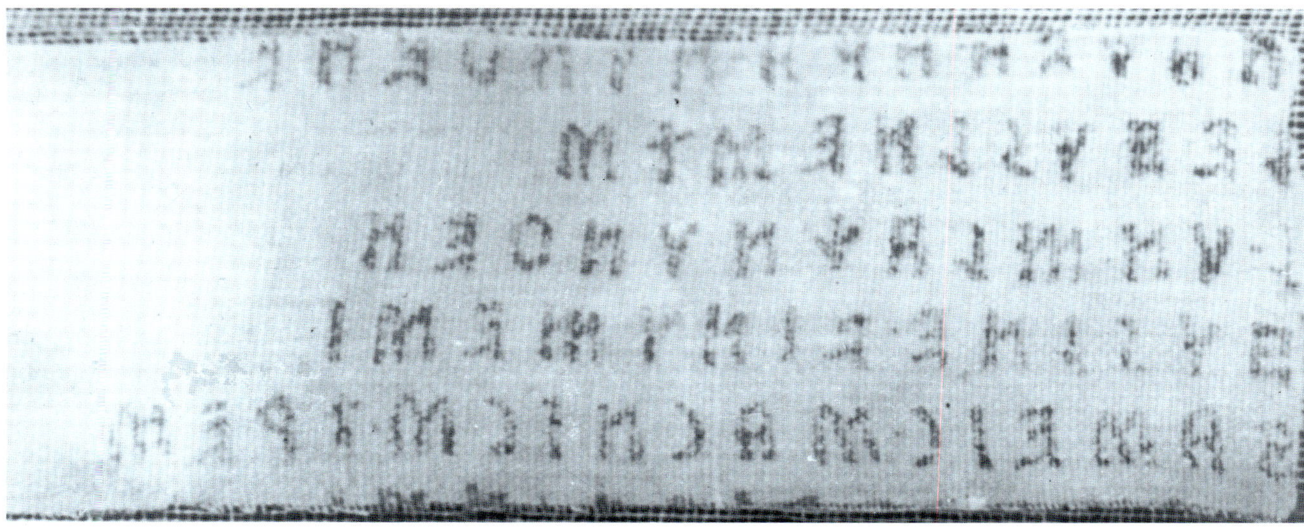

Ausschnitt aus dem liber linteus der Zagreber Mumienbinden. Das Buch aus Leinen enthielt einen etruskischen Ritualkalender mit ausführlichen Opfervorschriften und Gebeten. Der Text wurde in späthellenistischer Zeit geschrieben (1. Jahrhundert v. Chr.), geht aber wohl auf das 5. Jahrhundert v. Chr. zurück. Nach dem Aussterben des Etruskischen unbrauchbar geworden, wurde das Buch in Streifen zerrissen, die um eine Mumie gewickelt wurden. Zagreb, Arheološki Muzej.

ist es die einzig mögliche Form des Metronymikons. Recht häufig ist beim Metronymikon der Zusatz der mit dem Pränomen kongruenten Form von *clan* ›Sohn‹ oder *seχ* ›Tochter‹.

Die eingangs genannte Reihenfolge der Namenglieder ist die normale. Im Umkreis von Tarquinii und Volci vertauschen Pränomen und Gentile gern ihren Platz (*camnas*^{2} *larθ*^{1} ... TLE 135), in Nordetrurien manchmal Filiationsangabe und Metronymikon (*larθ*^{1} *peθna*^{2} *σeθrnal*^{5} *larθal*^{4} CIE 2525). Das Cognomen steht öfters hinter Filiationsangabe und/oder Metronymikon. *clan* und *seχ* stehen stets hinter den von ihnen regierten Namengliedern.

Frauennamen

56. Die rezenten Frauennamen sind grundsätzlich wie die Namen der Männer aufgebaut. Als Besonderheiten sind zu vermerken: (a) Das Pränomen kann fehlen, z. B. in *marcnei*^{2} *peθnal*^{5} *śec*^{5} (CIE 2441). (b) Das Gentile kongruiert fast immer mit dem Pränomen; in den seltenen Fällen der Dependenz steht es im Genetiv I, also in der dem Maskulinum zugeordneten Genetivform (§ 36): *θania*^{1} *lunceś*^{2} *vl*^{4} *leθial*^{5} (CIE 4386). (c) Frauennamen können ein zusätzliches Namenglied enthalten in Gestalt des (6) Gamonymikons, das gewöhnlich durch das Gentile des Gatten, ersatzweise durch dessen Cognomen (Textbeispiel 40) und ergänzungsweise durch dessen Pränomen und Filiationsangabe (Textbeispiel 41) dargestellt wird; das Wort *puia* ›Gattin‹ kann vor dem Gattennamen (Textbeispiel 41) oder hinter diesem (Textbeispiel 40) hinzugefügt werden

θana^{1} *arntnei*^{2} *tutnal*^{5} *vl*^{4} *papaσla*^{6} *puia*^{6} (40)
pumpui^{2} *larθi*^{1} *puia*^{6} *larθal*^{6} *clevsinas*^{6} *avleσla*^{6} ... (41)

Freigelassene und Sklaven

Freigelassene werden nach der Aufnahme der Etrusker in den römischen Staatsverband im Jahre 90 v. Chr. mit dem römischen Formular benannt, in dem der Freigelassene das Gentile des Patronus annimmt und die Filiations- durch die (4′) Patronusangabe ersetzt ist; der Freigelassene heißt etr. *lautni,* eine freigelassene Frau *lautniθa.* Eines der nicht zahlreichen Beispiele ist
θana^{1} *titi*^{2} *vescus*$^{4'}$ *lautniθa* (42)
Das 90 v. Chr. verwendete etruskische Formular besteht (α) aus dem Individualnamen des freigelassenen Sklaven, (β) aus dem Genetiv des Gentiles des Patronus, je nach dessen Sexus im maskulinen oder femininen Genetiv (§ 36), und (γ) aus dem Wort *lautni* bzw. *lautniθa:*
zerapiu$^{\alpha}$ *lautni*$^{\gamma}$ *fraucnal*$^{\beta}$
›Serapion, Freigelassener der Fraucnei‹ (43)
θana$^{\alpha}$ *punpnaś*$^{\beta}$ *lautniθa*$^{\gamma}$
›Θana, des Pumpna Freigelassene‹ (44)
Sklaven wurden mit ihrem (α) Individualnamen und dem (β) im Genetiv stehenden Gentile ihres Herrn genannt, etwa in
antipater$^{\alpha}$ *cicuś*$^{\beta}$ ›Antipater, des Cicu (Sklave)‹ (45)

Geschichte des Namensystems

57. Das grundsätzlich gleiche System der Personenbezeichnung war auch in den italischen Sprachen Mittelitaliens im Gebrauch, im Latino-Faliskischen und im Osko-Umbrischen; freilich ist dort das Gamonymikon selten und das Metronymikon nur unter direktem etruskischen Einfluß gebraucht.

In Etrurien reicht das System weit in archaische Zeit zurück. Archaisch wird eine Person allerdings normalerweise nur mit Pränomen und Gentile genannt, die nur selten durch ein drittes Namenglied ergänzt wurden, seit ca. 500 v. Chr. durch das Cognomen, etwa in *lareces*[1] *zuχus*[2] *mutus*[3] (CIE 5037), seit etwa der gleichen Zeit durch das Metronymikon, so *larϑ*[1] *apunaš*[2] *veleϑnalaš*[5] (TLE 760; § 33), schon seit der zweiten Hälfte des 7. Jh.s v. Chr. durch die Filiationsangabe; das wohl älteste Beispiel ist fragmentarisch: ...]*naiesi*[2] *clinsi*[4] *velϑurusi*[4] (TLE 32). Die aus der ersten Hälfte des 7. Jh.s v. Chr. belegten zweigliedrigen Namen können schon Pränomen und Gentile oder noch Individualname und Patronymikon darstellen. Nicht wenige Personenbenennungen aus dieser Zeit bestehen aus dem Individualnamen allein.

In dieser Zeit oder in dem halben Jahrhundert davor muß das Gentilnamensystem entstanden sein, und zwar dadurch, daß das Patronymikon vererbt, d. h. nicht mehr vom Namen des Vaters oder des *pater familias* abgeleitet, sondern auf einen verstorbenen Vorfahren bezogen und damit fixiert wurde. Dieser Prozeß muß sich im Süden Etruriens abgespielt haben, in einer Zone des Kontaktes zwischen Etruskern und Italikern, von denen erstere die politischen und ökonomischen Voraussetzungen wie Synoikismos und Handel, letztere die soziologischen und einen Teil der sprachlichen Voraussetzungen, nämlich den *pater familias* und das grammatische Genus, beigesteuert haben.

Sprachverwandtschaft und Hermeneutik

58. Bisher ist nur eine einzige Sprache nachgewiesen, die mit dem Etruskischen genetisch verwandt, d. h. aus einer gleichen Vorstufe entwickelt ist, nämlich die vorgriechische Sprache der Ägäisinsel Lemnos; vom Lemnischen sind freilich bisher nur zwei etwas längere Paralleltexte und vier Textfragmente bekannt – alle aus dem 6. Jh. v. Chr. –, so daß die Sprache selbst der Erhellung durch das viel besser bezeugte Etruskische bedarf. Daraus folgt, daß die bei vielen anderen zunächst unbekannten Sprachen so erfolgreiche ›etymologische‹ Methode, die von der Bedeutung von Wörtern und Formen einer gut bekannten Sprache auf die Bedeutung von jeweils ähnlichen, mutmaßlich auf die gleiche Vorstufe zurückgehenden Wörtern und Formen der unbekannten Sprache schließt, zur Zeit beim Etruskischen nicht anwendbar ist, da die Voraussetzung einer gut bekannten verwandten Sprache nicht gegeben ist. Alle Bemühungen, eine solche Sprache zu finden, sind bisher gescheitert, weil sie linguistisch nicht fundiert waren, und es ist auch für die Zukunft vor jedem derartigen Versuch zu warnen, der seine ›Entdeckungen‹ nicht durch eine detaillierte historisch-vergleichende Grammatik erhärtet.

Anwendbar ist die ›etymologische‹ Methode beim Etruskischen nur auf den beschränkten Bereich der Lehnwörter; Beispiele sind *pruχum* ›Krug‹ aus griech. προχοῦν (Akk.) oder *vinum* ›Wein‹ aus lat. *vīnum;* dazu kommen viele Eigennamen, mythologische aus dem Griechischen, Personennamen aus den italischen Sprachen. Die Annahme eines Lehnwortes muß in jedem einzelnen Fall historisch plausibel zu machen sein.

59. Von Lehnwörtern und den Glossen (§ 3) abgesehen, ist man für die Gewinnung von Wortbedeutungen und Formenfunktionen beim Etruskischen auf die sehr komplexe und zweifellos weniger ergiebige kombinatorische Methode angewiesen. Diese beinhaltet drei Schritte. Zuerst muß festgestellt werden, in welchen Umgebungen, d. h. in Verbindung mit welchen anderen Elementen ein bestimmtes Element vorkommt, etwa die Wörter *mi*, *σuϑi* oder die Endung *-χe*. Zweitens muß durch Beobachtung des archäologischen Kontextes der Gesamtsinn eines jeden das betreffende Element enthaltenden Textes festgestellt werden; man hat zu fragen, ob z. B. eine Grabschrift, eine Weihung, eine Künstlersignatur vorliegt. Bedeutungen oder Funktionen einzelner Sprachelemente ergeben sich erst beim dritten Schritt, der eigentlichen Kombination, bei der aus dem Gesamtsinn eines Textes auf den Inhalt der einzelnen Elemente geschlossen wird, die den Text konstituieren, wobei alle Umgebungen des Elementes zu berücksichtigen sind; *σuϑi* als Konstante in Grabschriften mit variablen Personennamen muß ›Grab‹ bedeuten. Bei dieser Prozedur ist, wo die Vor-

Die sogenannte Bilingue von Pesaro. Pesaro, Museo Oliveriano.

aussetzungen gegeben sind, die ›bilinguistische‹ Methode hilfreich, d. h. der Schluß von der Struktur von lateinischen, griechischen oder sonst verständlichen Texten auf die semantische und syntaktische Struktur gleichzeitiger etruskischer Texte der gleichen Textklasse; wenn im Lateinischen oder Venetischen archaische Besitzinschriften aus dem Wort *ego* und dem Genetiv eines Personennamens bestehen, dürfte in archaischen etruskischen Besitzinschriften *mi* vor dem Genetiv eines Personennamens ebenfalls ›ich‹ bedeuten.

Zu unmittelbaren Ergebnissen führt dieses Verfahren nur bei kürzeren Texten; durch Einsetzen der dort ermittelten Bedeutungen und Funktionen in längere Texte können aber auch diese verständlich werden. Es versteht sich von selbst, daß die mit der kombinatorischen Methode gewonnenen Ansätze von Wortbedeutungen oft vage bleiben, weil sie nur einen Teil der Bedeutungsmerkmale des Wortes erfassen, oder daß eine zufällig allein überlieferte spezifische Verwendung eines Wortes für seine Bedeutung genommen wird.

Daß ungeachtet der zuletzt beschriebenen Schwierigkeiten doch einige Einsichten in Grammatik und Wortschatz des Etruskischen zu gewinnen sind, haben, so ist zu hoffen, die vorausgehenden Paragraphen gezeigt.

Helmut Rix

Abkürzungen

Griechische Quellen

nach H. G. Liddell/R. Scott, *A Greek English Lexikon*

Ael.	Aelianus
App.	Appianus, *Italiké*
Arist.	Aristoteles
Pol.	*Politica*
Ath.	Athenaeus, *Deipnosophistae*
Ath.	Athenaeus
epit.	*epitome*
Bacch.	Bacchilides
D.C.	Dio Cassius
D.H.	Dionysios Halicarnassensis
D.S.	Diodorus Siculus
Hdt.	Herodotus
Iamb.	Iamblichos
V.P.	*de vita Pithagorica*
Lycophr.	Lycrophron
Alex.	*Alexandra* (Fragmenta Tragica)
Paus.	Pausanias
Pi. P.	Pindarus. *Pithica Ode*
Plb.	Polibius
Plu.	Plutarcus
Num.	*Numa*
Per.	*Pericles*
Publ.	*Publicola*
Rom.	*Romulus*
Sull.	*Sulla*
Poll.	Pollux
Str.	Strabo
Th.	Thucydides
Tz.	Tzetses Joannes, ad *Lycophronem*
Zonar.	Zonaras
Zos.	Zosimus

Lateinische Quellen

nach Thesaurus Linguae Latinae

Amm.	Ammianus Marcellinus, *rerum gestarum libri*
Arnob.	Arnobius
nat.	*adversus nationes*
Cens.	Censorinus, *de die natali liber*
Cic.	M. Tullius Cicero
div.	*de divinatione liber*
har. resp.	*de haruspicum responso oratio*
rep.	*de republica liber*
Colum.	L. Iunius Moderatus Columella, *de re rustica liber*
Flor.	Annaeus Florus,
epit.	*epitoma de Titi Livii libris*
Grom.	*varia excerpta gromatica* (ed. Lachmann)
Hor.	Q. Horatius Flaccus
carm.	*carmina*
epist.	*epistulae*
sat.	*sermones*

Iust.	M. Iunianus Iustinus, *epitoma historiarum Philippicarum Pompei Trogi*
Iuv.	D. Iunius Iuvenalis, *saturarum libri*
Liv.	T. Livius, *ab urbe condita libri*
Lucan.	M. Annaeus Lucanus, *de bello civili libri*
Macr.	Ambrosius Macrobius Theodosius
Sat.	*convivia primi diei Saturnaliorum libri*
Mart.	M. Valerius Martialis, *epigrammata*
Obseq.	Iulius Obsequens, *prodigiorum liber*
Ov.	P. Ovidius Naso
am.	*ars amatoria*
fast.	*fasti*
met.	*metamorphoses*
Paul. Fest.	Pauli Diaconi epitoma Festi (Sex Pompeius Festus), qui abbreviavit Verrum Flaccum
Pers.	A. Persius Flaccus, *saturae*
Plin.	C. Plinius Secundus
nat.	*naturalis historia*
Plin.	C. Plinius Secundus
epist.	*epistulae*
Prop.	Sextus Propertius, *elegiae*
Ps.-Acr.	Pseudus-Acro, in Hor(atii) *carm(ina)*
Ps.-Arist.	Pseudo-Aristoteles, *mirabiles auscultationes*
Sen.	L. Annaeus Seneca
nat.	*naturales quaestiones*
Thy.	*Thyestes*
Serv.	Maurus (Marius) Servius Honoratus
Aen.	in Vergilium commentarius ad *Aen(eidem)*
ecl.	in Vergilium commentarius ad *ecl(ogas)*
Stat.	P. Papinius Statius
silv.	*silvae*
Suet.	C. Suetonius Tranquillus
Aug.	*divus Augustus*
Tac.	Cornelius Tacitus
ann.	*annales*
hist.	*historiae*
Tib.	Albius Tibullus, *elegiae*
Varro	M. Terentius Varro Reatinus
de lingua	*de lingua latina libri*
Vell.	Velleius Paterculus, *historia romana*
Verg.	P. Vergilius Maro
Aen.	*Aeneis*
Vitr.	Vitruvius, *de architectura libri*
CIE	Corpus Inscriptionum Etruscarum
CIL	Corpus Iscriptionum Latinarum
TLE	Thesaurus Linguae Etruscae

Bibliographie

Topographie und Stadtentwicklung

A. Afzelius, *Die römische Eroberung Italiens (340–264 v. Chr.)*, Kopenhagen 1941; G. A. Mansuelli, *Problemi e prospettive di studio sull'urbanistica antica. La città etrusca*, in »Studi storici«, 8, 1967, S. 5–36; M. Coppa, *Storia dell'urbanistica dalle origini all'ellenismo*, Turin 1968, S. 915–971; G. Schmiedt, *Atlante aerofotografico delle sedi umane in Italia*, II, *Le sedi scomparse*, Florenz 1970; P. A. Brunt, *Italian Manpower, 225 B.C.-A.D. 14*, Oxford 1971; M. S. Lattanzi, *Le antiche città dell'Etruria. Saggio di geografia urbana*, Florenz 1973; G. A. Mansuelli, *La civiltà urbana degli Etruschi*, in *Popoli e civiltà dell'Italia antica*, III, Rom 1974, S. 227–251, 289–300; T. W. Potter, *The Changing Landscapes of South Etruria*, New York 1979; S. Judson, P. Hemphill, *Sizes of Settlements on Southern Etruria: 6th–5th Centuries B.C.*, in »Studi Etruschi«, 49, 1981, S. 193–202; M. Cristofani (Hrsg.), *Gli Etruschi in Maremma. Popolamento e attività produttive*, Mailand 1981, S. 31–51.

Die Geschichte der Etrusker in der literarischen Überlieferung und im archäologischen Befund

J. Heurgon, *Il Mediterraneo occidentale dalla protostoria a Roma arcaica*, Bari 1972; M. Pallottino, *Etruscologia*, Mailand [6]1973; AA.VV., *Studies in Romanization of Etruria*, »Acta Instituti Romani Finlandiae«, V, Rom 1975; M. Torelli, *Elogia tarquiniensia*, Florenz 1975; R. M. Ogilvie, *Early Rome and the Latins*, London 1977; M. Cristofani/M. Martelli (Hrsg.), *Caratteri dell'ellenismo nelle urne etrusche*, Florenz 1977; L. Braccesi, *Grecità adriatica*, Bologna [2]1977; *I Galli e l'Italia*, Rom 1978; M. Pallottino, *Saggi di antichità*, I, *Alle origini dell'Italia antica*, Rom 1979; W. V. Harris, *War and Imperialism in Republican Rome*, Oxford 1979; J. Boardman, *The Greeks overseas*, Harmondsworth [3]1980; M. Torelli, *Storia degli Etruschi*, Bari-Rom 1981; M. Cristofani, *Gli Etruschi del mare*, Mailand 1983.

Ackerbauern, Handwerker und Kaufleute

Landwirtschaft:
E. Sereni, *Storia del paesaggio agrario italiano*, Bari 1961; D. Brothwell/P. Brothwell, *Food in antiquity*, London 1969; K. D. White *Roman Farming*, London 1970; J. Kolendo, *Le traité d'agronomie des Saserna*, Wroclaw 1973; J. M. Renfrew, *Palaethnobotany*, London 1973; J. Boardman, *The olive in the Mediterranean: its culture and use*, »Philosophical Transactions of Royal Society«, 275, 1976, S. 187–196; J. Kolendo, *L'agricoltura nell'Italia romana*, Rom 1980; L. Capogrossi Colognesi, *La terra in Roma antica*, I, Rom 1981; M. Cristofani (Hrsg.), *Gli Etruschi in Maremma*, op. cit. S. 179–182.

Bergbau und Metallurgie:
Ricerche archeologico-minerarie in Val Fucinaia, in »Studi Etruschi«, II, 1937, S. 305–335; W. Witter, *Über die Metallgewinnung bei den Etruskern*, in »Berichten der römisch-germanischen Kommission«, 32, 1942, S. 1–29; A. Minto, *L'antica industria mineraria in Etruria e il porto di Populonia*, in »Studi Etruschi«, 23, 1954, S. 291–319; L. Cambi, *Problemi della metallurgia etrusca*, in »Studi Etruschi«, 27, 1959, S. 191–196; R. J. Forbes, *Studies in ancient Technology*, VIII, Leiden 1964; J. Ramin, *La technique minière et métallurgique des anciens*, Brüssel 1977; J. F. Healy, *Mining and Metallurgy in the Greek and Roman World*, London 1978; E. Formigli, in M. Cristofani (Hrsg.), *Gli Etruschi in Maremma*, op. cit. S. 182–193; G. Sperl, *Untersuchungen zur Metallurgie der Etrusker*, in *L'Etruria mineraria. Atti del XII Convegno di Studi Etruschi e Italici*, Florenz 1981, S. 29–50.

Handel:
G. Vallet, *Rhegion et Zancle*, Paris 1958; F. Villard, *Les canthares de bucchero et la chronologie du commerce étrusque d'exportation*, in *Hommages à A. Grenier*, III, Brüssel 1962, S. 1625–1635; G. Camporeale, *I commerci di Vetulonia in età orientalizzante*, Florenz 1969; R. Peroni, *Per una storia dell'economia di scambio in Italia nel quadro dell'ambiente culturale dei secoli intorno al Mille a. C.*, in »La parola del passato«, 14, 1969, S. 134–160; F. u. M. Py, *Les amphores étrusques de Vannage et de Villevieille*, in »Mélanges d'archéologie et d'histoire de l'École française de Rome«, 86, 1974, S. 161–254; M. Cristofani, *Il dono nell'Etruria arcaica*, in »La parola del passato«, 30, 1975, S. 161–190; B. Bouloumié, *Les amphores étrusques de Saint-Blaise*, in »Revue archéologique de Narbonnaise«, 9, 1976, S. 23–43; G. Colonna, *Basi conoscitive per una storia economica dell'Etruria*, in *Contributi introduttivi allo studio della monetazione etrusca*, Rom 1976, S. 3–24; A. M. Bietti Sestieri, *Contributo allo studio delle forme di scambio della tarda etá del bronzo nell'Italia continentale*, in »Dialoghi di archeologia«, 9–10, 1976–77, S. 201–241; M. Martelli, *La ceramica greco-orientale in Etruria*, in *Les céramiques de la Grèce de l'Est et leur diffusion en Occident*, Paris-Neapel 1978, S. 150–212; *Le bucchero nero étrusque et sa diffusion en Gaule méridionale*, Brüssel 1979; A. Mele, *Il commercio greco arcaico. Prexis e emporie*, Neapel 1979; M. Martelli, *Prime considerazioni sulla statistica delle importazioni greche in Etruria nel periodo arcaico*, in »Studi Etruschi«, 47, 1979, S. 37–52; M. Gras, *L'Etrurie minière et la réprise des echanges entre l'Orient et l'Occident*, in *L'Etruria mineraria*, op. cit. S. 315–338; J. P. Morel, *Le commerce étrusque en France, en Espagne et en Afrique*, ivi, S. 463–508; M. Torelli, *Il commercio greco in Etruria tra l'VIII e il VI secolo a. C.*, in *Il commercio greco nel Tirreno in età arcaica*,

Salerno 1981, S. 67–81; B. Bouloumié, *Saint-Blaise et Marseille au VIe siècle av. J.-C. L'hypothèse étrusque,* in »Latomus«, 41, 1982, S. 74–91; J. P. Morel, *Les relations économiques dans l'Occident grec,* in *Forme di contatto e processi di trasformazione nelle società antiche,* Rom-Pisa 1983, S. 549–576; M. Cristofani, *I Greci in Etruria,* ivi, S. 232–254; M. Gras, *Trafics tyrrheniens archaïques,* Bibliothèque de l'École Française d'Athènes et de Rome 1984.

Gesellschaft und Staat

Klassen und Wandlungen der Gesellschaft:

J. Heurgon, *L'état étrusque,* in »Historia«, VI, 1957, S. 63 ff.; S. Mazzarino, *Sociologia del mondo etrusco e problemi della tarda etruschità,* ebd., S. 98 ff.; D. Lotze, ΜΕΤΑΞΥ ΕΛΕΥΘΕΠΩΝ ΚΑΙ ΔΟΥΛΩΝ, *Studien zur Rechtsstellung unfreier Landbevölkerungen in Griechenland bis zum 4. Jahrhundert v. Chr.,* Berlin 1959; T. Frankfort, *Les classes serviles en Étrurie,* in »Latomus«, 18, 1959, S. 3 ff.; J. Heurgon, *Les pénestes étrusques chez Denys d'Halicarnasse* (IX, 5, 4), ebd., S. 713 ff.; H. Rix, *Das etruskische Cognomen,* Wiesbaden 1963, S. 356 ff.; W. V. Harris, *Rome in Etruria and Umbria,* Oxford 1971, S. 114 ff.; M. Torelli, *Tre studi di storia etrusca,* in »Dialoghi di archeologia«, 8, 1974–1975, S. 3 ff.; ders., *Storia degli Etruschi,* a.a.O., pass.

Recht und Verwaltung des Staates:

S. Mazzarino, *Dalla monarchia allo stato repubblicano,* Catania 1945; M. Pallottino, *Nuovi spunti di ricerche sul tema delle magistrature etrusche,* in »Studi Etruschi«, 23, 1954, S. 45–72; J. Heurgon, *L'état étrusque,* in »Historia«, 6, 1957, S. 63–97; G. Camporeale, *Sull'organizzazione statuale degli Etruschi,* in »La parola del passato«, 3, 1958, S. 5–25; R. Lambrechts, *Essai sur les magistratures des républiques étrusques,* Brüssel 1959; S. Mazzarino, *Le droit des Étrusques,* in »Iura«, 12, 1961, S. 24–39; A. J. Pfiffig, *Die Ausbreitung des römischen Stadtwesens in Etrurien,* Florenz 1966; J. Heurgon, *Magistratures étrusques et magistratures romaines,* in *Les origines de la république romaine,* Genf 1967, S. 97–127; B. Liou, *Praetores Etruriae XV populorum,* Brüssel 1969; R. Lambrechts, *Les inscriptions avec le mot »tular« et le bornage étrusque,* Florenz 1970; F. De Martino, *Intorno all'origine della repubblica romana e delle magistrature,* in *Aufstieg und Niedergang der römischen Welt,* I, 1, Berlin-New York 1972, S. 217–249; M. Torelli, *Elogia tarquiniensia,* cit.; M. Pallottino, *Servius Tullius à la lumière des nouvelles découvertes archéologiques et épigraphiques,* in »Comptes Rendus de l'Académie des Inscriptions et Belles Lettres«, 1977, S. 216–235; M. Cristofani, *Società e istituzioni nell'Italia preromana,* in *Popoli e civiltà dell'Italia antica,* VII, Rom 1978, S. 53–112; A. L. Prosdocimi, *Il lessico istituzionale italico,* in *La cultura italica,* Pisa 1978, S. 29–74; E. Campanile, C. Letta, *Studi sulle magistrature indigene e municipali in area italica,* Pisa 1979; H. Rix, *Etrusco »meχ rasna« – latino »res publica«,* in *Studi di antichità in onore di G. Maetzke,* Rom 1984, S. 455–468.

Wissenschaft und Religion

Die etruskische Disziplin:

W. Deecke, *Das Templum von Piacenza, Etruskische Forschungen,* IV, Stuttgart 1880, S. 1 ff.; ebd., II, S. 64 ff.; W. Körte, *Die Bronzeleber von Piacenza,* in »Römische Mitteilungen«, 20, 1905, S. 348 ff.; A. Bouché Leclerq, *Histoire de la divination dans l'antiquité,* IV, Paris 1882; G. Blecher, *De extispicio capita tria,* in »Religionsgeschichte, Versuche und Vorarbeiten«, II, 1905, S. 173 ff. C. Thulin, *Die Götter des Martianus Capella und die Bronzeleber von Piacenza,* ebd., III, 1097, S. 1 ff.; ders., *Die etruskische Disziplin,* Göteborg 1909; ders. in *Real Encyclopädie,* VI, S. 725–730; Stichw. *etrusca disciplina;* ebd., VII, S. 2431–2468; Stichw. *haruspices;* S. Weinstock, *Martianus Capella and the cosmic System of the Etruscans,* in »Journal of Roman Studies«, 36, 1946, S. 104–129; A. Grenier, *L'orientation du foie de Plaisance,* in »Latomus«, 5, 1946, S. 294–298; ders., *Les religions grecque et romaine,* Paris 1948, S. 34 ff.; ders., *Indigetes et novensiles,* in *Miscellanea in memoria di F. A. Coehlo,* Lissabon 1950, S. 202; S. Weinstock, *C. Fonteius Capito and the Libri Tagetici,* in »Papers of the British School at Rome«, 18, 1950, S. 44–49; ders., *Libri fulgurales,* ebd., 19, 1951, S. 122–153; A. Piganiol, *Sur le calendrier brontoscopique de Nigidius Figulus,* in *Studies in honour of A. C. Johnson,* 1951, S. 60–87; A. Nougayrol, *Aruspicine étrusques et assyro-babyloniennne,* in »Comptes Rendus de l'Académie des Inscriptions et Belles lettres«, 1955, S. 509–519; M. Pallottino, *Deorum sedes,* in *Studi in onore di A. Calderini e R. Paribeni,* Mailand 1956, S. 223–234; G. Dumezil, *Remarques sur les trois premières regiones caeli de Martianus Capella,* in *Hommages à Max Niedermann,* Brüssel-Berchem 1956, S. 102–107; J. Heurgon, *Influences grecques sur la religion étrusque: l'inscription de Laris Pulenas,* in »Revue des Etudes Latines«, 35, 1967, S. 106 ff.; P. Catalano, *Contributi allo studio del diritto augurale,* Turin 1960; R. Bloch, *Les prodiges dans l'antiquité,* Paris 1963, S. 34 ff.; J. André, *Arbor felix, arbor infelix,* in *Hommages à J. Bayet,* Brüssel-Berchem 1964, S. 35–46; G. Dumezil, *La religion romaine archaïque,* Paris 1966; R. Schilling, *A propos des exta: l'extispicium étrusque et la litatio romaine,* in *Hommages à A. Grenier,* S. 1371–1378; M. Torelli, *Un templum augurale di età repubblicana a Bantia,* in »Rendiconti dell'Accademia dei Lincei«, 1966, S. 203 ff.; M. Torelli, *Elogia tarquiniensia,* a.a.O., S. 103 ff.; A. J. Pfiffig, *Religio etrusca,* Graz 1975; G. Colonna, *La dea etrusca »cel« e i santuari del Trasimeno,* in »Rivista storica dell'antichità«, 6–7, 1976–1977, S. 45 ff.; E. Rawson, *Caesar, Etruria and the Disciplina Etrusca,* in »Journal of Roman Studies«, 68, 1978, S. 132–152; D. Grodzynski, *Per bocca dell'imperatore,* in *Divination et rationalité,* 1974, S. 291–32.; L. B. van der Meer, *lecur placentinum and the orientation of the etruscan aruspex,* in »Bulletin Antieke Beschaving«, 54, 1979; F. Roncalli, *Die Tracht des Haruspex,* in *Die Aufnahme fremder Kultureinflüsse in Etrurien und das Problem des Retardierens in der etruskischen Kunst,* Mannheim 1981, S. 124 ff.; J. Linderski, *Cicero and roman divination,* in »La parola del passato«, 202, 1982, S. 12–38; A. Maggiani, *Qualche osservazione sul fegato di Piacenza,* in »Studi Etruschi«, 50, 1982, S. 53–88.

Etruskische Kultgottheiten:
Für die Bronzeleber von Piacenza sei auf die Literatur im vorangehenden Kapitel verwiesen, vor allem auf den Aufsatz von Maggiani. Die Agramer Mumienbinde als *liber linteus* ist behandelt von F. Roncalli, in »Jahrbuch des Deutschen Archäologischen Instituts« 95, 1980, 227 ff.
Ikonographie: R. Herbig/E. Simon, *Götter und Dämonen der Etrusker,* Mainz ²1965. Religionshistorische und sprachliche Probleme: A. J. Pfiffig, *Religio Etrusca,* Graz 1975 (dazu die Rezension von E. Simon, »Göttingische Gelehrte Anzeigen« 232, 1980, 199 ff.) und G. Radke, *Die Götter Altitaliens,* Münster ²1979.
Behandlungen einzelner Götter finden sich im *Lexicon Iconographicum Mythologiae Classicae* (im Folgenden LIMC), von dem bisher zwei Bände erschienen sind (Zürich 1981 ff.). Die etruskischen Götter sind dort im Anschluß an den griechischen Götternamen besprochen, also etwa Turan im Anschluß an Aphrodite. Die folgenden Literaturangaben richten sich nach der alphabetischen Anordnung des Textes oben S. 152ff. *Ani:* A. Maggiani, in *»Studi Etruschi«* 49, 1981, 263. – *Apulu/Aplu:* E. Simon, in »Jahrbuch des Deutschen Archäologischen Instituts« 88, 1973, 33 ff.; dieselbe, ebendort 93, 1978, 202 ff.; LIMC II 335 ff. s. v. Apollon/Aplu (I. Krauskopf). Aplu mit Todesdämonen: Krauskopf ebendort Nr. 7–9; F. Prayon, in »Römische Mitteilungen« 84, 1977, 192 ff. – *Artumes/Aritimi:* LIMC II 774 ff. s. v. Artemis/Artumes (I. Krauskopf); vgl. auch ebendort 792 ff. s. v. Artemis/Diana (E. Simon). – *Athrpa:* LIMC III s. v. Athrpa (E. Simon). – *Atunis:* LIMC I 222 ff. s. v. Adonis (B. Servais-Soyez). Die etruskische Gestalt ist dort zusammen mit der griechischen behandelt. Kult von Atunis und Turan: M. Torelli, in »La Parola del Passato« 32, 1977, 389 ff. – *Calu/Calus:* Die Aschenurnen in Perugia und Volterra sind behandelt von K. Meuli, *Gesammelte Schriften* II, Basel 1975, 1078 ff. Taf. 57 (dort Orcus genannt); vgl. auch Pfiffig Abb. 127 a.b (dort Veltha genannt). Zu einer hypothetischen Darstellung des Calu vgl. auch E. Hostetter, in »Römische Mitteilungen« 85, 1978, 261 ff. – *Cavtha/Cautha/Cath:* Kultverbindung von Cath und Pacha: Pfiffig 241. Usil auf dem Spiegel in Minneapolis: D. G. Mitten/S. F. Doeringer, *Master Bronzes from the Classical World,* Ausstellung Fogg Art Museum 1967/68 Nr. 214. – *Cel:* G. Colonna, in »Rivista Storica dell'Antichità« 6/7, 1976/77, 53 ff. – *Culsans:* LIMC III s. v. Culsans (I. Krauskopf) Zu dessen römischer Entsprechung Ianus: E. Simon, in *Festschrift für G. Radke* (im Druck). – *Culsu:* LIMC III s. v. Culsu (I. Krauskopf); dieselbe, in *Festschrift für G. Radke* (im Druck). – *Ethausva* und *Thanr:* Als Eileithyien erkannt bei Pfiffig 304 ff. Korrektur der Lesung auf der Bronzestatuette in Florenz: M. Cristofani, in Kolloquium »Die Göttin von Pyrgi«. Biblioteca di »Studi Etruschi« 12, Firenze 1981, 150 n. 1 Taf. 37 und 38 zu TLE 734. – *Fufluns und Pacha:* M. Cristofani/M. Martelli, in »Studi Etruschi« 46, 1978, 119 ff.; LIMC III s. v. Dionysos/Fufluns (M. Cristofani). – *Hercle:* Akrotergruppe vom Forum Boarium: Ausstellungskatalog »Enea nel Lazio«, Roma 1981, 121 f.; M. Cristofani, in »Prospettiva« 9, 1977, 2 ff. Säugung des Hercle durch Uni: M. Renard, Collection Latomus 70, 1964, 611 ff. – *Laran:* LIMC II 498 ff. s. v. Ares/Laran (E. Simon). Mars von Todi: F. Roncalli, Memorie della Pontificia Accademia, Serie III, Vol. XI, 2, Roma 1973. – *Lasa:* LIMC I 214 ff. und 573 ff. s. v. Achvizr und Alpan (R. Lambrechts). – *Maris:* W. Deecke, *Etruskische Forschungen und Studien* II (1875/80) 21; Pfiffig 249; E. Simon, in »Studi Etruschi« 46, 1978, 145 ff. – *Mater Matuta:* Benennung der figürlichen Urne als Mater Matuta zurückgewiesen durch M. Cristofani, *Statue Cinerario Chiusine di età classica,* 1975, 39 f. Taf. 18 f. – *Menerva/Menrva:* LIMC II 1050 ff. s. v. Athena/Menerva (G. Colonna). – *Nortia/Nurtia:* Zu L. Cincius Alimentus: *Realencyclopädie der classischen Altertumswissenschaft* III 2 (1899) 2556 f. s. v. Cincius Nr. 5 (Cichorius); ebendort XVII 1, 1048 ff. s. v. Nortia (E. Bernert). – *Thesan:* M. Pallottino, in »Archeologia Classica« 19, 1967, 336; Kolloquium »Die Göttin von Pyrgi« Biblioteca di »Studi Etruschi« 12, Firenze 1981 (vor allem die Beiträge von R. Bloch und I. Krauskopf). Bildliche Darstellungen O. W. von Vacano und H. Jucker ebendort 156.162. Thesan auf etruskischen Spiegeln: R. D. de Puma, »The Bulletin of the Cleveland Museum of Art«, Sept. 1983, 290 ff. – *Tinia/Tina/Tin:* Pfiffig 76 ff.; R. Bloch, *Recherches archéologiques en territoire volsinien,* Paris 1972, 177 ff. Iuppiter-Priester und Weinernte: K. Latte, *Römische Religionsgeschichte,* München 1960, 76. – *Tinascliniiar:* E. Simon/M. u. A. Hirmer, *Die griechischen Vasen,* München ²1981 95. Castur auf Gemmen: P. Zazoff, *Etruskische Skarabäen,* Mainz 1968, Nr. 135.857 f. 1201. – *Turan:* Kult von Gravisca, zusammen mit Atunis: Torelli (oben zu Atunis); LIMC II 169 ff. s. v. Aphrodite/Turan (R. Bloch). – *Uni:* H. Rix, in *Gli Etruschi e Roma,* Roma 1981, 104 ff. (ebendort zu den Götternamen Menerva und Nethuns); Kolloquium »Die Göttin von Pyrgi« (siehe oben) passim Uni von Veji: M. Torelli, *Miscellanea Archaeologica Tobias Dohrn dedicata,* Roma 1982, 117 ff. – *Vertumnus/Voltumna:* R. Pettazoni, in »Studi e materiali delle religioni« 4, 1928, 207; M. Pallottino, *Etruscologia,* Milano ⁶1968 243 f.; Pfiffig 234 ff.

Kunst und Kultur

Allgemeine Werke: J. Martha, *L'art étrusque,* Paris 1889; P. Ducati, *Storia dell'arte etrusca,* Florenz 1927; P. Ducati/G. Q. Giglioli, *Arte etrusca,* Rom 1927; A. Della Seta, *Italia antica,* Bergamo 1928[2]; H. Mühlestein, *Die Kunst der Etrusker. Die Ursprünge,* Berlin 1929; G. K. Loukomski, *L'art étrusque,* Paris 1930; G. Q. Giglioli, *L'arte etrusca,* Mailand 1935; P. J. Riis, *An Introduction to Etruscan Art,* Kopenhagen 1953; M. Pallottino/H. Jucker, *Etruskische Kunst,* Zürich 1955; T. Dohrn, *Grundzüge etruskischer Kunst,* Baden-Baden 1958; R. Bloch, *L'art et la civilisation étrusques,* Paris 1959[2]; G. A. Mansuelli, *Etruria,* Mailand 1963; H. Jucker, *Vorrömische Kunst in Sardinien, Mittel- und Norditalien,* in: K. Schefold, *Die Griechen und ihre Nachbarn* (Propyläen Kunstgeschichte, I), Berlin 1967, S. 309–328; H. Mühlestein, *Die Etrusker im Spiegel ihrer Kunst,* Berlin 1969; W. Zschietzschmann, *Etruskische Kunst,* Frankfurt a. M. 1969; M. Pallottino, *Civiltà artistica etrusco-italica,* Florenz 1971 (Umbearbeitung des Stichworts *Etrusco-italici, centri e tradizioni* aus der *Enciclopedia universale dell'arte,* V, Venedig-Rom 1958, S. 135–177); R. Bianchi Bandinelli/A. Giuliano, *Etruschi e Italici prima del dominio di Roma,* Mailand 1973; R. Bianchi Bandinelli/M. Torelli, *L'arte dell'antichità classica, II. Etruria-Roma,* Turin 1976; E. Hill Richardson, *The Etruscans. Their Art and Civilisation,* Chicago-London 1976[2]; M. Sprenger/G. Bartoloni/M. und A. Hirmer, *Die Etrusker. Kunst und Geschichte,* München 1977; O. J. Brendel, *Etruscan Art,* Harmondsworth 1978; M. Cristofani, *L'arte degli Etruschi. Produzione e consumo,* Turin 1978; P. Orlandini, *L'arte dell'Italia preromana,* in *Popoli e civiltà dell'Italia antica,* VII, Rom 1978, S. 239–286; M. Martelli, *Le manifestazioni artistiche,* in M. Cristofani (Hrsg.), *Gli Etruschi in Maremma. Popolamento e attività produttive,* Mailand 1981, S. 223–284; R. Bianchi Bandinelli, *L'arte etrusca,* Rom 1982 (Sammlung von Essays, erschienen 1925 bis 1972, einschließlich des Stichworts *Etrusca arte* der *Enciclopedia dell'arte antica, classica e orientale,* III, Rom 1961, S. 476–503).

Schrift und Sprache

Die Darstellung basiert auf den bisherigen Erkenntnissen der seriösen Etruskologie, hat aber manches hinzugefügt und weiterentwickelt; einiges davon verdanke ich meinen Schülern D. Steinbauer und H. Eichner. Der vorgegebene Rahmen erlaubte es nicht, für das hier Vorgetragene jeweils die Quelle zu nennen oder zu diskutieren. Ältere Auffassungen kann man in M. Pallottinos *Elementi di lingua etrusca* (1936) und im Teil III seiner *Etruscologia* nachlesen ([7]1985; deutsch: *Die Etrusker,* 1965), noch ausführlicher, aber vermischt mit sehr persönlichen Ideen des Verfassers, bei A. J. Pfiffig, *Die Sprache der Etrusker* (1969). Neuere Vorschläge referiert M. Pallottinos Beitrag »La lingua degli Etruschi« in dem Sammelwerk *Lingue e dialetti dell'Italia antica* (ed. A. L. Prosdocimi, 1978; erschienen auch unter dem Titel *La langue etrusque. Problèmes et perspectives,* 1978). Auf diese Arbeit sei auch für die Diskussion der hermeneutischen Methoden und der Sprachverwandtschaft verwiesen, da beides hier nur knapp behandelt ist.

Eine Gesamtausgabe aller etruskischen Texte und Quellen existiert zur Zeit nicht. Für die Monumentalinschriften aus dem eigentlichen Etrurien (Grab-, Bau-, Rechts-, Statueninschriften) liegt das *Corpus Inscriptionum Etruscarum* vor (CIE: 1893–1982), das allerdings teilweise veraltet ist, vor allem in seinem ersten, Nordetrurien gewidmeten Band (erschienen 1893–1902). Im CIE sind ferner der Text des *liber linteus (ll.; TLE 1)* aus Zagreb und die Nicht-Monumentalinschriften aus Falerii und Tarquinii veröffentlicht. Für die etruskische Diaspora und die übrigen Inschriften des *instrumentum domesticum* muß man noch auf Fabrettis *Corpus Inscriptionum Italicarum* zurückgreifen (CII; mit Supplementen und Gamurrinis *Appendice* 1867–1880), dazu auf die wenig zuverlässige *Nuova raccolta delle iscrizioni etrusche* von M. Buffa (1935). Seit 1927 werden Neufunde einigermaßen vollständig in der »Rivista di Epigrafia Etrusca« (REE) der Zeitschrift »Studi Etruschi« (SE) publiziert. Manche Texte, etwa viele Spiegelaufschriften, sind jedoch nur in Streu- oder Spezialpublikationen zugänglich. M. Pallottinos *Testimonia linguae Etruscae* (TLE; [2]1968) enthalten in Form einer Editio minor knapp 900 vor allem philologisch und historisch wichtige Inschriften und zudem alle Glossen. Eine Ausgabe aller Texte in Form einer Editio minor wird zur Zeit unter Leitung von H. Rix in Freiburg im Breisgau vorbereitet.

Die Belege für die im Text zitierten Wortformen können dem vorzüglichen »Indice lessicale« (*Thesaurus linguae etruscae I,* 1978) von M. Pallottino/M. Pandolfini entnommen werden; nur neuere Textfunde und -lesungen werden durch Angabe der Quelle dokumentiert. Die Belegstellen der Textbeispiele sind die folgenden: *1a* CIE 2033; *1a'* CII app. 17; *1b* CIE 4986; *1c* TLE 391; *1d* TLE 136; *1e* TLE 126; *2* TLE 63; *2'* SE 40, p. 430 n. 34; *3* TLE 941; *3'* SE 39, p. 362 n. 53; *4* TLE 859; *4'* TLE 196; *5* TLE 78; *6a* Etruskische Spiegel, V, 223 n. 22; *6b* TLE 399; *7* TLE 763; *8a* TLE 874, 1–2; *8b* TLE 315; *9* TLE 183; *10* TLE 51; *11* TLE 51; *12* CIE 6213 (a); *13* CIE 6213 (b); *14* TLE 1, IV, 20–21; *15* TLE 57; *16* TLE 131,3; *17* TLE 570 (b), 20–21; *18* TLE 278; *19* TLE 323; *20* TLE 1, VI, 9; *21* TLE 1, VIII, 10–11; *22* TLE 915; *23* TLE 570 (b), 17; *24a* TLE 1, VI, 9; *24b* TLE 1, IX, 6–7; *25* TLE 570 (b), 12–15; *26* TLE 135; *27* TLE 94; *28* TLE 87 (a); *29* TLE 875; *30a* TLE 169; *30b* TLE 170; *30c* TLE 887; *30d* TLE 889; *31* TLE 90; *32* TLE 136; *33* TLE 880; *34* TLE 171; *35* TLE 173; *36* TLE 866; *37* TLE 1, VI, 14; *38* CIE 2446; *39* CIE 5875; *40* CIE 176; *41* TLE 139; *42* CIE 3080; *43* CIE 4515; *44* CIE 1405; *45* CIE 2004.

Ortsverzeichnis

Die *kursiv* gesetzten Seitenzahlen verweisen auf Abbildungen

Personenverzeichnis

Die *kursiv* gesetzten Seitenzahlen verweisen auf Abbildungen

Bildnachweis

Die in diesem Band veröffentlichten Fotos entstammen dem Giunti Martello Archiv

Unser Dank richtet sich ebenfalls an:

Prof. Mauro Cristofani, der uns freundlicherweise die Fotos von folgenden Seiten zur Verfügung stellte: 10–11, 26 (Cerveteri), 37, 40 (Caeretanische Hydria), 46 (Cippus aus Delphi und Heiligtum aus Delphi), 48, 55, 56, 61, 101 (Kette mit Anhängern aus Goldplatten aus Bisenzio), 107 (Nekropole aus Tarquinia), 112, 116, 117, 124 (goldene Fibel aus Palestrina), 126, 127 (Goldener Ring), 128 (Cerveteri: via degli Inferi), 133, 156 (Goldring aus Aleria), 161 (Siegelring aus Todi), 171, 172 (Oinochoe von cumänisch-tarquinischem Typus aus Tarquinia), 173 (Opferschale, vergoldetes Silber, aus Palestrina und Goldplatte aus Narce), 174, 175 (Opferschale aus vergoldetem Silber aus Palestrina), 177 (Alabastron), 180, 183 (Kopfplastik eines Greifs), 187, 196 (Goldener Beschlag), 201 (Sarkophag des Velthur Partunu), 205 (Goldener Ohrring und Beschläge aus Goldplättchen aus Todi), 207, 209 (Fresko aus Cerveteri), 238

Prof. Hans Peter Isler, Universität Zürich, der uns freundlicherweise das Foto mit der Caeretanischen Hydria aus der Sammlung Hirschmann zur Verfügung stellte

Dr. Anna M. Sgubini Moretti, die uns freundlicherweise das Foto mit dem Sarkophag aus dem Grab des Curunas aus Tuscania zur Verfügung stellte

Amministrazzione Principe Torlonia, für das Foto mit dem Fresko aus der Tomba François aus Vulci, das im Museum Villa Albani konserviert ist (Seiten 36, 66, 202, 203)

Marcella Pedone, die die Fotos von Seite 16 (Sovana), 18 (Accesa-See), 19 (Ansicht des Monte Amiata) zur Verfügung stellte

Instituto Fotografico Scala, das die Fotos von folgenden Seiten zur Verfügung stellte: 6, 8, 12–13, 34 (Bikonisches Bronzegefäß aus Vulci), 35, 36 (Kleine Amphore und Silberkrug aus der Tomba Regolini-Galassi), 40 (Goldblech aus Pyrgi), 42, 53, 54, 60, 65, 71, 72 (Weinamphore), 73 (Situla der Certosa und Bronzewagen aus Bisenzio), 84, 86 (Aschenurnen), 89 (Önotrisches Kännchen aus Tarquinia), 101 (Bronzethron aus Palestrina), 109, 113 (Nekropole aus Orvieto), 114, 115 (Bronzehelm aus Vulci), 124 (Bronzethron aus der Tomba Regolini-Galassi), 127 (Plättchen aus Pyrgi), 130, 135, 137 (Tempel aus Talamone), 140, 141 (Alabasterurne aus Volterra), 142, 146, 149, 158 (Bronzespiegel aus Arezzo), 161 (Laran aus Todi), 168, 172 (Bemaltes Straußenei), 175 (Bucchero Situla aus Cerveteri), 176, 177 (Amphore), 178, 179, 181 (Kolonettenkrater), 183 (Tonbecken und Löwenpaar), 186 (Dinos aus der Campana-Gruppe), 191 (Dreifuß aus Vulci), 197 (Aschenurne aus Chianciano und Bronzespiegel aus Vulci), 199 (Chimäre von Arezzo), 200, 205 (Kelebe des Hesione-Meisters und des Meisters aus Asciano), 206, 210, 211, 223, 224

Edizioni Quasar, Rom, für die Abbildung von Seite 83 (Amphore aus Cerveteri), 85 (Versilberte Hydria aus Alerii), 192 (Bruchstück einer Männerfigur aus Veji), 193, 194, 195, 198 (Tonkopf des Zeus), 204 (Janusförmiger Kantharos)

Amilcare Pizzi S. p. A., Cinisello Balsamo, welche die Fotos (von Sandro Scarioni) von Seite 26 (Mauer aus Orbetello und Rosella) zur Verfügung stellte, ebenso wie jene von Seite 34 (Krug aus Vulci), 81 (Toma dell Bronzetto dell'Offerente), 82 (Industrieviertel aus Populonia), 96, 100 (Plakette aus Orvieto), 177 (Pokal/Krater), 180, 190 (Pontischer Teller), 204 (Pokal aus Sovana)

PubliAerFoto, Mailand, welche uns die Fotos von folgenden Seiten zur Verfügung stellten: 2–3, 17, 20–21, 30–31, 64–65, 68–69, 78–79, 94–95, 102

Fotocielo, Rom, für das Foto von Seite 23 (Luftansicht der Stätte des antiken Tarquinia)

British Museum, London, für die Fotos von den Seiten 40 (Hydria des Micali-Malers), 46 (Bronzehelm aus Olympia), 159 (Bronzespiegel aus Atria), 167 (Pontische Amphore)

Eremitage, Leningrad, für die Fotos von den Seiten 72 (Pithos aus Caere), 99, 199 (Urnendeckel)

Badisches Landesmuseum, Karlsruhe, für das Foto von Seite 164

Museo Archeologico, Sassari, für die Fotos von den Seiten 87 (Antennenschwert aus Nuraghe, Rasiermesser aus Laerru, Rasiermesser aus Nurra)

Museo Archeologico, Siracusa, für die Fotos von Seite 90 (Bucchero Kantharos und Bronzebecken)

Museo Archeologico, Cagliari, für die Fotos von Seite 90 (Oinochoe Bucchero aus Bithia)

Museo Etrusco-Gregoriano, Vatikanstadt, für das Foto von Seite 134

Museo Guarnacci, Volterra, für das Foto von Seite 153 (Kopf des Apollo)

Sopraintendenza Archeologica per la Toscana, Florenz, für die Fotos von Seite 143, 144, 145, 151, 184

Die Autoren

Mauro Cristofani ist ordentlicher Professor für Etruskologie und Italische Archäologie an der Universität Siena und Direktor des *Centro di studio per l'archeologia etrusco-italica* des *Consiglio Nazionale delle Ricerche* in Rom. Er schrieb zahlreiche Abhandlungen und Bücher über die Kultur der Etrusker, u. a. *L'arte degli Etruschi* (Turin 1978), *La scoperta degli Etruschi* (Rom 1983), *Gli Etruschi del mare* (Mailand 1983) und *L'oro degli Etruschi* (Novara 1983), das letzte in Zusammenarbeit mit Marina Martelli. Mauro Cristofani leitet Grabungen in Cerveteri und hat 1984 den Preis für Archäologie der *Accademia dei Lincei* erhalten.

Michel Gras ist Generalsekretär der *Ecole Française* in Rom. Seine wissenschaftlichen Interessen gelten dem Studium des etruskischen Handels. Er leitet Grabungen in Megara Iblea, Sizilien.

William V. Harris ist Professor für Alte Geschichte an der Columbia University, New York. Zu seinem Werk zählen u. a. mehrere Veröffentlichungen über die römische Geschichte und insbesondere der Band *Rome in Etruria and Umbria* (Oxford 1971).

Adriano Maggiani ist Direktor des *Museo Archeologico* in Florenz. Er hat besonders über Urnen aus Volterra und Fragen der *disciplina etrusca* gearbeitet und Grabungen auf Elba und bei Volterra geleitet.

Marina Martelli ist Professor für Etruskologie und Italische Archäologie an der Universität Urbino. Ihre vielseitige wissenschaftliche Tätigkeit gilt verschiedenen Gebieten der Etruskologie und hat einen Schwerpunkt im Thema der Beziehungen zwischen Griechen und Etruskern. Sie ist Autorin zweier Bände des vom Museum in Gela herausgegebenen *Corpus Vasorum Antiquorum* und hat zusammen mit M. Cristofani den Band *L'oro degli Etruschi* (Novara 1983) veröffentlicht. Grabungen in Sizilien und in Populonia standen unter ihrer Leitung.

Helmut Rix ist ordentlicher Professor für Sprachwissenschaft an der Universität Freiburg i. Br. Zu seiner weitgespannten wissenschaftlichen Tätigkeit gehört die Beschäftigung mit den Sprachen des vorrömischen Italien und insbesondere mit dem Etruskischen. Ein grundlegendes Werk der Onomastik ist sein Buch *Das etruskische Cognomen* (Wiesbaden 1963).

Erika Simon ist ordentlicher Professor für Klassische Archäologie an der Universität Würzburg. Ihre zahlreichen wissenschaftlichen Veröffentlichungen behandeln Themen aus dem gesamten Bereich der Archäologie, wobei Fragen der ikonographischen Interpretation besondere Berücksichtigung finden. Hier sei speziell auf ihre Veröffentlichungen zur Mythologie und Religion der Etrusker hingewiesen: *Götter und Dämonen der Etrusker* (Mainz 1965) in Zusammenarbeit mit R. Herbig; *Griechische Sagen in der frühen etruskischen Kunst* (Mainz 1964), Mitautor R. Hampe.

Mario Torelli ist ordentlicher Professor für Archäologie und Geschichte der griechischen und römischen Kunst an der Universität Perugia. Zu seinen Veröffentlichungen zählen u. a. die Bände *Elogia tarquiniensia* (Florenz 1975) und *Storia degli Etruschi* (Bari 1981). Er hat die Grabungen in Gravisca, dem Hafen von Tarquinia, geleitet.

Inhalt

Koordinierung: Mauro Cristofani
Bild- und Legendenrecherche: Benedetta Adembri
Übersetzungen von Christel Galliani, Silvia Merz,
Ulrike Stopfel und Brigitte Weitbrecht

Sonderausgabe 1995

Druck: Printer Trento
Printed in Italy
ISBN 3-7630-2330-5

CIP-Kurztitelaufnahme der Deutschen Bibliothek

Die Etrusker : Geheimnisvolle Kultur im antiken Italien /
Mauro Cristofani ... [Aus dem Ital., Franz. und Engl. von
Christel Galliani ...]. - Stuttgart; Zürich : Belser, 1995.
Einheitssacht. : Gli etruschi
ISBN 3-7630-2330-5
NE: Cristofani, Mauro [Mitverf.]; EST